Klettersteigführer Österreich

Diesem Klettersteigführer liegt eine CD-ROM bei!

Axel Jentzsch-Rabl

Andreas Jentzsch

Dieter Wissekal

Klettersteigführer Österreich

Alle lohnenden Klettersteige zwischen Bodensee und Wienerwald

ISBN: 978-3-9500920-6-6
EAN: 9783950092066

1. Auflage 2007

Alpinverlag Jentzsch-Rabl

Alpinverlag Jentzsch Rabl KEG
Osterndorf 137
A-6323 Bad Häring

www.alpinverlag.at
info@alpinverlag.at

Wenn Sie Ergänzungen oder Fragen zu den in diesem Buch vorgestellten Touren haben, so bitten wir Sie, sich direkt mit dem Verlag in Verbindung zu setzen. Über Klettersteig-Informationen würden wir uns sehr freuen - sie werden in zukünftigen Auflagen berücksichtigt!

Danke für die Unterstützung an: Gerhard König, Harald Tarnowiecki, Daniela Kengyel, Carmen Kulterer, Andreas Riesner, Ernst Riha, Erich Traun, Erich Uplasnik, Lukas Danninger, Walter Hauser, Markus Raich, Irene Werner, Claudia Parzer, Daniel Boigner, Wolfgang Schupfer, Sepp Szöke, Martina Rabl, Erika Krafft-Jentzsch und Helga Jentzsch.

Umschlag Bild: Eine der Gratpassage des Imster-Klettersteiges; Foto: Dieter Wissekal

DER DACHSTEIN
www.dachsteingletscher.at
Der Dachstein -
das Kletter-Eldorado!
14 Klettersteige, bestens sanierte Kletterrouten
NEU: "Sky Walk Klettersteig" (D/E)
DER DACHSTEIN
Dachstein Gletscherbahn | 8972 Ramsau am Dachstein
Tel. +43 (0)3687/22042 800 | dachstein@planai.at

Inhalt

Die Erbauer und Erhalter haften in der Regel nicht für Unfälle.

Haftungsausschluss

Das vorliegende Buch und alle darin beschriebenen Tourenvorschläge, Techniken und Sicherungsformen wurden sorgfältig erarbeitet. Dennoch erfolgen alle Angaben ohne Gewähr. Weder Autor noch Verlag können für eventuelle Unfallfolgen, Schäden oder Nachteile, die bei der Durchführung der im Buch vorgestellten Touren bzw. bei der Anwendung der im Buch vorgestellten Techniken und Informationen entstehen, eine Haftung übernehmen. Die Autoren und der Verlag weisen darauf hin, dass die Durchführung der beschriebenen Touren und die Anwendung der Techniken und Sicherungsformen nur unter fachkundiger Anleitung erlernt werden kann.

Einer der Autoren bei einer der ersten Begehungen des Berchtesgadener Hochthronsteiges.

Vorwort der Autoren

Axel (Kaiserschild)

Andreas (Arlberger Winter)

Dieter (Anton Renk)

Klettersteige liegen voll im Trend und viele Bergsteiger wagen an den Drahtseilen die ersten Schritte im steilen Fels. Jahr für Jahr lassen sich mehr Menschen in den Bann dieser spektakulären Art, sich im Gebirge fortzubewegen, ziehen. Bergbahnen, Schutzhütten und Tourismusverbände haben diesen Trend in den letzten Jahren erkannt und übertreffen sich gegenseitig mit der Errichtung von immer steileren und kühneren Steiganlagen. Hängebrücken, Flying Foxes, Höhlendurchquerungen und tiefe Schluchten gehören zu den modernen Zutaten auf der sich fast monatlich erweiternden Speisekarte für Klettersteiggeher. Doch kommen mit diesen neuen Herausforderungen für den Begeher auch neue Gefahren hinzu. Gerade bei dieser Fülle von unterschiedlichen Klettersteigen ist eine genaue Toureninformation sehr wichtig. Deshalb haben wir bei den Steigen ein Topo-System erarbeitet, auf dem Sie die genauen Infos der Tour herauslesen können. Neben der exakten Einzelbewertung der Kletterschwierigkeit ist auch die Gesamtanforderung der Tour in einer eigenen Bewertung berücksichtigt.

In diesem Buch finden Sie die lohnendsten Klettersteige von leicht bis extrem schwierig in Österreich und ein paar großartige Steige im grenznahen Ausland. Die Tourenbeschreibungen sind mit sehr vielen Bildern, Topos und Kartenskizzen versehen, um Ihnen einen möglichst genauen Eindruck von dem, was Sie am Berg erwartet, zu vermitteln. Weniger bedeutende Steige werden auf der beiliegenden CD beschrieben. Auf der CD-ROM finden Sie ausdruckbare Tourenblätter zum Mitnehmen, damit Sie den Führer unbeschädigt im Tal oder auf der Hütte lassen können. Weiters enthält die CD die GPS-Koordinaten einiger Steige und vier tolle Klettersteig-Videos. Als besonderes Plus können Sie sich für einen Newsletter anmelden, mit dem Sie automatisch die uns bekannten neuen Steige 2007/2008 direkt in Ihre Mailbox bekommen und über Änderungen und Sperrungen bei bestehenden Steiganlagen informiert werden.

Wir wünschen Ihnen mit diesem innovativen Führerwerk viel Spaß
und schöne Stunden beim Klettersteiggehen.

Axel Jentzsch-Rabl
Andreas Jentzsch
Dieter Wissekal

NORTHLAND
PROFESSIONAL
Northland-Shops
Elisabethinergasse 22
A-8020 Graz
Tel.: 0316/71-41-77-100
Auerspergstraße 3
A-1080 Wien
Tel.: 01/402-77-10
office@northland-pro.com
www.northland-pro.com
Foto: www.bergsteigen.at

Tourenübersicht

Klettersteigführer Österreich

		Diff.				Seite Page
1 Bregenzerwald						
1 Via Örfla Klettersteig	2,3	D u. 2	100 Hm	350 Hm	3 Std.	42
2 Via Kapf Klettersteig	1,7	D/E	110 Hm	120 Hm	2 Std.	44
3 Via Kessi Klettersteig	1,7	D/E	110 Hm	120 Hm	2 Std.	44
2 Lechquellen-Gebirge						
4 Francesco Tarmann-Klettersteig	1,3	C/D	60 Hm	75 Hm	1 Std.	46
3 Rätikon						
5 Übungsklettersteig Lünersee	1,7	E	80 Hm	120 Hm	2 Std.	48
6 Klettersteig Gauablickhöhle	1,7	C	260 Hm	1550 Hm	7,5 Std.	50
7 Sulzfluh-Klettersteig	2,2	D	420 Hm	1150 Hm	6 Std.	52
4 Silvretta						
Kleinlitzner-Klettersteig	1,7	B/C	180 Hm	1000 Hm	6 Std.	
5 Samnaun-Gruppe						
8 Greitspitz-Klettersteig	1,6	D	130 Hm	1600 Hm	7,5 Std.	54
9 Flimspitz-Klettersteig	1,3	B/C u. 1	80 Hm	1600 Hm	7 Std.	56
6 Verwall-Gruppe						
10 1. Arlberger Winterklettersteig	2,5	D	200 Hm	200 Hm	2,5 Std.	58
7 Lechtaler Alpen						
11 Arlberger Klettersteig	2,5	D	450 Hm	520 Hm	6 Std.	60
12 Steinsee-Klettersteig	1,6	B/C	190 Hm	1500 Hm	7 Std.	64
13 Imster Klettersteig	2,0	D/E u. 1	430 Hm	1620 Hm	8,5 Std.	66
8 Allgäuer Alpen						
14 Mindelheimer Klettersteig	1,8	C u. 2	400 Hm	1650 Hm	9 Std.	68
15 Friedberger Klettersteig	1,5	C	250 Hm	1100 Hm	6 Std.	70
9 Wetterstein-Gebirge						
16 Jubiläumsgrat	3,0	D u. 3-	1100 Km	1100 Km	9 Std.	72
17 Westweg	1,7	A/B	760 Hm	1730 Hm	6 Std.	75
18 Höllentalanstieg	1,7	C	1300 Hm.	2200 Hm	7,5 Std.	75
Alpspitz-Ferrata	1,5	B	450 Hm	600 Hm	4,5 Std.	
10 Mieminger Kette						
19 Seeben-Klettersteig	2,5	D/E	200 Hm	550 Hm	4 Std.	76
20 Tajakante-Klettersteig	2,7	D/E u. 1-	580 Hm	1400 Hm	8 Std.	78
21 Wankspitze-Klettersteig	1,4	C	220 Hm	1150 Hm	5,5 Std.	80
22 Crazy Eddy-Klettersteig	2,0	D (D/E)	130 Hm	260 Hm	2 Std.	82
11 Ötztaler Alpen						
23 Tirolerweg Klettersteig	2,1	D (D/E)	400 Hm	850 Hm	6 Std.	84
24 Goldweg Klettersteig	2,1	D/E u. 1-	350 Hm	750 Hm	5,5 Std.	86
25 Anton Renk-Klettersteig	1,9	D/E	160 Hm	700 Hm	5 Std.	88
26 Jubiläums-Klstg. „Lehner Wasserfall“	1,2	C (D/E)	140 Hm	260 Hm	2 Std.	90
Erlebnis Klettersteig Gletscherstube	1,3	B/C	90 Hm	430 Hm	2,5 Std.	
12 Stubaier Alpen						
27 Reinhard Schiestl-Klettersteig	1,7	D	190 Hm	240 Hm	2,5 Std.	92
28 Klettersteig Moosalm	1,2	C/D	70 Hm	280 Hm	1,5 Std.	94
29 Auer Klamm Klettersteige	1,0	B	60 Hm	150 Hm	1 Std.	96

Steige auf der CD-ROM - auf dieser auch noch weitere Touren und die Tourenblätter!

Tourenübersicht

Klettersteigführer Österreich

Nr.	Tour		Diff.				Seite / Page
12 Stubaier Alpen							
30	Kühtai-Panorama-Klettersteig	2,5	D/E	450 Hm	800 Hm	5 Std.	98
31	Klettersteig Nürnberger Hütte	1,5	C/D	90 Hm	1150 Hm	6 Std.	102
32	Schlicker Klettersteig	2,5	D u. I	700 Hm	1000 Hm	7 Std.	104
33	Ilmspitze-Klettersteig	2,1	C/D u. I-	300 Hm	1650 Hm	10 Std.	106
34	Habicht-Steig	1,5	A/B u. I-	600 Hm	2050 Hm	10 Std.	108
35	Übungsklstg. Innsbrucker Hütte	1,5	D	30 Hm	1200 Hm	5,5 Std.	108
36	Nordwand-Klettersteig	2,0	D u. I+	160 Hm	700 Hm	3,5 Std.	110
37	Elferspitz-Klettersteig	2,0	C u. I+	120 Hm	700 Hm	4 Std.	112
38	Edelweiß-Klettersteig	1,5	C/D	60 Hm	550 Hm	3 Std.	114
39	Sommerwand-Klettersteig	1,5	C	50 Hm	550 Hm	3,5 Std.	114
40	Höllenrachen-Klettersteig	2,1	C/D (E)	20 Hm	500 Hm	3 Std.	116
41	Fernau-Klettersteig	2,5	D	200 Hm	330 Hm	4 Std.	118
	Rinnenspitze-Steig	1,2	A/B	80 Hm	1300 Hm	6 Std.	
13 Zillertaler Alpen							
42	Klettersteig Gerlossteinwand	1,8	D	240 Hm	570 Hm	3,5 Std.	120
	Spanagel-Klettersteig	1,4	C/D	60 Hm	1200 Hm	5,5 Std.	
14 Tuxer Alpen							
43	Glungezer-Klettersteig	1,5	C u. 2-	210 Hm	630 Hm	3,5 Std.	122
15 Karwendel							
44	Karwendel-Klettersteig	1,2	C	75 Hm	150 Hm	50 Min.	124
45	Mittenwalder Höhenweg	1,2	B	400 Hm	500 Hm	5,5 Std.	124
46	Übungsklettersteig Solsteinhaus	1,5	D	20 Hm	1000 Hm	5,5 Std.	127
47	Zirler Klettersteig	1,5	C u. 2	300 Hm	1550 Hm	9 Std.	128
48	Zirler Schützensteig	1,1	A/B	300 Hm	1400 Hm	6,5 Std.	129
49	Kaiser-Max-Klettersteig	2,7	E	280 Hm	350 Hm	4 Std.	130
50	Innsbrucker Klettersteig	1,6	C/D	500 Hm	550 Hm	6,5 Std.	132
51	Bettelwurf-Klettersteig	1,9	D u. 2-	400 Hm	1850 Hm	9 Std.	134
52	Brudertunnel-Klettersteig	1,3	C/D	160 Hm	1050 Hm	5 Std.	136
53	Lamsenspitze-Steig	1,1	A/B u. I-	160 Hm	1250 Hm	5,5 Std.	136
	Felix-Kuen-Steig	1,2	B	150 Hm	720 Hm	3,5 Std.	
16 Kaiser-Gebirge							
54	Winkelkar-Steig	1,3	B u. I-	400 Hm	1350 Hm	6,5 Std.	138
55	Widauer-Steig	1,4	A/B u. I-	410 Hm	1400 Hm	5,5 Std.	140
56	Kaiserschützensteig	2,3	B/C u. I+	800 Hm	2000 Hm	11,5 Std.	142
57	Gamsängersteig	1,8	B/C u. I+	550 Hm	1400 Hm	7,5 Std.	144
	Jubiläumssteig	1,2	A/B u. I-	100 Hm	650 Hm	4 Std.	
	Maiklsteig	1,1	A/B	100 Hm	550 Hm	3 Std.	
	Rote-Rinn-Scharte	1,2	A/B	80 Hm	1700 Hm	9,5 Std.	
	Eggersteig	1,2	A/B	520 Hm	1000 Hm	4,5 Std.	
17 Kitzbüheler Alpen							
58	Henne-Klettersteig	1,2	B (C/D)	300 Hm	900 Hm	4,5 Std.	146
59	Tristkogel-Klettersteig	1,5	C/D	220 Hm	850 Hm	4 Std.	148
	Sinwel-Klettersteig	1,3	A/B	200 Hm	890 Hm	5 Std.	
18 Venediger-Gruppe							
60	Klettersteig „Wilde Wasser“	1,5	B (C)	50 Hm	630 Hm	3,5 Std.	150
61	Rote Säule-Klettersteig	2,3	C (E)	170 Hm	1150 Hm	6,5 Std.	152

Steige auf der CD-ROM - auf dieser auch noch weitere Touren und die Tourenblätter!

Tourenübersicht

Klettersteigführer Österreich

Steige auf der CD-ROM - auf dieser auch noch weitere Touren und die Tourenblätter!

Tourenübersicht

Klettersteigführer Österreich

Steige auf der CD-ROM - auf dieser auch noch weitere Touren und die Tourenblätter!

Klettersteigführer Österreich

Tour		Diff.				Seite Page
36 Dachstein-Gebirge						
121 Schulter-Anstieg	1,8	B u. I+	300 Hm	400 Hm	3 Std.	260
122 Randkluft-Anstieg	1,8	B u. I+	240 Hm	400 Hm	3 Std.	260
123 Westgrat	1,8	A/B u. I+	240 Hm	800 Hm	4 Std.	260
124 Hunerscharten-Klettersteig	1,3	B	300 Hm	1000 Hm	5 Std.	260
125 Intersport-Klettersteig	2,0	C/D u. I-	470 Hm	1230 Hm	7,5 Std.	262
126 Seewand-Klettersteig	3,0	D/E	750 Hm	1350 Hm	8,5 Std.	264
127 Wildkar-Klettersteig	1,8	D	210 Hm	1500 Hm	8,5 Std.	266
128 Obertraun-Klettersteig	1,2	B/C (C)	40 Hm	50 Hm	30 Min.	268
129 Grimming Südanstieg	1,3	B	1250 Hm	1700 Hm	10,5 Std.	270
Grimming Nordanstieg	1,2	A/B u. I	700 Hm	1400 Hm	7,5 Std.	
Klettersteig „Via Steinbock"	1,4	C	120 Hm	1300 Hm	6,5 Std.	
Monisteig	1,3	B/C u. I-	110 Hm	1300 Hm	6,5 Std.	
Mingma-Steig	1,1	A/B	120 Hm	1300 Hm	6,5 Std.	
Steiglkogelsteig	1,1	A/B	30 Hm	900 Hm	4,5 Std.	
Hunerkogel-Klettersteig	1,0	C/D	50 Hm	50 Hm	30 Min.	
Edelgriessteig	2,0	B und 2-	200 Hm	1000 Hm	4 Std.	
Koppenkarstein Westgrat-Klstg.	1,2	B (C)	300 Hm	300 Hm	3 Std.	
Kuckucksnest-Klettersteig	1,0	B	100 Hm	100 Hm	1 Std.	
37 Totes Gebirge						
130 Burgstall-Klettersteig	1,2	B u. I	150 Hm	210 Hm	1,5 Std.	272
131 Hochtausing-Ostanstieg	1,2	A/B u. I+	280 Hm	700 Hm	3,5 Std.	274
132 Tonisteig	1,2	B/C u. I-	130 Hm	750 Hm	4,5 Std.	274
133 Warscheneck SO-Grat	1,6	B u. I-	550 Hm	1050 Hm	6 Std.	276
134 Höhenweg-Klettersteig	1,5	C/D	40 Hm	100 Hm	1,5 Std.	278
135 Leadership-Klettersteig	1,3	C	100 Hm	320 Hm	2 Std.	278
136 Loser-Panorama-Klettersteig „Sisi"	1,8	D	200 Hm	450 Hm	3 Std.	280
137 Stodertaler Klettersteig	1,3	B	160 Hm	1650 Hm	8 Std.	282
138 Bert Rinesch-Klettersteig	3,0	D u. I	700 Hm	2100 Hm	11 Std.	284
Hans Rubenzucker-Steig	1,1	A/B	40 Hm	850 Hm	4,5 Std.	
Sandlingsteig	1,1	A/B	100 Hm	850 Hm	4 Std.	
38 Oberösterreichische Voralpen						
139 Hans Hernler-Steig	1,2	A/B	1000 Hm	1250 Hm	6 Std.	286
140 Naturfreundesteig	1,2	B	1050 Hm	1150 Hm	6,5 Std.	286
141 Traunsee-Klettersteig	2,5	D	150 Hm	1250 Hm	6 Std.	288
142 Triftsteig	1,2	B	90 Hm	250 Hm	3 Std.	290
39 Ennstaler Alpen						
143 Wildfrauensteig	1,3	B/C u. I-	350 Hm	1100 Hm	6 Std.	292
144 Hexensteig	1,3	B/C u. I-	110 Hm	1550 Hm	8 Std.	294
145 Jungfernsteig	1,2	B	100 Hm	1050 Hm	5 Std.	296
146 Südwandband-Klettersteig	1,5	B u. I	250 Hm	1700 Hm	9 Std.	298
147 Teufelsteig	2,0	C/D	220 Hm	1300 Hm	7 Std.	300
148 Alpinpark Johnsbach	2,1	bis E	100 Hm	100 Hm	1,5 Std.	302
149 Wasserfallweg	1,2	B	200 Hm	750 Hm	4,5 Std.	304
150 Josefinensteig	1,2	B u. I	570 Hm	1550 Hm	8 Std.	304
151 Kaiserschild-Klettersteig	2,2	D/E	270 Hm	1100 Hm	6 Std.	306
152 Grete Klinger-Steig	1,5	C	500 Hm	1200 Hm	6,5 Std.	308
Hofersteig	1,1	A/B u. I-	100 Hm	1250 Hm	5,5 Std.	
Bad Haller Steig	1,0	A	750 Hm	1400 Hm	6,5 Std.	

Steige auf der CD-ROM - auf dieser auch noch weitere Touren und die Tourenblätter!

Tourenübersicht

Klettersteigführer Österreich

Tour		Diff.				Seite Page
40 Hochschwab-Gruppe						
153 Eisenerzer Klettersteig	1,5	C/D	320 Hm	1050 Hm	5,5 Std.	310
154 Bärenloch-Steig	1,0	A	40 Hm	630 Hm	2,5 Std.	312
155 TAC-Spitze-Steig	1,1	A/B	40 Hm	1300 Hm	6,5 Std.	312
156 Das „G'hackte"	1,2	A/B	230 Hm	1400 Hm	6 Std.	314
Markussteig	1,0	A/B	50 Hm	1050 Hm	6 Std.	
Schrabacher- bzw. Südwandsteig	1,1	A/B	200 Hm	1050 Hm	5,5 Std.	
41 Ybbstaler Alpen						
157 Kaisergams-Klettersteig	1,4	D u. 2	200 Hm	330 Hm	2,5 Std.	316
158 Heli Kraft-Klettersteig	1,3	C	70 Hm	280 Hm	2 Std.	318
42 Sonstige Gebirgsgruppen						
159 Vogelbergsteig	1,0	A	200 Hm	330 Hm	3 Std.	320
160 Vettersteig	1,1	B/C	200 Hm	200 Hm	2 Std.	320
161 H. W.-Steig	1,0	B	20 Hm	420 Hm	4 Std.	322
162 Hirschwandsteig	1,0	A/B	20 Hm	420 Hm	4 Std.	322
163 Hoher Stein	1,0	B	10 Hm	500 Hm	2 Std.	322
43 Wienerwald						
164 Mödlinger Klettersteig	1,2	B/C	115 Hm	125 Hm	1 Std.	324
165 Peilstein-Klettersteig	1,0	A/B	100 Hm	140 Hm	1,5 Std.	327
Fun-Klettersteig Eybl Nord	1,0	C/D	36 Hm	36 Hm	20 Min.	
44 Gutensteiner Alpen						
166 Rudolf-Decker-Steig	1,0	A/B (B)	200 Hm	300 Hm	2,5 Std.	328
167 Währinger Steig	1,3	C	50 Hm	100 Hm	1 Std.	330
168 Ganghofersteig	1,4	C/D u. 2	50 Hm	230 Hm	1,5 Std.	330
169 Hanselsteig	1,2	B	100 Hm	320 Hm	2 Std.	332
170 HTL-Klettersteig	2,0	D/E u. 1+	210 Hm	300 Hm	2,5 Std.	334
171 Blutspur-Klettersteig	2,0	E u. 3+	35 Hm	300 Hm	2 Std.	336
172 Frauenlucke-Steig	1,0	B	25 Hm	290 Hm	1,5 Std.	337
173 Steirerspur-Klettersteig	1,3	C	20 Hm	430 Hm	2 Std.	338
174 Wildenauersteig	1,5	D u. 1+	60 Hm	270 Hm	2,5 Std.	340
175 Fürststeig	1,0	A	50 Hm	170 Hm	45 Min.	342
176 Ternitzer Steig	1,0	A/B u. 1	30 Hm	180 Hm	50 Min.	342
177 Jubiläumssteig	1,1	A/B	60 Hm	200 Hm	50 Min.	342
178 Klettersteig E 60	1,3	C	60 Hm	230 Hm	1 Std.	344
Völlerinsteig	1,0	A	210 Hm	300 Hm	1,5 Std.	
Leiterlsteig	1,0	A	30 Hm	300 Hm	2 Std.	
Naturfreundesteig	1,0	A/B u. 1	150 Hm	430 Hm	2,5 Std.	
Wagnersteig	1,0	A	200 Hm	350 Hm	2 Std.	
Unterer Postlgrat	2,0	B u. 2+	80 Hm	300 Hm	2,5 Std.	
45 Rax-Schneeberg-Gruppe						
179 Weichtalklamm	1,0	A/B u. 1+	400 Hm	630 Hm	3,5 Std.	346
180 Turmstein Ostkante-Klettersteig	1,2	C	35 Hm	880 Hm	4,5 Std.	347
181 Wachthüttelkamm	1,0	A	400 Hm	1300 Hm	6 Std.	348
182 Hoyos-Steig	1,0	A/B	350 Hm	1000 Hm	4,5 Std.	349
183 Teufelsbadstubensteig	1,2	B u. 1	350 Hm	720 Hm	3,5 Std.	350
184 Alpenvereinssteig	1,2	B	650 Hm	1100 Hm	5 Std.	352
185 Gustav-Jahn-Steig	1,5	B	100 Hm	950 Hm	5 Std.	354

Steige auf der CD-ROM - auf dieser auch noch weitere Touren und die Tourenblätter!

Klettersteigführer Österreich

		Diff.				Seite Page
45 Rax-Schneeberg-Gruppe						
186 Gaislochsteig	1,2	B	80 Hm	1100 Hm	5 Std.	355
187 Wildfährte	1,2	B u. I	400 Hm	1350 Hm	6 Std.	356
188 Bärenlochsteig	1,2	B u. I-	200 Hm	1100 Hm	5,5 Std.	356
189 Gamsecksteig	1,1	A/B	200 Hm	850 Hm	4 Std.	356
190 Reißtalersteig	1,1	A/B	100 Hm	800 Hm	4 Std.	358
191 Gretchensteig	1,0	A	100 Hm	800 Hm	4 Std.	358
192 Karl Kantner-Steig	1,1	A/B u. I-	150 Hm	750 Hm	3,5 Std.	360
193 Bismarcksteig	1,2	B	50 Hm	800 Hm	4 Std.	360
194 Königschusswand-Steig	3,0	E u. 2+	230 Hm	950 Hm	5,5 Std.	362
195 Haid-Steig	2,0	D u. I	420 Hm	950 Hm	5,5 Std.	364
196 Kronich-Eisenweg	1,3	C u. I	50 Hm	850 Hm	4 Std.	366
Camillo Kronich-Steig	1,0	A u. I-	400 Hm	800 Hm	3,5 Std.	
Preinerwandsteig	1,1	A/B	200 Hm	950 Hm	4,5 Std.	
46 Randgebirge östlich der Mur						
197 Pittentaler Steig	1,4	C/D	80 Hm	250 Hm	1,5 Std.	368
198 Raiffeisen-Klettersteig	1,3	C	70 Hm	80 Hm	1 Std.	370
199 Franz Scheikl-Klettersteig	1,3	C	300 Hm	700 Hm	4 Std.	372
47 Lavanttaler Alpen						
200 Lukas Max-Steig	2,0	E	300 Hm	550 Hm	3,5 Std.	374
Klettersteige Hotrocks	1,0	C u. D	20 Hm	100 Hm	20 Min.	
48 Karawanken und Bachergebirge						
201 Lärchenturm-Klettersteig	1,9	D u. 2	330 Hm	1150 Hm	6,5 Std.	376
202 Hochstuhl-Klettersteig	1,3	B/C u. I-	550 Hm	1150 Hm	6 Std.	378
203 Kanzianiberg-Klettersteige	1,3	bis C	200 Hm	200 Hm	2 Std.	380
ÖTK-Klettersteig	1,3	B/C	100 Hm	700 Hm	3,5 Std.	

Ein kräftiger Kletterer hat es meist etwas leichter. (Jubiläums-Klettersteig im Ötztal - Dachvariante)

Tourenplanung

Tourenplanung

Ein wesentlicher Popularitätsfaktor beim Klettersteiggehen ist die Unkompliziertheit einer derartigen Tour, man braucht nur ein Klettersteigset und es kann losgehen. Viele der in diesem Führer beschriebenen Touren befinden sich aber in alpiner Umgebung, die auch die Einhaltung gewisser Spielregeln verlangt. Für viele Bergsteiger ist der Klettersteig der erste Einstieg in die vertikale Welt der Berge. Sie wissen nicht, dass auf einem nassen Schrofenband der Tod lauert und es deshalb gewisser Vorsichtsmaßnahmen bedarf. Insbesondere für diese Gruppe wollen wir auf einige Regeln genauer eingehen, und vielleicht gelingt es uns auch, beim gestandenen Klettersteiggeher den Blick für die eine oder andere Vorsichtsmaßnahme zu schärfen.

Routenauswahl

Natürlich sind Schwierigkeit, Routenlänge und Schönheit die wichtigsten Merkmale, anhand derer wir uns für die eine oder andere Tour entscheiden. Daneben gibt es aber auch noch weitere wichtige Elemente, die einen Klettersteigtag erfolgreich machen.

Tourenlänge

Wir schreiben hier bewusst Höhenmeter und nicht die tatsächlichen Klettermeter, unter Berücksichtigung der angegeben Gesamtzeit kann man sich ein Bild vom Umfang der Tour

Bei Steigen mit flachen Grat- bzw. Schluchtpassagen ist die Gesamtzeit ausschlaggebend. (Koppenkarstein Westgrat)

Oft geht es z.B. auf der Südseite hinauf und auf der kalten Nordseite hinunter. (Abstieg Leoganger Süd-Klettersteig)

machen. Die zusätzlich angegebene Klettersteiglänge (in Höhenmetern) und die reine Steigbegehungszeit erleichtern die Auswahl.

Ausrichtung der Wand

Die Ausrichtung der Wand gewinnt in Verbindung mit der Meereshöhe und der Jahreszeit stark an Bedeutung. Nordwände sind im Frühjahr oft länger feucht und haben am Wandfuß auch bis in den Sommer hinein Altschneefelder. Die Nordseite ist auch nur zeitweise in der Sonne und bleibt nach Regenfällen länger nass.

Tipp: Bei hochgelegenen Touren immer eine leichte Jacke mitnehmen. Diese stört beim Klettern kaum und wärmt im Notfall enorm.

Auch Südwände sind nicht unbedingt zu jeder Jahreszeit zu empfehlen. Im Hochsommer bieten diese Wände keinen Schutz vor der Sonne und machen aus der Traumtour manchmal eine Hitzeschlacht.

Zu- und Abstieg

Die Zu- und Abstiege sind bei Klettersteigen in der Regel einfach, es gibt aber auch Ausnahmen. Man sollte die Zu- und Abstiegszeiten und das Zustiegsgelände (z.B. bei der Tour Klettersteig „Der

Ausgesetzte Kletterpassagen beim Zustieg, meist noch im Schatten. (Klettersteig „Der Johann“ - Dachstein)

Tourenplanung

Schlucht-Klettersteige sind im Frühjahr (Schmelzwasser) eine feuchte Angelegenheit. (Klettersteig Pirknerklamm)

Johann") bei der Tourenauswahl berücksichtigen und nicht unterschätzen. Das Gelände wird bei einigen Klettersteigen, vor allem im Einstiegs- und Ausstiegsbereich, recht alpin und ist bei Nässe mit absoluter Vorsicht zu genießen. Wenn man die gesamte Wand bzw. den Berg sieht (bei der Anfahrt oder beim Zustieg), sollte man sich den Abstieg möglichst genau einprägen, weil man bei einem Wetterumschwung mit Regen und Nebel den richtigen Weg finden muss.

Tipp: Schon bevor man unterhalb der Wand steht bzw. sich im Einzugsbereich von Steinschlag befindet, den Helm aufsetzen!

Zeitplanung

Die Zeitplanung wird vom Wetter und Tageslicht bzw. von der Schwierigkeit und Tourenlänge beeinflusst. Bei extrem langen Touren, wie z.B. dem Königsjodler-Klettersteig, trifft man sich schon um 9.00 Uhr am Einstieg, und hat um diese Zeit bereits über zwei Zustiegsstunden in den Beinen. In der Regel schafft man die hier beschriebenen Touren an einem Tag.

Erfahrung und Selbsteinschätzung

Die Lebensversicherung beim Klettersteiggehen ist Erfahrung und die richtige Einschätzung der eigenen Fähigkeiten. Viele Klettersteigneulinge kommen das erste Mal ins Gebirge und müssen

Zwei Seewand-Aspiranten schauen fragend auf die mächtige, 750 m hohe Felswand. (Seewand-Klettersteig)

Kurze Hütten-Klettersteige kommen immer mehr in Mode. (Höllenrachen - Franz Senn Hütte)

erst Erfahrung sammeln. Hinsichtlich Selbsteinschätzung empfehlen wir, die Sache ganz gemach anzugehen und nicht gleich in die längste und schwerste (in diesem Buch beschriebene Tour) einzusteigen.

Tipp: Klettersteigneulinge sollten sich langsam an die Routenlängen und Zustiege gewöhnen, die alpine Umgebung genießen und erste Erfahrungen sammeln.

Eine 50 m-Tour in der Stadt Salzburg oder in Hüttennähe kann bereits mit den ersten alpinen Gefahren (z.B. Steinschlag) verbunden sein. Das kumulierte Gefahrenpotenzial eines Königsjodler-Klettersteiges, bestehend aus einem langen Zustieg, einer extrem langen Tour und einem noch längeren Abstieg über einen Klettersteig, kann erst dann bewältigt werden, wenn man mit den einzelnen Gefahren gut umgehen kann.

Nie alleine im Steig:

Klettersteige kann man grundsätzlich alleine begehen, denn die fixierten Seile ermöglichen eine einfache Selbstsicherung. Bei fast keiner anderen extremen Spielart des Alpinismus (Klettern, Eisklettern, Hochtouren etc.) kann man auf den Kletterpartner verzichten und das ist gut so. Denn der Partner ist es, der im Ernstfall die Erstversorgung vornimmt und Hilfe holt! Für manche Steige

Lange, schwere Klettersteige sollten Einsteiger eher meiden. (Königsjodler-Klettersteig)

Gehe nie alleine einen Klettersteig; in der Gruppe macht es auch deutlich mehr Spaß. (Arlberger Winterklettersteig)

(z.B. Wildenauer Klettersteig auf der Hohen Wand) ist die Mitnahme eines Sicherungsseiles und Partners ohnehin erforderlich, weil es kein fixiertes Sicherungs-Stahlseil gibt.

Goldene Regel: Gehe nie alleine einen Klettersteig und verlasse dich nicht darauf, dass du dort andere Klettersteiggeher antreffen wirst.

Noch einmal für jene, die sich für gute und erfahrene Klettersteiggeher halten: Sie wollen als Letzter und alleine zu Mittag noch schnell den Irg-Klettersteig „hinaufrennen" und werden zufällig von einem mittelgroßen Stein getroffen – Sie stürzen und hängen hilflos in der Sicherung. Wer holt Hilfe, stoppt die Blutung und beatmet Sie – die Klettersteiggeher, die am nächsten Wochenende vorbeikommen?

Ausrüstung

Frei nach dem Motto „Es gibt kein schlechtes Wetter, sondern nur schlechte Ausrüstung" werden wir hier die zeitgemäße Klettersteigausrüstung näher beschreiben:

Entsprechendes Schuhwerk
Klettersteigset
Kletterhelm
Hüftgurt (evtl. Brust- und Sitzgurt)
Kurze Bandschlinge und Karabiner
Klettersteighandschuhe

Ergänzende Ausrüstung: Rucksack, Erste Hilfe, Jacke, Biwaksack, Seil, Pickel, lange Bandschlinge, Handy, GPS, Stirnlampe und Verpflegung.

Fachkenntnisse und Spezialausrüstung sollte man also zum Begehen von Klettersteigen mitbringen. (Edelweiß-Klstg.)

Die Schuhe sollten vor allem passen und bequem sein. (Seilbrücke - Crazy Eddy-Klettersteig)

Schuhwerk

Gerade dem Schuhwerk kommt bei zunehmender Steigschwierigkeit erhöhte Bedeutung zu, da die Tritte kleiner werden. In der Literatur wird oft zu Reibungskletterschuhen geraten; das sind leichte profillose Kletterschuhe. Wir schließen uns dieser Meinung nicht an: Abgesehen davon, dass man für den Zu- und Abstieg ohnehin „Zweitschuhe" durch die Tour tragen muss, können mit profillosen Schuhen große Probleme auftreten, besonders dann, wenn in der Tour erdige, nasse Stellen bzw. Geröll oder Schneefelder zu bewältigen sind.

Abbildungen: *Links ein kompakter Leichtbergschuh (**Millet High Rock**), rechts ein Kletterschuh mit Profilsohle (**La Sportiva Rock Jock**).*

Wir empfehlen für schwere Klettersteige einen Leichtbergschuh mit guter Profilsohle, der bei manchen Modellen sogar nur an der Spitze profillos (also glatt) ist. Damit kann man auf kleinen Tritten stehen und sich auch im nicht felsigen Gelände sicher bewegen.

Ein gute Profilsohle ist vor allem für den Abstieg wichtig. (Königsjodler-Klettersteig)

Mit Brust-Sitzgurtkombination beim Einstieg; rechts eingehängte Karabiner am Brustgurt (Kaiser Max-Klettersteig)

(Hüft)gurt

Nur Hüftgurt, Kombigurt oder Brust-/Hüftgurtkombination? Eine viel diskutierte Frage, bei der nur sicher ist, dass ein Brustgurt alleine nicht ausreicht. Ob die weit verbreitete Verwendung eines komfortabel gepolsterten Hüftgurtes ohne Brustgurt beim Klettersteiggehen ausreicht, ist umstritten. Gegen die alleinige Verwendung des Hüftgurtes am Klettersteig spricht unserer Meinung nach Folgendes:

- Das Sturzgelände ist in der Regel unfreundlich (nicht frei von Gegenständen wie Klammern oder Felsen) und der Sturz ist hart.
- Oft klettert man am Klettersteig mit Rucksack, was die Schleudergefahr erhöht.
- Klettersteiggeher haben in der Regel (anders als Sportkletterer) keine Sturzerfahrung und stürzen unkontrolliert und
- es sind auch durchaus weite Stürze möglich (im leichteren Gelände).

Durch einen unkontrollierten, weiten Sturz könnte der Oberkörper nach hinten kippen, was zu Schädel- und Wirbelverletzungen führen kann. Demgegenüber steht als Vorteil des Brustgurtverzichtes nur die erhöhte Beweglichkeit des Oberkörpers. Wir geben hier bewusst keine Empfehlung ab, merken nur an, dass die Kombigurte nicht gepolstert sind und man den Hüftgurt mit dem Brustgurt mittels Schlauchband verbinden muss.

Besonders im leichten - aber auch steilen - Gelände sind tlw. weite Stürze möglich. (Oberst Gresselweg)

Ein sehr gutes Handling haben die Klettersteig-Sets mit dem Gummizug. (Höhenweg-Klettersteig - Ewige Wand)

Klettersteigset

Es besteht aus zwei Klettersteigkarabinern, die in der Regel eine Verschlusssicherung haben und zwei Seile (oder Schlingenstücke) mit Klettersteigbremse zum Auffangen des Fangstoßes. Einige Modelle haben bereits eine kurze zusätzliche Bandschlinge (Kurzfixierung) zum Rasten oder für Quergänge integriert. Bewährt haben sich auch die Gummizüge, diese passen die Distanz zum Stahlseil automatisch an und erleichtern das Handling. Ganz neu ist ein integrierter Drehteil nach der Bremse um die lästige Grangelbildung der beiden Y-Schlingen während des Kletterns zu vermeiden.

Abbildungen: *Fünf moderne Klettersteig-Sets, li. eines mit Shockabsorber (**Mammut Step Web**), dann Shockabsorber und Kurzfixierung (**Petzl Scorpio Eashook**), als drittes Set der angesproche Drehteil (**Edelweiss Shock Absorber Performance**), dann ein nicht elastisches Y-Set mit Seilbremese (**Kong**) und re. ein elastisches KS-Set mit Seilbremse und Kurzfixierung (**Austrialpin Stretch Y2**)*

Das andauernde Umhängen ist immer sehr kraftraubend. (HTL-Kettersteig)

Eine in das Klettersteigset integrierte Kurzfixierung erleichtert das Rasten an schweren Stellen. (Höhenweg-Klstg.)

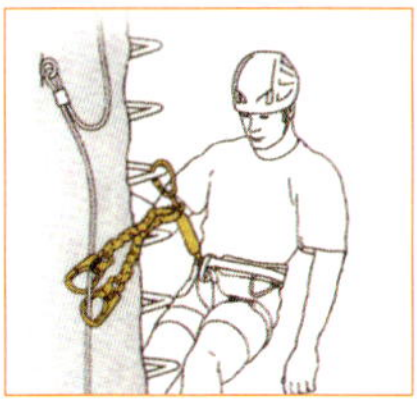

Kurze Bandschlinge und Karabiner (Kurzfixierung)

Sollte die kurze Bandschlinge nicht schon im Klettersteigset eingebaut sein, so wird diese auch direkt in den Gurt eingebunden. Verwendung siehe Klettersteigset. *Abb.: Rast mit eingehängter Kurzfixierung (Grafik von Petzl).*

Kletterhelm

Auch hier gibt es unzählige Modelle, die alle geprüft und auch belüftet sind (keine Fahrrad- oder Skihelme verwenden). Den Helm unter der Wand gleich aufsetzen und bis zum Ausstieg bzw. Verlassen von möglichen Gefahrenzonen aufbehalten. *Abb.: **Kong Scarab:** Der Helm ist für 4 Sportarten zertifiziert (Klettern, Radfahren, Wassersport, und Reiten).*

Klettersteighandschuhe

Sie sind bei schweren Steigen ein Muss und schützen die Hände vor schadhaften Sicherungsseilen. Sie sollten eng, robust und im Idealfall an den Fingerspitzen frei sein. Abb.: ***Kong Alex*** mit Kevlar-Verstärkung

Klettersteighandschuhe sind bei schweren Klettersteigen auf jeden Fall anzuraten. (Galitzenklamm-Klettersteig)

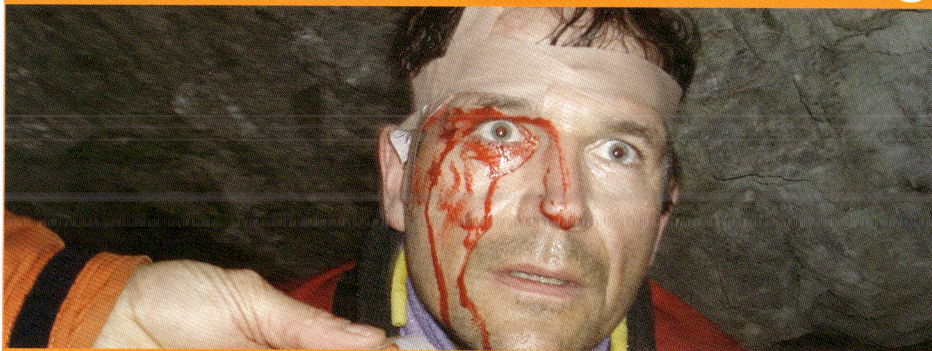

Für den Fall der Fälle sollte eine kleine Rucksackapotheke immer dabei sein.

Rucksack

In der Regel reicht ein 30 – 35 Liter großer Rucksack aus. Er sollte nicht zu viele Außentaschen und einen Bauch und Brustgurt haben, damit er im steilen Gelände nicht weghängt.

Erste Hilfe

Die Rucksackapotheke gehört zu jeder Bergsteigerausrüstung dazu und sollte Verbandszeug, Pflaster und Rettungsdecke beinhalten.

Jacke und Leichtüberhose

Mit einer leichten, funktionellen Softshelljacke und einer leichten Überhose übersteht man so manche Wetterkapriole und kommt relativ trocken ins Tal.

*Abb.: Links das **„Denali Jacket“ von Northland** und rechts die sehr leichte und robuste **„Aerial Max “ Überhose von Millet**.*

Biwaksack

Ein Muss bei den langen alpinen Steigen. Ideal ist ein Zwei-Personen-Biwaksack in dem man sich in einer kalten Biwaknacht zusammenkuschelt.

Der Biwakplatz sollte wenn möglich windgeschützt und trocken sein.

Ausrüstung

Der erste, erfahrenere Kletterer führt ein Sicherungsseil auf dem Rücken mit. (Kaiser Max-Klettersteig)

Seil

Für den Notfall oder zur Sicherung von schwächeren Klettersteiggehern kann ein Kletterseil mitgeführt werden. Dies setzt aber zumindest vom erfahreneren und stärkeren Kletterer das Beherrschen der entsprechenden Sicherungstechniken voraus! Die Sicherungstechnik kann man in Kursen bei Bergsteigerschulen und beim Alpenverein schnell und unkompliziert lernen.

Tipp: Sollte im Frühjahr das Sicherungsseil unter dem Schnee oder Eis vergraben sein, so ist das Kletterseil die einzige Sicherungsmöglichkeit, die bei Überwindung dieser oft sehr heiklen Passagen auch dringend anzuraten ist.

Abb.: Ablauf beim Sichern an einem Klettersteig. Oben ist der „Sichernde" an zwei Fixpunkten fixiert (mit seinem Klettersteig-Set). Unten klettert der „Seilzweite" (im Regelfall der Schwächere), trotz der Seilsicherung mit eingehängten Klettersteigkarabinern ganz normal hinauf. Das Seil reduziert die mögliche Sturzhöhe im Falle eines Sturzes (ersetzt aber nicht das KS-Set). Grafik von Petzl.

Ohne zusätzlichem Sicherungsseil wäre jetzt Endstation. (Arlberger Winterklettersteig)

Der Schnee bleibt vor allem auf den Bändern länger liegen. (Abstieg Klettersteig Nürnberger Hütte)

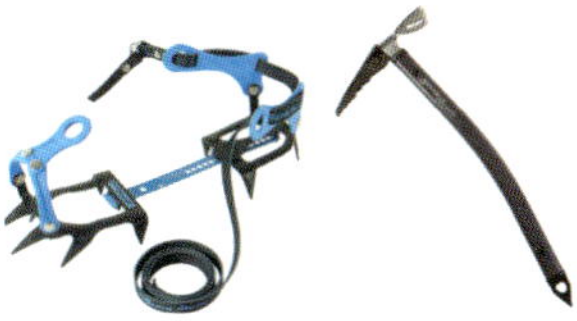

Pickel und Steigeisen

Die Mitnahme eines Leichtpickels und Leichtsteigeisens kann im Frühjahr zur sicheren Überwindung von Altschneefeldern oder bei Gletscherüberquerungen (Seilsicherung) erforderlich sein.

Abb.: Leichtsteigeisen **„Trekking"** und Pickel **„g-light"** von **Austrialpin**

Handy

Ein bereits unverzichtbarer kleiner Retter im Gebirge. Siehe dazu auch Notruf bei „Alpine Gefahren"

Karte, Kompass, GPS

Die Mitnahme derartiger Orientierungshilfen ist insbesondere bei langen, alpinen Steigen ratsam (Nebel, Wetterumschwung und evtl. falsche Markierung).

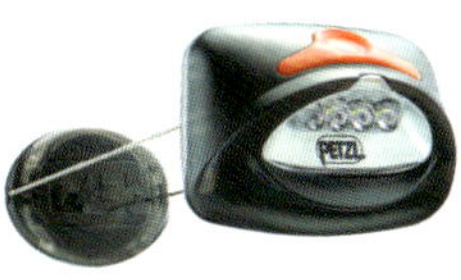

Stirnlampe

Ein wichtiges Ausrüstungsstück bei langen Touren ist die Stirnlampe. Ähnlich wie in der Autoindustrie die Xenon-Scheinwerfer gibt es am Berg nun die LED-Lampe. Die Vorteil sind der deutlich geringere Stromverbrauch und die handliche Größe. Die Kleinste von ihnen hat locker in jeder Brusttasche Platz.

Abb.: **Petzl Zipka Plus**; 65g.

Die Stirnlampe ist bei längeren Stollenpassagen und Höhlen wichtig. (Gauablickhöhle)

Mit dem Trinksack kann man fast in jeder Position trinken. (Leadership-Klettersteig)

Verpflegung

Je nach Tourlänge sollte auch auf die regelmäßige Zufuhr von Flüssigkeit (mind. 1 Liter) geachtet werden. Man sollte bereits am Beginn der Tour regelmäßig mit dem Trinken beginnen. Hinsichtlich Essen hat jeder seine Präferenzen.

Tipp: Als ideal hat sich der **UnBottle von CamelBak** mit 3 L Fassungsvermögen erwiesen. Aus diesem kann man jederzeit trinken und ohne viel Aufwand zu Flüssigkeit kommen. Verstaut wird der geschützte Flüssigkeitsbehälter im Rucksack (es gibt auch einen Thermoschlauch).

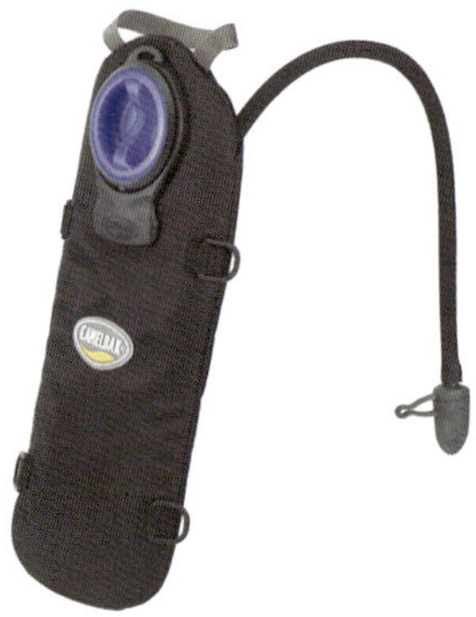

Am Klettersteig

Endlich hat man den lästigen Zustieg hinter sich und die Versicherungen sind schon zu sehen. Dann beginnt der eigentliche Teil der Tour, bei dem einige Dinge beachtet werden müssen.

An schönen Tagen reiht man sich oft in die Schlange ein, das verlängert die Begehungszeit! (Kaiserschild-Klettersteig)

Das Fertigmachen am Einstieg, am besten an einer vor Steinschlag sicheren Stelle. (Anseilplatz Hochthronsteig)

Bevor es losgeht

Wie bereits erläutert, sofort den Helm aufsetzen, noch bevor man unter der Wand ist. Dann noch einmal ordentlich trinken und sich schließlich einbinden. Wir empfehlen, wie beim Klettern einen so genannten Partnercheck durchzuführen, bei dem man gegenseitig überprüft, ob das Klettersteigset richtig in den Gurt geknüpft ist.

Anmerkung: Das Klettersteigset wird in der Regel mit einer vorhandenen Seil- oder Schlingenschlaufe mittels Ankerstich direkt in den Gurt und zwar in den so genannten Sicherungsring geknüpft.

Handschuhe anziehen, zuletzt noch darauf achten, dass die Schuhsohlen nicht erdig sind und dann kann es losgehen.

Richtig Steigen

Wie beim Klettern liegt das Erfolgsgeheimnis im sauberen Steigen unter optimaler Ausnützung der vorhandenen Tritte. Man versucht dabei, das Gewicht möglichst auf die Füße zu bringen und sich nicht nur am Seil hochzuziehen. Kleine Schritte erleichtern dieses Vorhaben ungemein.

Im sog. Steigbaum des Haid-Steiges. (Rax)

Am Klettersteig

Wichtig ist eine gute Standposition beim Umhängen der Karabiner. (Reinhard Schiestl-Klettersteig)

Krafteinteilung und Tempo

Ein Blick auf das Topo bezüglich der Steiglänge sollte die Frage der Krafteinteilung wesentlich beeinflussen und wie z.B. im „Seewand-Klettersteig", in dem die schwerste Stelle erst nach 600 Klettersteigmetern kommt, zu ökonomischem und kontinuierlichem Klettern veranlassen. Denn jede Showeinlage und eine „stop and go fast" Technik kosten jene Kraft, die ganz oben am Steig gebraucht wird.

Karabinerhandling

Ein ganz zentraler Punkt, bei dem man viel Zeit und Sicherheit gewinnen kann. Hinsichtlich der Sicherheit ist Folgendes zu beachten:

Ins Sicherungsseil werden stets beide Karabiner eingehängt. An den Verankerungen wird zuerst der erste, dann erst der zweite Karabiner umgehängt (nie gleichzeitig)! Dadurch ist immer eine sichere Verbindung zwischen dem Kletterer und dem Drahtseil garantiert.

Es sollten auch immer beide Karabiner eingehängt sein, weil im Falle eines Sturzes die Gefahr eines Karabinerbruchs besteht, die durch die Verwendung zweier Karabiner gesenkt wird.

Bei ungesicherten Gehpassagen sind die Karabiner so einzuhängen, dass die Seilschlaufen nicht zu tief hängen, weil man sonst leicht darüber stolpern kann. Ideal ist der Brustgurt des Rucksackes

Der Umhängevorgang auf einer Grafik der Firma Petzl.

Sie hat es richtig gemacht (ist hängen geblieben), bis jemand zu Hilfe gekommen ist. (Kaiser Max-Klettersteig)

oder eine andere hochgelegene Rucksackschlaufe (einfach über die Schulter werfen ist nicht zu empfehlen).

Die Begehungszeit wird auch durch das intelligente Mitführen der Karabiner bestimmt, wobei es hier zwei Methoden gibt:

- Das Nachziehen bei dem die Hände sich ungestört dem Kraftakt am Sicherungsseil widmen können. Der Nachteil ist, dass die Karabiner sehr oft bei den Verankerungen des Sicherungsseiles hängen bleiben.
- Beim Vornewegschieben werden die Karabiner vor den Händen am Sicherungsseil geschoben, was ein Hängen bleiben am Seil verhindert und bei ganz schweren Stellen den optimalen Krafteinsatz stört.

Der Erfolg liegt darin, die Karabiner stets im Auge zu behalten, um ein Hängen bleiben durch richtiges Ein- und Umhängen und/oder rechtzeitiges Nachziehen zu vermeiden.

Sturz und Abstand

Ein Sturz sollte tunlichst vermieden werden, denn dieser ist im Gegensatz zum Sportklettern, wo Stürze regelmäßig zur Tagesordnung gehören, (lebens-)gefährlich. Sollte man merken, dass einen die Kräfte verlassen, MUSS man rechtzeitig bei einer Verankerung rasten und darf nicht bis zur völligen Erschöpfung weiterklettern. Sollte man so erschöpft sein, dass man nicht mehr weiter

Gesichert an einem kurzen Seil, so konnte sie sogar wieder lachen. (Kaiser Max Klettersteig)

Am Klettersteig

Immer auf den richtigen Abstand achten und nur an geeigneten Positionen überholen. (Sulzfluh-Klettersteig)

kann, so ist zusätzlich (falls vorhanden) ein Sicherungsseil zu verwenden. Dabei geht der stärkere Partner voraus und sichert den Schwächeren nach. Sollte kein Seil vorhanden sein, so ist - bevor man einen Sturz riskiert - die Bergrettung zu alarmieren (siehe unter Notruf). Auch sollte man auf den nötigen Abstand achten, damit der Vorauskletternde bei einem Sturz nicht auf den Nachkommenden fällt. Es sollte sich auch nur EIN Kletterer zwischen zwei Ankerpunkten befinden!

Tipp: Sollte in der Wand Steinschlaggefahr durch Schuttbänder oder loses Gestein herrschen, so empfiehlt es sich für die Nachkommenden möglichst zu den Vorgängern aufzuschließen, da so die Fallhöhe der Steine reduziert wird.

Überholen

Ist gut möglich, sollte aber nach gegenseitiger Absprache und unter Berücksichtigung der Abstandsproblematik geschehen. Am besten wartet der zu Überholende einfach bei einer Verankerung, bis der untere Kletterer überholt hat.

Rasten

Das Sprichwort „Wer rastet, der rostet" gilt nur für die Verankerungen und nicht für den Klettersteiggeher. Eine taktische Rast auf dem Band vor einer schwierigen Wandstelle ist oft goldeswert und sollte unbedingt zum Trinken genutzt werden.

Rast an einem vor Steinschlag sicherem Platz. (Punkt „Seit 1881" im Seewand-Klettersteig)

Wenn man schon mit Kindern schwere Klettersteige begeht, dann nur mit Sicherungsseil! (Wildenauersteig)

Rückzug

Was ist, wenn man nicht mehr weiterkann? Ein Rückzug am Klettersteig ist ein extrem unangenehmes Unterfangen. Hat man kein Kletterseil dabei, so bleibt nur der Rückabstieg, der manchen sogar etwas leichter fällt. Dieser sollte jedoch tunlichst vermieden werden, da er auch viel Kraft erfordert. Wichtiger ist, sich auf dem Topo die Notausstiege einzuprägen, um rechtzeitig über diese abzusteigen. Eine Abseilfahrt ist für Profis bei den Verankerungen problemlos möglich, für Unerfahrene jedoch eine große Gefahr!

Kinder und Jugendliche

Einige der in diesem Buch beschriebenen Klettersteige sind aufgrund der hohen Schwierigkeiten für Kinder und Jugendliche nicht geeignet bzw. ist bei den Touren das empfohlene Alter angeführt.

Alpine Gefahren

Wetter

Je länger die Tour, desto stabiler muss das Wetter sein. Neben Schnee und Regen ist das Gewitter der größte Feind der Klettersteiggeher, denn der Steig verwandelt sich im Nu in einen überdimensionalen Blitzableiter. Man sollte daher nicht in ein Gewitter kommen. Sollte es dennoch pas-

Schlägt das Wetter um, wird auch der leichte Abstieg zum großen Problem (Abstieg Irg Klettersteig).

Alpine Gefahren

Beim Zustieg noch „Kurze-Hose-Wetter", beim Ausstieg dann fast tiefster Winter. (Uiberlacher-Klettersteig)

sieren, so verlässt man den Steig am besten auf einem gr. Band und nimmt 15 Meter von den Felswänden entfernt unter dem Biwaksack eine Kauerstellung ein (auf den Rucksack setzen und die Füße geschlossen halten).

Wetterberichte:
- Österreich: ORF-Bergwettervorhersage unter wetter.orf.at/oes
- Österreich: Alpenverein-Wetterdienst unter www.alpenverein.at/Service
- Alpenverein Spezialservice: Persönliche Beratung: 0043 512 291600, Montag bis Samstag 13.00 bis 18.00 Uhr. Es beraten Meteorologen mit Bergführer-Ausbildung

Nässe

Nässe macht den Steig unter Umständen um einen Grad schwerer. Klammern und Seile sind dann sehr rutschig und man findet kaum Halt. Erschwerend sind erdige (gatschige) Passagen. Auch sollte man beachten, dass bei den sog. Schluchtklettersteigen ein Wetterstürz fatale Folgen haben kann. Der Bach schwillt an und ein Weiterkommen ist unmöglich bzw. können gewaltige Wassermassen die Sicherungsseile auch komplett überdecken. Einige Bäche schwellen am Nachmittag deutlich an (Schnee bzw. Gletscherschmelze im Hochgebirge!).

Schnee

Er bildet für den Klettersteiggeher eine ganz besondere Herausforderung, da dieser in der Praxis oft nicht mit Steigeisen und Pickel ausgerüstet ist. Bis spät in den Sommer hinein trifft man bei den Zustiegen (z.B. Klettersteig „Der Johann") auf Altschneefelder, die insbesondere am Morgen noch gefroren und somit ohne Steigeisen unpassierbar sind. Später am Tag sind die Schneefelder oft schon etwas aufgeweicht und mit der nötigen Vorsicht zu passieren. Sollte man einmal ins Rutschen kommen, so nimmt man die Bauchlage ein und bremst mit von sich gestemmten Armen und Beinen.

Am Steig selbst wird es dann spannend, wenn das Seil einmal tief unter dem harten Schnee steckt. Scheitert ein Ausgrabungsversuch, so kann man die Schneepassage - wenn man ein Kletterseil dabei hat - mittels Gefährtensicherung überwinden. Die Überwindung derartiger Schneefelder ist bei hartem Schnee und ohne Seil extrem gefährlich und sollte vermieden werden.

Wer im Winter z.B. auf dem Arlberger Winterklettersteig unterwegs ist, sollte unbedingt die Wechten am Grat und für den Zu- und Abstieg die aktuelle Lawinensituation berücksichtigen.

Steinschlag

Lauert dem Bergsteiger fast überall auf, besonders in Rinnen und am Wandfuß, ausgelöst durch vorangehende Kletterer, Gämsen, Schneeschmelze oder starken Wind (z.B. Föhn in der

Einige der im Buch beschriebenen Touren reichen über die 3000er-Marke. (Mürztalersteig - Großglockner)

Martinswand!). Wenn die ersten Steine fliegen, heißt es Augen auf (von wo kommt was) und das mögliche Aufschlaggebiet sofort verlassen, was beim Klettersteig nur bedingt möglich ist. Mann sollte daher sofort Deckung bei der Wand zu suchen. Das heißt mit dem Köper möglichst nahe zur Wand bzw. unter einen Vorsprung. Ein Helm ist daher ein absolutes Muss auf Klettersteigen.

Gefahren der Höhe

Ab einer Höhe von 2500 Metern über dem Meeresspiegel kann man höhenkrank werden, vor allem dann, wenn man mit Auto oder Seilbahn unterwegs ist und deshalb zu schnell in größere Höhen vorstößt. Die Symptome sind Kopfweh, starke Müdigkeit, erhöhter Ruhepuls. Sie verursachen Schwäche, falsche Entscheidungen, Trittunsicherheit und Erschöpfung. Diese Faktoren haben natürlich negative Auswirkungen auf die Begehungszeit und Sicherheit und können bei Menschen, die zur Höhenkrankheit tendieren auch einen lebensbedrohlichen Zustand auslösen (Lungenödem). Da die in diesem Buch beschriebenen Touren (mit Ausnahme Großglockners und Hochalmspitze) nur an der 3000er Grenze kratzen, genügt es, diese Zusatzzeit einzukalkulieren und auf seinen Körper zu hören. Sollten die Symptome stark auftreten, muss man unverzüglich absteigen.

Notruf

Notruf Bergrettung: 140 **Europäische Notrufnummer:** 112

Tipp: Hat man mit dem eigenen Netzbetreiber keinen Empfang, sollte man die internationale Notrufnummer 112 probieren. Diese geht in allen erreichbaren Netzen (auch in ausländischen). Es funktioniert übrigens auch ohne SIM-Karte im Handy und auch, wenn kein Guthaben auf einem Wertkartenhandy vorhanden ist. Der Anruf landet dann bei einer Notrufzentrale, gegebenenfalls wird die Bergrettung verständigt.

Alpines Notsignal

Ich brauche Hilfe: 6 x in der Minute ein akustisches oder sichtbares Zeichen geben.

Antwort vom Retter: 3 x in der Minute ein akustisches oder sichtbares Zeichen geben.

Toureninfos im Web:

www.bergsteigen.at

www.bergsteigen.at – die Webseite, auf der die Autoren sehr umfangreich Klettersteige veröffentlichen (immer sehr aktuell; inkl. Topos!).

www.klettersteig.com – gute Seite, in der vor allem die Klettersteige in Tirol beschrieben sind.

Gute Fußtechnik und der „Blick" für den richtigen Tritt sind in glatten Passagen ein Vorteil. (Kaiser Max-Klettersteig)

Schwierigkeit

Die Gesamtschwierigkeit eines Klettersteiges setzt sich aus der reinen (kletter)technischen Schwierigkeit und dem Gesamtanspruch zusammen. Ein mit E bewerteter Klettersteig am Alpenhauptkamm mit 1000 m Aufstiegslänge (bis auf knapp 3000 m) und einem langen Zu- und Abstiegsklettersteig stellt sehr hohe Gesamtanforderungen an den Begeher. In kurzen, talnahen Sportklettersteigen (z.B. City Wall) zählt hingegen nur die Bewältigung der schweren Einzelstelle.

(Kletter)technische Schwierigkeit: A - E bzw. 1 - 6

Derzeit gibt es noch keine international einheitlich verwendete Schwierigkeitsbewertung für Klettersteige. Im Ostalpenraum finden wir neben der Bewertung „leicht", „mittelschwer", „schwer" und „sehr schwer" und der „deutschen" KS-Bewertung (1 - 6) insbesondere die österreichische Buchstabenskala (A - E). Zwischenstufen bei der Buchstabenskala werden mit z.B. C/D oder auch, wie bei Klettertouren mit + oder – angegeben. In diesem Führer verwenden wir die Buchstabenskala und auch die Zwischenstufen (z.B. C/D).

A = leicht (deutsche KS-Bewertung 1)

Oft eine Wanderung, die an exponierten Stellen mit längeren flachen oder ganz kurzen, senkrechten Leitern, Geländer oder Stahlseilsicherung versichert ist. In der Regel ist noch keine Sicherung erforderlich und untrainierte, trittsichere Wanderer können derartige Routen problemlos meistern.

Leichte Klettersteige sind für Kinder - mit Seilsicherung - kein Problem. (Rudolf-Decker-Steig: Steinwandklamm)

Der auch für eventuelle Suchaktionen sehr wichtige Eintrag ins Steig- bzw. Gipfelbuch. (Crete Rosse)

B = mäßig schwierig (deutsche KS-Bewertung 2)

Bereits steileres Felsgelände mit Trittstiften, Stahlseilen und Ketten. Die Leitern werden länger und steiler; Seilbrücken erfordern etwas Geschicklichkeit. Einige Stellen verlangen bereits gewisse Armkraft. Auch routinierte Klettersteiggeher verwenden in diesen Steigen die Selbstsicherung. Für Kinder und Anfänger sollte man bereits ein Sicherungsseil dabei haben.

C = schwierig (deutsche KS-Bewertung 3 - 4)

Da wird es bereits ernst. Steiles bis sehr steiles Felsgelände mit längeren senkrechten Passagen und sogar leicht überhängenden kurzen Leitern. Trittstifte und Klammern haben etwas weitere Abstände und erfordern viel Kraft. Seilbrücken sind nur mit großer Kraftanstrengung und Konzentration zu überwinden. Absolute Sicherungspflicht. Für Anfänger und Kinder nicht mehr geeignet.

D = sehr schwierig (deutsche KS-Bewertung 5)

Fast durchgehend senkrechter Fels mit wenigen Rastpunkten. Oft nur ein Drahtseil, Trittstifte und Eisenklammern. Sollten Klammern oder Stifte vorhanden sein, so haben diese weite Abstände. Komplexe Klettertechniken und Bewegungsabläufe erforderlich. Bereits sehr Kraft raubend und nur von trainierten Klettersteiggehern sicher zu bewältigen. Eine zusätzliche Bandschlinge bzw. eine kurze Karabinerschlinge von Vorteil (Kurzfixierung). Für schwächere Geher unbedingt zusätzliche Seilsicherung. Nichts für Jugendliche und Anfänger.

Der Faktor Kondition hat mit der Einzelstellenbewertung im Grunde nichts zu tun. (Ausstieg Sulzfluh-Klettersteig)

Am Klettersteig

In neuen Action-Klettersteigen gibt es tlw. recht unangenehme „Mutproben". (Erlebnis-Klettersteig Gletscherstube)

E = extrem schwierig (deutsche KS-Bewertung 6)

Lange Passagen im senkrechten, glatten Fels nur mit Sicherungsseil und große Überhänge mit Trittstiften und Klammern (selten gute Rastpunkte). Extrem Kraft raubend, technisch und mitunter auch moralisch anspruchsvoll. Nur von sehr gut trainierten Klettersteiggehern begehbar. Auch gute Bergsteiger brauchen hier tlw. ein Sicherungsseil und auf jeden Fall eine zusätzliche Kurzfixierung.

Schwierigkeitsbewertung von Kletterstellen (UIAA Skala)

Bei den von uns vorgestellten Touren werden nur die ersten drei (von insgesamt 11) Schwierigkeitsgrade beim Felsklettern stellenweise kurz berührt (leichte Schrofenkletterei oder Kletterei bis zu den Versicherungen).

1 = leicht

Geringe Schwierigkeiten. Einfachste Form der Felskletterei (doch kein leichtes Gehgelände!). Die Hände sind zur Unterstützung des Gleichgewichtes erforderlich. Anfänger müssen am Seil gesichert werden. Schwindelfreiheit ist bereits erforderlich.

2 = mäßig schwierig

Mäßige Schwierigkeiten. Hier beginnt die Kletterei, welche die Drei-Punkte-Haltung (von zwei Beinen u. zwei Händen berührt immer nur ein(e) Bein oder Hand nicht den Fels) erforderlich macht. Auch geübte Kletterer gehen hier am Seil.

In einigen Steigen gibt es nicht mit Drahtseil abgesicherte Stellen. (Jubiläumsgrat - Zugspitze/Alpspitze)

Sehr anspruchsvoll sind lange Gratanstiege ohne Fluchtmöglichkeit (schwere Passage am Jubiläumsgrat - Zugspitze)

3 = schwierig

Mittlere Schwierigkeiten im ausgesetzten Felsgelände. Zwischensicherungen (Haken) an exponierten Stellen empfehlenswert. Senkrechte Stellen verlangen bereits Kraftaufwand. Sicherer Umgang mit Seil und Klemmkeilen erforderlich.

Gesamtanspruch

Der Gesamtanspruch setzt sich neben der klettertechnischen Schwierigkeit aus Steiglänge, Zustiegslänge, Abstiegslänge, alpine Gegebenheiten, wie ungesicherte Kletterstellen, Eis- und Schneepassagen, Fluchtmöglichkeiten und Orientierung zusammen. Bei wenig anspruchsvollen Klettersteigen reduziert sich die Schwierigkeit auf die Kletterstellen. Bei hohem Gesamtanspruch kommt noch die konditionelle und alpinistische Komponente dazu.

Für den Gesamtanspruch von Klettersteigen gibt es in der Literatur bis dato keine Bewertung. Wir haben uns für eine dreistufige Skala mit stufenlosem Intervall (z.B. 2,4) entschieden.

1 = geringer Gesamtanspruch

Kurzer Zu- und Abstieg, geringe Steiglänge, kein unversichertes alpines (Absturz-)Gelände, gute Markierung und Tal- bzw. Hüttennähe kennzeichnen diese Stufe. Alpine Erfahrung ist nur im Bereich der Sicherungs- und Klettertechnik nötig. **Beispiele:** **Tristkogel-Klettersteig, Henne-Klettersteig**

Im Spätherbst haben viele Schutzhütten schon zu - dann ist der Rucksack etwas größer. (Gamsängersteig - Kaiser)

Gesamtanspruch

Bei E-Stellen ist man in der Regel am Limit. (Übungsklettersteig Lünersee)

2 = mittlerer Gesamtanspruch

Bereits ernstere und längere Touren, die im alpinen Gelände weiter entfernt vom Tal liegen bzw. schon heikle Passagen beinhalten. Bei Notsituationen können hier ernste Probleme auftreten. Neben der Sicherungs- und Klettertechnik braucht man auch eine alpine Grunderfahrung (z.B. Orientierung und Wetterkunde) und eine gute Grundkondition.

Beispiele:

Luft unter den Sohlen, Weg ohne Grenze, Haid-Steig und HTL-Klettersteig

3 = hoher Gesamtanspruch

Sehr ernste und lange Klettersteigtour, gekennzeichnet durch sehr lange Zu- und Abstiege, evtl. mit Kletterstellen, und/oder Begehung von Eis- und Schneefeldern. In Verbindung mit einer schweren Klettersteiganlage stellen diese Faktoren hohe Ansprüche an den Begeher. Extrem gute Kondition und alpine Erfahrung erforderlich. Die gesamte Bergausrüstung darf hier nicht fehlen.

Beispiele:

Königsjodler-Klettersteig, Klettersteig „Der Johann“, Seewand-Klettersteig und Mürztalersteig mit anschließender Besteigung des Großglockners

Stufe 3: Langer, sehr schwerer Klettersteig mit langem Abstieg. (Im Birgkar, links der Grat mit dem Königsjodler)

Zeichenerklärung

Bei vielen Klettersteigen sind beim Zu- oder Einstieg Infotafeln aufgestellt. (Postalmklamm-Klettersteig)

Zeichenerklärung/Sign description

- Gesamthöhenmeter / *Total altitude difference*
- Gesamtanspruch / Total demand 1=low to 3=high
- Bewertung / Difficulty (A=easy to E=very hard)
- Kletterhöhenmeter/Zeit / Climbing altitude diff./time
- Zustiegszeit zur Route / Approach time to the route
- Abstiegszeit / Descent time
- Gesamtzeit und Höhenmeter / Total altitude diff. and time
- Sehr schöne Tour / Very good route
- Schöne Tour / Good route
- Mittelmässige Tour / Mediocre route
- Schlechte Tour / Bad route
- Gipfel (wird nicht immer bestiegen) / Summit (not always climbed)
- Kindereignung mit Altersangabe / For children at the age of...
- Sehr gut versicherter Steig / *Very good secured route*
- Gut versicherter Steig / *Good secured route*
- Mittelmässig versicherter Steig / Mediocre *secured route*
- Schlecht versicherter Steig / *Bad secured route*
- Ausrichtung (Norden, Westen) / Route faces (north, west,...)
- Beste Jahreszeit / Best season

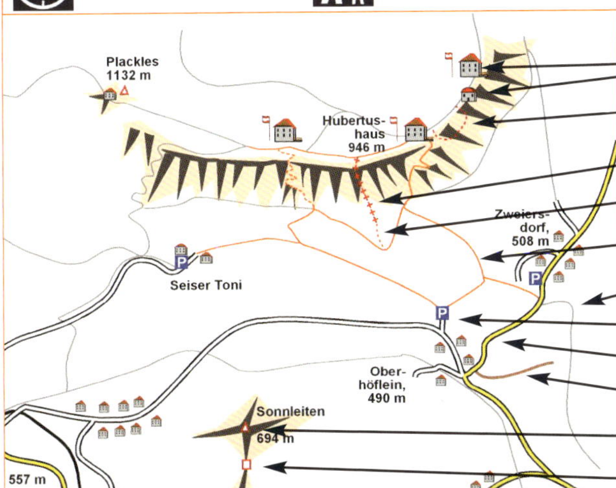

Karte/Map

- Hütte, Biwak oder Gasthaus / Hut, bivouac or restaurant
- Routenverlauf leichter Klettersteig / Way of the easy fixed rope route
- Routenverlauf Klettersteig / Way of the fixed rope route
- Zu- bzw. Abstiegssteig / Steep approach or descent
- Wanderweg (markiert) / Marked footpath
- Nicht benötigter Wanderweg / Marked footpath, not used
- Parkmöglichkeit / Parking possibility
- Gute Straße / Good road
- Forstweg bzw. Schotterstraße / Bad road
- Erhebung oder Gipfel / Rise or Summit
- Scharte oder Pass / Pass (not always to cross)

1 Via Örfla Klettersteig

2,3 (3 – 2 – 1)

- Mittel
- Mittel
- Diff. D und 2
- 100 Hm, 1 Std.
- 1 Std.
- 1 Std.
- ab 13 Jahren
- 3 Std., 350 Hm
- W
- Hohe Lug, 973 m
- April - Nov.

Stützpunkt

Ghf. in Meschach

Besonderheiten: Wenig echte Steilpassagen, dafür aber das abenteuerliche „Spiel“ mit dem Wasser in einer Schlucht! Für trittsichere Klettersteiggeher in Kombination mit den beiden Klettersteigen am Kapf eine gute Ergänzung, bei der man sich nur bei Niedrigwasser keine nassen Füße holt!

Kurzinfo

Talort: Götzis, 448 m

Ausgangspunkt: Parkplatz beim Schwimmbad, ca. 480 m

Karten: ÖK 111, Dornbirn; Kompass WK 2; F&B WK 364, Bregenzerwald

Anreise: Auf der A14 nach Götzis und im Ort bei der Kirche östlich in Richtung Bad abzweigen (direkt beim Bad parken). Öffis: Mit der Bahn nach Götzis.

Zustieg: Auf dem Wanderweg entlang des Baches (Meschatleweg), bis der Weg nach der Meschatlebrücke zur Straße ansteigt (siehe Karte). Dort verlässt man den Weg und folgt dem Bachlauf (Steigspuren, Steinmänner) bis zu einer großen sperrenden Stufe. Bei dieser beginnt auf einem Band rechts oben der Klettersteig.

Route: Vom Band auf dem Felsblock wieder zum Bach queren (A und B). Beim Block auf die andere Bachseite und zu den Versicherungen hinauf. Nach einer Querung (A) und einer Steilstufe (B/C) kommt kurzes Gehgelände. Danach folgt eine Stufe (B/C), eine schöne Querung (B) und nach weiteren kurzen Aufschwüngen (bis B/C) steht man im Wald. Dort nach rechts - ein kurzes versichertes Stück (A) - danach hinunter zum Bach. Auf die andere Bachseite zur sehr steilen Schlusswand (2 und D; die ersten Klammern sind hoch oben), nach der man den Ausstieg beim Wanderweg erreicht.

Abstieg: Vom Ausstieg hinunter zu einer Brücke und zur Kirche in Meschach, an dieser rechts vorbei und über den Meschatleweg zurück zum Ausgangspunkt.

Ausrüstung: Komplette Klettersteigausrüstung und Helm

Bemerkung: Sehr heikler, erdiger Zustieg. Nicht bei Nässe begehen! Man kann auch von der Straße nach Meschach in die Schlucht absteigen (wenig Parkmöglichkeit).

Topo *Axel Jentzsch-Rabl*

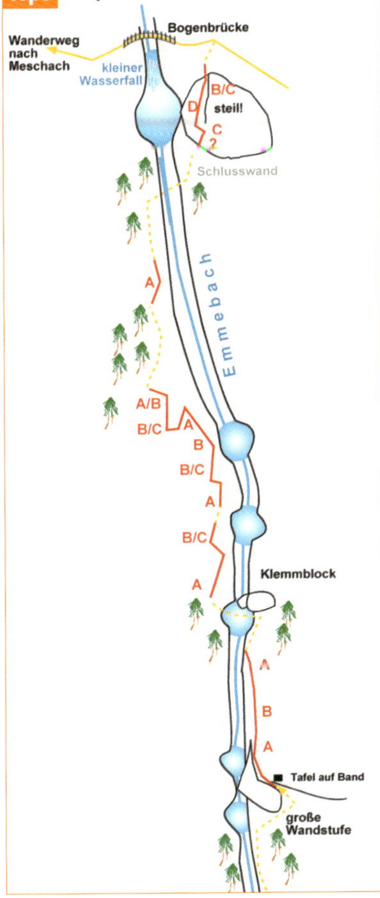

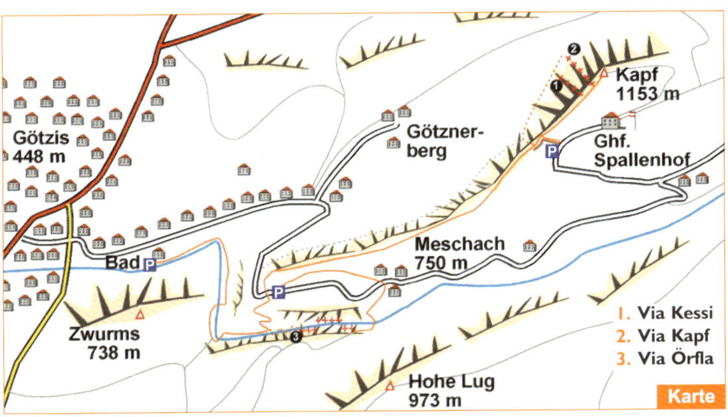

Bild 1: Der heikle Ausstieg der Via Örfla.

Bild 2: In der Örfla-Schlucht gibt es auch andere Probleme.

Bild 3: Nach dem großen Block.

Ü-Bild: Rechts im roten Kreis die Örfla-Schlucht. In Orange der Meschatleweg am Kamm und li. oben die Klettersteige Via Kessi (re.) und Via Kapf (li.).

Fotos: Dieter Wissekal und Axel Jentzsch-Rabl

1

2-3 Via Kapf - Via Kessi Klettersteige

1,7 (3 – 2 – 1)

- Schön
- Gut
- Diff. D/E
- 110 Hm, 1 Std.
- 30 Min.
- 15 Min.
- ab 13 Jahren
- 2 Std., 120 Hm
- NW
- Kapf, 1153 m
- April - Nov.

Karte auf Seite: 43

Stützpunkt
Ghf. Spallenhof, 1040 m

Besonderheiten: Sehr luftig, sehr steil, sehr schwierig und gut abgesichert - die beiden Klettersteige hoch über dem Rheintal bieten ein vertikales Abenteuer der Extraklasse! Selten leichter als D, daher verlangen die beiden sehr ausgesetzten Eisenwege sehr viel Kraft und Geschicklichkeit von den Begehern. Man kommt, trotz der geringen Steighöhe, wegen der vielen Überhänge ganz schön ins Schnaufen. Wer sich den erdigen Fußabstieg zum Einstieg ersparen will, klettert einen Klettersteig hinunter und den anderen wieder hinauf. Belohnt wird man mit einem grandiosen Ausblick ins Rheintal, der bei etwas Wetterglück bis weit über den Bodensee hinaus reicht.

Kurzinfo
Talort: Götzis, 448 m
Ausgangspunkt: Parkplatz vor dem Ghf. Spallenhof, ca. 1040 m
Karten: ÖK 111, Dornbirn; Kompass WK 2; F&B WK 364, Bregenzerwald

Anreise: Auf der A14 nach Götzis und im Ort bei der Kirche östlich in Richtung Schwimmbad abzweigen (beim Schwimmbad ist der Ausgangspunkt für die gesamte Runde - Via Kapf, Via Kessi und Via Örfla). Man folgt der kurvigen Straße hinauf nach Meschach und weiter, bis ca. 300 m vor dem Gasthaus Spallenhof bei Wegweisern eine Parkmöglichkeit kommt. Öffis: Mit der Bahn nach Götzis und weiter mit dem „Meschabus" nach Meschach (nur an Sonn- und Feiertagen).

Zustieg: Vom Parkplatz auf dem Güterweg ein kurzes Stück Richtung Westen bis zur Einbuchtung und beim Waldrand kurz links gehen. Dann gleich den zweiten Steig rechts steil hinunter (kein Wegweiser, leicht zu übersehen). Am Fuß der Kapfwand rechts den Steigspuren zu den Einstiegen folgen. Via Kessi ist der rechte, Via Kapf der linke Klettersteig - beide Steige sind angeschrieben.

Route: Siehe Topo-Skizze. In der Regel wird die Via Kessi (vorbei am Zapfhahn) abgestiegen. Unten quert man nordöstlich zur Via Kapf.

Abstieg: Südwestlich auf dem Kamm hinunter in die Einbuchtung (Sattel) und zurück zum Parkplatz.

Ausrüstung: Kompl. Klettersteigausrüstung und Klettersteighandschuhe.

Bemerkung: Zwei extrem schwere Klettersteige, jeweils D/E, meist um C/D, selten leichter! Bei Nässe ist der Fußabstieg zu den Einstiegen heikel! Alternativ kann man einen der beiden Klettersteige als Abstiegsweg nehmen. Für Anfänger nicht geeignet. In Kombination mit der Via Örfla in der Örfla-Schlucht ergibt sich ein sehr gut ausgefüllter Klettersteigtag im Bregenzerwald.

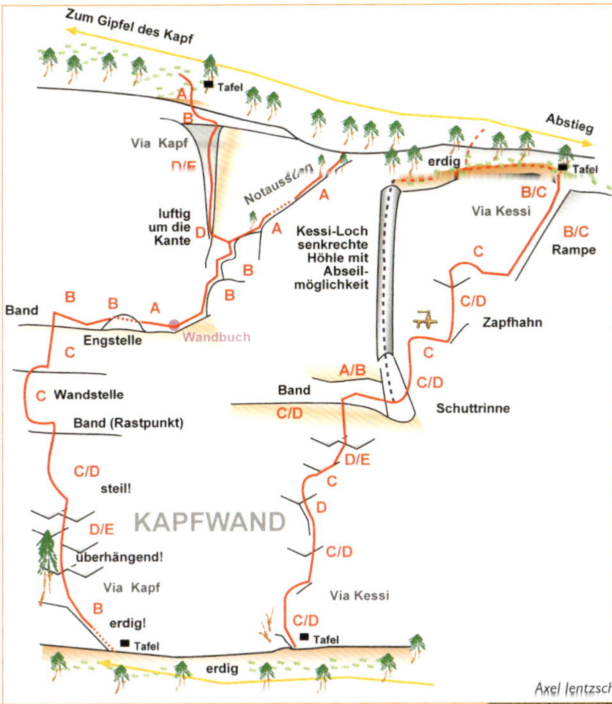

Axel Jentzsch-Rabl **Topo**

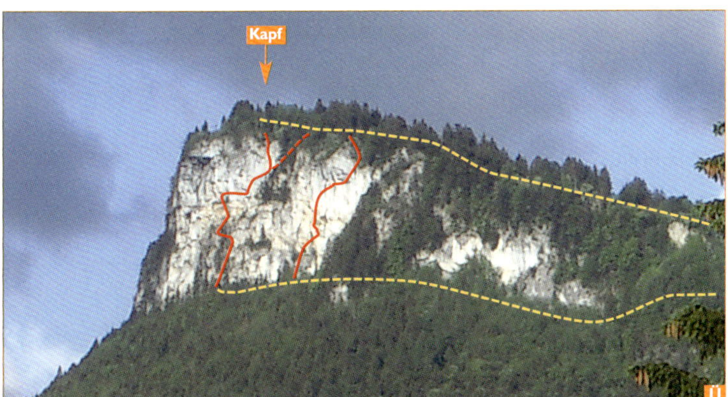

Bild 1: Der sehr ausgesetzte Ausstieg der Via Kapf.

Bild 2: Der Zapfhahn in der Via Kessi.

Bild 3: In der ersten Überhang-Kombination der Via Kessi.

Bild 4: Perfekte Vertikal-Passage in der Via Kapf. Der Blick reicht bis zum Bodensee!

Ü-Bild: Links die Via Kessi (Notausstieg strichliert) und rechts die Via Kapf; beide Klettersteige in Rot. Der Zu- und Abstiegsweg in Orange.

Fotos: Dieter Wissekal und Axel Jentzsch-Rabl

1

4 Francesco Tarmann-Klettersteig

1,3 (3 – 2 – 1)

- Mittel
- Sehr gut
- Diff. C/D
- 60 Hm, 55 Min.
- 5 Min.
- 15 Min.
- ab 13 Jahren
- 1 Std., 75 Hm
- SO
- Hangender Stein, 610 m
- April - Nov.

Karte auf Seite: 49

Stützpunkt

Gasthäuser in Bludenz bzw. Ludesch.

Besonderheiten: Kurzer, aber nicht zu unterschätzender Trainingsklettersteig. Die Route verläuft östlich des „Hangenden Steins“ und nutzt den Fels interessant aus. Wegen der üppigen Vegetation eine etwas grasige Angelegenheit, die sich nur in Kombination mit anderen Rheintal-Klettersteigen lohnt.

Kurzinfo

Talort: Ludesch, 555 m

Ausgangspunkt: Parkplatz unter dem „Hangenden Stein“, ca. 540 m

Karten: ÖK 141, Feldkirch; F&B WK 371, Bludenz; Kompass WK 32

Anreise: Auf der A14 bis zur Abfahrt Bludenz/Brandner Tal, weiter in Richtung Ludesch - die Bundesstraße führt direkt unter dem Hangenden Stein vorbei. Im Bereich der Felswand je nach Möglichkeit parken. Öffis: Mit der Bahn nach Ludesch und zu Fuß zum „Hangenden Stein“.

Zustieg: Dem Pfad neben der Sitzbank durch den Wald folgen. Bereits nach wenigen Metern teilt sich der Steig. Links halten (von rechts kommt der Abstiegsweg) und in Kürze zum Einstieg.

Route: Nach der steilen Einstiegswand (C) folgt man einem erdigen Band (A/B) nach rechts. Anschließend führt eine steile Verschneidung (C/D) nach oben. Danach geht es im Zickzackkurs (C, dann C/D) weiter. Über die Schlusswand (C) wird der originelle Umkehrpunkt (C/D) erreicht.

Abstieg: Nach der Umkehrstelle weiter dem Stahlseil folgen. Der steile, erdige Abstieg ist durchgehend versichert und erreicht in den Felspassagen den Schwierigkeitsgrad B/C.

Ausrüstung: Komplette Klettersteigausrüstung.

Bemerkung: Großteils schattiger Verlauf im Wald. Der Fels ist stellenweise mit Erdsand bestäubt, bei Nässe sehr rutschig!

2

Topo Axel Jentzsch-Rabl

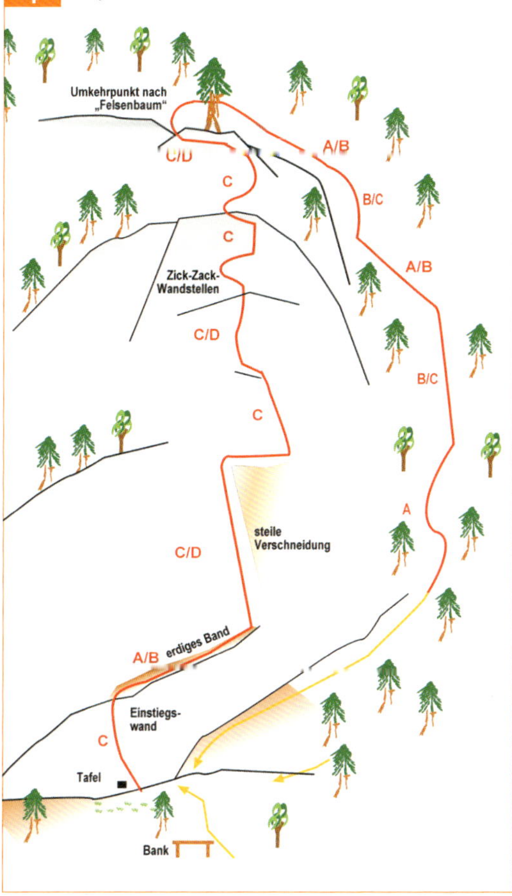

3

4

5

Ü

Bild 1: Steile Kletterei mitten im Wald.

Bild 2-4: Vor allem im Hochsommer ist der Routenverlauf mit div. Strauchwerk zugewachsen.

Bild 5: Die Bank beim Einstieg.

Ü-Bild: Im rechten Wandteil verläuft der Klettersteig.

Fotos: Dieter Wissekal und Axel Jentzsch-Rabl

5 Übungsklettersteig Lünersee

1,7 (3 – 2 – 1)

Sehr schön

Sehr gut

Diff. E

80 Hm
1 Std.

10 Min.

10 Min.

ab 13 Jahren

2 Std.
120 Hm

NW

Böser Tritt, 1910 m

Juni - Okt.

Stützpunkt

Douglashütte, 1980 m, ÖAV; bew. Pfingsten - Anfang Okt. Tel. +43 5559 206

Besonderheiten: Was ist wirklich extrem? Beim horizontalen Dach des Übungsklettersteiges findet man die Antwort auf diese Frage. Es gibt fast keine mit Stahlseil versicherte Wandpassage, die sich mit diesem Eisenweg messen kann! Die vom Alpin-Live-Team vorbildlich eingerichtete Klettersteigrunde führt den Begeher langsam an seine Grenzen heran und lädt - dank der kurzen Seilfixierungs-Abstände und der damit verbundenen geringen Sturzhöhe - dazu ein, diese zu überschreiten. Kleiner Wermutstropfen ist die Kürze der Anlage, die im Grunde auch zu keinem „Ziel" - sei es nun eine Hütte oder ein Gipfel - führt.

Kurzinfo

Talort: Brand, 1037 m

Ausgangspunkt: Talstation der Lünerseebahn, 1566 m

Karten: ÖK 141, Feldkirch; F&B WK 371; Kompass WK 32

Anreise: Auf der A14 bis zur Ausfahrt Bludenz/Brandner Tal, von dort weiter nach Brand. Am Ende der Fahrmöglichkeit befindet sich bei der Talstation der Lünerseebahn ein Parkplatz. Öffis: Mit der Bahn nach Bludenz und dem Bus zur Talstation der Lünerseebahn (eingeschränkter Linienverkehr).

Zustieg: Vom Parkplatz folgt man kurz dem Bach und steigt dann linkshaltend über eine Schutthalde zum Einstieg bei einer schon vom Parkplatz aus sichtbaren weißen Tafel auf. Je nach gewählter Route beginnen die Versicherungen links oder rechts neben der Informationstafel. Koordinaten: N 47°03'53", O 9°45'23".

Route: Siehe Topo-Skizze. Im Idealfall beginnt man links (E) und steigt dann rechts (D/E) wieder ab. Die oberen Abschnitte sind die schwersten.

Abstieg: Es gibt bei diesem Klettersteig keinen offiziellen Abstiegsweg. Es sind aber Abseilstellen eingerichtet (diese kann man nur benützen, wenn man Seil und Abseilachter dabei hat!). Am besten klettert man also eine Runde und wählt, je nach Lust und Laune, eines der Stahlseile als Abstiegsweg (nach jedem Steigdrittel gibt es eine versicherte Querverbindung).

Ausrüstung: Kompl. Klettersteigausrüstung, Helm und Klettersteighandschuhe.

Bemerkung: Extrem schwerer Sportklettersteig, Stellen E, oft Stellen mit D, selten leichter. In Kombination mit einem Besuch der Douglashütte oder des rechts vom Klettersteig gelegenen „Anfängerklettergartens" ein lohnendes Vorhaben. Wegen des kurzen Zustieges auch gut mit anderen Klettersteigen in der Nähe (z.B. Francesco Tarmann Klettersteig) zu kombinieren.

Topo Axel Jentzsch-Rabl

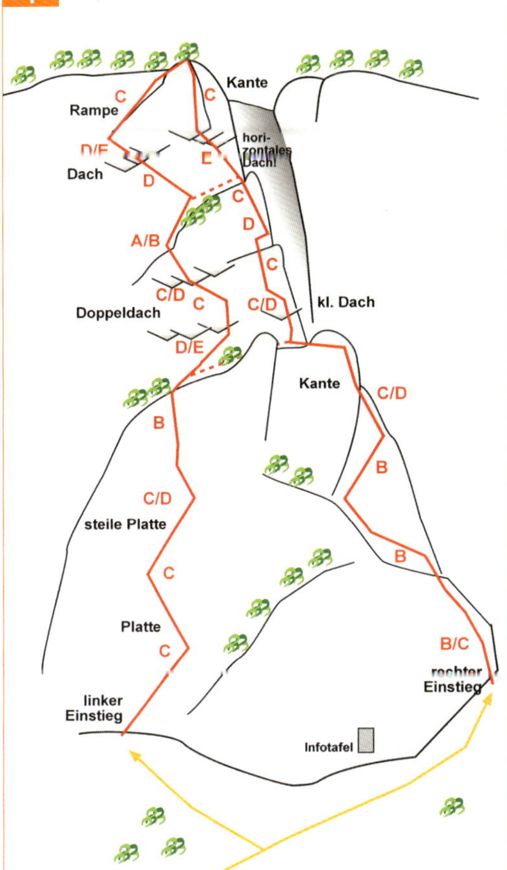

Karte

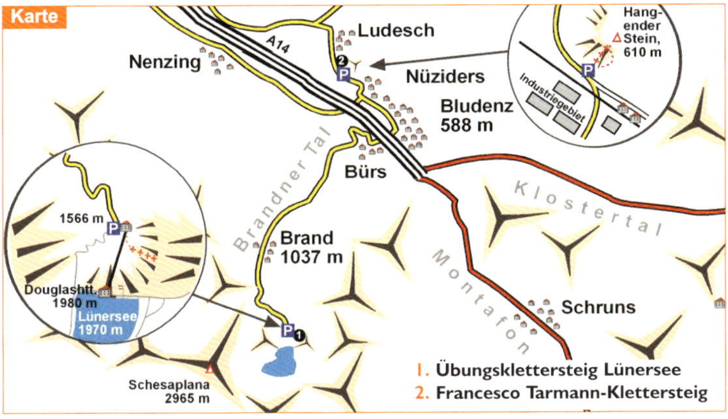

Bild 1 u. 2: *In der steilen Schlüsselstelle. Eine der schwersten Klettersteigstellen im Ostalpenraum.*

Bild 3: *Auch die linke Variante hat fast horizontale Stellen.*

Ü-Bild: *In Rot linker und rechter Anstieg (strichliert die Verbindungen) und in Orange der Zustieg.*

Fotos: Dieter Wissekal und Axel Jentzsch-Rabl

1

6 Klettersteig Gauablickhöhle

1,7 (3 – 2 – 1)

Sehr schön

Gut

Diff. C

260 Hm
1,5 Std.

3 Std.

3 Std.

ab 10 Jahren

7,5 Std.
1550 Hm

N

Sulzfluh, 2818 m

Juni - Sept.

Karte auf Seite: 53

Stützpunkt

Lindauer Hütte, 1744 m, ÖAV; *bew. Ende Mai - Mitte Okt.. Tel: +43 664 503 3456*

Tilisunahütte, 2208 m ÖAV, *bew. Mitte Juni - Mitte Okt.. Tel: +43 664 1107969*

Besonderheiten: Sehr schöner Klettersteig an der Nordseite der Sulzfluh. Highlight ist die in den Steig mit eingebundene, ca. 350 m lange Gauablickhöhle, in der man kurz zum Höhlenforscher wird. Hat man danach noch Reserven, bietet sich eine Besteigung der Sulzfluh an. Bei klarem Wetter sieht man vom Gipfel bis zu den Schweizer 4000ern.

Kurzinfo

Talort: Latschau, 983 m

Ausgangspunkt: Parkplatz Lünerseewerk, 990 m

Karten: ÖK 142 Schruns; F&B WK 371; Kompass WK 032

Anreise: Bei Bludenz Richtung Montafon abzweigen und bis nach Tschagguns. Im Ort rechts nach Latschau bis zum Lünerseewerk/Golmerbahn. Öffis: Vom Bahnhof Tschagguns mit dem Bus (Linie 1) bis Latschau Golmerbahn Talstation.

Zustieg: Vom Lünerseewerk das Gauertal zuerst auf Asphalt, dann auf einer Forststraße empor. In der Rechtskehre auf 1560 m (N 47°02'16,2", O 9°50'59,6", evtl. Fahrraddepot) links abzweigen, den Steigspuren und dem Bachlauf folgend die Wiese hinauf. Anschließend den Wegweisern zum Einstieg (47°01'22,7", O 9°50'44,0") folgen. Von der Lindauer Hütte erreicht man den Einstieg in 1,5 Std.

Route: Über Platten (zuerst A/B, dann A) zu einer Rampe (A/B) und eine weitere Platte (A/B) zu einem steilen Pfeiler (B). Es folgt eine Linksquerung (A) zur Gauablickhöhle. Durch die Höhle (anfangs A/B) gehen. Eine Rechtsquerung (A) führt zu einem Pfeiler (B). Nach einem kurzen leichten Abschnitt (A) folgen eine Stufe (B) und die Schlüsselstelle in Form eines kleinen Überhangs (C). Dort befindet sich der Notausstieg. Über eine Rampe (A/B) und Stufe (A/B) wird ein Schuttkessel (A) erreicht. Steile Stufen (A/B bis B/C) führen zum Ausstieg.

Abstieg: Vom Ausstieg den Steigspuren bis zur Abzweigung in den „Rachen" folgend aufsteigen. Über Geröll steil hinab und zurück zum Aufstiegsweg. Alternativ kann über die Schwarze Scharte bzw. die Tilisunahütte und den Schwarzhornsattel abgestiegen werden. Sulzfluhgipfel: Vom Ausstieg auf mark. Weg in ca. 1 Std. errreichbar.

Ausrüstung: Kompl. Klettersteigausrüstung, Helm und Stirnlampe.

Bemerkung: Besser bei der Tafel vor der Wand (steinschlagsicher) anseilen. Unbedingt eine Stirnlampe für die Höhle mitnehmen. Der Abstieg durch den Rachen ist bei Schneelage nicht zu empfehlen. Grundsätzlich für Kinder geeignet. Zu beachten ist der lange Zu- und Abstieg und die Steinschlagproblematik. **Kombination mit Sulzfluh-Klettersteig:** Latschau - Klettersteig Gauablickhöhle - Tilisunahütte (evtl. Nächtigung) - Sulzfluhhöhlen - Sulz - Sulzfluh-Klettersteig - Talabstieg Latschau.

Bild 1: Ein junger „Höhlenforscher" kurz vor dem Ausstieg.

Bild 2: Im etwas steileren Pfeiler im unteren Teil.

Bild 3: In der Höhle - ein Seil weist dort den Weg.

Bild 4: Landschaftlicher Augenschmaus beim Abstieg (Blick zu den drei Türmen).

Fotos: Dieter Wissekal und Axel Jentzsch-Rabl

7 Sulzfluh-Klettersteig

2,2 (3 – 2 – 1)

Sehr schön

Sehr gut

Diff. D

420 Hm
2,5 Std.

1,5 Std.

2 Std.

ab 13 Jahren

6 Std.
1150 Hm

S

Sulzfluh,
2818 m

Juni - Sept.

Stützpunkt

Carschinahtt., 2236 m, SAC; bew. Mitte Juni - Mitte Okt. Tel: +41 79 418 22 80
www.carschinahuette.ch

Tilisunahütte, 2208 m ÖAV; bew. Mitte Juni - Mitte Okt.. Tel: +43 664 1107969

Besonderheiten: Sehr schöner Plaisir- und Sportklettersteig, der luftig durch die Südwand der Sulzfluh zieht. Die Route verläuft meist über Platten und einige kurze Bänder, auf denen man sich etwas erholen kann. Vor allem landschaftlich - schroffe Felsen, eingebettet in saftige Almwiesen mit kleinen Seen - hat dieser Anstieg viel zu bieten. Oben wird man mit dem Ausblick auf die Schneegipfel der Silvretta und Bernina belohnt!

Kurzinfo

Talort: St. Antönien, 1420 m

Ausgangspunkt: Parkplätze am Talende des Partnuntals, ca. 1700 m

Karten: Schweizer Landeskarte Nr. 1157, Sulzfluh; ÖK 169 und 142

Anreise: Auf der A13 bis zur Ausfahrt Landquart, dort die N28 in Richtung Davos bis nach Küblis. Im Ort nach St. Antönien abzweigen und bis zum Ende der Fahrmöglichkeit beim Parkplatz Nr. 7 in Partnun fahren (Parkgebühr zahlt man am besten beim Parkplatz Nr. 1). Öffis: Bahn bis Landquart und mit dem Bus nach St. Antönien.

Zustieg: Vom Parkplatz Nr. 7 auf dem markierten Weg aufsteigen - dieser verläuft über schöne Almwiesen in Richtung Carschinahütte - bis man unter der Südwand rechts zum Einstieg abzweigt. Am Ende über ein kurzes Schuttfeld hinauf zum Einstieg (bei weißer Platte und einem roten „E" an der Wand).

Route: Nach der Platte (B) gelangt man zur ersten Stufe, die mittels zweier Leitern (C) überwunden wird. Es folgt eine Querung (A) und eine schöne Platte (C), die wiederum in gestuftes Gelände (B bzw. B/C) führt. Nach kurzem Schrofenteil (A) und kurzer Querung (A) kommt eine Steilstufe (C/D), die in einen Grat (B) mündet, der bei einer Bank endet. Von dieser unter die Steilwand, in dieser leicht links ansteigend (C) zur steilen Passage (C/D). Es folgt eine Querung zu einer weiteren Steilpassage (C/D), die bis auf das Köpfl mit der Dreiseilbrücke (B, Wandbuch) reicht. Dann steil aufwärts (C) zu einer steilen Klammernpassage (D) und über luftige Steilstücke (C) bis zur Leiternbrücke (A). Nach der Brücke kurz steil (C) weiter, bis das Gelände flacher (B, dann A) und das Ende der Sicherungen erreicht wird - weiter zum höchsten Punkt.

Abstieg: Vom Gipfel zuerst kurz nördlich über Schrofen, dann östlich durch den sog. Gemschtobel absteigen. Am Ende des Abstieges oberhalb eines Sees zurück zum Parkplatz Nr. 7 - der Weg ist markiert.

Ausrüstung: Komplette Klettersteigausrüstung und Helm; für schwächere Geher ein kurzes Sicherungsseil.

Bemerkung: Sollte die Zufahrt zum Parkplatz Nr. 7 nicht mehr möglich sein, wählt man einen der unteren Parkplätze.

2

3

Ü

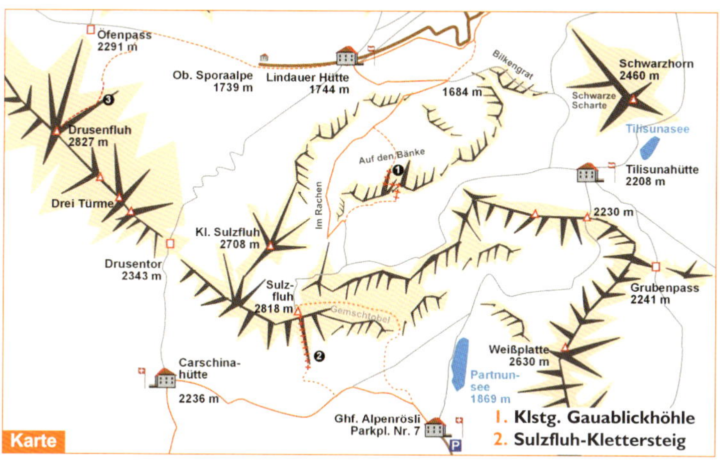

Karte

Bild 1: *Immer sehr steil und ausgesetzt ist die Kletterei an der glatten Südwand der Sulzfluh.*

Bild 2: *Die erste Leiter gleich nach der Einstiegsplatte.*

Bild 3: *Bei der luftigen Querung im oberen Teil der Route - im Hintergrund der Partnunsee.*

Ü-Bild: *Der Steig und der Abstieg durch den Gemschtobel.*

Fotos:
Axel Jentzsch-Rabl

1

8 Greitspitz-Klettersteig

1,6 (3 – 2 – 1)

- Schön
- Mittel
- Diff. D
- 130 Hm, 50 Min.
- 4 Std.
- 2,5 Std.
- ab 12 Jahren
- 7,5 Std., 1600 Hm
- NW
- Greitspitze, 2871 m
- Juli - Sept.

Stützpunkt

Restaurant Idalp-Panorama, 2300 m, während der Betriebszeiten der Bahn bew. Tel: +43 5444 606 822. Infos: www.silvretta.at

Besonderheiten: Der aussichtsreiche Greitspitz-Klettersteig wurde 2001 errichtet. Der technisch anspruchsvolle Sportklettersteig befindet sich mitten in der Silvretta-Arena, der riesigen Schischaukel Ischgl-Samnaun.

Kurzinfo

Talort: Ischgl, 1376 m
Ausgangspunkt: Talstation der Pardatschgratbahn, 1362 m
Karten: ÖK 170, Mathon; F&B WK 41, Silvretta; Kompass WK 372, Paznaun

Anreise: S16 bis Pians, dann auf der B188 nach Ischgl. Im Ort bei der Pardatschgratbahn (bei Aufstieg zu Fuß) oder Silvrettabahn (bei Seilbahnbenützung) parken. Mit Öffis: Mit der Bahn bis Landeck-Zams und weiter mit dem Bus nach Ischgl.

Zustieg: Von der Talstation der Pardatschgratbahn die Forststraße aufsteigen. Auf ca. 1520 m links ins Velilltal abzweigen und bis zur Velillscharte aufsteigen. Über das Viderjoch zum Idjoch und weiter zur Talstation des Greitspitzliftes. Rechts an diesem vorbei einem breiten Weg folgen, nach ein paar Minuten endet der Weg scheinbar im Nichts. Leicht rechtshaltend auf den kleinen Rücken hinauf (großer, aus Steinen gebildeter Pfeil). Absteigende Steigspuren und blaue Markierungen führen in einem großen Linksbogen zum Einstieg. Einstiegskoordinaten: N 46°58'13,7°, O 10°19'46,6". **Vorteilhaft ist die Seilbahnbenützung** - etwa 3 Stunden Zeitersparnis!

Route: Über einen Kantenaufschwung (B/C) hinauf. Nach einer kurzen Flachpassage (A) folgt eine sehr schöne Platte (B). Danach geht es direkt an der Kante (B) recht ausgesetzt weiter. Rechts setzt die leichte Variante (B/C) fort. Links führt eine spektakuläre, mit Klammern und Trittstiften gesicherte Querung in einer senkrechten Wand (C bis C/D). Anschließend die Wand empor (C bis D) und zurück an die Kante (Vereinigung mit leichter Variante). Nach kurzem, leichtem Abschnitt (A/B) teilt sich der Steig abermals. Rechts setzt wieder die leichte Variante (B/C) fort. Links folgt ein kurzer Abstieg zu einer Querung (B/C). Nach einem Spreizschritt (C) geht es zuerst senkrecht (C), später flacher (B) zurück auf den Grat (Vereinigung mit leichter Variante). Über leichtes Gratgelände (A bis A/B) wird der Ausstieg erreicht.

Abstieg: Vom Gipfelkreuz zum Greitspitzlift und links entlang der Markierung zum Aufstiegsweg absteigen. Bei Seilbahnbenützung etwa 1,5 Stunden Zeitersparnis.

Ausrüstung: Komplette Klettersteigausrüstung, Helm und Klettersteighandschuhe.

Bemerkung: Teilweise weite Abstände der Verankerungen, schwere Stellen kann man umgehen. Gut mit dem Flimspitz-Klettersteig zu kombinieren!

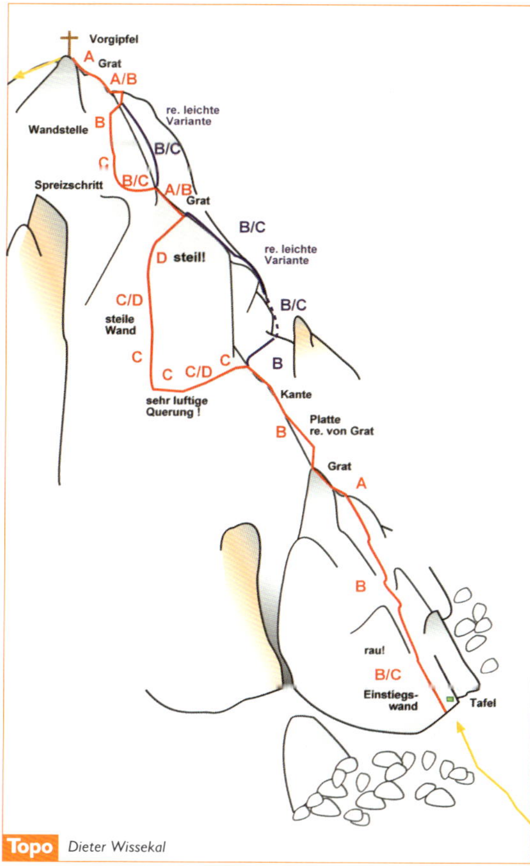

Topo Dieter Wissekal

2

3

Ü

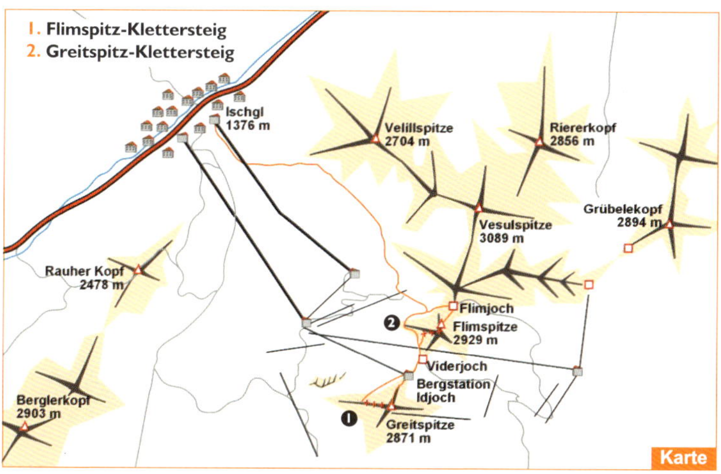

Karte

Bild 1: Die luftige Querung im Mittelteil.

Bild 2: Es geht hinter einem Turm vorbei.

Bild 3: In einer der Vertikal-Passagen.

Ü-Bild: Der schwere Teil in Rot; die leichte Variante in Violett.

Fotos: Dieter Wissekal

Das Gipfelkreuz

Bild 1: Auf dem Flimspitz-Klettersteig; Fotos: Dieter Wissekal 1

9 Flimspitz-Klettersteig

1,3 (3 – 2 – 1)

Schön

Mittel

Diff. B/C u. I

80 Hm
25 Min.

4 Std.

2,5 Std.

ab 10 Jahren

7 Std.
1600 Hm

SW

Flimspitze, 2929 m

Juli - Sept.

Karte auf Seite: 55

Stützpunkt

Restaurant Idalp-Panorama, 2300 m, während der Betriebszeiten der Bahn bew. Tel: +43 5444 606 822. Infos: www.silvretta.at

Besonderheiten: Der Flimspitz-Klettersteig wurde 2004 errichtet. Er bietet schöne Plattenkletterei, sowie kurze Abschnitte Kamin- und Gratkletterei. Durch die Lage im Schigebiet ist der Steig bequem erreichbar.

Kurzinfo Siehe Greitspitz-Klettersteig.

Anreise: Siehe Greitspitz-Klettersteig

Zustieg: Zustieg zum Viderjoch siehe Greitspitz-Klettersteig. Auf dem Viderjoch scharf nach links abzweigen (Wegweiser) und der Markierung zum Einstieg folgen. Einstiegskoordinaten: N 46°58'55,9", O 10°20'30,2". **Vorteilhaft ist die Seilbahnbenützung** - etwa 3 Stunden Zeitersparnis!

Route: Durch einen steilen Kamin (B) in die Plattenzone und im Zick-Zack (A/B) auf den Westgrat (A). Nach einem Stück Gehgelände unversichert (I) zu einem unangenehmen Kamin (B/C) und im brüchigen Gelände (A) zum Gipfelaufschwung (A/B).

Abstieg: Vom Gipfel über den Normalweg (max. I) zum Flimjoch. Dort links abzweigen und zum Aufstiegsweg absteigen. Bei Seilbahnbenützung auf ca. 2650 m links abzweigen und zum Viderjoch aufsteigen oder kurz vor der Velillscharte li. auf die Forststr. abzweigen und zur Idalpe absteigen. Zeitersparnis bei Seilbahnbenützung: I Std..

Ausrüstung: Komplette Klettersteigausrüstung und Helm.

Bemerkung: Stellenweise ungünstige Seilführung. Lässt sich gut mit dem anspruchsvolleren Greitspitz-Klettersteig kombinieren!

Bild: Auf dem Greitspitz-Klettersteig; Foto: Dieter Wissekal

10 1. Arlberger Winterklettersteig

2,5 (3 2 1)

Sehr schön

Gut

Diff. D

200 Hm 1,5 Std.

1 Min.

1 Std.

ab 14 Jahren

2,5 Std. 200 Hm

O/W

Vord. Rendlsp., 2816 m

Nov. - April

Stützpunkt

Gasthäuser im Schigebiet.

Besonderheiten: Ein einzigartiges Erlebnis ist, mit den Skiern am Rücken zur Vorderen Rendlspitze aufzusteigen und das Panorama des Arlbergs zu genießen. Zur Krönung nach dem 850 m langen Grat wählt man eine der unzähligen Skirouten und schwingt im lockeren Pulver fast 1500 Hm ins Tal.

Kurzinfo

Talort: St. Anton, 1284 m

Ausgangspunkt: Bergstation Sessellift Riffelscharte, 2645 m

Karten: AV-Karte Nr. 3/2, Lechtaler Alpen - Arlberggebiet; ÖK 153, St. Anton

Anreise: Siehe Arlberger-Klettersteig; bei der Rendlbahn parken.

Zustieg: Mit der Rendlbahn auffahren, dann auf der Piste Nr. 4 zur Talstation des Sesselliftes Riffel 1. Von der Bergstation kurz zur Talstation Riffel 2 abfahren und mit dem Lift zur Riffelscharte (2645 m) hinauf. Der Einstieg des Klettersteiges ist hinter dem Lifthäuschen bei einem Schild.

Route: Den Block mit der Tafel umrunden und zur ersten Steilstufe (C). Danach flach zu einem Pfeiler (C, untere Variante B) und in eine Scharte klettern. Nach einer Stufe (B/C) und einem flachen Grat kommt man zu einem schwierigen Spalt (D) und einem Block (D; mit sehr hoch gespanntem Seil). Über Aufschwünge (C) auf die Vordere Rendlspitze und in eine Scharte (Platten B) absteigen. Eine mit Stufen versehene Gratpassage (B und B/C) führt zum Gipfel.

Abstieg: Vom Steigende hinunter zur Roßfallscharte. Dort entweder durch das Malfontal (östl.) oder über den Roßfallwinkel (westl.) abfahren. Tipp: Den Roßfallwinkel etwas hinunter, dann rechts zurück ins Skigebiet und mit dem Lift zur Riffelscharte hinauf. Von dort östlich ins Rendlkar, bis man ganz unten auf eine Forststraße kommt, auf dieser zurück zum Parkplatz. Auf sichere Schneeverhältnisse (Lawinen) achten!

Ausrüstung: Kompl. Klettersteigausrüstung, Helm und evtl. Leichtsteigeisen.

Bemerkung: Sehr schwerer Klettersteig (D); alpine Erfahrung nötig. Zur Tourenplanung gehört das Einholen des Lawinenlageberichtes sowie ein LVS-Gerät.

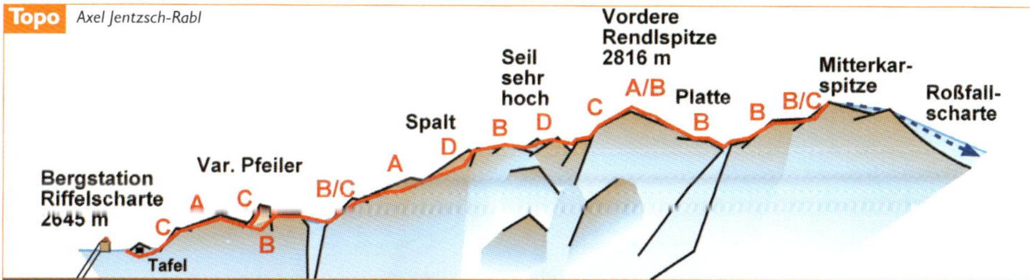

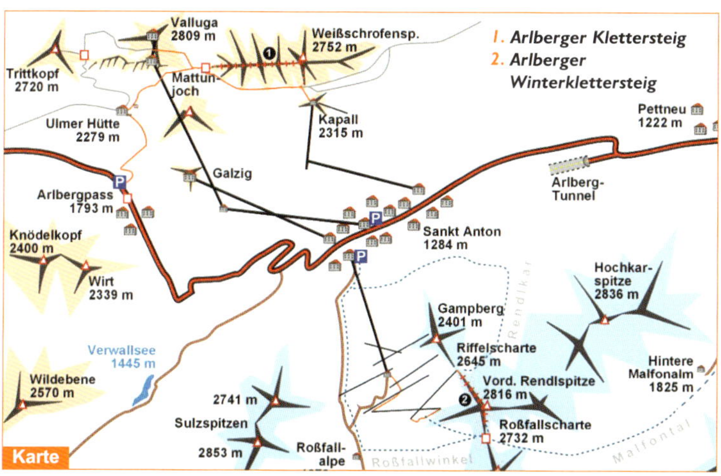

Bild 1: Auf einer der Steilstufen im Bereich des langen Grates.

Bild 2: Die ersten Schritte beim Einstieg.

Bild 3: Stark vereiste Stahlseile und Wechtenbildung lassen eine Begehung des Arlberger Winterklettersteiges zum Abenteuer werden.

Ü-Bild: In Rot der Steigverlauf und in Orange der Zu- und Abstieg.

Fotos: Axel Jentzsch-Rabl

1

11 Arlberger Klettersteig

2,5 (3 – 2 – 1)

Sehr schön

Gut

Diff. D

450 Hm
4 Std.

30 Min.

1,5 Std.

ab 14 Jahren

6 Std.
520 Hm

S/N

Weißschrofensp., 2752 m

Juli - Sept.

Karte auf Seite: 59

Stützpunkt

Gasthäuser im Schigebiet und unten im Talort St. Anton.

Notabstieg

Besonderheiten: Der „Extremklassiker" unter den Klettersteigen verläuft, hoch über dem Nobelskiort St. Anton am Arlberg, auf einem sehr langen Grat bis zum Gipfel der Weißschrofenspitze (2752 m). Etliche ausgesetzte Passagen überwindet man turnend auf dem fast 1,8 Kilometer langen Grat zwischen dem Matunjoch und der Weißschrofenspitze. Auf dem Gipfel angekommen, folgt noch ein anspruchsvoller Abstieg über den Südgrat. Dieser setzt der Tour noch das Sahnehäubchen auf! Der sehr gut angelegte Eisenweg besticht nicht nur durch hohe Anforderungen an Ausdauer und Kraft, sondern vor allem durch ein perfektes Panorama bis weit in die Verwallgruppe und Lechtaler Alpen.

Kurzinfo

Talort: St. Anton, 1284 m
Ausgangspunkt: Bergstation Vallugagrat, 2646 m
Karten: AV-Karte Nr. 3/2, Lechtaler Alpen - Arlberggebiet; ÖK 153, St. Anton

Anreise: Von Bregenz oder Landeck nach St. Anton am Arlberg und entlang der Hauptstraße parken. Öffis: Mit der Bahn nach St. Anton - der neue Bahnhof befindet sich nahe dem Ortszentrum unweit der Galzigbahn.

Zustieg: Am besten Auffahrt mit der Galzigbahn, dann mit der Vallugabahn bis zur Station Vallugagrat (2646 m). Von der Seilbahn östlich zum Mattunjoch (2543 m) absteigen (ist markiert; Vorsicht bei Altschneefeldern). Vom Joch (Hinweistafel) den Markierungen bis zum Einstieg (Tafel) unterhalb des ersten Turms folgen. Alternativ kann man vom Arlbergpass über die Ulmer Hütte zum Mattunjoch aufsteigen - dieser Zustieg ist aber sehr lang.

Route: Zuerst leicht (A dann B) auf den ersten kleinen Turm. An dessen Nordseite sehr steil hinunter (C/D) in eine Scharte (Fluchtweg nach Norden über ein Schuttfeld) und leicht ansteigend (B) zur ausgesetzten Querung (C/D). Diese führt zu einem Steilstück (D) und nach einer leichten Gratpassage (B) zum Gipfel der Knoppenjochspitze (2680 m). Weiter zum zweiten steilen, luftigen Abstieg (C/D; weiterer Fluchtweg in der Scharte). Von der Scharte auf den Grat (B, A/B und B) weiter in Richtung Lorfekopf (2689 m) und erneut sehr steil (C/D) in eine Scharte absteigen (Fluchtweg Nr. 3). Dort kurz aufwärts (B), dann den Markierungen über die Lisunspitze folgen (evtl. I-). In einen breiten Sattel und auf Steigspuren zum Beginn des Lisungrates (2684 m). Auf dem Grat weiter (meist um B bis B/C) bis zu den sog. „Haifischzähnen". Über und zwischen den wilden Zacken hindurch (B und

Topo *Axel Jentzsch-Rabl*

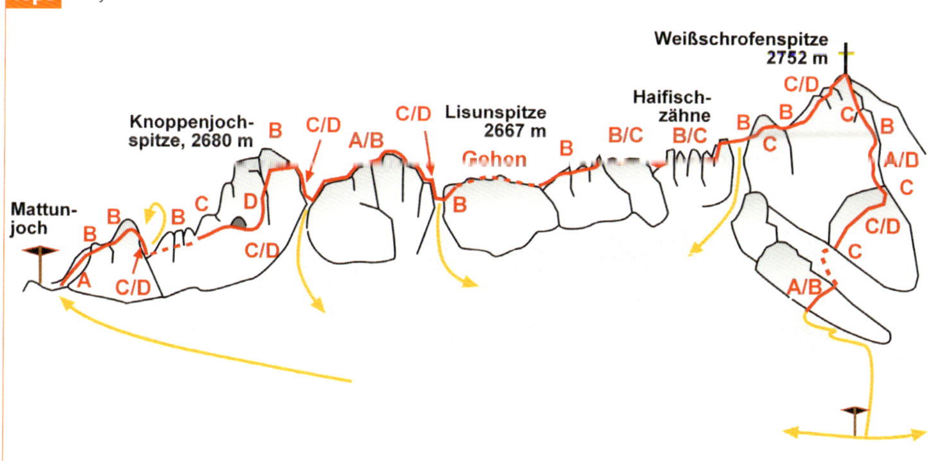

***Bild 1:** Meist verläuft der Klettersteig direkt auf dem Grat.*

***Bild 2:** Bei der ersten schweren Querung.*

***Bild 3:** Auf den sog. „Haifischzähnen".*

***Bild 4:** Blick vom Gipfel zurück über den langen Grat in Richtung Valluga.*

Fotos: Axel Jentzsch-Rabl

Lechtaler Alpen - Valluga

5

Schlüsselstelle

C) bis zu einer Scharte (Fluchtweg Nr. 4). An der Nordseite (B) zu einem Steilstück (C). Nach diesem wieder kurz absteigen (B) und über Steilstufen (bis C/D) zum höchsten Punkt aufsteigen.

Abstieg: Vom Gipfel auf dem Grat (B) hinunter, ein Steilstück (C) absteigen und weiter den Versicherungen (A und B) bis zu einem Abbruch folgen. Dort steil hinunter (C und C/D) auf ein Schuttfeld, über das man, den Markierungen folgend, bis zu einem weiteren versicherten Stück abklettert. Über einen versicherten Felsriegel (A/B) erreicht man das Steigende und gelangt über die Schutthalde auf den Weg. Dort den Markierungen zur Bergstation der Kapallbahn folgen bzw. über das Mattunjoch zur Vallugabahn zurück.

Ausrüstung: Kompl. Klettersteigausrüstung, Helm und für Unsichere ein kurzes Sicherungsseil.

Bemerkung: Sehr schwerer und vor allem sehr langer Klettersteig, eine Stelle D, Stellen C/D und B. Wegen der Länge des Anstieges sollte auf stabile Wetterverhältnisse geachtet werden, da man sich immer auf dem exponierten Grat bewegt. Vom Pass ergibt sich eine Gesamtzeit von 9 Std.!

Bild 5: Die vielen spitzen Zacken auf dem sehr langen Weg zum Gipfel der Weißschrofenspitze (2752 m).

Ü-Bild: In Rot der Steigverlauf und in Orange der Zu- und Abstieg.

Fotos: Axel Jentzsch-Rabl

Übersicht

st.Anton ARLBERG

Arlberger Klettersteig

Bequeme Auffahrt mit der Galzig- und der Vallugabahn bis zum Vallugagrat - von dort geht man ca. 20 Minuten zum Einstieg. Nach der Begehung des wunderschönen Klettersteiges steigt man zum Kapall ab und fährt mit der Kapall- und Gampenbahn zurück nach St. Anton.

Tourismusverband
A-6580 St. Anton am Arlberg
Tel. +43 (5446) 2269-0, Fax +43 (5446) 2532
Web: www.stantonamarlberg.com
E-Mail: info@stantonamarlberg.com

1

12 Steinsee-Klettersteig

1,6 (3 2 1)

Sehr schön

Gut

Diff. B/C

190 Hm
45 Min.

3,5 Std.

3 Std.

ab 12 Jahren

7 Std.
1500 Hm

O

Steinkarspitze
2650 m

Juni - Sept.

Stützpunkt

Steinseehütte, 2061 m, ÖAV; Ende Juni bis Mitte Sept. bew. Tel: +43 664 4036451. Infos Hütte: www.steinseehuette.at

Besonderheiten: Schöner, leichter Klettersteig auf die Steinkarspitze mit wunderbaren Ausblicken ins Steinkar mit der Steinseehütte und dem idyllischen Steinsee. Vom Gipfel eröffnet sich ein grandioser Rundblick auf die Lechtaler Alpen. Das Tourengebiet um den Steinsee zeichnet sich insbesondere durch seine Unberührtheit aus und ist unbedingt einen Besuch wert. Wer den langen Zustieg aufteilen möchte, sollte in der gemütlichen Steinseehütte nächtigen.

Kurzinfo

Talort: Zams, 767 m

Ausgangspunkt: Parkplatz Alfuzalm, 1261 m

Karten: AV-Karte Nr. 3/3 und Nr. 3/4, Lechtaler Alpen; BEV ÖK 133, Landeck

Anreise: Auf der A12 zur Ausfahrt Zams. Etwa 700 m auf der B171 Richtung Schönwies fahren und unmittelbar nach der Galerie links unter der Autobahn durchfahren. Danach dem Wegweiser „Steinseehütte“ folgen und rechts auf eine schmale Forststraße (Auffahrt für Besucher der Steinseehütte gestattet) abbiegen. Auf der steilen Schotterstraße zum Parkplatz Alfuzalm fahren. Öffis: Mit der Bahn nach Schönwies oder Landeck-Zams. Von dort zu Fuß (von Schönwies sinnvoller) oder mit dem Taxi (von Landeck-Zams sinnvoller).

Zustieg: Vom Parkplatz Alfuzalm auf dem Weg 625 zur Steinseehütte aufsteigen (2 - 2,5 Std.). Dort links auf dem Weg 601 Richtung Württemberger Haus. Nach wenigen Minuten zweigt rechts ein Steig (Wegweiser „Klettergebiet“) ab. Im Bereich einiger Findlinge verliert sich der Weg. Dort sind mit gutem Auge bereits zwei große rote Punkte am Wandfuß erkennbar. Äußerst mühsam durch steiles Geröll zum Einstieg bei den Punkten (N 47°14'02,6", O 10°34'35,6") aufsteigen (1 Std. von der Steinseehütte).

Route: Siehe Topo. Die schwerste Passage ist die plattige Rampe (B/C) im Mittelteil.

Abstieg: Vom Ausstieg rechts über teilweise versichertes Schrofengelände (max. A/B) in eine Scharte absteigen. In der Scharte rechts halten und durch die mit einem stellenweise locker gespannten Stahlseil versicherte geröllige Schlucht (max. B) zurück zum Einstieg des Klettersteigs. Über den Aufstiegsweg zum Ausgangspunkt.

Ausrüstung: Komplette Klettersteigausrüstung und Helm.

Bemerkung: Im Sommer 2006 wurde der Zustiegsweg deutlich verbessert. In der Abstiegsschlucht ist man sehr dem Steinschlag ausgesetzt. Besser nicht zu weit von einander entfernt gehen (das ergibt eine geringere Fallhöhe der evtl. vom Partner losgetretenen Steine).

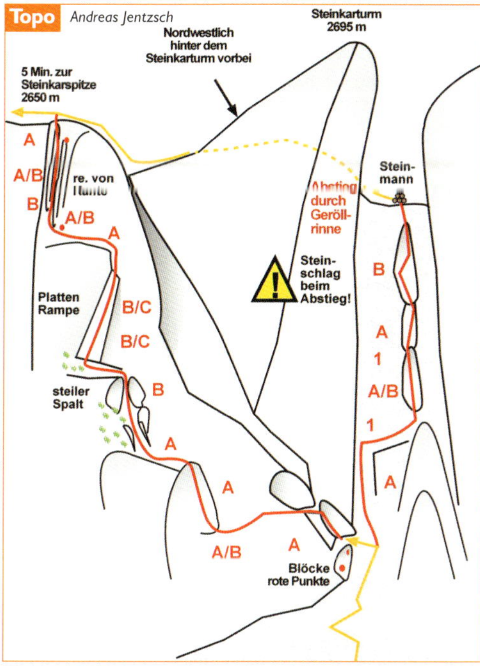

2

3

Gipfel Steinkarspitze

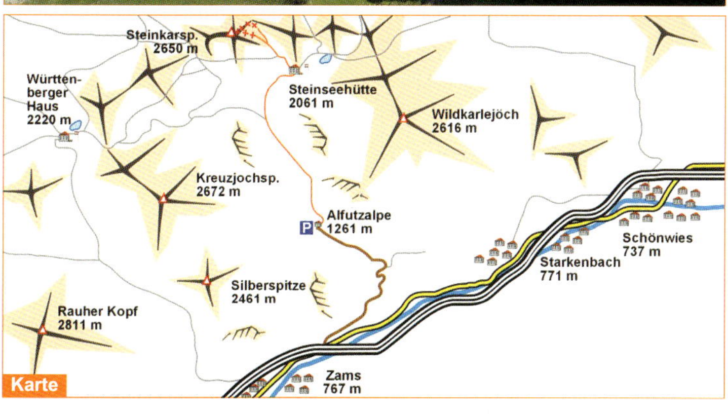

Bild 1: Steilstufe im Mittelteil.

Bild 2: Auf dem Abschlussgrat (A/B).

Bild 3: Am Anfang der Rampe (B/C).

Ü-Bild: Steigverlauf und Abstieg.

Fotos: Dieter Wissekal u. Andreas Jentzsch

13 Imster Klettersteig

2 (3 – 2 – 1)

- Sehr schön
- Sehr gut
- Diff. D/E u. I-
- 430 Hm 2,5 Std.
- 3 Std.
- 3 Std.
- ab 14 Jahren
- 8,5 Std. 1620 Hm
- S
- Maldonkopf, 2632 m
- Juni - Sept.

Stützpunkt

Muttekopfhütte, 1934 m, ÖAV; Mitte Juni bis Ende Sept. bew. Tel: +43 664 23 6928. Infos: www.muttekopf.at

Info Bahn: www.imster-bergbahnen.at

Besonderheiten: Obwohl der Imster Klettersteig bereits 1989 errichtet wurde, ist die Tour ein Musterbeispiel eines modernen Sportklettersteiges. 800 fantastische Klettermeter warten mit rassigen, zum Teil sehr ausgesetzten Einzelstellen auf. Steile Wände wechseln mit atemberaubenden Gratstücken, Kanten und Rippen. Rinnen und Schluchten werden – zumindest beim Aufstieg – weitgehend vermieden. Der raue, meist feste Kalk ist großteils naturbelassen. Dass der erreichte Gipfel eher unbedeutend ist, wird angesichts des herrlichen Rundblicks auf namhafte Gipfel wie den Ortler nebensächlich.

Kurzinfo

Talort: Imst, 827 m

Ausgangspunkt: Talstation der Imster Bergbahnen, 1050 m

Karten: AV-Karte Nr. 3/4, Lechtaler Alpen; ÖK 115, Reutte; Kompass WK 24,

Anreise: Auf der A12 bis zur Ausfahrt Imst und weiter ins Stadtzentrum von Imst. Nach links Richtung Hochimst abzweigen und zur Talstation der Imster Bergbahnen fahren. Öffis: Mit der Bahn nach Imst und weiter mit dem Bus zur Talstation.

Zustieg: Von Hochimst auf dem Weg 621 (Forststr.) zur Untermarkter Alm. Über die Schipiste rechtshaltend zur Latschenhütte. Von dort auf dem Weg 621 zur Muttekopfhütte aufsteigen. Auf dem Weg 622 auf das Guggersattele und in das Scharnitzkar. Dem Wegweiser folgend nach rechts abzweigen und über Geröll zum Einstieg. Bei Seilbahnbenützung etwa 45 Minuten Zeitersparnis.

Route: Siehe Topo. Die beträchtlichen Schwierigkeiten (D/E) treten erst in der Wandmitte auf. Es gilt eine glatte, sehr steile Wandpassage zu überwinden. Vor der Schlüsselstelle befindet sich eine Fluchtmöglichkeit.

Abstieg: Vom Gipfel über den mit einem dünnen Stahlseil versicherten Ostgrat (max. A/B) in eine Scharte absteigen. Rechtshaltend in eine markante Rinne (B/C) einsteigen. Durch diese Rinne (max. C/D) hinab in das Engelkarle (Steinschlaggefahr). Auf dem Schuttfeld des Engelkarles hinunter und rechtshaltend über Schrofen und steile Kehren zurück zum Aufstiegsweg. Bei Benützung des Alpine Coasters (sehr empfehlenswert!) oder der Seilbahn etwa 30 Minuten Zeitersparnis.

Ausrüstung: Komplette Klettersteigausrüstung und Helm; evtl. Kletterschuhe.

Bemerkung: Der Abstieg ist ideal mit einer Fahrt mit dem Alpine Coaster (längste Alpen-Achterbahn der Welt) zu kombinieren. Eine Verbesserung des Klettersteiges und des Abstiegs war im Jahr 2006 geplant. Der Abstieg war vor der Sanierung, insbesondere bei harten Altschneeresten gefährlich.

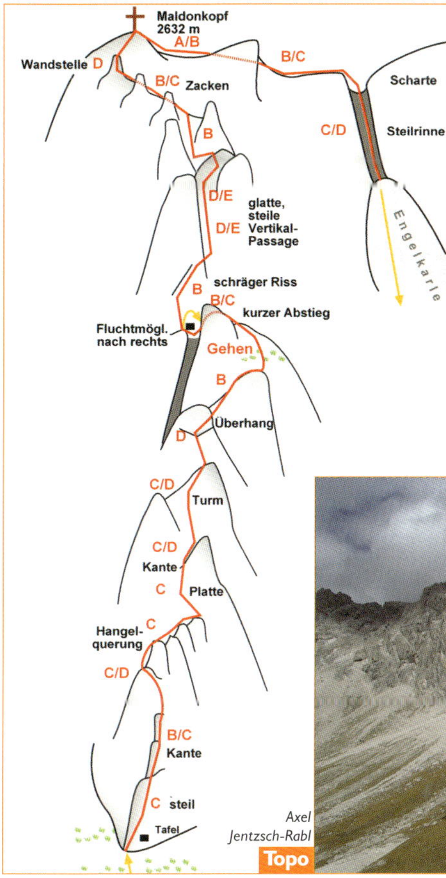

Bild 1: Ausgesetzter Steilanstieg direkt an der Kante.

Bild 2: Steile Wandstelle vor dem Gipfel.

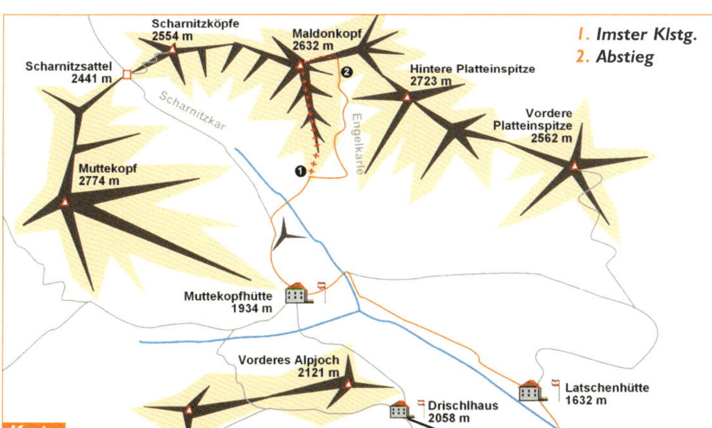

Gipfel Maldonkopf

Ü-Bild: Steigverlauf und Abstieg.

Fotos: Dieter Wissekal

14 Mindelheimer Klettersteig

1,8
3 2 1

Sehr schön

Mittel

Diff. C und 2

400 Hm
4 Min.

3 Std.

2 Std.

ab 12 Jahren

9 Std.
1650 Hm

Alle

Schafalpenk., 2320 m

Juni - Sept.

Stützpunkt

Mindelheimer Hütte, 2013 m, DAV; Anfang Juni - Mitte Okt. bew. Tel: +49 8322 700153. Info: www.mindelheimer-huette.de

Besonderheiten: Der 1975 errichtete Mindelheimer Klettersteig verläuft in interessanter Routenführung über den wild zerklüfteten Gipfelgrat der drei Schafalpenköpfe. Die tolle Aussicht und die anregend ausgesetzten Einzelstellen lassen eine Begehung zu einer alpin angehauchten Bergtour werden. Da der Klettersteig sehr beliebt ist und in beiden Richtungen begangen wird, ist untertags mit starkem Gegenverkehr zu rechnen. Die Aussicht auf den gegenüberliegenden Allgäuer Hauptkamm, von der Trettachspitze bis zum Biberkopf, ist einzigartig.

Kurzinfo

Talort: Mittelberg, 1215 m
Ausgangspunkt: Gasthof Schwendle, 1176 m
Karten: ÖK 113, Mittelberg; F&B WK 363; Kompass WK 03, Kleinwalsertal

Anreise: Über Sonthofen nach Oberstdorf. Von dort ins Kleine Walsertal nach Mittelberg. Nicht ins Zentrum fahren, sondern auf der Hauptstraße bleiben, im Ortsteil Bödmen links abbiegen und beim Gasthof Schwendle parken. Mit Öffis: Mit der Bahn nach Oberstdorf, weiter mit dem Bus nach Mittelberg. Der Zustieg ist alternativ auch vom Rappental oder von Warth aus möglich.

Zustieg: Vom Gasthof Schwendle durchs Wildental – vorbei an der Wiesalpe – zur Fluchtalpe aufsteigen. Dort links abzweigen und an der Vorderen Wildenalpe vorbei zur Fiderepaßhütte hinauf. Nach einem kurzen Abstieg in eine Mulde zur Fiderescharte aufsteigen und rechtshaltend zum Einstieg.

Route: In wechselnder Schwierigkeit über die drei Schafalpenköpfe. Details siehe Steigskizze.

Abstieg: Vom Ausstieg in eine Scharte absteigen und Richtung Kemptner Köpfl aufsteigen (max. A). Anschließend auf dem Grat in die Kemptner Scharte absteigen. Dann rechts halten und über die Hintere Wildenalpe zur Fluchtalpe absteigen, wo man auf den Aufstiegsweg trifft. Über diesen zurück zum Ausgangspunkt.

Ausrüstung: Komplette Klettersteigausrüstung und Helm.

Bemerkung: Die einzelnen Steigabschnitte sind nummeriert. Wer den Klettersteig in der dieser Beschreibung entgegengesetzten Richtung begeht (auch sehr lohnend), durchsteigt einen Countdown der Abschnitte.

Topo *Axel Jentzsch-Rabl*

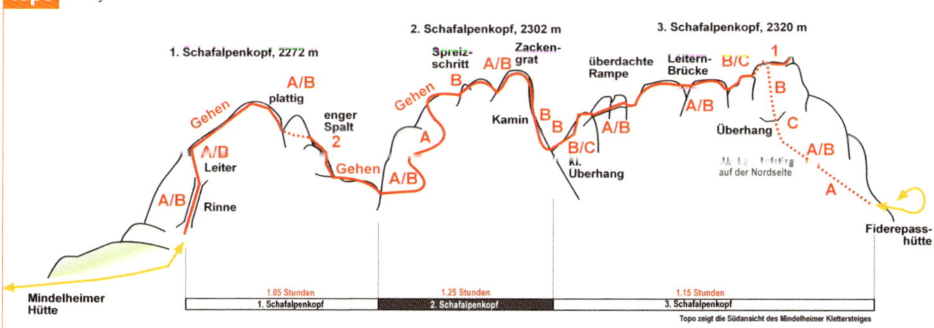

Bild 1: Auf der sehr spektakulären Leitern-brücke.

Bild 2: Auf dem 3. Schafalpenkopf.

Bild 3: Zwischen 2. und 3. Schafalpenkopf.

Fotos: Dieter Wissekal

Stützpunkt

Fiderepasshtt., 2067 m, DAV; Ende Mai - Mitte Okt. bew. Tel: +43 5517 20626. Infos: www.fiderepasshuette.de

1

15 Friedberger Klettersteig

1,5 (3 – 2 – 1)

- Sehr schön
- Gut/Mittel
- Diff. C
- 250 Hm, 1,5 Std.
- 2 - 2,5 Std.
- 2 Std.
- ab 12 Jahren
- 6 Std., 1100 Hm
- SW
- Rote Flüh, 2108 m
- Mai - Okt.

Stützpunkt

Gimpelhaus, 1659 m, privat; Mai bis Ende Oktober bew., Telefon: +43 5675 8251, Info: www.tannheimertal.at/gimpelhaus

Besonderheiten: Der landschaftlich sehr eindrucksvolle Friedberger Klettersteig in den Tannheimer Bergen ist eine beliebte „Testtour", um etwas ausgesetzter die Rote Flüh zu besteigen. Meist wird der Steig vom Schartschrofen aus gemacht - dabei klettert man die schwere Stelle im Abstieg, auch die umgekehrte Richtung vom Gimpelhaus ist sehr beliebt. Der Zustieg über den Adlerhorst ist es eine ausgedehnte Rundtour, bei der man ständig den Haldensee im Blickwinkel hat.

Kurzinfo

Talort: Nesselwängle, 1136 m
Ausgangspunkt: Parkplatz Gimpelhaus, ca. 1145 m
Karten: Kompass WK 04, Tannheimer Tal; F&B WK 352

Anreise: Über den Fernpass oder Füssen nach Reutte und weiter ins Tannheimer Tal bis nach Nesselwängle. Am westl. Ortsrand befindet sich der Parkplatz des Gimpelhauses. Öffis: Mit der Bahn nach Reutte und weiter mit dem Bus nach Nesselwängle.

Zustieg: Vom Parkplatz folgt man dem Weg zum Ghf. Adlerhorst und in Richtung Füssener Jöchl. Kurz vor dem Jöchl zweigt man rechts zum Gipfel des Schartschrofens ab - genau auf dem Gipfel beginnt der Klettersteig. Alternativ von der Bergstation zum Schartschrofengipfel (ca. 45 Min.).

Route: Siehe Topo-Skizze. Die Schwierigkeiten befinden sich an der kurzen, aber knackigen SO-Wand des Schartschrofens.

Abstieg: Vom Gipfel über den Normalweg (kurz A) hinunter zum Gimpelhaus und steil zurück nach Nesselwängle.

2

Topo *Axel Jentzsch-Rabl*

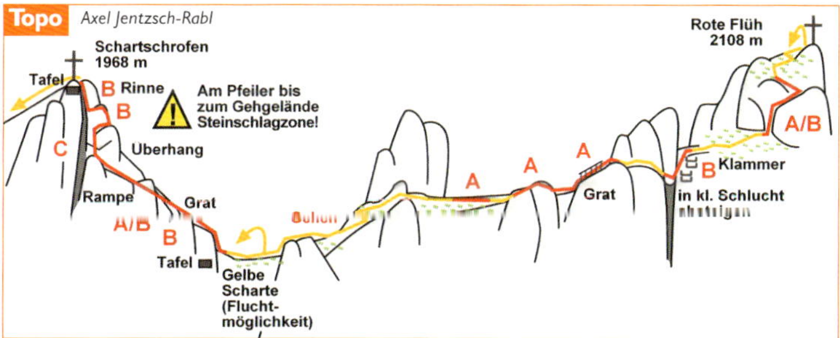

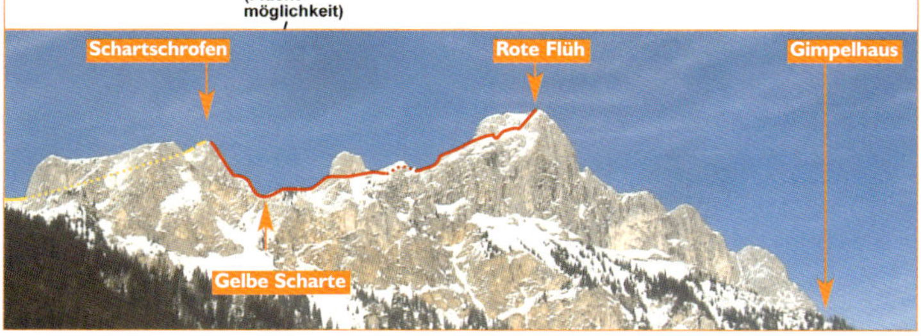

Bild 1: Der Beginn des Steiges direkt auf dem Gipfel des Schartschrofens.

Bild 2: Der Gipfel der Roten Flüh, unten der Haldensee.

Bild 3: Die Schlüsselstelle am Schartschrofen ist ein kleiner Überhang. Dieser ist im Abstieg deutlich leichter (beginnend auf dem Schartschrofen)

Bild 4: In einer der steileren Rinnen am Schartschrofen

Fotos: Axel Jentzsch-Rabl

Ausrüstung: Kompl. Klettersteigausrüstung und Helm.

Bemerkung: Die sehr steinschlaggefährdete Steilpassage am Schartschrofen sollte nicht unterschätzt werden! Wegen der Südlage meist schon früh im Jahr möglich.

3

4

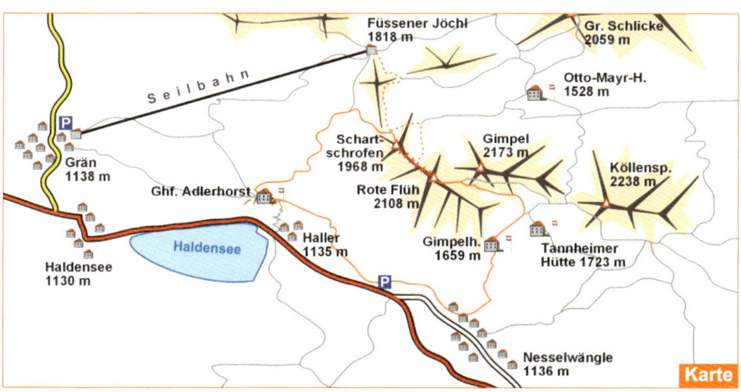

Karte

Tannheimer Tal

16 Jubiläumsgrat

3 (3 – 2 – 1)

Sehr schön

Schlecht

Diff. D 3-

1100 Hm 6,5 Std.

5 Min.

2 Std.

ab 15 Jahren

1100 Hm 9 Std.

S-N (Grat)

Zugspitze, 2961 m

Juli – Sept.

Stützpunkt

Münchner Haus, 2961 m, DAV; bew. Mai - Oktober; bei der Bergstation/Zugspitzgipfel. Infos: muenchnerhaus.de

Grathüttl, 2684 m, Biwakhütte ohne Wasser.

Besonderheiten: Der Jubiläumsgrat gehört zu den spektakulärsten Gratüberschreitungen der Ostalpen – ist aber, und das sei gleich vorweggenommen, **KEIN reiner Klettersteig!** Die über 5 km lange Gratüberschreitung, die vom Gipfel der Zugspitze bis zum Gipfel der Alpspitze führt, ist eine anspruchsvolle Tour! Ein ständiges Auf und Ab prägt diese Tour. Steht man auf einem der Gratgipfel, tut sich schon das nächste zackige Hindernis auf.

Kurzinfo

Talort: Garmisch-Partenkirchen, 717 m

Ausgangspunkt: Münchner Haus, 2961 m, bei der Bergstation

Karten: AV-Karte, 4/2 Wetterstein Mitte; ÖK 116, Telfs; F&B WK 352 Ehrwald

Anreise: Vom Inntal über Seefeld nach Garmisch-Partenkirchen und weiter in Richtung Grainau (Ehrwald) bis zum Eibsee. Dort befinden sich der Bahnhof der Zahnradbahn und die Talstation der Seilbahn. Von Ehrwald/Reutte kommend in Richtung Garmisch-Partenkirchen bis Grainau und dort weiter zum Eibsee. Öffis: Mit der Bahn nach Garmisch und weiter bis zur Station Eibsee.

Zustieg: Mit der Seilbahn vom Eibsee auf die Zugspitze und über die Absperrung in Richtung Zugspitzgipfel (goldenes Kreuz).

Route: Zuerst in Richtung Zugspitzgipfel (Leiter A/B), kurz vor dem Gipfel links auf Steigspuren (A) zur Abzweigung des Höllentalanstieges. Ab dort weiter im Bereich des Grates (Wegspuren) bis man auf die ersten Kletterstellen trifft (1-2), abwärts kletternd gelangt man zu einer glatten Rinne (3-), die auch gleich die erste Schlüsselstelle darstellt. Nach der Rinne klettert man wieder aufwärts (2) und folgt im stetigen Auf und Ab dem Grat bis zur ersten drahtseilversicherten Klettersteigstelle (B). Weiter auf dem Grat (2-, Klettersteigstellen bis C) bis man erneut luftig in eine Scharte abklettern muss (2+, kleiner, brüchiger Überhang). Aus der Scharte rechts vom Grat auf den nächsten mächtigen Turm (Innere Höllentalspitze, 2741 m). Von diesem steigt man zur Abzweigung Knorrhütte ab (A; die Abzweigung ist beschildert).

Abzweigung Knorrhütte – Bergstation Alpspitzbahn (mehr Klettersteig als Klettertour): Von der Abzweigung immer im Bereich des Grates (tlw. A/B, aber auch Gehgelände) zum Biwak (Grathüttl, 2684 m). Danach auf- und absteigend (A/B, 2- und C) bis zur markanten gelblichen Volkarspitze. Der Anstieg auf die Volkarspitze (D) stellt die klettersteigtechnische Schlüsselstelle dar, sehr luftig und ausgesetzt geht es aufwärts. Danach wieder leichter, immer im Bereich des Grates (A und 1-) auf den Hochblassen zu, bis man zu einer rot markierten Abzweigung

Topo A. + A. Jentzsch

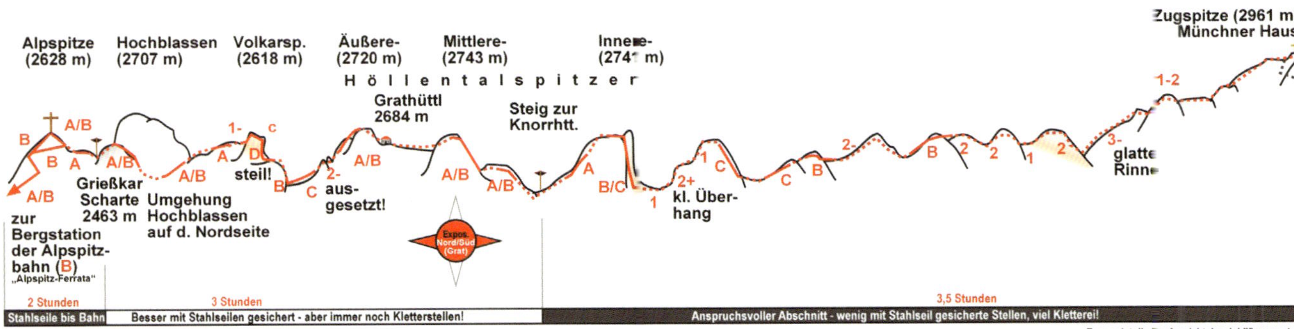

2

3

4

Bild 1: *Extrem ausgesetzte Kletterei im ersten Teil.*

Bild 2: *Sehr steil geht es hinauf zum Kapuzinerturm.*

Bild 3: *In der Mitte ist der Grat etwas leichter. Hinten sieht man den Ausgangspunkt, die Zugspitze.*

Bild 4: *Auf dem luftigen Grat zu Beginn der Tour, wo es keine Drahtseil-Sicherungen gibt.*

PETZL

Wetterstein-Gebirge - Blassenkamm

Ü-Bild: Bei der Anfahrt sieht man schon die Dimensionen der Überschreitung.

Foto: A. Jentzsch-Rabl

Siehe CD-ROM *Alpspitz-Ferrata*

Seilbahn

Zugspitz-, Alpspitz- und Zahnradbahn:
www.zugspitze.de

Wegen verbilligter Talfahrt von der Alpspitze gleich bei der Auffahrt auf die Zugspitze fragen.

Es gibt eine Bahnverbindung Talstation Alpspitzbahn - Eibsee.

Wer sich die teure Bergfahrt sparen will, steigt über das Höllental zum Münchner Haus auf und nächtigt dort. Wenn man das Auto am Bahnhof Grainau (kostenloser Parkplatz ca. 200 m in westl. Richtung) lässt und mit der Zahnradbahn zum Eibsee fährt, ist man nach der Tour schneller wieder beim Auto.

gelangt. Dort links hinunter (tlw. versichert A/B), unter den Nordabbrüchen des Hochblassen-Vorgipfels vorbei, dann steigt man wieder in einer Rinne (A/B) zum Grat auf (Falsche Grießkarscharte). Dort kurz auf dem Grat, dann auf Steigspuren im Schutt zur Grießkarscharte (2463 m) hinunter. Von der Scharte steigt man auf die Alpspitze (Aufschwünge bis A/B), den letzten Gipfel der Tour (man kann schon kurz vor dem Gipfel nach links zur Alpspitz-Ferrata – dem Abstiegsklettersteig - queren).

Abstieg: Vom Gipfel der Alpspitze folgt man östlich den Drahtseilen über die sog. **Alpspitz-Ferrata** (tlw. Stellen bis B) hinunter auf die Wiesen zur Alpspitzbahn-Bergstation - letzte Talfahrt um 17.00 Uhr.

Ausrüstung: Komplette Klettersteigausrüstung und evtl. ein Sicherungsseil für die Kletterstellen (tlw. Bohrhaken vorhanden).

Bemerkung: Der teilweise sehr ausgesetzte Grat weist Kletterpassagen bis zum unteren dritten Schwierigkeitsgrad auf - daher ist der erste Teil der Tour für den reinen Klettersteiggeher nicht zu empfehlen. Bei schlechten Wetterverhältnissen oder Unwettern ist der Grat sehr gefährlich, da es bis auf eine Möglichkeit in der Gratmitte (hinunter ins Brunntal zur Knorrhütte) keine Fluchtmöglichkeit gibt. Kann auch in zwei Tagen - mit Übernachtung im Grathüttl (Biwak - kein Wasser!) - gemacht werden.

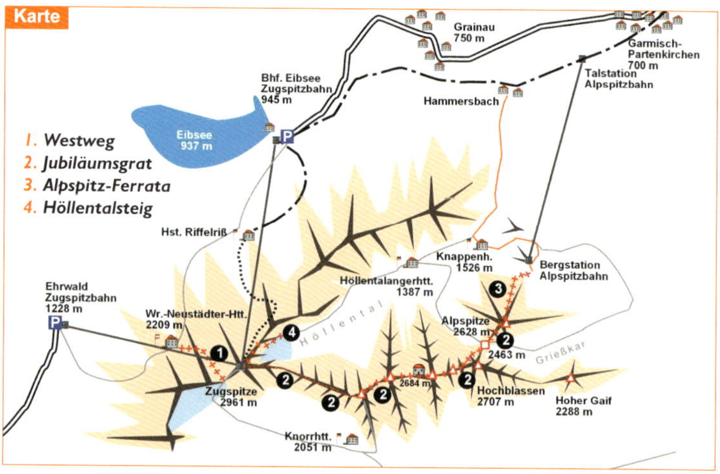

Bild 1: Eine der versicherten Stellen des Westweges. Foto: Ernst Riha - www.klettersteig.com 1

17-18 Westweg und Höllentalsteig

1,7 (3 2 1)

Sehr schön

Mittel

Diff. bis C

bis 1300 Hm
bis 2,5 Std.

bis 5 Std.

Bahn

ab 14 Jahre

bis 7,5 Std.
bis 2200 Hm

O bzw. W

Zugspitze, 2961 m

Juli - Sept.

Stützpunkt

Münchener Haus; DAV, siehe Jubiläumsgrat

Wiener-Neustädter-Hütte, 2209 m, ÖTK; bew. Juli bis Sept., Tel: +43 676 4770925

Höllentalangerhütte, 1387 m, DAV, bew. Ende Mai - Anfang Okt., Tel: +49 8821 8811

Bahn: www.zugspitze.de od. www.zugspitzbahn.at

Besonderheiten: Der Westweg (auch Stoppelzieher-Steig genannt) und der Höllentalsteig sind zwei leichte, aber sehr lange Klettersteige auf die Zugspitze. Der Westweg ist der kürzeste Talanstieg auf den Grenzberg zwischen Österreich und Deutschland. Der Höllentalsteig ist vor allem beim Zustieg durch die wilde Höllental-Klamm reizvoll. Bei beiden Klettersteigen ist die Zugspitzbahn ein willkommener „Helfer" beim Abstieg. Gerne werden die Steige auch als „Aufwärmtouren" für den Jubiläumsgrat gemacht.

Kurzinfo

Talort: Ehrwald, 994 m bzw. Garmisch-Partenkirchen, 717 m

Ausgangspkt: Talstat. Tiroler Zugspitzbahn, 1228 m bzw. Hammersbach, 780 m

Karten: AV-Karte 4/2, Wetterstein Mitte; ÖK 116, Telfs; F&B WK 352, Ehrwald

Anreise: Vom Inntal über Seefeld bis Garmisch-Partenkirchen, weiter nach Ehrwald und zur Talstation der Tiroler Zugspitzbahn bzw. von Garmisch-Partenkirchen nach Hammersbach. Alternativ über Ehrwald (Talstation Tiroler Zugspitzbahn) nach Hammersbach. Öffis: Mit der Bahn nach Ehrwald bzw. Hammersbach.

Zustieg: **Westweg (3,5 Std.):** Von der Talstation auf markiertem Weg zur Wiener-Neustädter-Hütte. An der Hütte vorbei ins Schneekar, wo der „Klettersteig" beginnt. **Höllentalsteig: (5 Std.):** Von Hammersbach durch die Höllentalklamm, vorbei an der Höllentalangerhütte zum Einstieg (markierter Weg).

Route: **Westweg (2,5 Std., A/B):** Auf markiertem Weg – versicherte Passagen A/B – zur Diensthütte auf dem Südwestgrat und weiter zum Münchener Haus und zur Bergstation. **Höllentalsteig (2,5 Std., C):** Über das so genannte „Brett" (eine glatte Platte mit sehr vielen Klammern; danach eine Querung aufwärts) aufsteigen. Danach auf Steigspuren in das flache Schuttgelände. Weiter aufwärts bis auf den „Gletscher" (meist hartes Schneefeld; roter Punkt markiert den Steig; evtl. Randspalte) und über eine lange, drahtseilgesicherte Felspassage hinauf zum Münchener Haus.

Abstieg: In der Regel fahren die meisten Klettersteiggeher mit der Seilbahn ins Tal. Alternativ kann man natürlich über einen der beiden Steige wieder absteigen.

Ausrüstung: Komplette Klettersteigausrüstung; evtl. Pickel und Leichtsteigeisen.

Bemerkung: Beide Touren erfordern Trittsicherheit und gute Kondition. Beim Anstieg aus dem Höllental kann der Übergang vom Gletscher zum Fels heikel sein!

1

19 Seeben-Klettersteig

2,5 (3 – 2 – 1)

- Sehr schön
- Sehr gut
- Diff. D/E
- 200 Hm, 1,5 Std.
- 1 Std.
- 1,5 Std.
- ab 14 Jahren
- 4 Std., 550 Hm
- N
- Seebenwände 1500 m
- Juni - Okt.

Stützpunkt

Jausenstation Seebenalm, 1575 m, privat.

Besonderheiten: Steil, ausgesetzt und ein neu eingerichtetes letztes Viertel - so präsentiert sich der Klassiker unter den Sportklettersteigen. Die Route verläuft unmittelbar neben einem tosenden Wasserfall, der über 200 Meter senkrecht in die Tiefe stürzt. Sehr steile erste Meter, auf denen man meist nicht nur vom eigenen Schweiß nass wird und eine vertikale „Stöpselplatte“ vor dem Ausstieg warten auf den Begeher. Der landschaftlich eindrucksvolle Ausblick auf das Zugspitzmassiv und den idyllischen Seebensee am Ende des Klettersteiges runden dieses extreme Klettersteigabenteuer perfekt ab.

Kurzinfo

Talort: Ehrwald, 994 m

Ausgangspunkt: Talstation der Ehrwalder Almbahn, 1108 m

Karten: AV-Karte Nr. 4/1, Wetterstein-Mieminger Gebirge; ÖK 116, Telfs.

Anreise: Mit dem PKW nach Ehrwald, im Ortszentrum Abzweigung in Richtung Gaistal und weiter zur Talstation der Ehrwalder Almbahn. Öffis: Mit der Bahn nach Ehrwald und dem Bus bis zur Ehrwalder Almbahn.

Zustieg: Ab der Talstation den Tafeln „Wasserfall und Seeben Klettersteig" in südliche Richtung folgen. Zuerst über eine Forststraße, dann über eine Brücke des Gaisbaches und kurz danach links auf einem schönen Saumweg entlang des Baches. Den Schildern „Klettersteig“ folgen - der Weg wird steiler und führt direkt zur rechten Seite des Wasserfalls hinauf zum Einstieg. Beim Einstieg ist eine Tafel.

Route: Siehe Topo - die Schwierigkeiten sind die Einstiegswand und der Ausstiegsbereich.

Abstieg: Von der Seebenalm zur Ehrwalder Alm, von dort Talfahrt oder Talmarsch (ca. 45 Min. bis zur Bergstation). Der alternative Abstieg über den Hohen Gang stellt die schönste Variante dar. Ab dem Seebensee (am nördlichen Ende) markiert und teilweise versichert (A/B) ins Tal (ca. 1 Std.). Am Ende noch kurz aufwärts zurück zur Talstation der Seilbahn.

Ausrüstung: Kompl. Klettersteigausrüstung, Helm und unbedingt Sicherungsseil für schwächere Geher.

Bemerkung: Bei trockenem Wetter und hoher Luftfeuchtigkeit (Schwüle) immer etwas problematisch, wegen des nahen Wasserfalls. Überhaupt nicht zu empfehlen bei Regen, da es im oberen Teil erdige Passagen gibt! In Kombination mit dem sehr langen Tajakante-Klettersteig ergibt das eine der schwierigsten und längsten Unternehmungen im Ostalpenraum, bei der fast 1500 Hm zu überwinden sind!

Topo *Axel Jentzsch-Rabl*

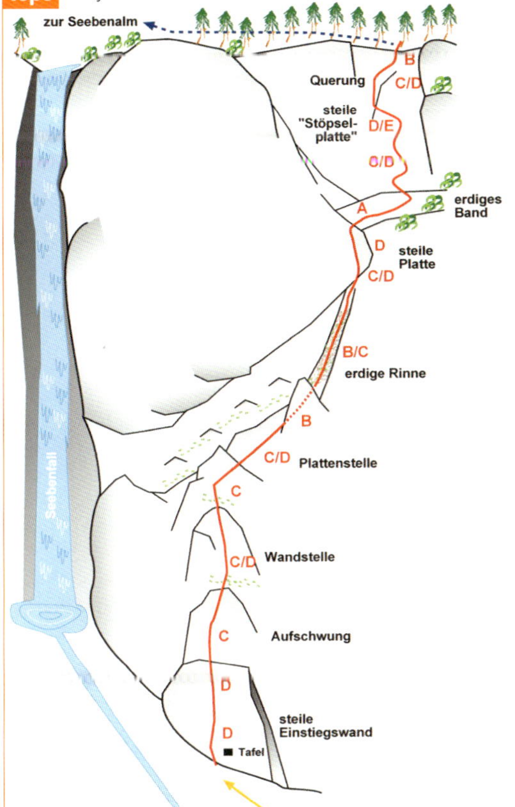

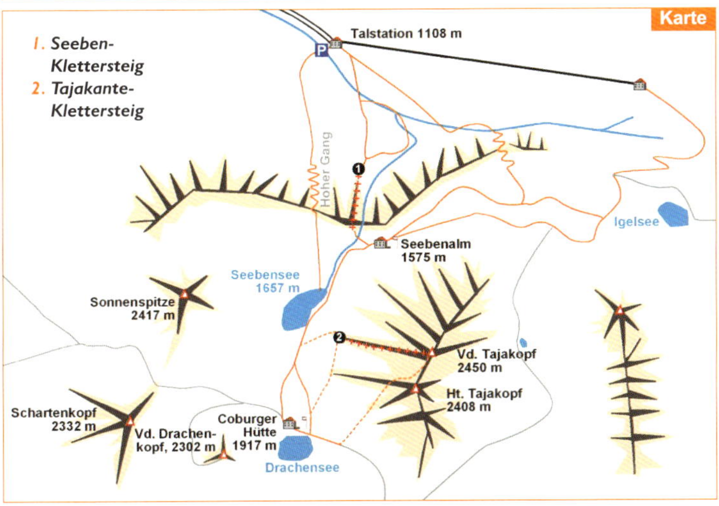

Bild 1: *Der Schlüssel zum Erfolg führt über die meist recht feuchte und sehr steile Einstiegswand.*

Bild 2: *Bei der leichten Querung im Mittelteil der Route (vor der erdigen Rinne).*

Bild 3: *Kurz vor dem Ausstieg.*

Ü-Bild: *Der Steigverlauf unmittelbar neben dem Wasserfall in Rot, der Zustieg entlang des Baches in Orange.*

Fotos:
Axel Jentzsch-Rabl

1

20 Tajakante-Klettersteig

2,7 (3 2 1)

Sehr schön

Sehr gut

Diff. D/E u. I-

580 Hm
3,5 Std.

2 Std.

2,5 Std.

ab 14 Jahren

8 Std.
1400 Hm

W

Vord. Tajakopf
2450 m

Juni - Okt.

Karte auf Seite: 77

Stützpunkt

Coburger Hütte, 1917 m, DAV; bew. Juni bis Oktober; Tel. +43 664 325 4714
www.coburgerhuette.at

Besonderheiten: Der Tajakante Klettersteig gehört zu den landschaftlich schönsten Klettersteigen Österreichs. Der fantastisch angelegte, sehr lange Klettersteig, der perfekt versichert fast immer der Kante folgt, verlangt ein hohes Maß an Ausdauer. Die Steiganlage ist ein gelungener Mix aus luftigen Action-Passagen und Flachstücken um die Aussicht zu genießen. Im Rücken hat man den tiefblauen Seebensee, vom Gipfel einen schönen Blick hinüber zum Zugspitzmassiv. Auch der teilweise versicherte Abstieg, vorbei am Drachensee und der gemütlichen Coburger Hütte, ist landschaftlich eindrucksvoll (Trittsicherheit ist aber auf jeden Fall erforderlich).

Kurzinfo

Talort: Ehrwald, 994 m
Ausgangspunkt: Talstation der Ehrwalder Almbahn, 1108 m
Karten: AV-Karte Nr. 4/1, Wetterstein-Mieminger Gebirge; ÖK 116, Telfs.

Anreise: Wie Seeben Klettersteig.

Zustieg: Unterhalb des Parkplatzes der Gondelbahn zur Ehrwalder Alm zweigt der Steig über den „Hohen Gang" (teilweise versichert; A/B) ab. Auf dem Steig zum Seebensee (an dessen linker Seite) gelangt man zur Materialseilbahn der Coburger Hütte (bis dorthin auch mit MTB über Forststraßen möglich). Gleich danach Abzweigung nach links (anfangs im Bachbett) und auf markiertem Steig zum Einstieg. Variante Gondel: Bis zur Ehrwalder Alm auffahren, auf dem Wanderweg bis zum Seebensee und wie oben zum Einstieg. Zeit: 1,5 Stunden von der Bergstation.

Route: Siehe Topo - anhaltende Schwierigkeiten mit Einzelstellen bis D.

Abstieg: Vom Gipfel zuerst nordöstlich über steiles Gelände (teilweise versichert, A/B) bis auf einen Schuttgrat absteigen, dann den Steigspuren weiter - teilweise felsdurchsetztes Gelände (auch einige Sicherungen) - bis auf eine Almwiese folgen. Danach den Weg weiter hinunter zum Drachensee und zur daneben liegenden Coburger Hütte aufsteigen und zurück ins Tal.

Ausrüstung: Kompl. Klettersteigausrüstung und Helm; für schwächere Geher ein kurzes Sicherungsseil.

Bemerkung: Der Steig ist sehr gut versichert. Für den Abstieg ist aber Trittsicherheit erforderlich (felsdurchsetztes Schuttgelände). Wählt man die Kombination mit dem Seeben-Klettersteig ist es ein gewaltiges Unternehmen, das den Gesamtanspruch 3 verdient.

Topo *Axel Jentzsch-Rabl*

Fotos: A. Jentzsch-Rabl

Bild 1: Steile, vertikale Passagen in einer Bilderbuch-Landschaft.

Bild 2: „High noon" am Einstieg des Tajakante-Klettersteiges.

Bild 3: Im steileren Abschnitt des Klettersteiges.

Bild 4: Am Ende des ersten Teiles - im Hintergrund die markante Sonnenspitze.

Ü-Bild: Der Steigverlauf (Rot) an der markanten Kante und der Zustiegs- und Abstiegsweg (Orange) - im Hintergrund die Zugspitze.

1

21 Wankspitze-Klettersteig

1,4 (3 2 1)

- Schön
- Gut
- Diff. C
- 220 Hm, 1 Std.
- 2,5 Std.
- 2 Std.
- ab 10 Jahren
- 5,5 Std., 1150 Hm
- N
- Wankspitze, 2209 m
- Juni - Okt.

Stützpunkt

Lehnberghaus, 1554 m, privat; Anf. Mai bis Ende Okt. bew. Tel: +43 676 5344791

Besonderheiten: Der pfiffig angelegte Wankspitze-Klettersteig wurde Mitte der 80er Jahre des vergangenen Jahrhunderts erbaut. Über zahlreiche Erhebungen und Scharten verbindet der Steig das Stöttltörl mit der Wankspitze. Der 600 m lange Steig verläuft meist direkt am zersplitterten Grat und bietet eine hervorragende Aussicht.

Kurzinfo

Talort: Obsteig, 991 m
Ausgangspunkt: Gasthof Arzkasten, 1151 m
Karten: AV-Karte Nr. 4/2, Wetterstein Mitte; ÖK 116, Telfs; Kompass WK 25

Anreise: Auf der A12 bis Mötz und auf das Mieminger Plateau Richtung Obsteig. Einen halben Kilometer nach der Siedlung Mooswald rechts Richtung Gasthof Arzkasten abbiegen und auf einem der kostenpflichtigen Parkplätze parken. Öffis: Mit der Bahn nach Innsbruck und dem Bus (Linie 4176) bis Obsteig Holzleiten.

Zustieg: Vom Gasthof Arzkasten auf dem Weg 812 über das Lehnberghaus in die „Hölle" aufsteigen. Dem Wegweiser folgend rechts abbiegen und in das Stöttltörl hinauf. Im Törl rechts halten und in Kürze zum Einstieg. Einstiegskoordinaten: N 47°20'28,7", O 10°56'19,5".

Route: Siehe Topo - Die Schwierigkeiten liegen im Bereich der glatte Platte (C) zu Beginn und der steilen Kante (B/C) am Ende des Klettersteiges. Dazwischen meist leicht (A bzw. A/B).

Abstieg: Vom Gipfel über den Normalweg zur Lichtung „Lacke" absteigen. Dort rechts halten und zurück zum Lehnberghaus, wo man auf den Aufstiegsweg trifft.

Ausrüstung: Komplette Klettersteigausrüstung und Helm.

Bemerkung: Steinschlaggefahr aufgrund des brüchigen Gesteins.

2

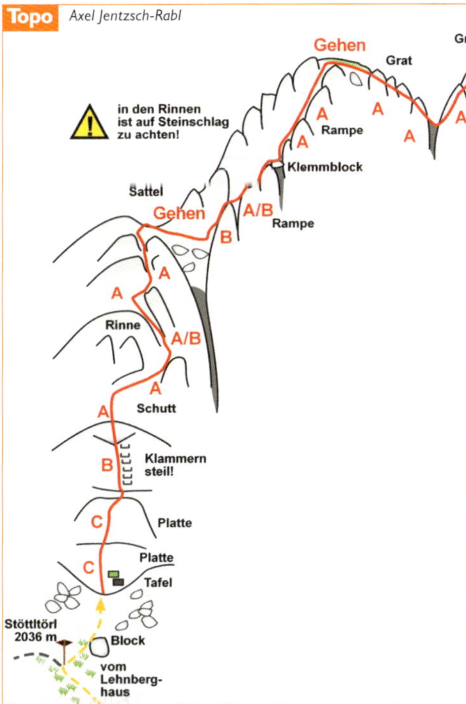

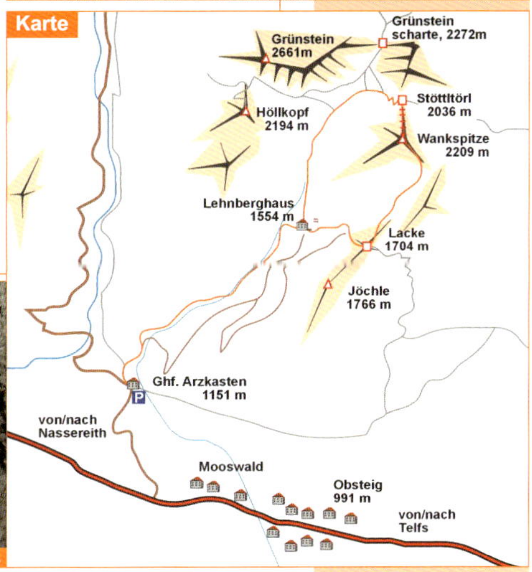

Bild 1: In der steilen Klammerpassage nach dem Einstieg.

Bild 2: Die Platte nach den Klammern.

Bild 3: Der Ausstieg vor dem Gipfel.

Bild 4: Die steile Kante ganz am Ende des Klettersteiges.

Ü-Bild: Der untere Teil des Steiges und der Zustieg vom Stöttltörl.

Fotos: Dieter Wissekal und Axel Jentzsch-Rabl

22 Crazy Eddy-Klettersteig

2

Schön

Mittel

Diff. D (D/E)

130 Hm
1,5 Std.

20 Min.

15 Min.

ab 14 Jahren

2 Std.
260 Hm

S

Grünberg,
1497 m

April - Okt.

Stützpunkt

Gasthäuser in Silz bzw. Cafe im Crazy Eddy

Der kleine Ort Silz mit den schön bemalten Häusern ist einen Rundgang wert.

Besonderheiten: Funpark oder Klettersteig? Bei diesem Eisenweg gehen die Meinungen über Sinn und Unsinn stark auseinander. Den einen gefällt es, an teils recht ausgesetzten „Stationen" herumzuturnen, den anderen nicht. Fakt ist, dass der Fun-Klettersteig sehr ausgesetzte Passagen hat, bei denen schon so mancher Felskletterprofi ins Schwitzen gekommen ist. Dass sich Klettersteige auch bei Nichtbergsportlern vermarkten lassen, zeigt der im Crazy Eddy beheimatete Outdoorclub.

Kurzinfo

Talort: Silz, 654 m

Ausgangspunkt: Autobahnbrücke beim Crazy Eddy, 650 m

Karten: BEV ÖK 116, Telfs; Kompass WK 35, Imst - Telfs - Kühtai; F&B WK 252

Anreise: Auf der A12 bis zur Abfahrt Mötz und weiter in den Ort Silz. Im Ortszentrum bei der Kirche nach Norden, immer geradeaus bis zum Crazy Eddy-Camp am Inn. Vor dem Camp im Bereich der Brücke parken. Es gibt auch nach der Autobahnbrücke noch eine Parkmöglichkeit. Öffis: Mit der Bahn nach Silz.

Zustieg: Vom Crazy Eddy-Camp über die Autobahnbrücke. Dem unscheinbaren Steig, der gleich unmittelbar bei der Autobahnbrücke beginnt, in Richtung Grünberg folgen. Bei einer Wegkreuzung nach links bis zum ersten Teilstück - Hinweistafel „Klettersteig".

Route: Über eine steile Wandstufe (C/D) auf einen Absatz. Dort entweder links, sehr steil über glatte Platten (D, dann B) zum Ende der Wand, oder vom Absatz rechts, etwas leichter (B/C), aufwärts und oben wieder gemeinsam mit der linken Variante weiter. Über Blockgelände (A/B) und Gehpassagen steigt man zu einer kleinen Schlucht auf (Stellen A). Dort befindet sich die sog. Malaysische Brücke. Sehr ausgesetzt und luftig überquert man die Schlucht (B/C; sehr weiter Abstand der beiden Seile!). Besser wieder zurück (A) und hinunter zu den Steigspuren, die zum „Hubidrom" führen (für die Abseilstellen ist Felskletterausrüstung nötig!). Im Hubidrom gibt es zwei Möglichkeiten: Die ausgesetzte und luftige Spinne (C/D) oder die sehr dünnen Aluleitern (D/E) - von den Leitern ist eher abzuraten (gefährlich!).

Abstieg: Von der Ketten-Spinne führen Steigspuren in einer brüchigen Rinne hinunter und man gelangt durch lichten Wald zurück zur Brücke (verblasste rote Markierung).

Ausrüstung: Kompl. Klettersteigset, Helm; für das „Abseiling" Felskletterausrüstung.

Bemerkung: Die dünnen Leitern links und rechts der Ketten-Spinne sind mit Vorsicht zu genießen - besser man meidet diese!

Topo *Axel Jentzsch-Rabl*

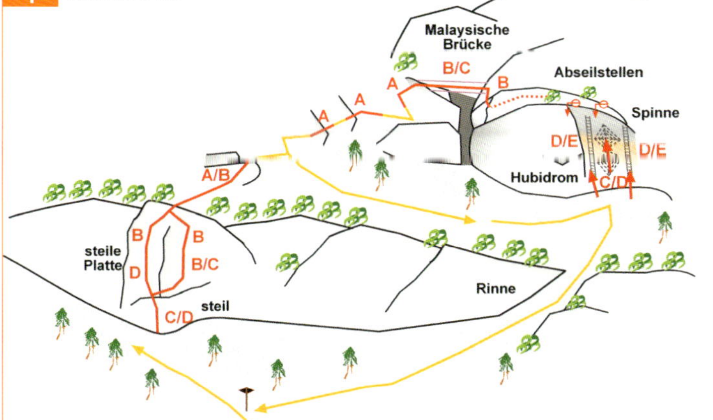

2

3

Bild 1 u. 2: *Im Ketten-Spinnennetz des Crazy Eddy Klettersteiges.*

Bild 3: *Auf der sehr luftigen „Malaysischen Brücke"*

U-Bild: *In Rot der Steigverlauf und in Orange der Zu- und Abstieg.*

Fotos: Dieter Wissekal und Axel Jentzsch-Rabl

Karte

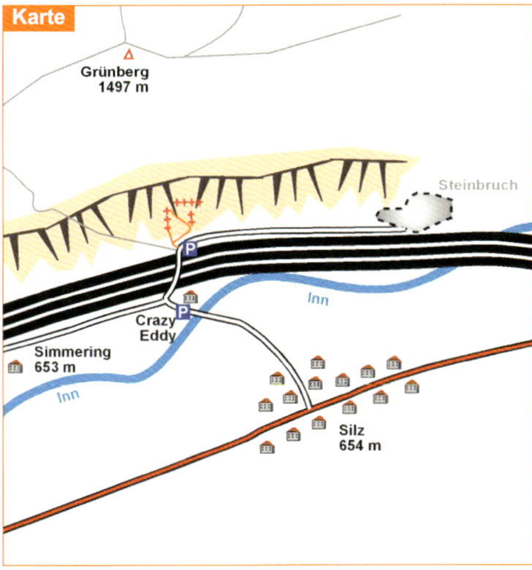

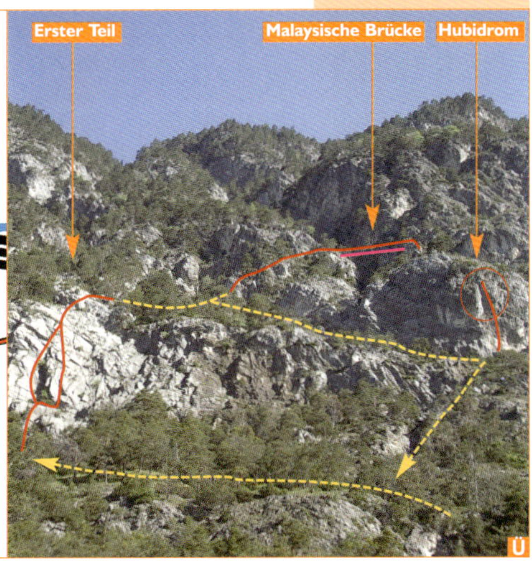

Ü

23 Tirolerweg Klettersteig

2,1 (3 – 2 – 1)

Sehr schön

Sehr gut

Diff. D, Var. D/E

400 Hm
2,5 Std.

1,5 Std.

2 Std.

ab 14 Jahren

6 Std.
850 Hm

N

Plamorder Sp., 2985 m

Juni - Sept.

Karte auf Seite: 87

Stützpunkt

Bergrestaurant Bergkastel, 2173 m
Infos: www.nauders.info
www.reschenpass.net

Besonderheiten: Schöne nordseitige Steiganlage im kristallinen, goldgrauen Fels - einer der schönsten Urgestein-Klettersteige der Alpen. Auf dem fast 3000 Meter hohen Gipfel hat man einen wunderbaren Ortlerblick. Der Tirolerweg ist homogener als der benachbarte Goldweg, hat aber auch kurze D-Stellen; der Abstieg ist gut versichert.

Kurzinfo

Talort: Nauders, 1394 m
Ausgangspunkt: Bergstation der Bergkastelseilbahn, 2173 m
Karten: AV-Karte 30/4, Nauderer Berge; Tabacco WK 043, Vinschgauer Oberland

Anreise: Auf der A12 oder S16 nach Landeck und weiter auf der B315 durch das Oberinntal Richtung Nauders. An Nauders vorbei und bei der Bergkastelseilbahn links der Straße parken. Öffis: Mit der Bahn nach Landeck und mit dem Bus weiter nach Nauders.

Zustieg: Von der Bergstation der Bergkastelseilbahn über die Piste neben der Zirmbahn zur Bergstation und weiter zur Bergstation des Almliftes. Dann unterhalb der Bergkastelspitze in ein Blockkar (Nauderer Gaisloch) und über unzählige Blöcke unter die Nordwand der Plamorder Spitze. Einstieg erfolgt bei 2660 m. Der Zustieg ist schwach markiert. Der Mehraufwand ohne Seilbahnbenützung: 2 Std.

Route: Siehe Topo. Der Anstieg folgt im Wesentlichen dem Grat. Die schwierigen Stellen findet man beim Einstieg und im oberen Teil. Im Mittelteil ist ein Abstecher auf einen freistehenden Turm (Var. D/E) möglich.

Abstieg: Vom Gipfel kurz über die Westrippe abwärts und gleich wieder zurück zur nordseitigen Gipfelwand (B) queren. Danach sehr steil (C) auf ein Band absteigen, welches zum Westgrat führt. Dem Band folgt man (A) bis zu einer Scharte, bei der man nordseitig durch eine Rinne und später ein Geröllfeld zum Einstieg absteigt; schwach markiert. Auf dem Zustiegsweg zurück zur Bergstation der Bergkastelseilbahn.

Ausrüstung: Kompl. Klettersteigausrüstung, evtl. Sicherungsseil und unbedingt Helm!

Bemerkung: Steinschlag im unteren Wandteil. Bei Nässe keinesfalls einsteigen, da die goldenen Flechten dann sehr rutschig sind! Auch der Abstieg hat einige Klettersteigstellen und erfordert Trittsicherheit. Obwohl der Steig im Liftgebiet liegt, sollte der Steig aufgrund der exponierten, hochalpinen Lage nur bei sicherem Wetter begangen werden. Letzte Talfahrt der Bahn beachten!

Topo *Andreas Jentzsch*

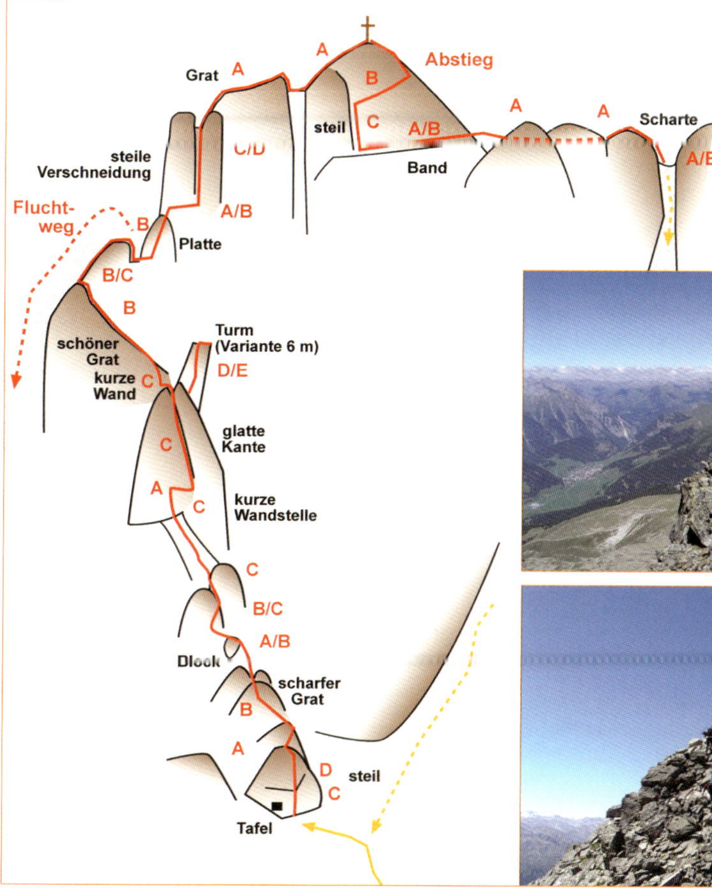

Bild 1: Der Abstecher auf den luftigen, ausgesetzten Turm.

Bild 2: Kurz vor dem fast 3000 Meter hohen Gipfel.

Bild 3: Vom imposanten Gipfel der Plamorder Spitze reicht der Blick in die Zillertaler Alpen und hinüber zum Ortler.

Fotos: Martina Rabl, Andreas Jentzsch und Dieter Wissekal

1

24 Goldweg Klettersteig

2,1 (3 2 1)
Sehr schön
Gut
Diff. D/E u. I-
350 Hm 2,5 Std.
1 Std.
2 Std.
ab 14 Jahren
5,5 Std. 750 Hm
N
Bergkastelsp., 2912 m
Juni - Sept.

Besonderheiten: Der Goldweg wurde 1990 errichtet und kann bereits als Klassiker bezeichnet werden. Der Klettersteig verläuft oft direkt am Urgesteingrat. Der Goldweg ist zwar sehr anspruchsvoll, aufgrund der vielen leichten Stellen aber leider etwas inhomogen. Den Namen verdankt der Klettersteig dem gelben (oder goldfarbenen) Flechtenbewuchs auf den Felsen.

Kurzinfo

Talort: Nauders, 1394 m
Ausgangspunkt: Bergstation der Bergkastelseilbahn, 2173 m
Karten: AV-Karte 30/4, Nauderer Berge; Tabacco WK 043, Vinschgauer Oberland

Anreise: Wie beim Tirolerweg - erste Bergfahrt ca. 9.00 Uhr.

Zustieg: Von der Bergstation auf dem Wanderweg 33 zur Bergstation des kl. Goldseeschlepplifts. Weiter dem markierten Steig unter die Nordostflanke der Bergkastelspitze folgen. Einstiegskoordinaten: N 46°51'03", O 10°33'23".

Route: Über eine Felsrippe geht es unterschiedlich steil (meist A bis B) zu einem Aufschwung (C). Anschließend leichter (meist A) zu einem Felsblock (B). Von dem Block mit einem weiten Spreizschritt (B) auf das so genannte Goldwandl (Schlüsselstelle; D/E). Danach führt ein Flachstück (A) zum nächsten, deutlich leichteren Aufschwung (max. B). Nach einem weiteren Flachstück (A) folgt ein trittarmer Aufschwung (D). Leichter (meist A und I-) zur letzten Steilstufe (C). Kurz abklettern (A/B) und leicht über den Grat (A bis A/B) zum Gipfel.

Abstieg: Vom Gipfel dem markierten Steig (A) über steile Platten und durch Geröll hinunter zu den Goldseen folgen (bei Nässe heikel). Nach kurzer Gegensteigung trifft der Steig auf den Weg 20. Über diesen durch das Ganderbild zurück zum Aufstiegsweg. Abstieg nach Nauders oder Talfahrt mit der Bergkastelseilbahn.

Ausrüstung: Kompl. Klettersteigausrüstung und unbedingt Sicherungsseil für schwächere Geher.

Bemerkung: Bei Nässe unangenehm. Schön ist auch ein Besuch des Reschensees (Kirche im See).

2

Stützpunkt

Bergrestaurant Bergkastel, 2173 m
Infos: www.nauders.info
www.reschenpass.net

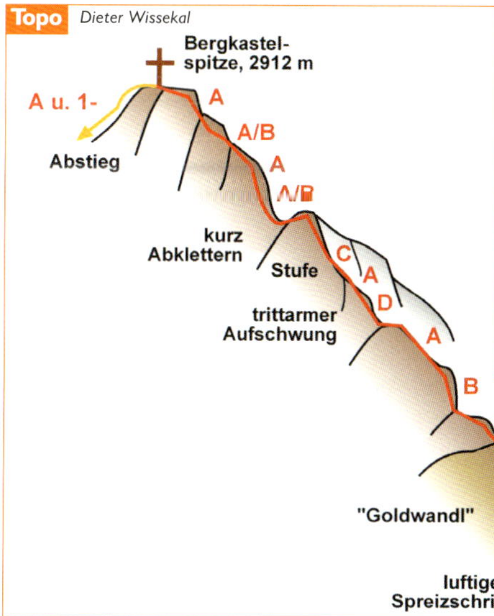
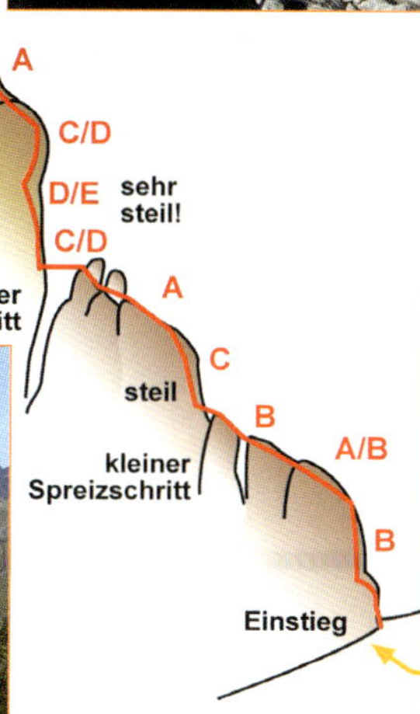

Bild 1: *Beim markanten Spreizschritt zum sog. „Goldwandl".*

Bild 2: *Im oberen Teil der Route.*

Bild 3: *Im leichteren Gelände, kurz unterhalb des Gipfels.*

Fotos: Dieter Wissekal und Axel Jentzsch-Rabl

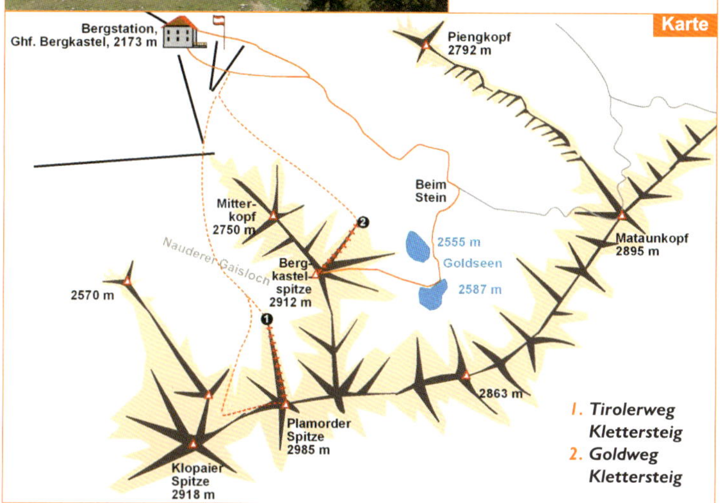

Bild 1: Am 1. Pfeiler, sehr nahe am tosenden Wasserfall.

25 Anton Renk-Klettersteig

1,9 (3 2 1)

Sehr schön

Sehr gut

Diff. D/E

160 Hm
1 Std.

2 Std.

2 Std.

ab 13 Jahren

5 Std.
700 Hm

N

Zirmesgrat, 2715 m

Juli - Sept.

Stützpunkt

Anton Renk-Hütte, 2260 m, DAV; Selbstversorgerhütte. Tel: +43 5472 6278

Restaurant Sattelklause, 1870 m, privat; zu den Bahnbetriebszeiten bew., Fr Ruhetag.

Besonderheiten: Der imposante Anton Renk-Klettersteig zwischen den gleichnamigen Wasserfällen wurde im Mai 2007 eröffnet. Zahlreiche Eisenklammern sind von den Erbauern Florian Schranz und Bruno Netzer in den teilweise überhängenden Fels gearbeitet worden. Man kommt den tosenden Fluten abschnittsweise so nahe, dass bei ungünstigen Windverhältnissen vor allem der Einstieg zu einem feucht-fröhlichen Vergnügen wird.

Kurzinfo

Talort: Ried im Oberinntal, 876 m

Ausgangspunkt: Bergstation Sattelklause, 1870 m

Karten: AV-Karte Nr. 30/3, Ötztaler Alpen, Kaunergrat; ÖK 145, Imst

Anreise: Auf der A12 bis zum Knoten Oberinntal, durch den Landecker Tunnel und auf der B180 bis Ried im Oberinntal. Bei der Talstation der Seilbahn parken. Auffahrt mit den Bergbahnen bis zur Sattelklause. Öffis: Mit der Bahn nach Landeck und mit dem Bus bis Ried im Oberinntal Seilbahn.

Zustieg: Von der Station Sattelklause vorbei an der Fendler Alpe (1970 m) zum Zirmesköpfle. Weiter in den Fissjochboden und von dort auf einem alten, aber neu markierten Kuhsteig hinunter zum Stalanzer Bach. Entlang des Baches (Brücken) zum Einstieg rechts der Hauptwasserfälle aufsteigen. Alternativer Zustieg von Fendels (3 Std.) oder Ried (3 - 3,5 Std.) möglich. Einstiegskoordinaten: N 47°00'32,5", O 10°41'43,3".

Route: Siehe Topo-Skizze. Die Schwierigkeiten liegen im 1. Pfeiler (steiler, aber gut mit Klammern abgesicherter Pfeiler, C mit einem Überhang, D). Im oberen Teil sehr ausgesetzter und kraftraubender Schlussüberhang (D/E). Meist bewegt man sich im C-Gelände, selten leichtere Passagen.

Abstieg: Vom Ausstieg nordöstlich – tlw. auf „tosenden Blöcken", unter denen das Wasser zu hören ist – zur Anton-Renk-Hütte queren und auf dem markierten Weg zurück zum Zirmesköpfle und weiter zur Bergstation absteigen.

Ausrüstung: Komplette Klettersteigausrüstung, Helm und Klettersteighandschuhe.

Bemerkung: Achtung: Sollten sich oben an den Wasserfällen noch Eisreste vom Winter befinden, herrscht Eisschlaggefahr (nicht direkt unter den Fällen gehen)! Die Bergbahnen sind von Mitte Mai bis Mitte Oktober in Betrieb (in der Vor- und Nachsaison nur Do. und So.). Infos: www.gletscher.at. **Führungen des Klettersteiges** werden von **Florian Schranz** angeboten - **www.totalalpin.at**

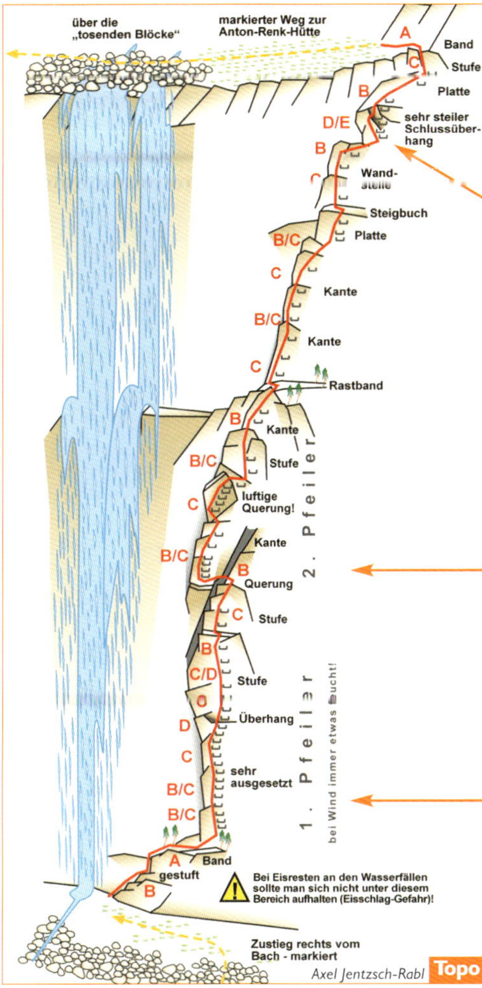

Bild 2: Der sehr kraftraubende Schlussüberhang (D/E).

Bild 3: Der Anfang des 2. Pfeilers (B/C)

Bild 4: Der 1. Pfeiler. Fotos: Dieter Wissekal und Axel Jentzsch-Rabl

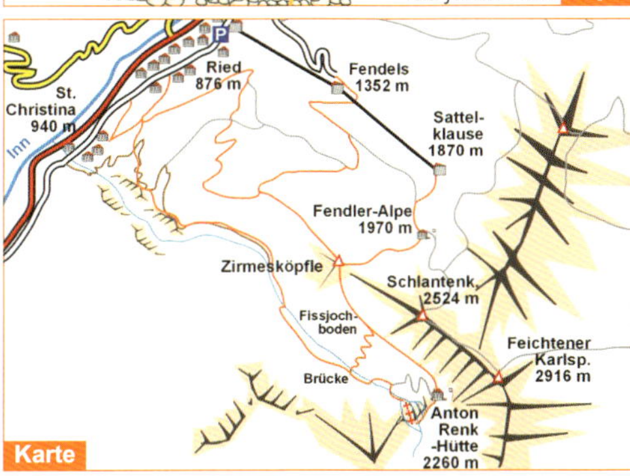

26 Jubiläums-Klettersteig „Lehner Wasserfall“

1,2 (3 – 2 – 1)

Sehr schön

Sehr gut

Diff. C Var. D/E

140 Hm
1 Std.

20 Min.

30 Min.

ab 10 Jahren

2 Std.
260 Hm

SO

Rauher Oppen, 2097 m

April - Nov.

Stützpunkt

Gasthäuser in Längenfeld
www.laengenfeld.com

Besonderheiten: Der Jubiläums-Klettersteig zählt zu den schönsten Klettersteigen Tirols. Die eindrucksvolle Steiganlage im Nahbereich eines hohen Wasserfalls ist geschickt angelegt und bietet fast immer einen hautnahen Blick auf das hinabstürzende Wasser. Highlight für Sportklettersteig-Freaks ist die kurze, aber sehr anspruchsvolle Extrem-Variante im oberen Teil des Steiges.

Kurzinfo

Talort: Längenfeld, 1180 m oder Lehn, 1159 m
Ausgangspunkt: Ötztaler Heimatmuseum, 1160 m
Karten: AV-Karte Nr. 30/5, Ötztaler Alpen; BEV ÖK 146, Ötz; F&B WK 251

Anreise: Wie beim Reinhard Schiestl Klettersteig ins Ötztal und bis nach Au fahren. Gleich nach der Ortstafel rechts abbiegen (Wegweiser „Ötztaler Heimatmuseum“) und durch Winklern und Unterried nach Lehn fahren. Beim Museum südlich des „Ortszentrums“ parken. Offis: Wie Reinhard Schiestl-Klettersteig, aber bereits in Au aussteigen.

Zustieg: Beim Heimatmuseum beginnt ein rot markierter Weg, welcher an Kreuzweg-Stationen vorbei in den Hochwald führt. Nachdem man eine Kapelle passiert hat, kommt man über eine Stufenanlage zu einer Hängebrücke. Über die Brücke und dem Weg bis zum Einstieg folgen.

Route: Der Einstieg erfolgt über eine steile Wand (C). Es folgt eine Querung nach links (A/B), bevor die nächste Felsstufe (B/C) überwunden wird. Eine längere Linksquerung (A/B) führt zu einer markanten, überdachten Plattenzone. Diese zuerst schräg, dann gerade empor (meist B). Anschließend kommt die optionale Schlüsselstelle in Form eines stark überhängenden Daches (D/E). Die Schlüsselstelle kann links umgangen werden (B). Mit Hilfe zahlreicher Klammern wird der Ausstieg erreicht (A/B).

Abstieg: Vom Ausstieg rechts über den rot markierten, steilen Weg (max. A, Vorsicht bei Nässe) zurück nach Lehn absteigen.

Ausrüstung: Kompl. Klettersteigausrüstung und Helm; für Kinder Sicherungsseil.

Bemerkung: Für Nicht-Klettersteiggeher bietet sich der Aufstieg zum Aussichtspunkt unter dem tosenden Wasserfall an (siehe Übersichtsbild). Gut mit dem Besuch des Ötztaler Heimat- und Freilichtmuseums bzw. mit dem Reinhard Schiestl Klettersteig zu kombinieren.

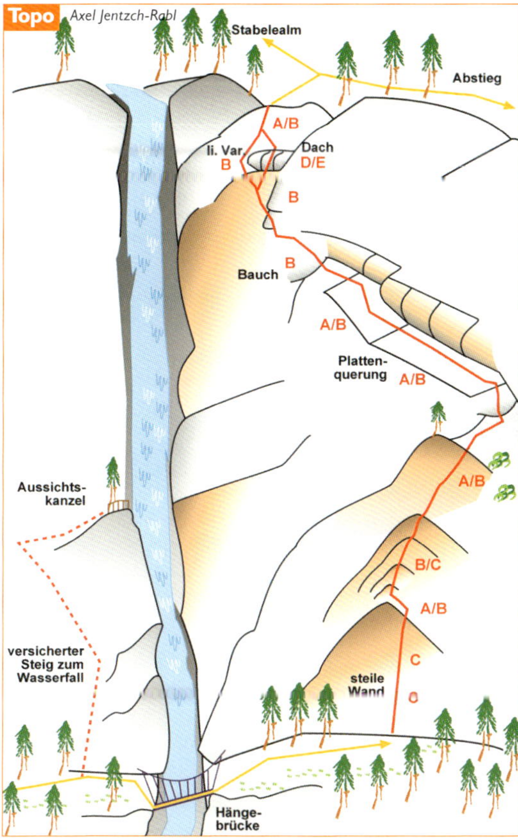

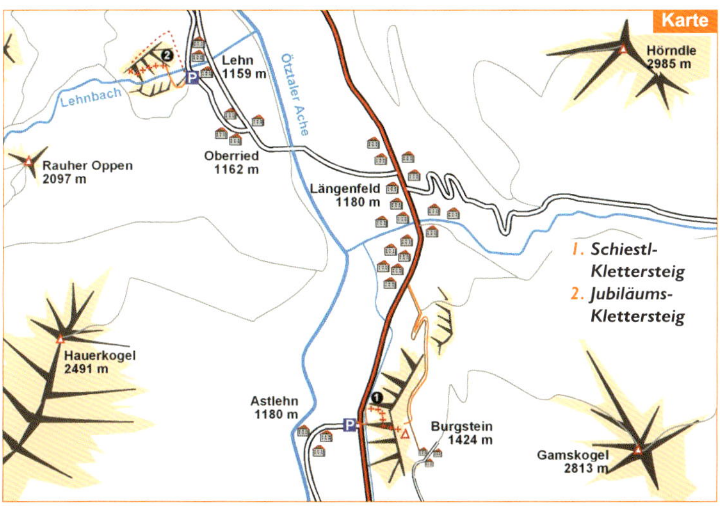

Bild 1: Immer in der Nähe des tosenden Wasserfalles.

Bild 2: Die stark überhängende Variante - eine extreme Sache!

Ü-Bild: Gut zu sehen ist der Steigverlauf (Rot), die rechte kurze Extrem-Variante (Magenta) und der Abstiegsweg in Orange.

Fotos: Dieter Wissekal und Axel Jentzsch-Rabl

1

27 Reinhard Schiestl-Klettersteig

1,7 3 2 1

Schön

Sehr gut

Diff. D

190 Hm
1,5 Std.

5 Min.

1 Std.

ab 14 Jahren

2,5 Std.
240 Hm

W

Burgsteinwand, 1424 m

April - Nov.

Karte auf Seite: 91

Stützpunkt

Gasthäuser in Längenfeld
www.laengenfeld.com

Besonderheiten: Der 300 m lange Steig überwindet mit 350 künstlichen Tritten die aus Urgestein bestehende Burgsteinwand und zählt bereits zu den Klassikern Tirols. Die Steiganlage ist eine der ersten reinen Sportklettersteige Österreichs, bei der nicht der Gipfel sondern das Vertikal-Erlebnis im Vordergrund steht. Die Anlage zeichnet sich vor allem durch zahlreiche extrem ausgesetzte, spektakuläre, luftige Passagen aus und bietet dank der kühnen Linienführung gähnende Tiefblicke ins Tal. Die Strapazen werden mit einem netten Rastplatz auf einer Wiese beim Ausstieg und mit einem tollen Blick zum Geigenkamm belohnt.

Kurzinfo

Talort: Längenfeld, 1180 m

Ausgangspunkt: Klettersteig-Parkplatz Astlehn, ca. 1170 m

Karten: AV-Karte Nr. 30/5, Ötztaler Alpen; BEV ÖK 146, Ötz; F&B WK 251

Anreise: Auf der A12 bis zur Ausfahrt Ötztal und über die B186 nach Längenfeld. Den Ort durchfahren und bei der Abzweigung nach Astlehn (etwa 1,5 km nach dem Ortsende von Längenfeld) parken. Hinweistafel „Klettersteigparkplatz". Öffis: Mit der Bahn bis Ötztal und weiter mit dem Bus bis Oberlängenfeld, Abzw. Astlehn.

Zustieg: Die Bundesstraße queren und direkt bei der Bushaltestelle den Bach auf einer Brücke überqueren. Links am Wandfuß entlang bis zum Einstieg bei einer Tafel.

Route: Siehe Toposkizze - die Hauptschwierigkeiten sind im Mittelteil. Rastplätze sind mit „R" gekennzeichnet.

Abstieg: Vom Ausstieg auf dem eingezäunten Weg über eine Wiese zu einer Schotterstraße aufsteigen. Auf dieser links oder halblinks (ein paar Minuten länger als angegeben) nach Längenfeld absteigen. Links auf die Bundesstraße und etwa zwei Kilometer zurück zum Ausgangspunkt (Vorsicht, stark befahren!).

Ausrüstung: Komplette Klettersteigausrüstung und Klettersteighandschuhe.

Bemerkung: Für diesen Klettersteig ist absolute Schwindelfreiheit erforderlich. Die konditionelle Anforderung an die Armkraft ist nicht zu unterschätzen. Der Steig verfügt über drei sehr gut eingerichtete Rastplätze (horizontal gespanntes Seil) und ist aufgrund der geringen Felsberührung auch bei Nässe begehbar. Bitte beim Abstieg nicht durch die Wiese laufen, sondern auf dem markierten Weg bleiben! Der Steig ist optimal mit dem Jubiläums-Klettersteig „Lehner Wasserfall" (C, mit der Extrem-Variante D/E) auf der anderen Seite des Ötztales zu kombinieren.

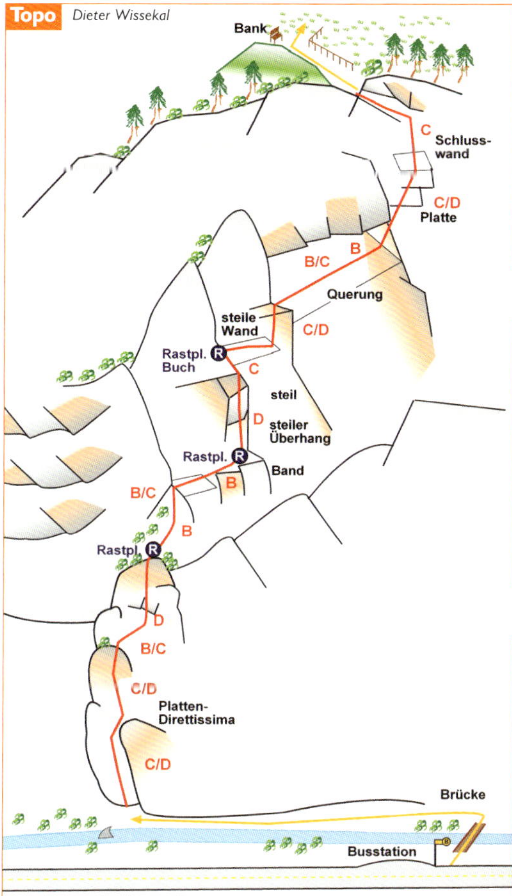

2

3

4

Bild 1: *Vertikal-Abenteuer inmitten der wunderbaren Bergwelt.*

Bild 2: *Im Ausstiegsbereich, sehr luftig, direkt über dem Parkplatz.*

Bild 3: *Der steile und ausgesetzte Überhang im Mittelteil - dieser ist die Schlüsselstelle.*

Bild 4: *Steile Klammernpassage im Einstiegsbereich.*

Fotos: Dieter Wissekal und Axel Jentzsch-Rabl

1

28 Klettersteig Moosalm

1,2 (3 2 1)
- Schön
- Mittel
- Diff. C/D
- 70 Hm 20 Min.
- 20 Min.
- 30 Min.
- ab 9 Jahren
- 1,5 Std. 280 Hm
- W
- Rotkogel, 2894 m
- Juni - Okt.

Stützpunkt
Unterwegs keiner - Gasthaus Moosalm am Ausgangspunkt.

Einstiegsbeschriftung

Besonderheiten: Kurzer, aber nicht uninteressanter Klettersteig über der Skimetropole Sölden. Der Steig liegt im rechten Teil eines Klettergartens und weist zwei spektakuläre Leiternpassagen auf. Nur in Verbindung mit einer Wanderung oder eines Besuchs des Klettergartens (es gibt auch einige leichtere Touren) zu empfehlen. Der Steig und der Klettergarten werden recht selten besucht.

Kurzinfo
Talort: Sölden, 1368 m
Ausgangspunkt: Gasthaus Moosalm, ca. 1470 m
Karten: AV-Karte Nr. 31/1, Stubaier Alpen, Hochstubai, ÖK 173, Sölden

Anreise: Auf der A12 bis zur Ausfahrt Ötztal und weiter durch das Ötztal bis nach Sölden. Gleich nach der Gaislachkogelbahn links (über den Parkplatz) in Richtung Wildmoos auffahren. Im Bereich der Häusergruppe zweigt man dann zur Moosalm ab. Kurz nach dem Gasthaus ist ein Schranken (Fahrverbot). In diesem Bereich parken. Öffis: Mit der Bahn nach Ötztal-Bahnhof und weiter mit dem Bus bis Sölden Wohlfahrt. Fußaufstieg zum Einstieg.

Zustieg: Entlang der Forststraße bis zur markanten Wand (direkt neben dem Forstweg), auf Steigspuren zum Wandfuß und weiter zum Einstieg im rechten Wandteil (Bemalung „Klettersteig").

Route: Nach einer kurzen Steilpassage (B) führt eine leichte Plattenquerung (A/B) zur ersten Leiter (B/C). Nach dieser über die zweite Leiter (B/C) zum Beginn einer steileren Platte (Übergang von der Leiter zur Platte C). Die Platte aufwärts zu einem Band und auf diesem kurz nach links queren. Über eine kurze, aber sehr steile Rinne (C/D) hinauf zum Ausstieg im Wald.

Abstieg: Vom Ende des Steiges folgt man einem Pfad nach rechts. Im steileren Gelände - etwas unorthodox mit Kletterseilen abgesichert - abwärts, bis man unten wieder auf eine kurze Drahtseilpassage trifft. Über diese hinunterklettern und weiter unter der Wand zum Einstieg zurück.

Ausrüstung: Komplette Klettersteigausrüstung; für Kinder und Anfänger ein Sicherungsseil.

Bemerkung: Der Steig ist nur mit einem dünnen Stahlseil abgesichert. Auch die Klammern, an denen das Seil befestigt ist, sind gewöhnungsbedürftig (an den Klammern wird auch geklettert). Bei einem Besuch die Klettersachen nicht vergessen!

Topo *Andreas Jentzsch*

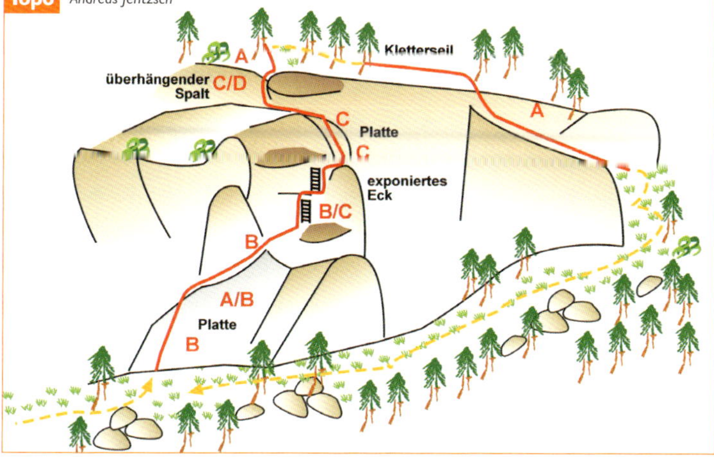

Absicherung...

Bild 1: Erste Leiter.

Bild 2: Steile Platte.

Bild 3: Übergang von der zweiten Leiter zur steilen Platte.

Bild 4: Die steile Rinne kurz vor dem Ausstieg.

Fotos: Axel Jentzsch-Rabl

2

3

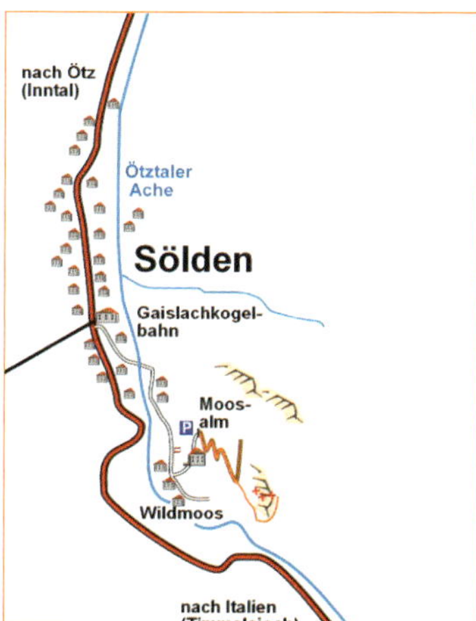

Karte

4

29 Auer Klamm Klettersteige

1,0 3 2 1

Schön

Sehr gut

Diff. B

60 Hm
35 Min.

10 Min.

10 Min.

ab 9 Jahren

1 Std.
150 Hm

W

Amberg, 1590 m

Juni - Okt.

Stützpunkt

Unterwegs keine - Gasthäuser in Ötz

Wer an einer Begehung der ganzen Klamm interessiert ist. **Agentur Wasser C-Raft:** www.rafting-oetztal.at

Besonderheiten: Das Wasser von den Gletschern der Stubaier Alpen stürzt vor dem Talboden durch die eindrucksvolle Auer Klamm. Seit ca. zwei Jahren gibt es zwei kurze „Klettersteige" in den Schluchtgrund hinab. Die Steige dienen den Canyoning-Gehern als Rettungs-, Zu- und Abstieg in die Klamm und sind in Verbindung mit einer Wanderung interessant. Wer in der Gegend ist, kann sich also - gesichert mit einem Klettersteig-Set – in den Klammgrund wagen. Nicht selten trifft man dort auf „Froschmänner" die geführt die Klamm durchwaten. Mit etwas Glück trifft man auf eine erweiterte Steiganlage – die Planungen für den Steig beim Gr. Wasserfall laufen schon.

Kurzinfo

Talort: Ötz, 812 m
Ausgangspunkt: Ortstafel Taxegg, ca. 1050 m
Karten: Kompass WK 43, Ötztaler Alpen, F&B WK 251; BEV ÖK 146, Ötz

Anreise: Auf der A12 bis zur Ausfahrt Ötztal und weiter nach Ötz. Im Ort zweigt man in Richtung Kühtai ab und folgt der Straße bis nach Taxegg. Je nach Möglichkeit parken - leider nur sehr wenig Möglichkeiten. Öffis: Mit der Bahn nach Ötztal-Bahnhof und weiter mit dem Bus nach Ambach, von dort führt ein Wanderweg zur Holzbrücke.

Zustieg: Gleich bei der Ortstafel (Taxegg) führt links ein Weg hinunter zur Auer Klamm. Diesem folgt man bis zu einer Holzbrücke. **Var. A. - Großer Wasserfall:** Über die Brücke bis man die Hütte auf einer Wiese mit einem Bienenstock sieht. Hinter dem unteren Wiesenende ist ein Aussichtspunkt (Zaun, Bänke), kurz dahinter beginnt der Steig. **Var. B. - Schlucht:** Direkt vor der Brücke - also rechts der Kapelle und der Wiese - links der Brücke in den Wald und auf deutlichen Steigspuren zum Beginn der Versicherungen.

Route: Siehe Topo. **Abstieg:** Wie Zustieg.

Ausrüstung: Komplette Klettersteigausrüstung und Helm

Bemerkung: Der Abstieg in die Klamm sollte nur bei niederschlagsfreiem Wetter gemacht werden (das Wasser steigt bei Regen schnell an!). Wer bei Var. B die Steigspuren nicht findet, sollte umkehren (akute Absturzgefahr am Klammrand!).

Topo *Andreas Jentzsch*

Bild 1, 3 u. 4: Der Abstieg zum Großen Wasserfall - der Steig endet unten im Wasserbecken.

Bild 2: Eine Canyoning-Truppe beim Ausstieg aus der Schlucht (B: Schlucht).

Fotos: Axel Jentzsch-Rabl und Andreas Jentzsch

Vorsicht Wasser!

30 Kühtai-Panorama-Klettersteig

2,5

Sehr schön

Sehr gut

Diff. D/E

450 Hm
2 Std.

1,5 Std.

1,5 Std.

ab 14 Jahren

5 Std.
800 Hm

N

Pockkogel, 2807 m

Juni - Sept.

Stützpunkt

Dortmunder Htt. 1949 m, ÖAV, ganzj. bew. Tel: +43 5239 5202. Info: www.dortmunderhuette.at

Dreiseenhütte, 2311 m, privat, keine Nächtigung.

Bild 1: Das schöne Gipfelpanorama am Ende des Klettersteiges.

Foto: A. Jentzsch-Rabl

Besonderheiten: Schöner und elegant angelegter Sportklettersteig, der über die steilen Nordabbrüche des Pockkogels führt. Im unteren Teil befinden sich zwei sehr luftige und kraftraubende Steilstufen. Der obere Abschnitt des Klettersteiges ist etwas gemütlicher mit nur einer schweren luftigen Stelle als krönenden Abschluss genau unter dem Gipfelkreuz.

Kurzinfo

Talort: Kühtai, 2017 m

Ausgangspunkt: Parkplätze in Kühtai, 2017 m

Karten: ÖK 146, Ötz; AV-Karte Nr. 31/2, Stubaier Alpen/Sellrain; F&B WK 241

Anreise: Auf der A12 bis zur Ausfahrt Kematen oder Ötztal und weiter hinauf nach Kühtai. Im Ort, im Bereich der kleinen Kirche bzw. bei der Talstation Dreiseenlift parken. Öffis: Mit der Bahn bis nach Innbruck oder Ötztal und mit dem Buch nach Kühtai.

Zustieg: Von Kühtai hinauf zur Bergstation des Dreiseenliftes. Hinter der Bergstation beginnt die Markierung, zuerst ident mit dem Weg zum Gaiskogel, dann zweigt der Zustiegsweg aber nach rechts zum Wandfuß ab (am tiefsten Punkt der Wand befindet sich der Einstieg). Von der Bergstation ca. 20 Min.

Route: **Sektion 1:** Über eine Rampe zu den Versicherungen und dort leicht aufwärts (A) bis zum ersten Markstein, dem leicht überhängenden „Gaudi Wandl" (D). Danach über flacheres Gelände (B/C) und einer plattigen Kante (C, dann B) zum „Frühstücksplatzl" auf 2640 m. Kurz ungesichert bis zu den Stahlseilen, dann über Blockgelände (B) zu einer Querung (B und C), die zur Schlüsselstelle führt. Dort beginnt eine überhängende Wandpassage (D), an deren Ende man über eine Art Kante (D/E) steigt. Danach kurz steil (D) weiter bis zum Ende der ersten Sektion. Ca. 250 m sehr ausgesetzt den Markierungen zur zweiten Sektion folgen.

Sektion 2: Vom Einstieg sehr steil (C/D) aufwärts, bis man über eine Platte (C) zum Quergang (C) kommt. Dieser führt zum „Parkplatz" mit der „Schilehrerbank" (luftiges Holzbankerl). Weiter über eine Wandstufe (C) zum sog. „Durchschlupf". Kurzes Gehgelände führt zu einer griffigen Querung (B, dann C), die über eine Steilstufe (C) zum Grat führt. Dort kurz gehen, versichert abklettern (A, B), bis man nach einem weiteren Gehstück eine schöne Platte (B) erreicht, die zu einer Steilstufe führt (B). Danach wieder eine Gehpassage und leicht (B) zu einem sehr steilen Kamin (C/D). Anschließend wechselt der Steig auf die Nordseite und leitet anfangs leicht (A) zur kurzen Schlusswand. Zuerst steil (C), dann sogar leicht überhängend (D) erreicht man wieder den Grat (A) und steht direkt vor dem Gipfelkreuz.

Topo *Axel Jentzsch-Rabl*

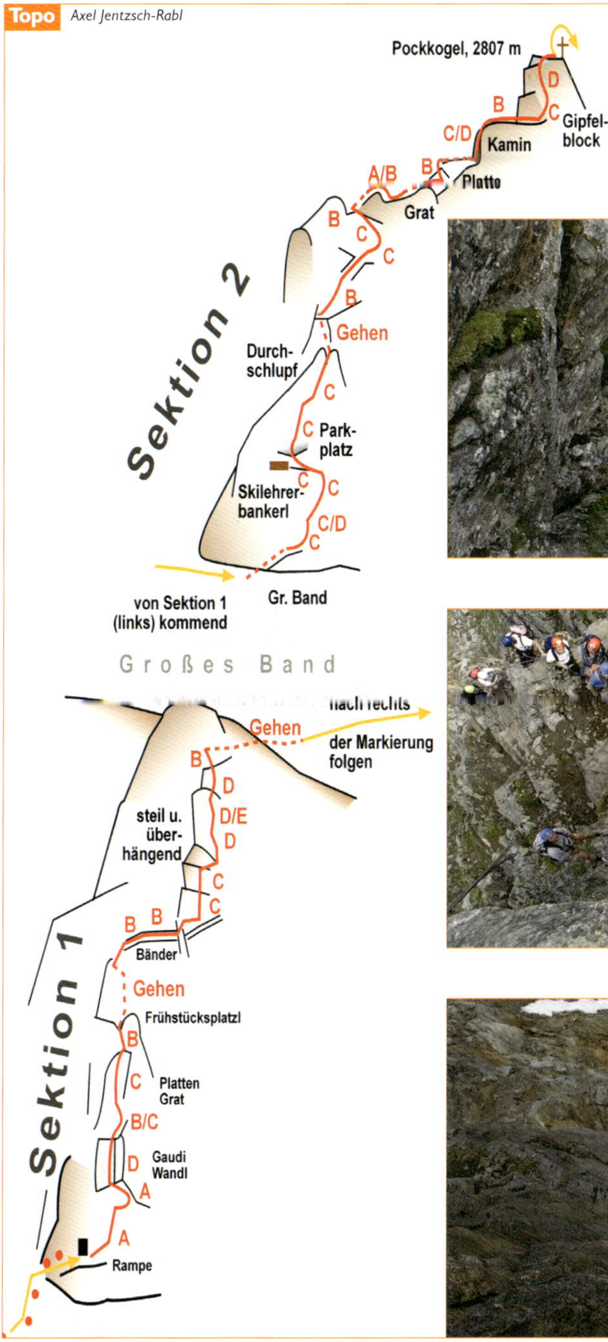

Bild 2: *Die Leitern in der Sektion 1.*

Bild 3: *Stau an der leicht überhängenden Schlüsselstelle.*

Bild 4: *Steilpassage in der Sektion 2.*

Fotos: Ernst Riha

2

3

4

Bild 5: Das letzte sehr steile Stück vor dem Gipfelkreuz.

Übersicht: Sehr schön zu sehen sind die beiden Aufschwünge und der Abstieg zum Stausee.

Fotos: Ernst Riha - www.klettersteig.com

Abstieg: Auf dem markierten Normalweg südwestlich hinunter zu einer Scharte, von dieser weiter zum Finstertaler Speichersee absteigen und im Bereich der Staumauer rechts zur Dreiseenhütte. Von der Hütte wieder hinunter nach Kühtai. Man kann auch von der Staumauer direkt nach Kühtai absteigen.

Ausrüstung: Klettersteigausrüstung und Helm; für Kinder evtl. ein Sicherungsseil.

Bemerkung: Der Steig ist nach Norden hin ausgerichtet (außer der Gipfelgrat) und liegt nachmittags tlw. in der Sonne. Bei Schneelage befindet sich das Seil in den leichteren Abschnitten unter dem Schnee.

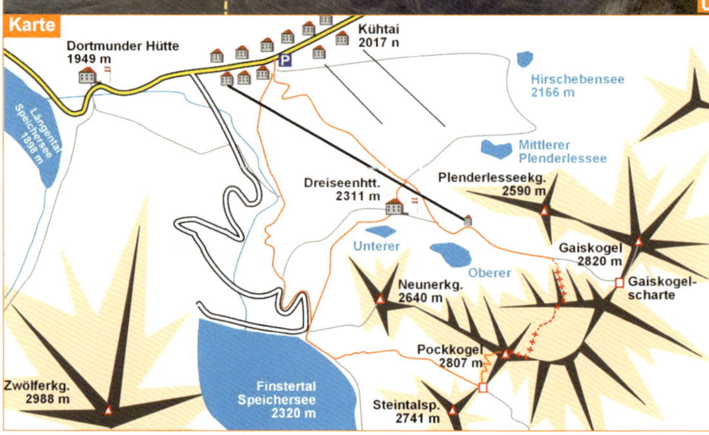

Route: Kühtai - Bergstation Dreiseenlift - Weg in Richtung Gaiskogel - Abzweigung Klettersteig - Klettersteig - Pockkogel - Finstertal Speichersee - Kühtai.

31 Klettersteig Nürnberger Hütte

1,5 (3 – 2 – 1)

- Sehr schön
- Sehr gut
- Diff. C/D
- 90 Hm, 40 Min.
- 2,5 Std.
- 2 Std.
- ab 12 Jahren
- 6 Std., 1150 Hm
- O
- Urfallspitze, 2805 m
- Juli - Sept.

Stützpunkt

Nürnberger Hütte, 2278 m DAV; Mitte Juni bis Anfang Okt. bew. Tel: +43 5226 2492. Infos: www.nuernbergerhuette.at

Besonderheiten: Der genussreiche Klettersteig der Nürnberger Hütte wurde 2001 errichtet. Er verläuft zumeist direkt an der Kante bzw. am Grat und ermöglicht schöne Aussichten auf die landschaftlich reizvolle Hüttenumgebung. Aufgrund des verhältnismäßig langen Zustieges hält sich der Andrang der Kletterer trotz der Hüttennähe in Grenzen. Man kann die ca. 140 m lange Klettersteigtour aber gut mit einem der zahlreichen Gipfelziele kombinieren.

Kurzinfo

Talort: Neustift im Stubaital, 993 m
Ausgangspunkt: Parkplatz Nürnberger Hütte, ca. 1380 m
Karten: AV-Karte Nr. 31/1, Stubaier Alpen, Hochstubai; ÖK 147 und 174

Anreise: Auf der A13 bis zur Ausfahrt Stubaital und im Stubaital über Neustift nach Ranalt. Am Parkplatz der Nürnberger Hütte etwa 1 km nach Ranalt parken. Öffis: Mit der Bahn nach Innsbruck und mit der Stubaitalbahn nach Fulpmes. Weiter mit dem Bus nach Neustift bis zum Parkplatz Nürnberger Hütte.

Zustieg: Vom Parkplatz zuerst steiler, dann flach auf dem Weg 134 über die Bsuchalm (1580 m). Von dieser steigt man steil an der rechten Talseite zur Nürnberger Hütte auf. Der Klettersteig befindet sich unmittelbar hinter der Hütte. Von der Hütte in südwestlicher Richtung in Kürze zum Klettersteig aufsteigen. Einstiegskoordinaten: N 46°59'34,0", O 11°12'58,1"

Route: Siehe Topo. Unten über plattigen Fels (Stelle C, sonst B) zu einem kleinen Überhang (Schlüsselstelle C/D). Danach meist links oder auf dem Grat (B und B/C) bis zu einem scharfen, horizontalen Gratstück (B) aufsteigen. Danach wieder im Bereich des Grates (B und B/C) bis zu einem Flachstück (Ende der Seilsicherung).

Abstieg: Vom Ausstieg noch ein Stück zwischen Blöcken hindurch aufsteigen und der roten Markierung (vor dem nächsten Grataufschwung nach rechts) zum Weg 102 folgen. Auf diesem rechts abbiegen und in Kürze zurück zur Nürnberger Hütte. Abstieg über den Aufstiegsweg.

Ausrüstung: Kompl. Klettersteigausrüstung, Helm und evtl. Klettersteighandschuhe.

Bemerkung: Der kurze Umweg (plus 170 Hm, 45 Min.) auf das Niederl (2629 m) eröffnet herrliche Blicke auf die Gletscherwelt der Stubaier Alpen. Im Bereich des Klettersteiges gibt es auch einen Klettergarten - Infos auf der Hütte. Vorsicht bei Altschneefeldern, dann ist der Abstieg bis zum Weg 102 etwas heikel.

Topo *Axel Jentzsch-Rabl*

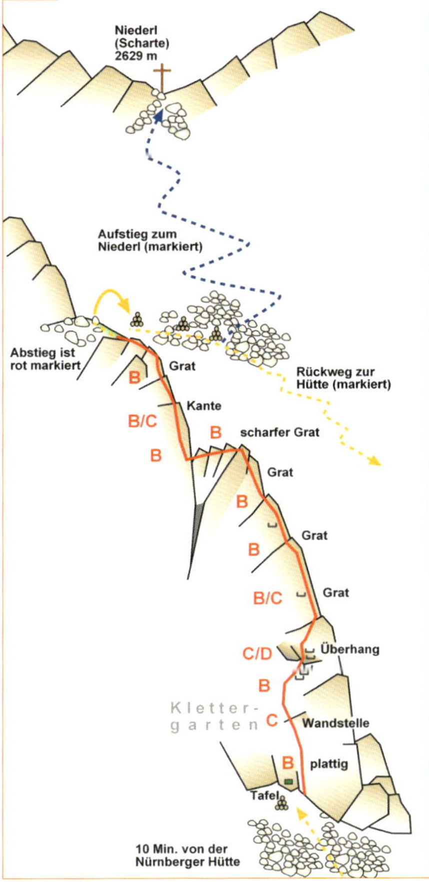

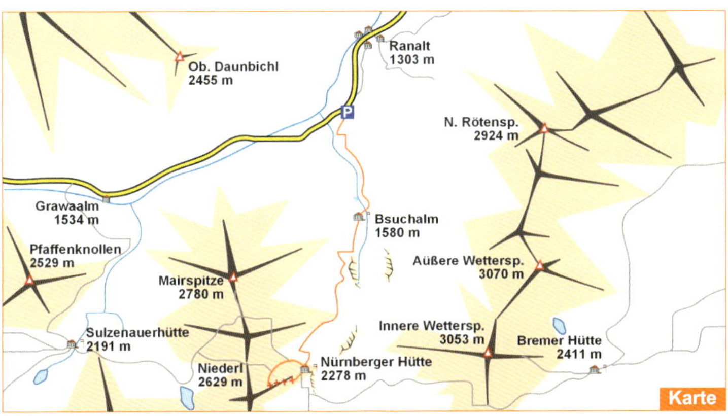

Bild 1: Schöne Gratkletterei direkt über der Nürnberger Hütte.

Bild 2: Der schwere Überhang im unteren Teil.

Bild 3: Der scharfe Zackengrat im Mittelteil.

Ü-Bild: Der untere Teil des Klettersteiges in Rot.

Fotos: Dieter Wissekal und Axel Jentzsch-Rabl

32 Schlicker Klettersteig

2,5 (3 – 2 – 1)

- Sehr schön
- Gut
- Diff. D und I
- 700 Hm, 3 Std.
- 1 Std.
- 3 Std.
- ab 14 Jahren
- 7 Std., 1000 Hm
- S
- Gr. Ochsenwand, 2700 m
- Juli - Okt.

Stützpunkt

Schlicker Alm, 1643 m privat; bew. Ende Mai - Ende Okt. Tel. +43 5225 62409 www.schlick2000.at

Besonderheiten: Ein wirklich großartiger Klettersteig in wunderbarer Umgebung der Kalkkögeln, die etwas an die Dolomiten erinnern. Der Eisenweg auf die Große Ochsenwand gehört sicher zu den besten Steiganlagen in Tirol. Im unteren Teil braucht man klettertechnisches Geschick und etwas Armkraft. Wer den Einstiegsüberhang geschafft hat, hat schon die halbe Miete auf dem Weg zum Gipfel bezahlt. Beim Genuss des wunderbaren Ausblickes auf die Stubaier Alpen sollte man auch gleich an den Abstieg denken. Steil und auch sehr kraftraubend geht es über den Nordgrat hinunter zur Alpenklubscharte.

Kurzinfo

Talort: Fulpmes, 937 m
Ausgangspunkt: Bergstation Kreuzjoch, 2110 m
Karten: AV-Karte Nr. 31/5, Innsbruck-Umgebung; ÖK 147 und 148

Anreise: Auf der Brennerautobahn (A13) bis zur Abfahrt Stubaital und im Stubaital nach Fulpmes. Auto bei der Talstation der Schlick 2000 abstellen. Öffis: Mit der Bahn nach Innsbruck und der Stubaitalbahn nach Fulpmes.

Zustieg: Mit der Bahn hinauf zum Kreuzjoch, von dort hinunter (auf Forststraße oder Piste) zur Zirmachalm und weiter auf dem Schotterweg, bis links (große Tafel) ein gut ausgetretener Steig zum Einstieg (kl. Tafel) abzweigt. Ohne Bahn Mehraufwand von 1,5 Stunden.

Route: Siehe Topo - der Abstieg über den Nordostgrat (C) wird auch oft als eigenständige Klettersteig-Tagestour gemacht.

Abstieg: Vom Gipfel der Markierung über den Nordgrat folgen. Dieser Grat ist in der Steilstufe komplett versichert (bis C) und nicht zu unterschätzen (Klettersteigausrüstung und Helm am besten gleich anlassen). Am Ende folgt ein landschaftlich eindrucksvoller Quergang zur Alpenklubscharte. Zeitaufwand ca. 1,5 Std. bis zur Alpenklubscharte. Von dort markierter Weg zur Schlicker Alm und weiter zur Station Froneben (bzw. weiter ins Tal).

Ausrüstung: Komplette Klettersteigausrüstung, Helm und Klettersteighandschuhe.

Bemerkung: Lange und schwere Klettersteigunternehmung! Alternativ, z.B. bei weniger stabilem Wetter, kann man den **Kreuzjoch-Übungsklettersteig** (D/E) machen - eine nette Kletterei über Türme bei der Bergstation Kreuzjoch.

Topo *Axel Jentzsch-Rabl*

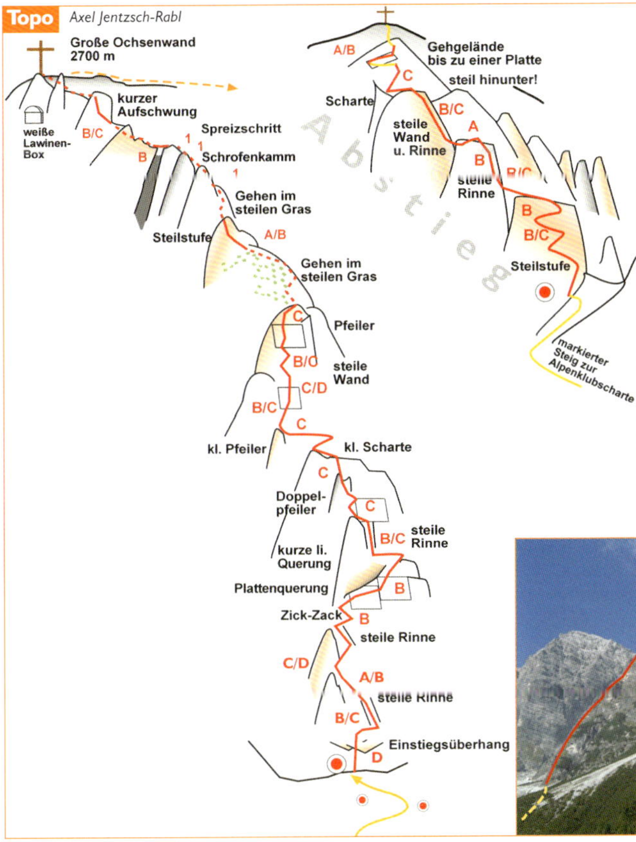

2

3

Ü

Karte

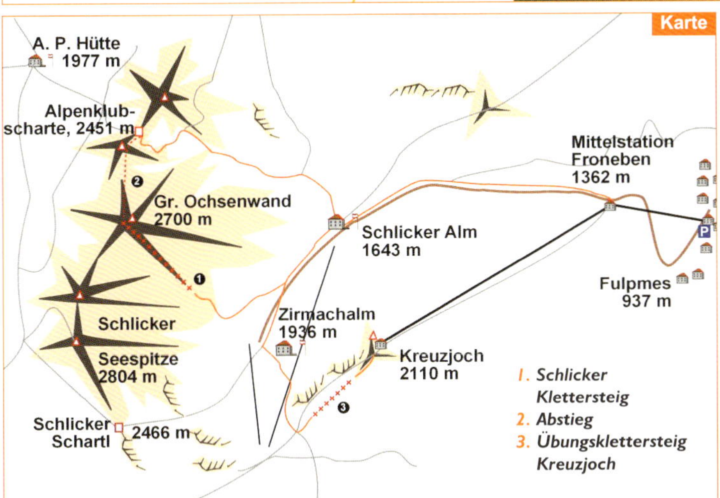

Bild 1: Schöne Plattenpassagen in der Steigmitte.

Bild 2: Sehr steil und anstrengend ist der Klettersteig vor allem im unteren Steigabschnitt.

Bild 3: Das Flair der Dolomiten mitten im Stubaital.

Ü-Bild: Rot der Verlauf des Schlicker Klettersteiges; in Orange der Zu- und Abstiegsweg.

Fotos: Axel Jentzsch-Rabl

1

33 Ilmspitze-Klettersteig

2,1 (3 2 1)

- Schön
- Gut
- Diff. C/D und I-
- 300 Hm 2 Std.
- 4 Std.
- 4 Std.
- ab 13 Jahren
- 10 Std. 1650 Hm
- SW
- Innere Ilmspitze, 2690 m
- Juli - Sept.

Stützpunkt

Innsbrucker Hütte, 2370 m, ÖAV; bew. Mitte Juni - Anfang Okt. Tel.: +43 5276 295 Info: www.innsbrucker-huette.at

Besonderheiten: Die Ilmspitze ist das schroffe Wahrzeichen schlechthin – fast unbezwingbar ragt die Spitze formschön am Talschluss des Pinnistales empor. An der Südwestkante führt der 1986 errichtete Klettersteig durch ein Labyrinth aus steilen Platten, Türmen und Scharten direkt zum Gipfel hinauf. Aber auch der Spreizschritt über eine tiefe Rinne, der Klemmblock-Kamin und der Ausstiegsgrat lassen keine Wünsche offen. Vom Gipfel hat man - wie könnte es anders sein - ein wunderbares Panorama in die dolomitenartige Umgebung.

Kurzinfo

Talort: Gschnitz, 1242 m
Ausgangspunkt: Ghf. Feuerstein, 1290 m
Karten: AV-Karte Nr. 31/3, Brennerberge; ÖK 147 Axams; F&B WK 241, Stubai

Anreise: Auf der B182 oder auf der mautpflichtigen A13 bis Matrei. Weiter ins Gschnitztal und bis zum kostenpflichtigen Parkplatz beim Ghf. Feuerstein. Öffis: Mit der Bahn bis Steinach. Von dort mit dem Bus nach Gschnitz Ghf. Feuerstein.

Zustieg: Vom Ghf. Feuerstein in Gschnitz-Obertal ein paar Schritte taleinwärts zur Materialseilbahn (Rucksacktransport möglich). Dort zweigt der neue, bequeme Weg zur Hütte ab. Dieser Weg wurde erst 1997/1998 neu errichtet und führt in angenehmer Steigung zur Innsbrucker Hütte. Von dieser über den Falkenstein zum Fuß der Ilmspitze – auf und absteigender Weg, kurze steile Passagen z.T. versichert (I- und A). Der Einstieg befindet sich bei einer markanten Materialhütte und ist markiert. Alternativer Zustieg vom Stubaital durch das Pinnistal möglich; plus 1 Stunde.

Route: Siehe Topo. Der letzte kurze Teil muss wieder abgeklettert werden.

Abstieg: Das obere Steigdrittel absteigen und dann nach rechts kurz den Versicherungen (A) folgen. Ab deren Ende auf Steigspuren der Wand entlang. Man folgt immer den Markierungen - teilweise etwas ungute Stellen bis B - zum Wandfuß und quert westlich auf einem Steig zum Einstieg zurück (kurzer Gegenanstieg). Dort weiter wie Aufstieg.

Ausrüstung: Komplette Klettersteigausrüstung und Helm.

Bemerkung: Große Steinschlaggefahr im Klemmblock-Kamin. Abstieg durch unangenehm brüchiges Gelände. Im Frühsommer besteht die Gefahr von Altschneefeldern, welche vom Zustieg aus nicht zu sehen sind. Die Nächtigung auf der Innsbrucker Hütte bietet sich an (Zeit zum Einstieg 1 Std.); am zweiten Tag kann man noch den Habicht besteigen (über weite Strecken versichert bis A/B).

Topo *Axel Jentzsch-Rabl*

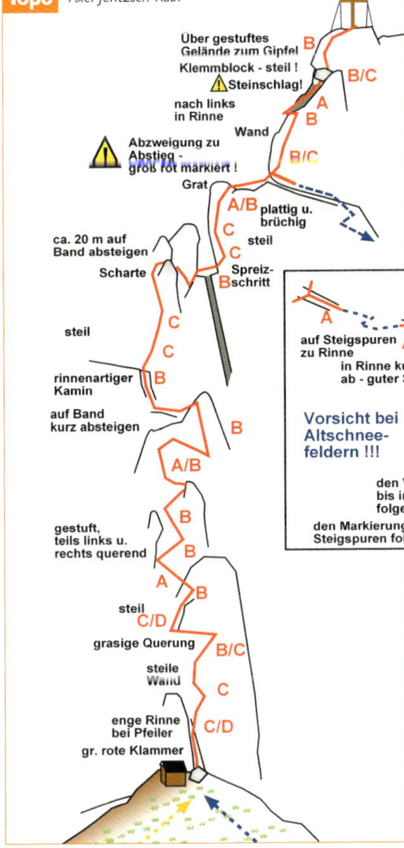

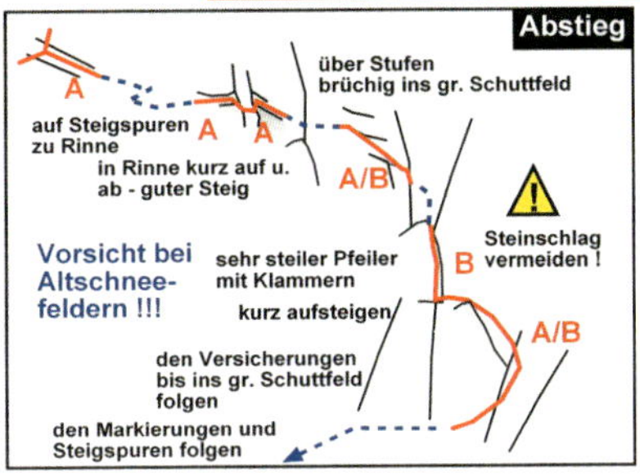

Bild 1: Im Mittelteil des Klettersteiges.

Bild 2: Auf dem Gipfel der Inneren Ilmspitze, 2690 m.

Bild 3: Der Spreizschritt im oberen Abschnitt.

Ü-Bild: Der Routenverlauf.

Fotos: Dieter Wissekal

Karte

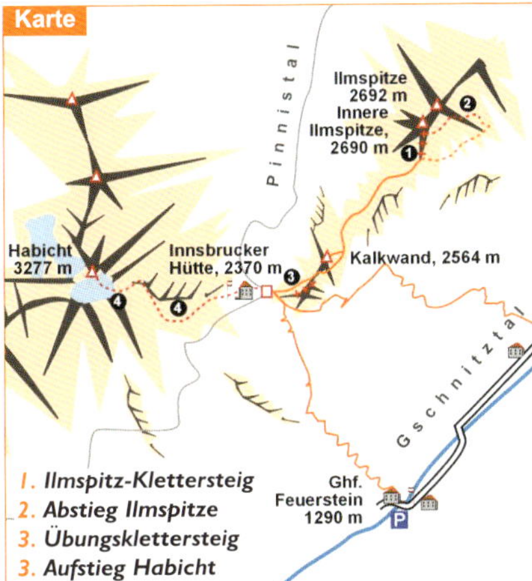

1

34-35 Habicht-Steig und Übungsklettersteig

1,5 (3 2 1)

Sehr schön

Gut

Diff. A/B u. I- bzw. D

bis 600 Hm
bis 2 Std.

bis 4

bis 4

ab 12 Jahren

bis 10 Std.
bis 2050 Hm

SO - SW

Habicht, 3277 m

Juli - Sept.

Karte auf Seite: 107

Stützpunkt

Innsbrucker Hütte, 2370 m, ÖAV; bew. Mitte Juni - Anfang Okt.
Tel.: +43 5276 295
Info: www.innsbrucker-huette.at

Besonderheiten: Der wuchtige Habicht ist die höchste Erhebung des Habicht-Elfer-Kammes. Der Anstieg ist über weite Strecken meist mit Seilgeländer versichert. Der Übungsklettersteig ist ein kurzer, aber durchaus anspruchsvoller Klettersteig im Nahbereich der Innsbrucker Hütte.

Kurzinfo

Talort: Gschnitz, 1242 m
Ausgangspunkt: Ghf. Feuerstein, 1290 m
Karten: AV-Karte Nr. 31/3, Brennerberge; ÖK 147, Axams; F&B WK 241, Stubai

Anreise: Siehe Ilmspitze-Klettersteig.

Zustieg: **Habicht-Steig:** Zur Innsbrucker Hütte siehe Ilmspitze-Klettersteig. Hinter der Hütte beginnt der Zustiegsweg zum Habicht. Auf dem Weg bis zu den Versicherungen (4 Std. vom Tal; 1 Std. von der Hütte). **Übungsklettersteig:** Zur Innsbrucker Hütte siehe Ilmspitze-Klettersteig. Von der Hütte den Wegweisern folgend auf den Kamm und in wenigen Minuten zum ersten Felsaufbau. Dort rechts den Steigspuren zum Einstieg folgen (3 Std. vom Tal; 10 Min. von der Hütte).

Route: **Habicht-Steig** (A/B u. I-, 600 Hm 2 Std.): Auf der Gratrippe bzw. im steilen Plattengelände (A bis A/B, dazwischen auch Gehgelände) zum spaltenfreien Habichtferner aufsteigen. Auf dem Schuttkamm (A, I-) oder direkt über den Gletscher zum Gipfelaufbau. Im Blockgelände (A/B) etwas unterhalb des Grates zum Gipfel. **Übungsklettersteig** (D, 30 Hm, 15 Min.): Der deutlich überhängende Einstieg (D) ist mit Klammern versichert und stellt die Schlüsselstelle dar. Nach einer kurzen Flachpassage (A/B) folgt der nächste Aufschwung (anfangs Klammern; C). Nach einer luftigen Rechtsquerung mit lockerem Stahlseil (B) geht es steil (C/D) auf einen Turm. Eine leicht abfallende Querung (A/B) führt zur Schlusswand, die zuerst in direkter Linie (C), nachher nach rechts oben querend (B/C) erklommen wird.

Abstieg: **Übungsklettersteig:** Nach dem „Gipfel" auf der Ostseite in eine Scharte abklettern (B). In der Scharte rechts halten und in Kürze zurück zum Einstieg. **Habicht-Steig:** Wie Aufstieg.

Ausrüstung: **Übungsklettersteig:** Kompl. Klettersteigausrüstung u. Helm. **Habicht-Steig:** Helm, evtl. Steigeisen; für Anfänger und Kinder kompl. Klettersteigausrüstung.

Bemerkung: Trotz der geringen klettersteigtechnischen Schwierigkeiten ist die Besteigung des Habichts nicht zu unterschätzen (absolute Höhe, Gletscherberührung). Lässt sich gut mit dem Stubaier Höhenweg kombinieren.

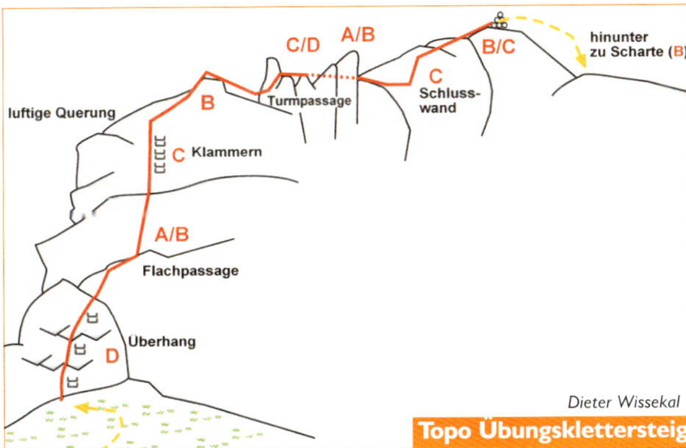

Topo Übungsklettersteig

Übersicht

Bild 1: *Auf einer mit Klammern versicherten Platte beim Aufstieg zum Habicht.*

Bild 2: *Der Anstieg zum Habicht.*

Bild 3: *Der Einstiegsüberhang des Übungsklettersteiges.*

Bild 4: *Der Übungsklettersteig ist eine sehr steile Angelegenheit und ideal für einen kurzen Ausflug von der Hütte.*

Fotos: Dieter Wissekal und Erich Uplasnik

1

36 Nordwand-Klettersteig

2 — 3 2 1

Sehr schön

Gut

Diff. D und I+

160 Hm
1 Std.

1 Std.

1,5 Std.

ab 13 Jahren

3,5 Std.
700 Hm

NW

West. Elferturm, 2482 m

Juni - Okt.

Stützpunkt

Elferhütte, 2004 m, privat; bew. Ende Mai bis Anfang/Mitte Oktober. Tel: +43 5226 2818 www.elferhuette.at

Besonderheiten: Sehr eindrucksvoller Klettersteig in der wilden Turmlandschaft der Elferspitzen. Der Klettersteig wurde vollständig saniert. Die enge, berüchtigte Kaminstelle ist erhalten geblieben – beleibtere Klettersteiggeher werden dort Probleme haben. Vom Gipfel genießt man einen schönen Ausblick auf die Kalkkögele, den Habicht und die Stubaier Eisriesen.

Kurzinfo

Talort: Neustift, 993 m

Ausgangspunkt: Bergstation des Elferliftes, 1800 m

Karten: AV-Karte Nr. 31/5, Innsbruck und Umgebung; ÖK 147, Axams

Anreise: Auf der A13 (Brennerautobahn) bis zur Abfahrt Stubaital und im Stubaital bis nach Neustift. Auto bei der Talstation der Elferspitzbahn abstellen. Öffis: Mit der Bahn nach Innsbruck und der Stubaitalbahn nach Fulpmes – ab dort mit dem Bus nach Neustift.

Zustieg: Von der Bergstation auf gutem Weg zur Elferhütte (Tal - Elferhütte ca. 2,5 Std.). Anschließend Richtung Elferspitze bis zur Abzweigung zum Nordwand-Klettersteig. Dann über den landschaftlich schönen, gelb markierten Weg zu einem Kamm (Tafel Nordwand-Klettersteig, gerade führt der Weg zum Zwölfernieder-Sattel). Dort zweigt man links ab und steigt zum Einstieg unterhalb der Schlucht auf.

Route: Nach dem Einstiegsteil (C) quert man die Schucht (B/C) und klettert an der linken Schluchtseite bis zur Schlüsselpassage (Spaltstelle; D). Danach in einen Kessel (C) und über Schrofen (C/I+) zur Schlusswand, die kurz, aber steil und knackig (C) zum Gipfel führt.

Abstieg: Vom Gipfel über die Schlusswand wieder in den Kessel abklettern (über den letzten Teil des Steiges). Dann der Markierung folgen (zuerst durch einen Durchschlupf) und über div. Kletterstellen (Sicherungen B/C und I+) zum Kamm, der Verbindung zwischen Elfertürmen und Elferspitze. Dort auf markiertem Weg in nördlicher Richtung zur Elferhütte zurück.

Ausrüstung: Komplette Klettersteigausrüstung, Helm und evtl. Sicherungsseil.

Bemerkung: Wer anschließend die Überschreitung der Elferspitzen plant (plus ca. 3 Stunden bis zur Bergstation), sollte auf jeden Fall ein Sicherungsseil dabei haben – man findet dort nur Tritthilfen und Haltestifte vor! Im Bereich Elferhütte sind nette Wiesen und Wanderwege, die für Kinder geeignet sind.

Topo *Axel Jentzsch-Rabl*

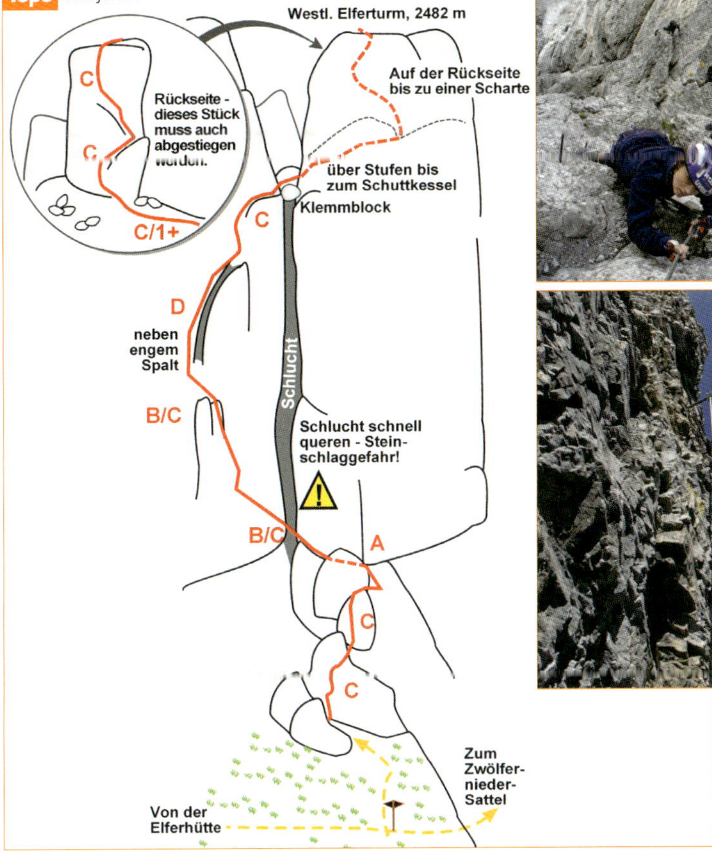

Bild 1-2: Beim bzw. nach dem engen Spalt.

Bild 3: An der steilen Schlusswand.

Fotos: Ernst Riha - www.klettersteig.com

Karte

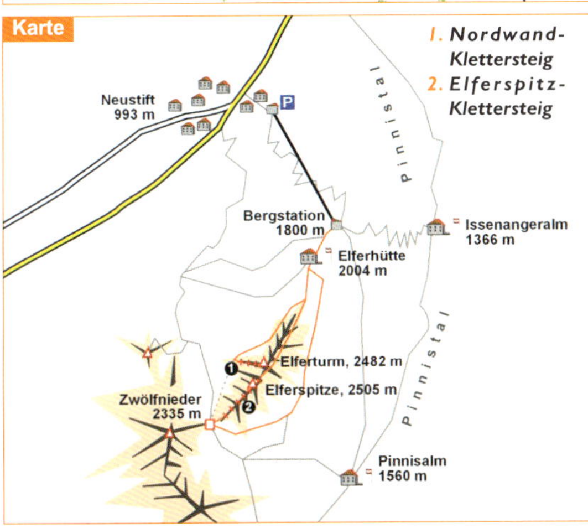

1

37 Elferspitz-Klettersteig

2 (3 – 2 – 1)

Sehr schön

Schlecht

Diff. C und 1+

120 Hm
1,5 Std.

1 Std.

1,5 Std.

ab 14 Jahren

4 Std.
700 Hm

Alle

Elferspitze, 2505 m

Juni - Sept.

Karte auf Seite: III

Stützpunkt

Elferhütte, 2004 m, privat; bew. Ende Mai bis Anfang/Mitte Oktober. Tel: +43 5226 2818 www.elferhuette.at

Besonderheiten: Sehr schöne Überschreitung der Elferspitze mit unzähligen Spitzen und Gratstellen; ein wirklich schönes Erlebnis! Die Kletterei zwischen den Türmchen ist immer recht abwechslungsreich, es gibt Durchschlüpfe und kl. ausgesetzte Querungen. Oft kann man von den einzelnen Türmen die Aussicht zum Habicht genießen.

Kurzinfo

Talort: Neustift, 993 m

Ausgangspunkt: Bergstation des Elferliftes, 1800 m

Karten: AV-Karte Nr. 31/5, Innsbruck und Umgebung; ÖK 147, Axams

Anreise: Siehe Nordwand-Klettersteig.

Zustieg: Von der Bergstation entweder zur Elferhütte und über den Nordwand-Klettersteig (siehe dort) oder von der Hütte über den markierten Steig südlich zur Kammhöhe der Elferspitze und am Schluss über Blockgelände (teilweise versichert; A) in die Scharte östlich der Elfertürme. Kurz danach gibt es eine Abzweigung (links Umgehungsvariante zum Zwölfernieder-Sattel). Der Steig beginnt bei einer kleinen Materialhütte (Tafel).

Route: Der Steig führt zuerst leicht ansteigend über zwei Steilstücke zum Elferspitz-Gipfel, (auf dem Gipfel steht ein Holztürmchen; der erste und zweite Aufschwung kann rechts umgangen werden). Vom Gipfel immer der gelben Markierung im Gratbereich folgen (im ersten Teil steiles Gratstück C/2-, das man abklettern muss) dann nie schwerer als B/1+ und immer gut gelb markiert!

Abstieg: Vom Zwölfernieder-Sattel über den Panoramawanderweg zurück zur Elferhütte (fast eben; schöner Ausblick auf das Pinnistal und die Bergwelt dahinter). Von der Hütte hinunter zur Bergstation absteigen.

2

Ausrüstung: Kompl. Klettersteigausrüstung, Helm und Sicherungsseil.

Bemerkung: Da es Kletterstellen bis 2- gibt, ist eine gewisse Klettererfahrung Voraussetzung - teilweise sehr ausgesetzt! Schön in Kombination mit dem Nordwandsteig-Klettersteig.

Topo *Axel Jentzsch-Rabl*

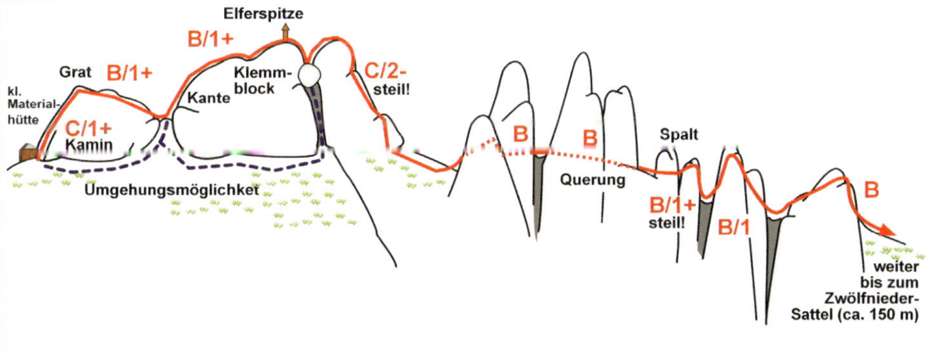

Bild 1: Der Holzturm auf dem Gipfel der Elferspitze.

Bild 2: Blick auf das Pinnistal und zur nahen Ilmspitze.

Bild 3 - 4: Auf dem zackigen Grat.

Ü-Bild: Blick vom Zwölfniedersattel auf den Grat.

Fotos: Axel Jentzsch-Rabl

1

38-39 Edelweiß- und Sommerwand-Klettersteig

1,5 (3 2 1)

Schön/Mittel

Gut

Diff. bis C/D

bis 60 Hm
bis 30 Min.

bis 2 Std.

bis 1,5 Std.

ab 12 Jahren

bis 3,5 Std.
bis 550 Hm

SO bzw. NW

V. Sommerwand, 2676 m

Juni - Sept.

Karte auf Seite: 117

Stützpunkt

Franz-Senn-Hütte, 2149 m, ÖAV; Mitte Juni - Ende Sept. u. Ende Feb. bis Mitte Mai bew. Tel: +43 5226 2218. www.franzsennhuette.at

Besonderheiten: Der hüttennahe Edelweiß-Klettersteig ist aufgrund der zahlreichen Edelweiß entlang der Tour vor allem botanisch interessant. Der Sommerwand-Klettersteig führt am linken Rand des gleichnamigen Klettergartens über steile Reibungsplatten hinauf.

Kurzinfo

Talort: Neustift im Stubaital, 993 m
Ausgangspunkt: Oberisshütte, 1742 m
Karten: AV-Karte Nr. 31/2, Stubaier Alpen - Sellrain; ÖK 147 Axams; F&B WK 241

Anreise: Auf der A13 bis zur Ausfahrt Stubaital. Im Stubaital über Neustift nach Milders. Im Ortszentrum rechts abbiegen und bis zum Ende der Fahrmöglichkeit beim kostenpflichtigen Parkplatz bei der Oberisshütte. Mit Öffis: Mit der Bahn nach Innsbruck und der Stubaitalbahn nach Fulpmes. Weiter mit dem Bus nach Milders Ort.

Zustieg: Von der Oberisshütte zur Franz Senn-Hütte. **Edelweiß-Klettersteig:** Von der Hütte über den Alpeiner Bach und auf den Steigspuren zum Einstieg am Fuß der Felswand. **Sommerwand-Klettersteig:** Von der Hütte weiter entlang des Alpeiner Baches bis zur ersten Geländestufe. Dort links abzweigen, über den Bach und den Steigspuren zum Einstieg am Rand des Klettergartens folgen.

Route: **Edelweiß-Klettersteig** (C/D; 60 Hm): Einen steilen Pfeiler (C/D) empor und nach rechts queren (B, Stelle C). Über Stufen (C/D) in flacheres Gelände (B bis C) und weiter zum Ausstieg (B). **Sommerwand-Klettersteig** (C; 50 Hm): Vom Einstieg ansteigend nach links queren (zuerst B, dann B/C), einen kleinen Überhang (C) bewältigen und über steiler werdende Reibungsplatten (erst B, dann C) zum höchsten Punkt.

Abstieg: **Edelweiß-Klettersteig**: Beim Ausstieg rechts halten und auf dem markierten Wanderweg zurück zur Franz Senn-Hütte. **Sommerwand-Klettersteig:** Vom höchsten Punkt links halten und über den kurzen Abstiegsklettersteig (B) und Steigspuren zurück zum Aufstiegsweg.

Ausrüstung: Komplette Klettersteigausrüstung, Helm und evtl. Sicherungsseil.

Bemerkung: Aufgrund erdiger und glatter Passagen bei Nässe nicht empfehlenswert. Die Klettersteige lassen sich mit einer Besteigung der Rinnenspitze (Rinnenspitze-Steig; A/B) kombinieren.

Edelweiß-Klettersteig

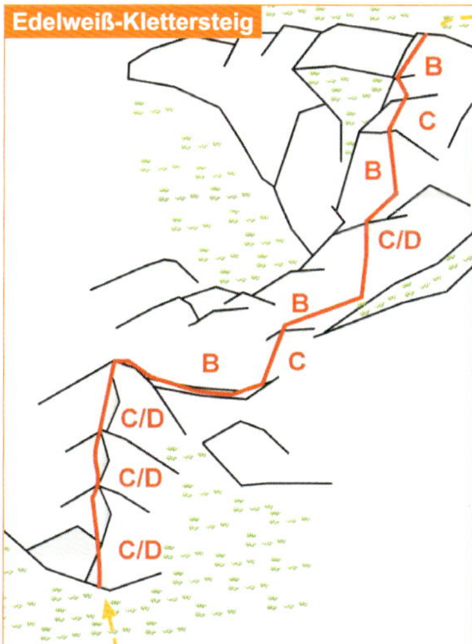

Bild 1: Der Ausstieg des Edelweiß-Klettersteiges; im Hintergrund die Hütte.

Bild 2: Steilpassage im Edelweiß-Klettersteig.

Bild 3: In der unteren Platte des Sommerwand-Klettersteiges.

Fotos: Dieter Wissekal

Zustieg - Alpeiner Alm

Sommerwand-Klettersteig

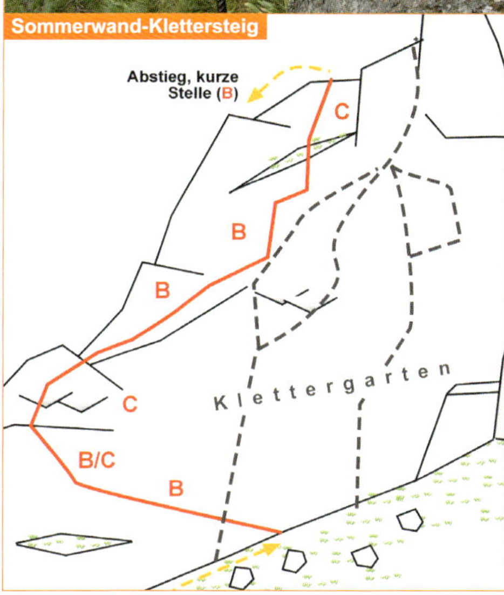

40 Höllenrachen-Klettersteig

2,1 (3 2 1)

Sehr schön

Sehr gut

Diff. C/D (E)

20 Hm
15 Min.

1,5 Std.

1 Std.

Ab 12 Jahren

3 Std.
500 Hm

Alle

Vord. Sommerw., 2676 m

Juli - Sept.

Stützpunkt

Franz-Senn-Hütte, 2149 m, ÖAV; Mitte Juni - Ende Sept. u. Ende Feb. bis Mitte Mai bew. Tel: +43 5226 2218. www.franzsennhuette.at

Besonderheiten: Der kurze, aber extrem fotogene Fun-Klettersteig durch den Höllenrachen bietet Abenteuer pur. Der Steig führt teilweise unterirdisch entlang der glattgeschliffenen Felswänden in der Schlucht des Alpeiner Baches aufwärts.

Kurzinfo

Talort: Neustift im Stubaital, 993 m

Ausgangspunkt: Oberisshütte, 1742 m

Karten: AV-Karte Nr. 31/2, Stubaier Alpen - Sellrain; ÖK 147 Axams; F&B WK 241

Anreise: Auf der A13 bis zur Ausfahrt Stubaital. Im Stubaital über Neustift nach Milders. Im Ortszentrum rechts abbiegen und bis zum Ende der Fahrmöglichkeit beim kostenpflichtigen Parkplatz bei der Oberisshütte. Mit Öffis: Mit der Bahn nach Innsbruck und der Stubaitalbahn nach Fulpmes. Weiter mit dem Bus nach Milders Ort.

Zustieg: Von der Oberisshütte zur Franz Senn-Hütte und entlang des Alpeiner Baches bis zur ersten Geländestufe. Dort links abzweigen (Aufschrift auf Felsen) und in Kürze zum Einstieg.

Route: Vorbei an Felsblöcken in den Höllenrachen absteigen (A) und über dem Gletscherbach nach links queren (B). Auf einen kleinen Absatz (B/C) und mit einem Spreizschritt auf die andere Seite des Baches (B). Über einen Überhang (C) in einen engen Spalt (B), durch diesen zurück ans Licht. Über Blöcke (A) zur Abzweigung des „Hexenkessels" (kleine schwarze Aufschrift). Von dort drei Möglichkeiten: **Felsbrücke**: Den Bach auf einer Felsbrücke überqueren (A/B) und über eine kurze Steilstufe zum Ausstieg (B/C). **Hexenkessel (direkter Einstieg):** Sehr trittarm und rutschig in den Hexenkessel absteigen (D). Den Bach unterhalb der Felsbrücke auf einer Einseilbrücke überqueren (E). Steil hinauf (C) und über die finale Steilstufe (B/C) zum Ausstieg. **Hexenkessel:** Am direkten Einstieg vorbei (A) und leicht überhängend hinunter (C). Abdrängend nach links unter die Felsbrücke queren (C/D) und um eine Felsnase herum (C/D) in den Hexenkessel. Weiterer Weg siehe oben.

Abstieg: Den Steigspuren folgend in Kürze zurück zum Einstieg und weiter über den Aufstiegsweg.

Ausrüstung: Komplette Klettersteigausrüstung und Helm, evtl. Regenbekleidung (Gischt des Gletscherbaches) und Kurzfixierung (für Hexenkessel).

Bemerkung: Bei hohem Wasserstand Begehung gefährlich oder unmöglich (am Vormittag meist niedrigerer Wasserstand). Lässt sich gut mit den anderen Klettersteigen bei der Franz Senn-Hütte kombinieren.

Topo *Dieter Wissekal*

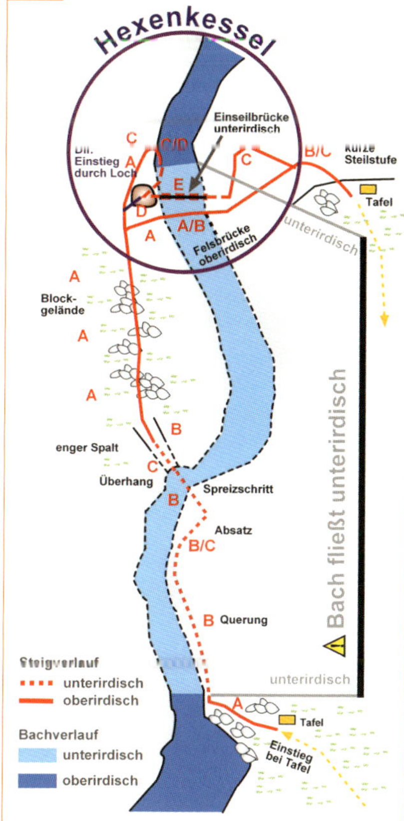

2

Bild 1 - 3: Im eindrucksvollen Höllenrachen-Klettersteig.

Fotos: Dieter Wissekal

3

Karte

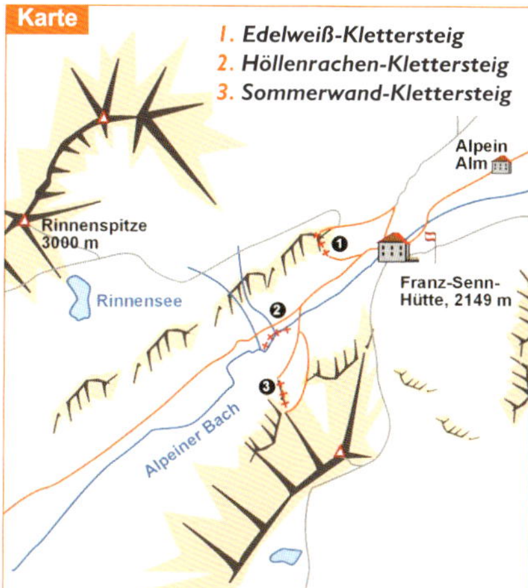

Ü

41 Fernau-Klettersteig

2,5 (3 – 2 – 1)

Sehr schön

Sehr gut

Diff. D

200 Hm
1,5 Std.

15 Min.

2 Std.

ab 14 Jahren

4 Std.
330 Hm

O

Egesengrat, 2635 m

Juli - Okt.

Stützpunkt

Dresdner Hütte, 2308 m, DAV; ganzjährig bew., Juni u. 2 Wochen im Okt. geschlossen.
Tel. +43 5226 8112
www.stubai.org/dresdnerhuette

Besonderheiten: Klassischer, schöner Seilbahnklettersteig, errichtet um das Sommergeschäft anzukurbeln. Sehr luftig und ausgesetzt turnt man am Ostpfeiler des Egesengrats hinauf. Das kristalline Gestein glänzt in der wärmenden Sonne und beim Abstieg wartet ein kleiner Bergsee um zu relaxen. Optisch nicht ganz perfekt ist das den Steig umgebende Gletscherschigebiet, welches mit dem Abschmelzen der Gletscher jährlich an Glanz verliert. Der Aufstieg über die sehr gut angelegte Steiganlage lässt diesen Umstand kurz vergessen und mit etwas Gespür findet man beim Abstieg die eine oder andere naturbelassene Stelle. Auf dem Gipfel lockt ein fantastischer Ausblick zu den Stubaier-Eisriesen.

Kurzinfo

Talort: Neustift im Stubaital, 993 m
Ausgangspunkt: Mittelstation der Gletscherbahn, 2300 m
Karten: AV-Karte 31/1, Stubaier Alpen-Hochstubai; ÖK 147 u. 174; F&B WK 241

Anreise: Auf der A13 bis zur Abfahrt Stubaital. Im Stubaital nach Neustift und weiter bis zum Parkplatz der Stubaier-Gletscherbahn. Öffis: Mit der Bahn nach Innsbruck und der Stubaitalbahn nach Neustift. Weiter mit dem Bus zur Talstation der Stubaier-Gletscherbahn (Mutterbergalm).

Zustieg: Mit der Seilbahn zur Dresdner Hütte auffahren. Von der Hütte nördlich den roten Markierungen zum Einstieg (bei Tafel) an der Ostkante folgen. Die Dresdner Hütte ist auch in gut 1,5 Stunden vom Tal aus zu erreichen (Weg direkt unter der Seilbahn).

Route: Siehe Topo

Abstieg: Vom Gipfel folgt man westlich dem Grat, steigt dann auf Steigspuren zu einem kleinen Bergsee ab, von diesem zurück zur Dresdner Hütte. Für den Abstieg ins Tal empfiehlt sich der Weg durch die Wilde Grube (vom Grat in westlicher Richtung absteigen), aber auch dort wurden Skipisten in den Berg gesprengt. Wer etwas mehr Zeit hat, wählt den landschaftlich eindrucksvollen Weg über den Mutterberg See und gelangt so wieder ins Tal.

Ausrüstung: Komplette Klettersteigausrüstung und unbedingt einen Helm!

Bemerkung: Teilweise recht große Abstände zwischen den Fixpunkten! Nicht bei Nässe begehen (erdige Stellen). Für den Abstieg ist Orientierungssinn nötig. Bei der Dresdner Hütte ist ein kurzer Übungsklettersteig und ein Schlucht-Flying-Fox.

Axel Jentzsch-Rabl **Topo**

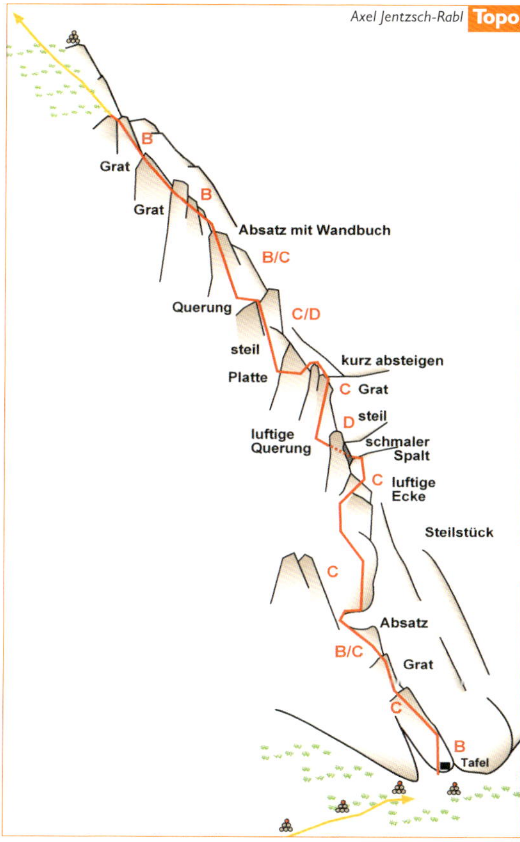

Karte

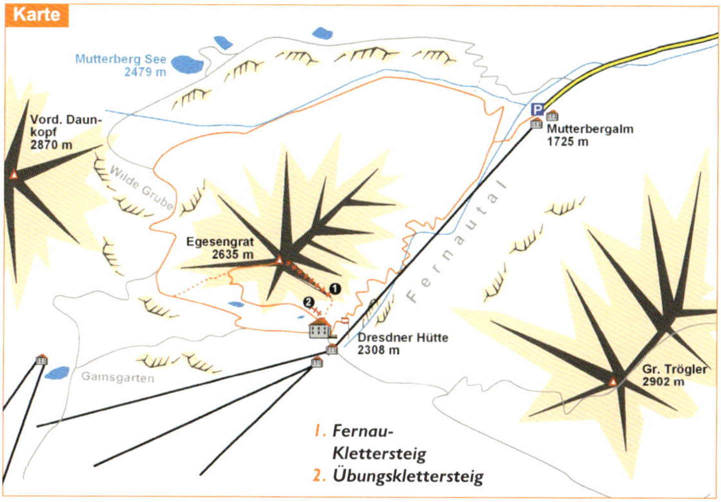

Bild 1: Steile Klammerpassagen wechseln mit kurzen Querungen.

Bild 2: Sehr schöne Gratpassage im oberen Teil der Tour.

Bild 3: An schönen Tagen kommt es schon öfter einmal zu Staus.

Ü-Bild: In Rot der Klettersteig über den Ostpfeiler, in Orange die Zu- und Abstiegsrichtung.

Fotos:
Axel Jentzsch-Rabl

1

42 Klettersteig Gerlossteinwand

1,8 (3 – 2 – 1)
Sehr schön
Sehr gut
Diff. D
240 Hm
1,5 Std.
50 Min
45 Min.
ab 10 Jahren
3,5 Std.
570 Hm
N
Gerlossteinwand, 2166 m
Juni - Okt.

Stützpunkt

Berghotel Gerlosstein, 1620 m, nahe der Bergstation; ganzj. bew.; Tel: +43 5282 2419. Infos: www.gerlosstein.at

Info zur Bahn: www.zillertalarena.com

Besonderheiten: Nun hat auch das Zillertal seinen ersten modernen Klettersteig. Hoch über Zell am Ziller, am Gerlosstein führt die Route durch die Nordwand bis zum Gipfel. Geschickt von der Bergrettung Zell durch die Kalk-Gneiswand gelegt, weist die Route zahlreiche luftige Passagen auf. Dank der Bergbahn halten sich Zu- und Abstieg in Grenzen. Vom freistehenden Gipfel der Gerlossteinwand genießt man einen herrlichen Ausblick ins Rofan- und das Kaiser-Gebirge, auch die Zillertaler Eisriesen sind sehr gut zu sehen!

Kurzinfo

Talort: Hainzenberg, 903 m
Ausgangspunkt: Bergstation der Gerlossteinbahn, 1644 m
Karten: AV-Karte Nr. 34/1, Kitzbüheler Alpen, West; ÖK 150, Zell am Ziller

Anreise: Auf der A12 bis zur Abfahrt Zillertal und weiter auf der gut ausgebauten B169 über Zell am Ziller nach Hainzenberg Bei der Talstation der Gerlossteinbahn parken. Öffis: Mit der Bahn nach Jenbach und dann mit der urigen Zillertalbahn bis nach Zell am Ziller. Evtl. mit dem Taxi oder per Anhalter nach Hainzenberg (6 km).

Zustieg: Über sog. „Wandweg" ca. 15 Min über die Piste aufwärts bis zum Starthüttel (Skirennhütte), hinter der Starthütte links unterhalb der Wand bis zum Einstieg aufsteigen. Alternativzustieg ohne Seilbahn: Vom Ötschenwirt an der Gerlosstraße über mark. Wanderweg zur Bergstation und weiter zum Einstieg (2 Std.).

Route: Vom Einstieg steil über einen Pfeiler (C/D) und eine kurze Querung zum „Pfundigen Pfeiler". Über diesen sehr steil aufwärts (D), danach wieder leichter (B/C) bis zu einer steilen Wandstelle (C/D). Nach dieser erreicht man das „Zichplatzl" (großes Band mit Rastmöglichkeit). Über leichteres Gelände (C und B/C) erreicht man den Anfang der „Schwarzen Verschneidung" (D; zweite Schlüsselstelle). Nach dieser vorbei am Wandbuch zur „Rasanten Kante" queren und über diese steil und teilweise überhängend (D) zum Ausstieg.

Abstieg: Vom Ausstieg neben dem sog. „Heiliggeistloch" in wenigen Minuten zum „Wandweg" und weiter zum Gipfel. Von dort entweder westlich zurück über den „Wandweg" hinunter zur Bergstation (kürzeste Möglichkeit) oder über den Freikopf zum Heimjoch absteigen und von diesem unterhalb der Nordabbrüche der Gerlossteinwand zur Bergstation queren.

Ausrüstung: Komplette Klettersteigausrüstung und Helm, evtl. Sicherungsseil.

Bemerkung: Bei Nässe etwas rutschig!

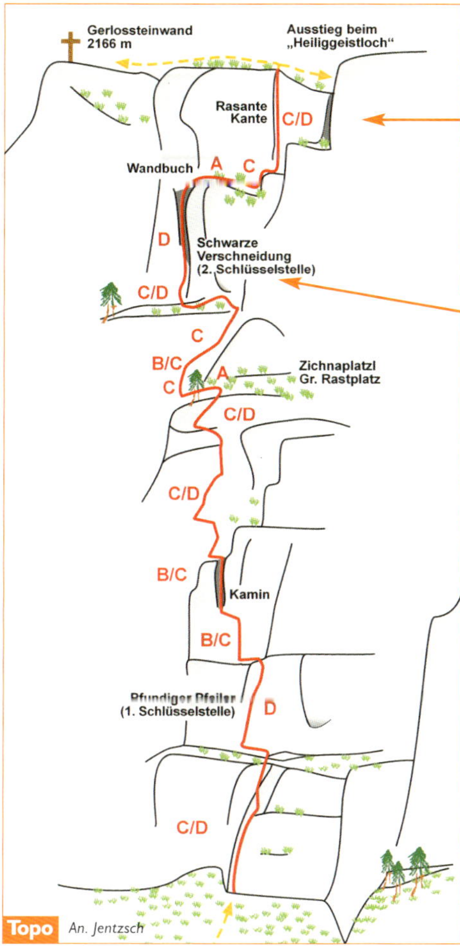

Bild 1-2: *Kletterer an der luftigen „Rasanten Kante“ (C/D).*

Bild 3: *In der sehr steilen „Schwarzen Verschneidung“, dies ist die zweite Schlüsselstelle (D).*

Fotos: Bergrettung Zell (Walter Hauser)

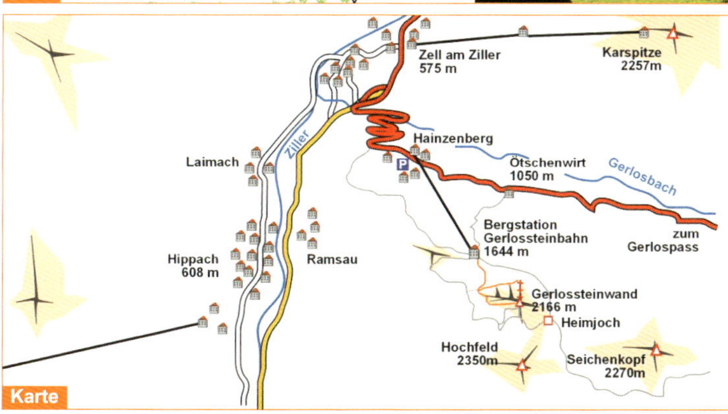

1

43 Glungezer-Klettersteig

1,5 (3 – 2 – 1)

Mittel

Mittel

Diff. C und 2-

210 Hm
1 Std.

45 Min

1,5 Std.

ab 10 Jahren

3,5 Std.
630 Hm

N

Sonnenspitze, 2639 m

Juni - Sept.

Stützpunkt

Glungezerhütte, 2610 m, ÖAV; Mitte Juni bis Mitte Okt. bew. Tel: +43 5223 78018. Infos: www.glungezer.at

Info zur Bahn: www.glungezerbahn.at

Besonderheiten: Das Wort Klettersteig scheint bei dieser Tour etwas übertrieben. Es handelt sich viel mehr um einen Bergrücken, der mit unzähligen Blöcken übersät ist. Über und sogar „durch" einige dieser Blöcke führt der Klettersteig zur Glungezerhütte bzw. auf die Sonnenspitze. Die vielen kleinen Grate und Felstürme sind vor allem für Anfänger und Kinder recht amüsant.

Kurzinfo

Talort: Tulfes, 923 m

Ausgangspunkt: Bergstation der Glungezerbahn, ca. 2060 m

Karten: AV-Karte Nr. 31/5, Innsbruck-Umgebung; ÖK 148, Brenner; F&B WK 333

Anreise: Auf der A12 bis Hall in Tirol und weiter nach Tulfes. Nicht rechts ins Ortszentrum, sondern gerade zur Glungezerbahn. Mit Öffis: Mit der Bahn nach Hall in Tirol oder Innsbruck. Weiter mit dem Bus (Linie 4134) nach Tulfes Gh. Neuwirt.

Zustieg: Von der Bergstation bzw. von der Tulfeinalm der Schipiste Richtung Tulfeinjöchl folgen (Mehraufwand für den Zustieg von der Talstation 2 Std.). Beim ersten Flachstück die rechte Schipiste wählen und weiter hinauf. In Höhe der Stütze Nr. 8 des Sessellifts beginnt bei einem markanter Felsen der Blockgrat (alte blaue, rot übermalte Markierung); leichte Kletterei (1-, Stelle 1+) zum Einstieg. Alternativ Zustieg mit MTB: Tulfes - Tulfeinalm bzw. bis zum Flachstück (ca. 2,5 Stunden).

Route: 1. Teil: Nach der Querung (B) durch einen Spalt und über eine Steilwand (C) in flacheres Gelände (B). Gehgelände zum **2. Teil:** In einem sehr engen Durchschlupf absteigen (B) und durch den folgenden schmalen Spalt (A). Gehgelände über Blöcke – links an der Stütze der Versorgungsseilbahn vorbei – führt zum **3. Teil:** Eine überdachte Plattenquerung (B) nach rechts in eine kleine Schlucht und durch den etwas breiteren Durchschlupf. Danach gleich rechts hinauf und über den soeben durchstiegenen Felsen. Durch das Blockgelände zur Schlüsselstelle (C), diese muss steil in eine Grube abgeklettert werden. Auf der anderen Seite sehr eng, über zwei Stufen unversichert wieder hinauf (2-). Gehgelände über Blöcke führt zum **4. Teil:** Über einen Rücken (B), dann querend zu steilen Platten (C) und zum Ausstieg.

Abstieg: Vom Ausstieg über Blockgelände leicht ansteigend zur Glungezerhütte. Alternativ kann noch die Sonnenspitze „mitgenommen" werden (15 Min. zusätzlich). Von der Hütte auf dem markierten Weg Nr. 333 in Kehren zum Tulfeinjöchl. Weiter über den Kurt-Recheis-Weg, an der Schäferhütte vorbei, zurück zur Tulfeinalm.

Ausrüstung: Komplette Klettersteigausrüstung und Helm, evtl. Sicherungsseil.

Bemerkung: Lässt sich gut mit dem Panoramasteig zum Patscherkofel kombinieren.

Topo *Axel Jentzsch-Rabl*

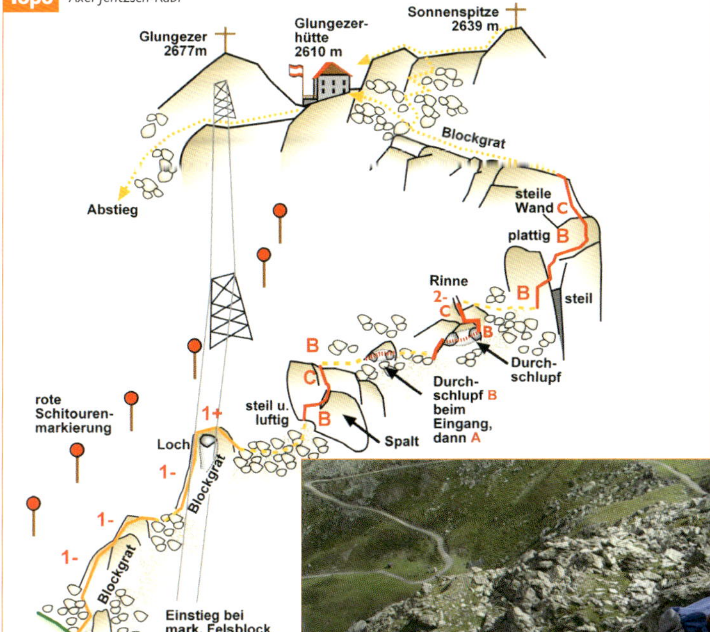

Bild 1: *An der steilen, oberen C-Stelle.*

Bild 2: *Auf einem der unzähligen Blöcke.*

Fotos: Dieter Wissekal Axel Jentzsch-Rabl

2

Im Durchschlupf

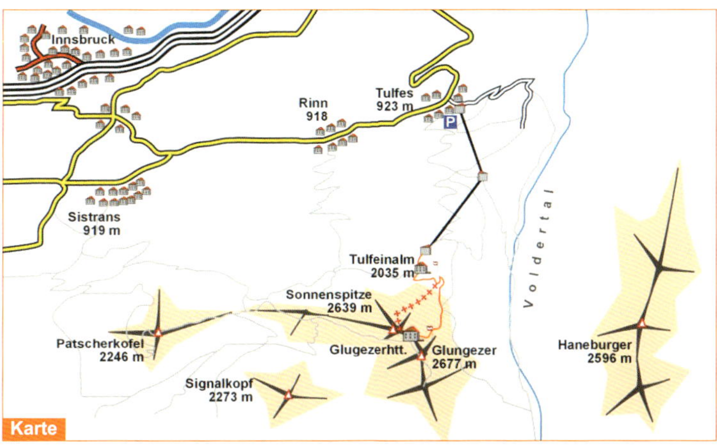

Karte

1

44-45 Mittenwalder Höhenweg/Karwendel-Klettersteig

1,2 (3 2 1)

Sehr schön

Gut

Diff. B bzw. C

400 Hm
2,5 Std.

15 Min.

bis 2,5 Std.

ab 12 Jahren

500 Hm
5,5 Std.

Div.

Nördl. Linderspitze, 2372 m

Juli – Sept.

Stützpunkt

Brunnsteinhütte, 1523 m, DAV; bew. Mai - Oktober; Infos: www.brunnsteinhuette.de

Tiroler Hütte, 2153 m, privat; im Sommer fallw. bew. (kleines Hüttchen).

Besonderheiten: Der etwa **3 km lange** Mittenwalder Höhenweg ist ein nicht allzu schwerer Gratklettersteig bei dem vor allem der landschaftliche Aspekt im Vordergrund steht. Ein stetiges Auf und Ab an originellen Leiterstellen führt vom Einstieg nahe der Bergstation in den Brunnsteinanger. Dort kann man entweder nach Mittenwald oder Scharnitz absteigen.

Kurzinfo

Talort: Mittenwald, 912 m

Ausgangspunkt: Bergstation Karwendelbahn, 2243 m

Karten: AV-Karte 5/3, Karwendel West; ÖK 117, Zirl; F&B WK 323

Anreise: Vom Inntal über Seefeld nach Mittenwald und bei der Talstation der Karwendelbahn parken. Öffis: Mit der Bahn nach Mittenwald.

Zustieg: Von der Bergstation in wenigen Minuten zum Einstieg unterhalb der Nördlichen Linderspitze (Bankerl; Anseilplatz). Vom Tal in ca. 3,5 Stunden zur Mittenwalder Hütte (1515 m) und weiter bis zum Einstieg.

Route: Vom Anseilplatz entlang des Grates bzw. westl. davon über zwei kurze Leiternpassagen (A) und Holzbrücken zum sog. Gatterl. Dort über eine sehr lange Eisenleiter (B) auf die Mittl. Linderspitze, von der man entlang des Grates (zwei Leitern B, sonst A) zur Südl. Linderspitze gelangt. Dann hinunter in den Gamsanger, dort steht an der Ostseite unter der Sulzleklammspitze ein Unterstand. Von diesem ostseitig queren (Vorsicht Steinschlag; A/B), bis man teils gehend und kletternd wieder

2

Topo *Axel Jentzsch*

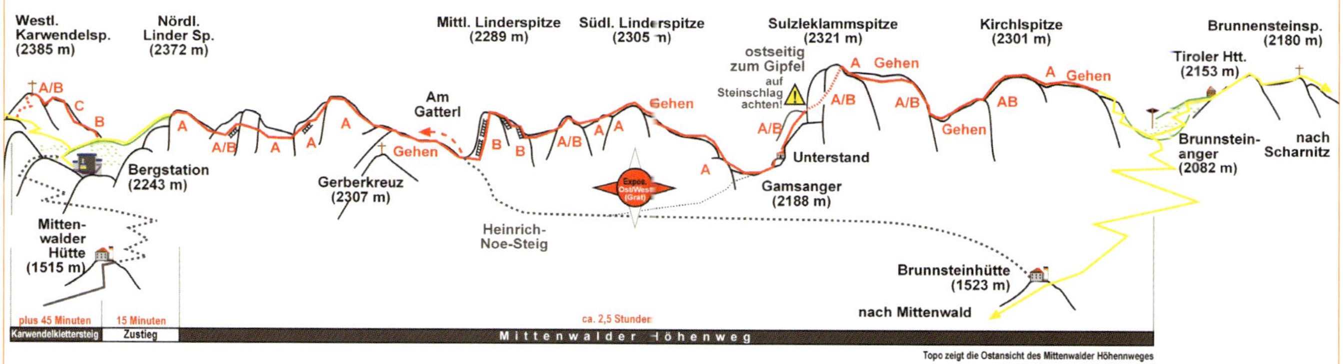

Bild 3: *Der schöne Grat im Bereich der Linderspitzen.*

Bild 2: *Bei einer der vielen Gehpassagen auf dem langen Grat.*

Bild 4: *Am Ende der langen Leiter auf die Mittlere Linderspitze.*

Bild 5: *Der Beginn der langen Leiter zur Linderspitze.*

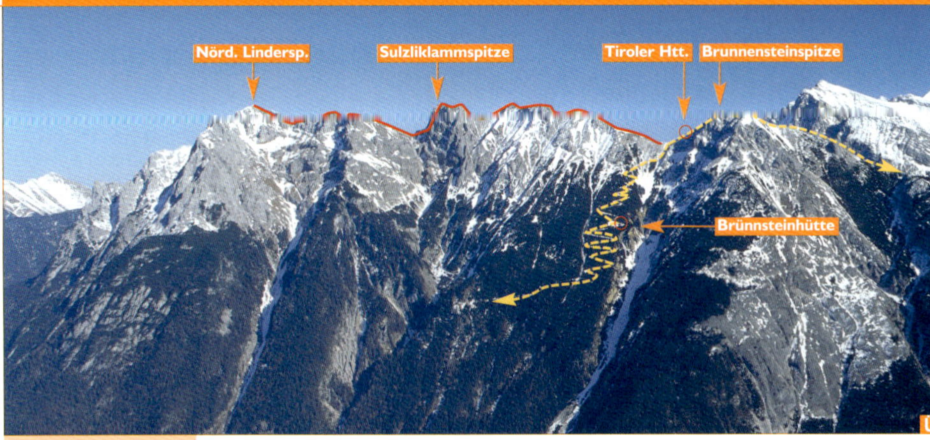

Ü-Bild: Der lange Grat und der Mittenwalder Höhenweg.

Fotos: *Florian Forster - seine Fotos auch unter www.alpinfotos.de*

Einstieg

Seilbahn

Karwendelbahn:
www.karwendelbahn.de

Dank Seilbahn und Bahnverbindung Scharnitz/Mittenwald (bei Abstieg nach Scharnitz) optimal an einem Tag zu machen.

Man bewegt sich auf dem Mittenwalder Höhenweg immer genau an der Staatsgrenze zwischen Österreich und Deutschland.

zum Grat kommt (diese Passage ist im Winter die Schlüsselstelle und bei Schneelage heikel!). Vom Gipfel im Bereich des Grates weiter, eine kurze Rinne (A/B) abklettern und wieder zur Kirchlspitze aufsteigen. Auf dem gut zu gehenden Grat weiter bis das Gelände flacher wird und man über Wiesen zum Brunnsteinanger absteigt.

Abstieg: Vom Ende der Seilsicherung in den Brunnsteinanger absteigen. Von dort vorbei an der Brunnsteinhütte hinunter zur Straße (alternativ über den Leiternsteig; Schlucht mit zwei langen originellen Leitern) bzw. nach Mittenwald hinunter. Alternativ kann man auch vom Brunnsteinanger über die Brunnensteinspitze (2180 m) und den sog. Pirzlgrat nach Scharnitz absteigen (steiler; Bahnverbindung nach Mittenwald).

Ausrüstung: Klettersteigausrüstung und evtl. für Kinder ein Sicherungsseil.

Bemerkung: Dank der Karwendelbahn auch für nicht so konditionsstarke Geher in einem Tag machbar. Die ostseitige Querung unterhalb der Sulzleklammspitze ist steinschlaggefährdet (besser mit Helm). Man kann auch gut die Westliche Karwendelspitze (2385 m) über den **Karwendel-Klettersteig** (C, 75 Hm) mitnehmen. Den Einstieg erreicht man in ca. 10 Minuten von der Bergstation, gesamter Mehraufwand ca. 45 Min (siehe Topo). Im Winter, wenn keine Spur vorhanden ist, schwierige Wegfindung, vor allem im Bereich der ostseitigen Umgehung der Sulzleklammspitze!

Karte

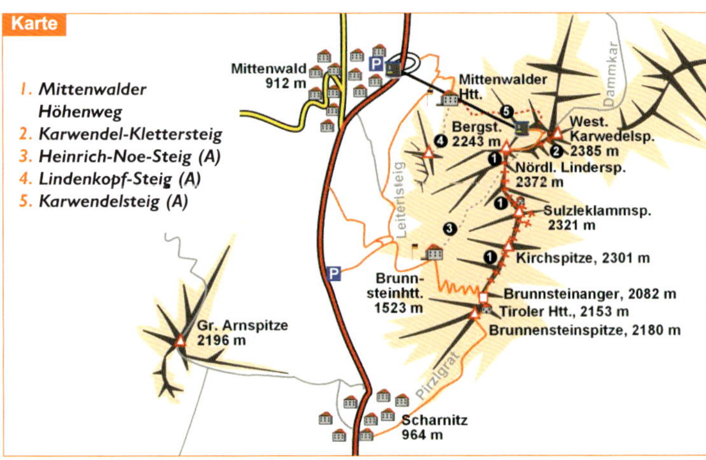

46 Übungsklettersteig Solsteinhaus

1,5 (3 – 2 – 1)

Mittel

Gut

Diff. D

20 Hm
15 Min.

3 Std.

2 Std.

ab 12 Jahren

5,5 Std.
1000 Hm

S

Erlspitze, 2405 m

Juni - Okt.

Bild 1: Beim rechten Einstieg.

Fotos: Dieter Wissekal

Stützpunkt

Solsteinhaus, 1806 m, ÖAV; Ende Mai – Mitte Okt. bew. Tel: +43 5232 81557. Infos: www.solsteinhaus.at

Besonderheiten: Dem allgemeinen Trend folgend hat seit 2004 auch das Solsteinhaus „seinen" Klettersteig. Der als Übungsklettersteig gedachte Rundkurs ist durchaus anspruchsvoll. Es empfiehlt sich die Begehung im Uhrzeigersinn.

Kurzinfo

Talort: Zirl, 622 m
Ausgangspunkt: Bahnhof Hochzirl, 922 m
Karten: AV-Karte 5/1, Karwendelgebirge West; ÖK 117, Zirl; F&B WK 323

Anreise: Auf der A12 nach Zirl (Ausfahrt Zirl-Ost oder Zirl-West) und weiter zum Bahnhof Hochzirl (Parkmöglichkeit). Mit Öffis: Mit der Bahn nach Hochzirl.

Zustieg: Vom Bahnhof Hochzirl auf dem Weg 213 am Solsteinhaus vorbei zur Erlalm. Dort halblinks auf einen unmarkierten Steig abzweigen. Am Denkmal vorbei linkshaltend zum Einstieg. Alternativ kann auch über den Zirler Schützensteig zugestiegen werden.

Route: Ein steiler Pfeiler (C) führt zu einer kurzen Rechtsquerung (C/D) unter der Schlüsselstelle - eine steile Wand (D). Um einen Block (B) und über ein Band (A/B) wird nach rechts gequert. Über eine Latschenpassage (A/B) zum höchsten Punkt des Steiges. Nach der ausgesetzten Überquerung einer schmalen Felsbrücke (A/B) geht es die senkrechte Wand (C/D) weiter. Eine Verschneidung (C) führt zu einem Band, über welches immer leichter werdend (zuerst B, dann A/B) der rechte Einstieg erreicht wird.

Abstieg: Wie Aufstieg.

Ausrüstung: Klettersteigausrüstung u. Helm.

Bemerkung: In unmittelbarer Nähe des Klettersteiges gibt es diverse Kletterrouten mit unterschiedlichen Schwierigkeiten. Für Kinder bietet sich der Flying Fox (Seilrutsche) auf der Erlalm an.

Karte auf Seite: 129

Topo - *Dieter Wissekal*

47 Zirler Klettersteig

1,5 (3 2 1)

Schön

Mittel

Diff. C u. 2

300 Hm
1,5 Std.

4 Std.

3,5 Std.

ab 12 Jahren

9 Std.
1550 Hm

SW

Erlspitze
2405m

Juni - Sept.

Bild 1-2: Auf dem Zirler Klettersteig

Fotos: Dieter Wissekal

Stützpunkt

Solsteinhaus, 1806 m, ÖAV; Ende Mai – Mitte Okt. bew. Tel: +43 5232 81557. Infos: www.solsteinhaus.at

Besonderheiten: Der verwegen angelegte Zirler Klettersteig überzeugt weniger durch interessante Klettersteigpassagen, als durch landschaftlichen Reiz. Geologisch überaus interessant sind die zahlreichen Türme mit der so genannten „Gipfelstürmernadel" als Höhepunkt.

Kurzinfo

Siehe Tour Übungsklettersteig Solsteinhaus.

Anreise: Siehe Tour Übungsklettersteig Solsteinhaus.

Zustieg: Vom Bahnhof Hochzirl auf dem Weg 213 zum Solsteinhaus. Weiter auf dem Weg 212 in die Eppzirler Scharte. Alternativ kann auch über den Zirler Schützensteig zugestiegen werden.

Route: Nördlich an einigen Türmen vorbei (B) zum schottrigen Abstieg in eine Scharte. Dann südseitig (B) in eine steile, brüchige Rinne (2), welche zur Erlscharte hinaufführt. Wieder nordseitig in eine schräge Rinne (B) und durch einen Kamin (C) in eine Scharte. Über Schrofen (max. B) südseitig zur nächsten Scharte aufsteigen. Eine kurze Rinne (B) bildet den Ausstieg.

Abstieg: Auf dem Kamm (Gehgelände) weiter zum Gipfel. Anschließend auf dem Normalweg zum Solsteinhaus und über den Aufstiegsweg zurück zum Ausgangspunkt.

Ausrüstung: Klettersteigausrüstung und Helm, evtl. kurzes Sicherungsseil.

Bemerkung: Der Steig ist aufgrund der brüchigen Passagen und der teilweise ungesicherten Kletterstellen nicht zu unterschätzen.

Bild 1: Zwischen Klettersteig und Solsteinhaus. Foto: Dieter Wissekal

48 Zirler Schützensteig

1,1

Schön

Gut

Diff. A/B

300 Hm
1 Std.

3 Std.

2,5 Std.

ab 8 Jahren

6,5 Std.
1400 Hm

SW

Gr. Solstein, 2541 m

Juni - Okt.

Stützpunkt

Solsteinhaus - siehe Zirler Klettersteig.

Neue Magdeburger Hütte, 1637 m, DAV; Mitte Mai - Mitte Okt. bew. Tel: +43 5238 88790.

Besonderheiten: Der Zirler Schützensteig verbindet die Neue Magdeburger Hütte mit dem Solsteinhaus, führt durch Rinnen und über teilweise ausgesetzte Bänder durch die Südwestflanke des Großen Solsteins. Die schöne Aussicht ins Inntal entschädigt für das abschnittsweise geröllige Gelände.

Kurzinfo

Talort: Zirl, 622 m
Ausgangspunkt: Bahnhof Hochzirl, 922 m
Karten: AV-Karte 5/1, Karwendelgebirge West; ÖK 117, Zirl; F&B WK 323

Anreise: Siehe Tour Übungsklettersteig Solsteinhaus.

Zustieg: Vom Bahnhof Hochzirl in östlicher Richtung in das Brunntal. Auf dem Hörbstenboden re. abzweigen und über die Kirchbergalm zur Neuen Magdeburger Hütte aufsteigen. Auf dem Weg 214 Richtung Solsteinhaus und in Kürze zum Einstieg.

Route: Einige ausgesetzte Stellen (A) führen zum „Kaminl". Durch diese steile, etwa 150 m lange Rinne (A/B) zum Ausstieg.

Abstieg: Der Steig wird auch oft in der Gegenrichtung begangen.

Ausrüstung: Helm; für Anfänger und Kinder kompl. Klettersteigausrüstung.

Bemerkung: Kann auch gut mit einer Runde über den Großen Solstein oder dem Übungsklettersteig Solsteinhaus kombiniert werden - siehe Karte.

Karte

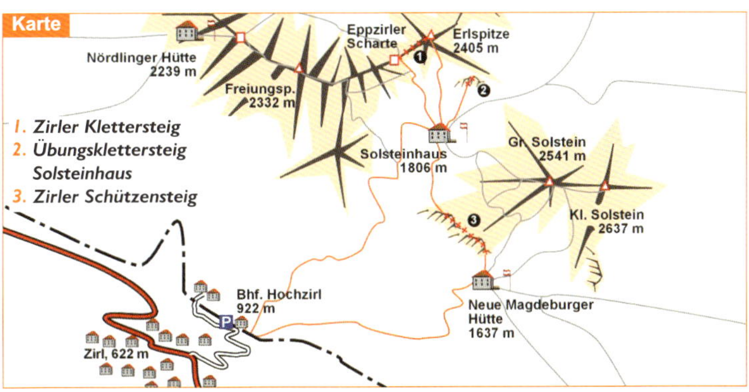

49 Kaiser-Max-Klettersteig

2,7

Sehr schön

Sehr gut

Diff. E

280 Hm
2,5 Std.

10 Min.

1,5 Std.

ab 14 Jahren

4 Std.
350 Hm

S

Kl. Wandkopf, 1346 m

Ganzjährig

Stützpunkt

Unterwegs keine. Gasthäuser in Zirl
Infos:
www.tiscover.com/zirl

Bild 1: In der nicht leichten Sektion 1.

Siehe CD-ROM Kaiser-Max Video!

Besonderheiten: Aalglatte, vertikale Platten nur mit einem Stahlseil gesichert. Diese Attribute zeichnen den Kaiser Max Klettersteig an der Martinswand aus. Der Klettersteig gehört mit der „100-Meter-Vertikalen" zu den schwierigsten Sportklettersteigen in den Ostalpen! Selten verlangt ein Eisenweg so viel Armkraft und Psyche, denn wenn es schwer wird, hängt man fast 250 m über dem Inntal.

Kurzinfo

Talort: Zirl, 622 m

Ausgangspunkt: Parkplätze an der Bundesstraße, 600 m

Karten: ÖK 117, Zirl; AV-Karte Nr. 5/1, Karwendel - West; F&B WK 323

Anreise: Auf der A12 nach Kranebitten und weiter auf der B171 in westlicher Richtung unter die Martinswand/Zirl. Vor dem Steinbruch findet man div. Parkplätze (Schild „Klettersteig"). Öffis: Mit der Bahn nach Innsbruck und dem Bus nach Zirl.

Zustieg: Vom Parkplatz (mit dem Klettersteig-Schild) auf Steigspuren im Schutt zum Wandfuß; der Einstieg ist bei einer Tafel.

Route: Sektion 1: Der Steig beginnt mit einem knackigen Steilstück (C/D), das zu einer leichteren Passage auf einer Rampe überleitet. Der Abschnitt wird durch ein kurzes Steilstück (C) unterbrochen. Danach folgt eine Steilpassage, die schwere Stellen (D) aufweist. Kurz vor der Abzweigung zur Maximilian-Grotte (der Ausstieg zur Grotte ist steil; D) legt sich das Gelände etwas zurück (B). **Sektion 2:** Leicht ansteigend (B), über eine Steilstufe (C) gelangt man in eine Nische („Spitz"). Danach steil hinunter (C), man quert teilweise sehr ausgesetzt (C) zur senkrechten Steilpassage. In dieser anfangs gestuft (D), dann zur sehr steilen Schlusswand (D/E). In der glatten Wand aufwärts (E) bis zu einem Absatz mit dem Steigbuch (A; Ausquerungsmöglichkeit). Das letzte kurze Stück führt über eine senkrechte Wand (E) und eine Platte (D) zum Ende des Klettersteiges.

Abstieg: Vom Ausstieg über die sog. Sektion 3 (Abstiegs-Klettersteig, Stellen C) bis auf die Höhe der Maximilian-Grotte absteigen und weiter über den Wanderweg zurück zum Ausgangspunkt. Am Ende lädt eine malerische Kapelle über dem einzigen Weingarten Nordtirols zu einer Rast ein.

Ausrüstung: Komplette Klettersteigausrüstung und Helm, evtl. ein Sicherungsseil.

Bemerkung: Sehr schwere Steiganlage, bei der man viel Kraft braucht! Bei Nässe und Gewittergefahr ist der Klettersteig zu meiden. Dank der südseitigen Lage auch im Winter kletterbar.

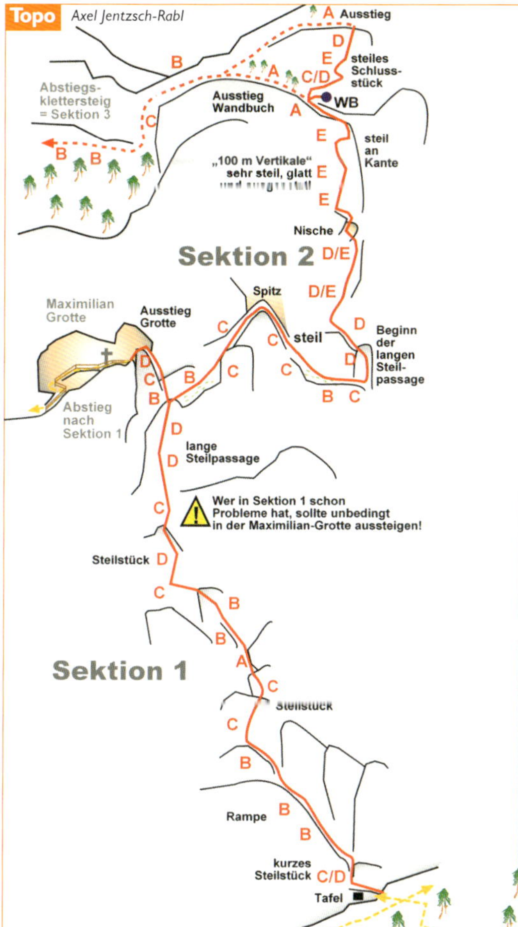

Bild 2: *In der Schlüsselstelle von Sektion 2.*

Bild 3: *Am Ende der Schlüsselstelle in der Sektion 2.*

Bild 4: *Sicher ein gut gemeinter Hinweis in der Sektion 2.*

Fotos: A. Jentzsch-Rabl und Dieter Wissekal

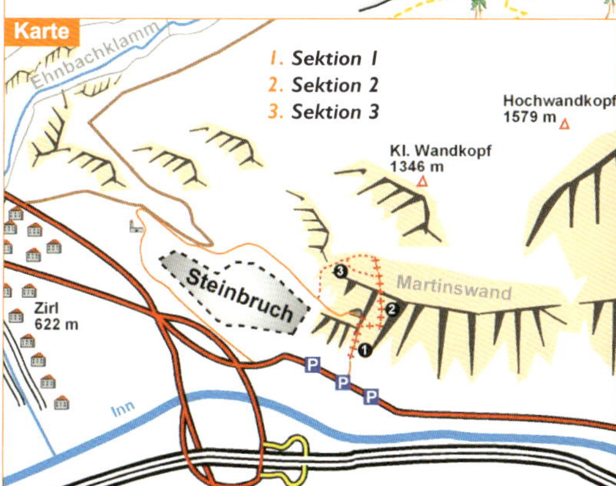

50 Innsbrucker Klettersteig

1,6 (3 – 2 – 1)

- Sehr schön
- Gut
- Diff. C/D
- 500 Hm, 5 Std.
- 10 Min.
- 1,5 Std.
- ab 12 Jahren
- 6,5 Std., 550 Hm
- div.
- Kemacher, 2480 m
- Juni - Okt.

Stützpunkt

Hotel Seegrube, 1905 m, privat; zu den Betriebszeiten der Seilbahn bew. Tel: +43 512 293375. **Infos Bahn:** www.nordpark.com

Besonderheiten: Der Innsbrucker Klettersteig führt in zwei Teilen vom Hafelekar über den „Langen Sattel" zum Frau-Hitt-Sattel. Mit Hilfe von 2200 m Stahlseil werden dabei zahlreiche Gipfel bestiegen. Der ständige Blick auf das ca. 2000 m tiefer liegende Innsbruck und der Fernblick in die vergletscherten Berge der Zentralalpen machen den Steig zu einem landschaftlichen Erlebnis. Aber auch klettersteigmäßig wird einiges geboten: Eine Mischung aus anspruchsvollen und originellen Passagen (Hängebrücke) macht den Steig sehr abwechslungsreich. Während der erste Teil hauptsächlich auf dem Grat entlang führt, lässt der zweite Teil mit einem Labyrinth aus Kaminen, Scharten und Türmen Dolomitenfeeling aufkommen.

Kurzinfo

Talort: Innsbruck, 574 m

Ausgangspunkt: Bergstation Hafelekar, 2269 m

Karten: AV-Karte Nr. 5/3, Karwendelgebirge - West; ÖK 118 ; F&B WK 323

Anreise: Auf der A12 bis Innsbruck und im Stadtzentrum; beim Congress Innsbruck parken. Von dort mit der neuen Hungerburgbahn (Eröffnung Herbst 2007) und den beiden Sektionen der Nordkettenbahn zur Bergstation Hafelekar. Mit Öffis: Mit der Bahn nach Innsbruck und mit den Bussen der IVB zur Hungerburgbahn.

Zustieg: Von der Bergstation, den Wegweisern folgend, zum Einstieg. Einstiegskoordinaten: N 47°18'43,9", O 11°22'48,9".

Route: **1. Teil:** Vom Einstieg zur Seegrubenspitze aufsteigen (max. C) und kurz in die Seegrubenscharte absteigen (max. A/B). Längerer Aufstieg (max. B/C) zur Östlichen Kaminspitze und Gratüberschreitung der weiteren Kaminspitzen (max. C) inkl. Hängebrücke (B). Kurzer Abstieg (A/B) in die Steinkarscharte (2396 m) und Aufstieg (A u. Stelle B/C) zum Kemacher (2480 m). Abstieg (max. A/B) in den „Langen Sattel" (2258 m) und dem Beginn vom **2. Teil:** Im Gehgelände zur Östlichen Sattelspitze (2369 m) aufsteigen und im Auf und Ab „dolomitenartig" (max. C) zur Westlichen Sattelspitze (2339 m). Etwas ausgesetzter Abstieg (max. C/D) zum Frau-Hitt-Sattel (2270 m).

Abstieg: Auf markierten Wanderwegen, anfangs absteigen, später in östlicher Richtung queren, zur Mittelstation Seegrube.

Ausrüstung: Komplette Klettersteigausrüstung und Helm, evtl. Klettersteighandschuhe.

Bemerkung: Der Klettersteig wird im Sommer 2007 generalsaniert.

Topo *Andreas Jentzsch*

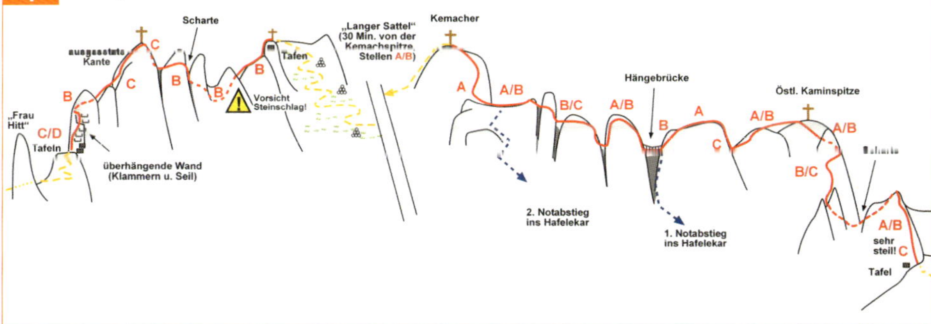

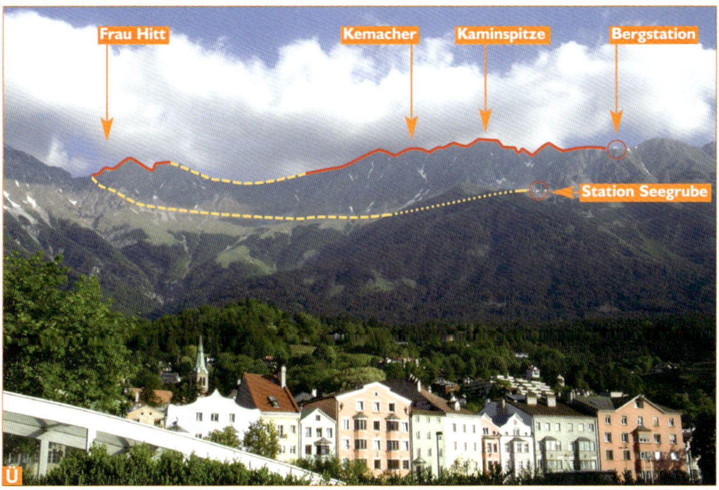

Bild 1: An der steilen Einstiegswand in der Nähe der Bergstation.

Bild 2: Eine der zahlreichen Gratpassagen im ersten Teil des Klettersteiges.

Ü-Bild: Der Steigverlauf auf dem Grat und die schönen Häuser von Innsbruck. Auf dem Bild auch die Mittel- und Bergstation.

Fotos: Dieter Wissekal

Karte

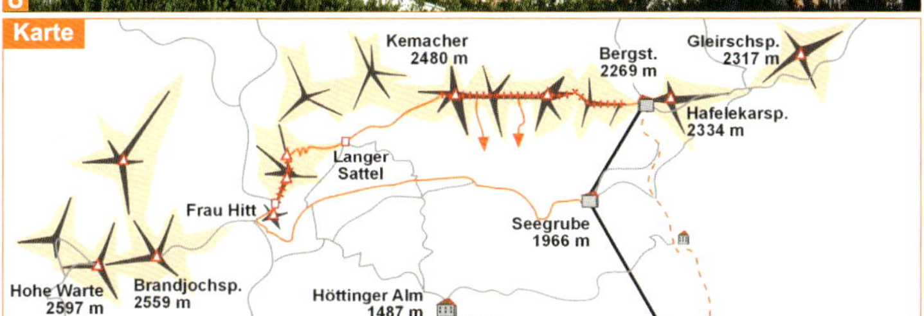

Seegrubenspitze

T Karwendel - Halltal-Kette

1

51 Bettelwurf-Klettersteig

1,9 (3 2 1)

Sehr schön

Mittel

Diff. D und 2-

400 Hm
2 Std.

3,5 Std.

3,5 Std.

ab 14 Jahren

9 Std.
1850 Hm

SW

Gr. Bettelwurf, 2726 m

Juni - Sept.

Stützpunkt

***Bettelwurfhütte*, *2079 m*, *ÖAV*;** Anfang Juni bis Ende Sept. bew. Tel: +43 5223 53353. Infos: www.bettelwurfhuette.at

Besonderheiten: Der Bettelwurf-Klettersteig auf den vierthöchsten Gipfel im Karwendel zählt zu den schönsten Klettersteigen in dieser Gebirgsgruppe. Der erste Teil bis zur Scharte zwischen den beiden Bettelwürfen ist nur sparsam versichert. Der Aufstieg über Felsbänder, Risse und Verschneidungen ist allerdings auch nicht sehr anspruchsvoll. Der zweite Teil wartet mit zahlreichen rassigen, oft senkrechten Passagen am luftigen Grat auf. Nach dem abwechslungsreichen Aufstieg folgt ein prächtiges Gipfelpanorama. Der Abstieg über den versicherten Eisengattergrat lässt das Klettersteig-Erlebnis aussichtsreich ausklingen.

Kurzinfo

Talort: Absam, 632 m

Ausgangspunkt: II. Ladhütte, ca. 1080 m

Karten: AV-Karte Nr. 5/2, Karwendelgebirge - Mitte; ÖK 118, F&B WK 323

Anreise: Auf der A12 bis Hall in Tirol und über Absam ins Halltal. Bei der II. Ladhütte parken. Mit Öffis: Mit der Bahn nach Innsbruck und weiter mit dem Bus (Linie D/E) bis Eichat bei Hall Bettelwurfsiedlung.

Zustieg: Von der II. Ladhütte auf dem Weg 222 zur Bettelwurfhütte aufsteigen (Stellen A). Dem Wegweiser Richtung Kleiner Bettelwurf folgen und zum Einstieg aufsteigen. Einstiegskoordinaten: N 47°20'35,6", O 11°30'32,7".

Route: **1. Teil:** Über Wandstufen, Bänder und Rinnen (max. B/C, 2-) ansteigend zur Abzweigung des Kleinen Bettelwurfs queren. Im Gehgelände über einen Sattel zum **2. Teil:** Über eine Wandstufe (C/D) und eine Verschneidung (D) zu einem kurzen Aufschwung (1). Durch eine Rinne (1) und danach scharf rechts zu einem schönen Rastplatz. Einen Turm (C) empor und im gestuften Gelände auf den Westgipfel. Meist am Grat oder leicht südlich davon (1 bis 1+, Stelle A/B) zum Ausstieg auf den Gipfel.

Abstieg: Vom Gipfel wenige Schritte zurück Richtung Westen und über den Eisengattergrat-Steig (A/B) zurück zur Hütte bzw. zum Aufstiegsweg. Im letzten Teil des Abstiegs ins Tal alternativer Geröllhaldenlauf in der Bettelwurfreise.

Ausrüstung: Komplette Klettersteigausrüstung und Helm, evtl. Klettersteighandschuhe und Sicherungsseil.

Bemerkung: Aufgrund der Exponiertheit besonders hohe Gefahr bei Gewittern! Der Gipfel des Kleinen Bettelwurfs (schöner Blick auf den großen Bettelwurf) lässt sich mit nur wenigen Minuten Umweg „mitnehmen" (Gehgelände, 50 Hm zusätzlich).

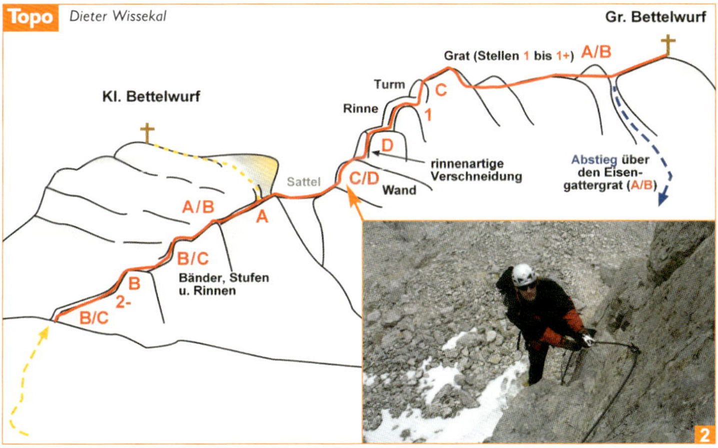

Turm im oberen Teil

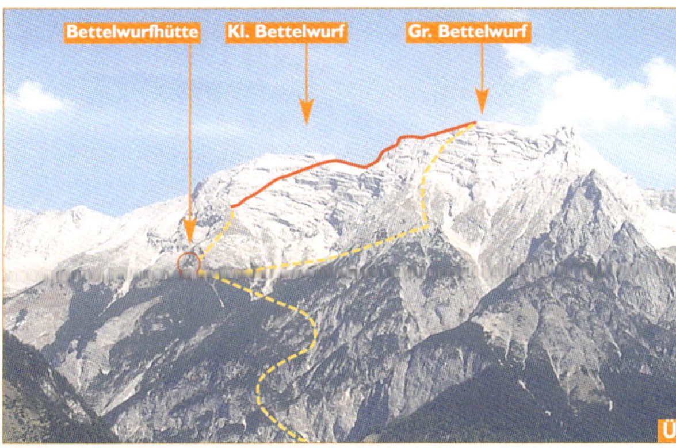

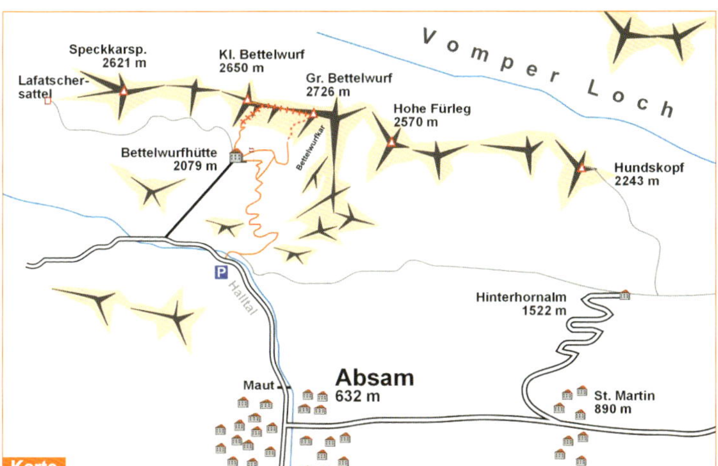

Bild 1: Auf dem noch mit Schnee bedeckten Gipfel des Großen Bettelwurfs.

Bild 2: Letzter Aufschwung vor dem Gipfelgrat.

Bild 3: Die steile Verschneidung (D) ist die Schlüsselstelle.

Fotos: Dieter Wissekal und Axel Jentzsch-Rabl

Beim Zustieg

1

52-53 Brudertunnel und Lamsenspitze-Steig

1,3 (3 2 1)

- Schön
- Gut
- Diff. bis C/D und I-
- 160 Hm 40 Min.
- bis 2,5 Std.
- bis 2,5 Std.
- ab 10 Jahren
- bis 5,5 Std. bis 1250 Hm
- NO - S
- Lamsenspitze, 2508 m
- Juli - Sept.

Stützpunkt

Lamsenjochhütte, 1953 m, DAV; Anfang Juni bis Mitte Okt. bew. Tel: +43 5244 62063. Infos: www.lamsenjoch.at

Besonderheiten: Der Höhepunkt des Brudertunnel-Klettersteiges durch die steilen Wandfluchten bei der Lamsenjochhütte ist der natürliche Tunnel am Steigende, in dessen hintersten Winkel sich die Schlüsselstelle befindet. Der Normalweg auf die Lamsenspitze ist ein landschaftlich schöner Klettersteig in reizvoller Umgebung, daher äußerst beliebt und an schönen Tagen leider entsprechend überlaufen.

Kurzinfo

Talort: Pertisau, 952 m
Ausgangspunkt: Gramaialm, 1263 m
Karten: AV-Karte Nr. 5/3, Karwendelgebirge Ost; ÖK 119; F&B WK 323

Anreise: Auf der A12 bis zur Ausfahrt Achensee/Zillertal und auf der B181 nach Maurach. Links nach Pertisau abzweigen und auf der linken Mautstraße (Gabelung 500 m nach der Mautstelle) weiter zur Gramaialm. Mit Öffis: Mit der Bahn nach Jenbach und mit dem Bus bis Pertisau Karwendeltäler.

Zustieg: Von der Gramaialm auf dem Weg 201 zur Lamsenjochhütte. **Brudertunnel** (2 Std.): Nach der Hütte kurz Richtung Lamsscharte und nach etwa 300 m links abzweigen (Wegweiser). Nach kurzem Abstieg in wenigen Minuten zum Einstieg. **Lamsenspitze-Steig** (2,5 Std.): Nach der Hütte Richtung Lamsscharte gehen und dem Weg zum Einstieg folgen.

Route: **Brudertunnel** (C/D): Über die Einstiegsplatten (A/B) in weiterhin plattiges Gelände (B bis B/C) und zu Schrofen (A). Nach einem Eck (B) wird der Brudertunnel erreicht. Leicht geneigt durch den Tunnel (A) zum Ausstiegswandl (C/D). **Lamsenspitze-Steig:** (A/B, I-): Kurz versichert (A) in die Lamsscharte und im Gehgelände rechts haltend zu einem versicherten Aufschwung (A bis A/B). Vom Ausstieg im Gehgelände zu einem ungesicherten Rücken (I-) und über diesen zum Gipfel.

Abstieg: **Brudertunnel** (2 Std.): Beim Ausstieg rechts halten und zur Lamsscharte aufsteigen. Wieder rechts abbiegen und über den unteren Teil des Lamsenspitze-Steiges zum Aufstiegsweg absteigen. Alternativ bietet sich eine Geröllrinne zum Ablaufen an. **Lamsenspitze-Steig** (2,5 Std.): Wie Aufstieg.

Ausrüstung: Komplette Klettersteigausrüstung und Helm.

Bemerkung: Im erst kürzlich sanierten Brudertunnel liegt oft lange Schnee. Beim Aufstieg auf die Lamsenspitze ist in der letzten Rinne auf Steinschlag zu achten! Lässt sich gut mit dem Hochnissl-Steig kombinieren.

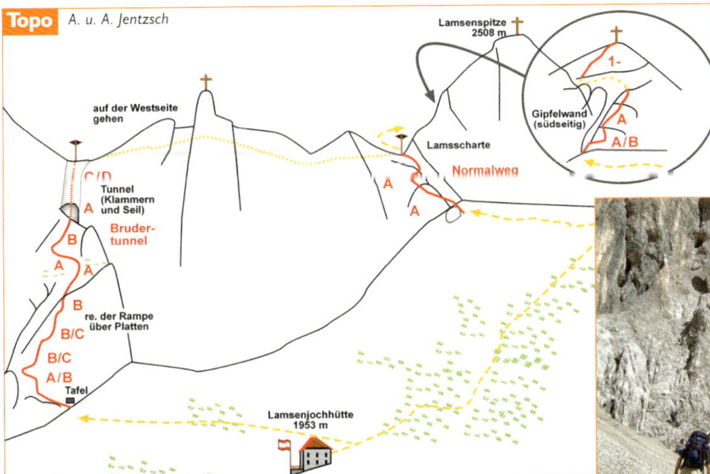

2

Bild 1 u. 3: Der Ausstieg aus dem Brudertunnel, der schwerste Teil des Stieges.

Bild 2: Die letzte, sehr dem Steinschlag ausgesetzte Rinne vor dem Gipfel der Lamsenspitze.

Ü-Bild: Der Brudertunnel (links, Rot) und der Lamsenspitze-Steig (rechts, Magenta). Die Zu- bzw. Abstiege in Orange.

Fotos:
Axel Jentzsch-Rabl

3

Gramaialm

Was tut man nicht alles für die Touristen :-)

1

54 Winkelkar-Steig

1,3 (3 – 2 – 1)

Sehr schön

Gut/Mittel

Diff. B u. I-

400 Hm
1 Std.

2,5 Std.

3 Std.

ab 12 Jahren

6,5 Std.
1350 Hm

SO-NO

Pyramidensp.,
1997 m

Juni - Okt.

Stützpunkt

Unterwegs keiner

Winkelalm, 1193 m, DAV; ist eine Selbstversorgerhütte; Infotel: +49 89 2907090

Besonderheiten: Der schöne und deshalb auch stark frequentierte Klettersteig führt auf den bekanntesten Gipfel im Zahmen Kaiser. Der eigentliche Klettersteig beginnt im hintersten Teil des mächtigen Winkelkares und führt in ca. 400 Hm direkt zum Gipfel. Vom Gipfel genießt man den Ausblick auf den wilden Teil des Kaisergebirges, Fleischbank, Totenkirchl und die Ellmauer Halt sind zum Greifen nahe. Der Steig eignet sich auch für trittsichere Anfänger, konditionsstarke Kinder nimmt man aber sicherheitshalber ans Seil.

Kurzinfo

Talort: Durchholzen, 691 m

Ausgangspunkt: Parkplatz südöstl. von Durchholzen, ca. 740 m

Karten: AV-Karte Nr. 8, Kaisergebirge; ÖK 90, Kufstein; Kompass Nr. 09

Anreise: Über die A12 weiter nach Deutschland und bei der Abfahrt Oberaudorf abfahren. Dort weiter in Richtung Walchsee bis nach Durchholzen. In der Ortsmitte bei einer Linkskurve gerade weiter. Bei einer Abzweigung rechts bis zu einem Parkplatz (nach ca. 600 Meter ab der Hauptstraße) fahren. Öffis: Mit der Bahn nach Kufstein und mit dem Bus nach Durchholzen.

Zustieg: Man folgt anfangs der Forststraße bis zur Großpoitneralm, dann weiter auf dem markierten Weg zur Winkelalm. Hinter dieser kurz absteigen und auf markiertem Weg durch das große Kar zum Einstieg.

Route: Die Route verläuft anfangs durch Schrofengelände (A/B und I-; Vorsicht auf Steinschlag durch Vorausgehende!) und später einem schönen Grat (I- und A) entlang. Kurz vor dem Gipfel kommt noch eine schöne, steile Passage (B), die mit Klammern aber gut abgesichert ist.

Abstieg: Wie Aufstieg. **Schöne Alternative mit zweitem Pkw:** Man steigt entlang des eindrucksvollen Kammes zur Vorderkaiserfeldenhütte (1388 m) ab. Von dieser führt ein anfangs steiler Weg hinunter nach Ebbs (dort sollte man den zweiten PKW geparkt haben oder man fährt mit dem Bus zurück nach Durchholzen). Zeit: 4 - 5 Std.

Ausrüstung: Komplette Klettersteigausrüstung und Helm.

Bemerkung: Bis spät ins Frühjahr halten sich im unteren Bereich hartnäckig Schneefelder. Vom Gipfel der Pyramidenspitze erreicht man in ca. 15 Min. (leicht) auch noch den Gipfel der Vorderen Kesselschneid (die höchste Erhebung im Zahmen Kaiser).

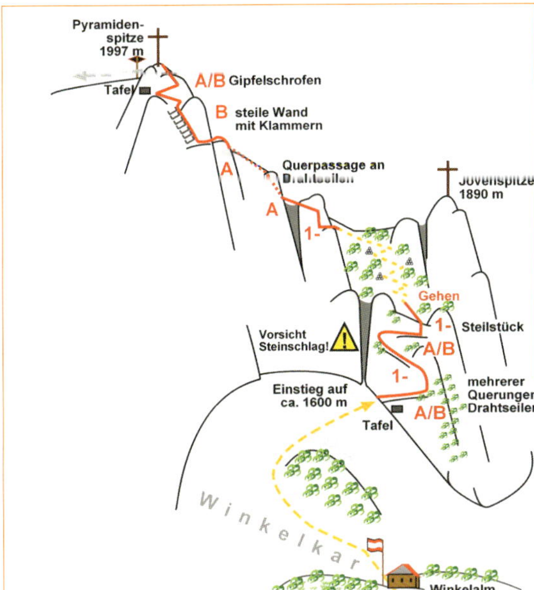

Topo Axel Jentzsch-Rabl

2

3

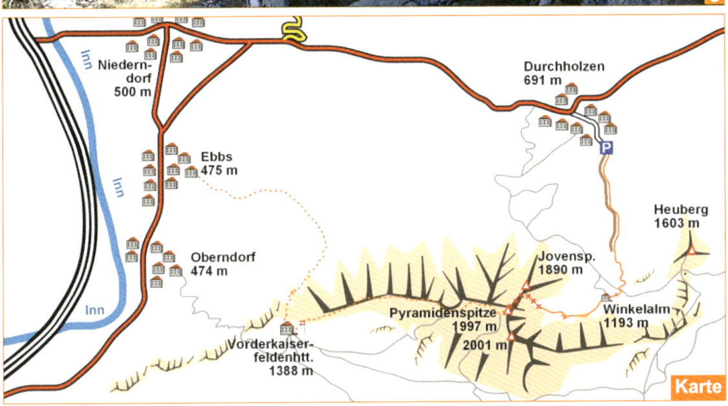

Karte

Bild 1: *Blick vom Gipfel auf den Wilden Kaiser.*

Bild 2: *Die steile Klammernpassage ist der schwerste Teil des Steiges.*

Bild 3: *Im unteren Teil, über dem schon angezuckerten Winkelkar.*

Fotos: Axel Jentzsch-Rabl

Pyramidenspitze

55 Widauersteig

1,4

Schön

Gut/Mittel

Diff. A/B u. I-

410 Hm
1 Std.

2 Std.

2,5 Std.

ab 12 Jahren

5,5 Std.
1400 Hm

NW

Scheffauer, 2111 m

Juli - Sept.

Stützpunkt

Kaindlhütte, 1293 m, privat; Mai - Okt. bew. Tel: +49 173 1958910. Infos: www.kaindlhuette.de

Besonderheiten: Schöner, sehr leichter Klettersteig auf einen der westlichsten Kaiser-Gipfel. Vom Gipfel des Scheffauers reicht der Blick weit in das Inntal. Unten ist der tiefblaue Hintersteiner See zu sehen. Der Steig ist auch für Neulinge und konditionsstarke Kinder (Sicherungsseil) zu empfehlen. Wählt man den Zustieg von der Bergstation des Sesselliftes, ist die gesamte konditionelle Anforderung nicht so hoch wie bei den anderen Kaisersteigen.

Kurzinfo

Talort: Kufstein, 499 m

Ausgangspunkt: Brentenjoch (Bergstation Kaiserlift), 1272 m

Karten: AV-Karte Nr. 8, Kaisergebirge; ÖK 90, Kufstein; Kompass Nr. 09

Anreise: Über die A12 nach Kufstein (Ausfahrt Kufstein Nord) und weiter in Richtung Zentrum. Auf die Schilder „Kaiserlift" achten und bis zur Talstation des alten Sesselliftes fahren. Öffis: Mit der Bahn nach Kufstein.

Zustieg: Von der Bergstation dem gut markierten Wanderweg zur Kaindlhütte folgen. Nach dieser auf markiertem Weg (Tafel am Waldrand) bis in ein Schuttkar unterhalb der Nordabbrüche des Scheffauers (kleiner Sattel). Dort quert man auf Steigspuren an die linke Begrenzung des Kars. Der Einstieg befindet sich bei einer Rampe (Tafel und markanter roter Punkt). Ohne Liftbenützung plus 2 Std.!

Route: Der Steig verläuft links von einer Plattenwand (A/B), quert diese dann auf einem Bandsystem (A). Dann steigt man im Bereich einer markante Rinne (A und I-) höher. Von deren Ende (Schild) gelangt man leicht auf den Gipfel.

Abstieg: Wie Aufstieg. **Ausrüstung:** Komplette Klettersteigausrüstung, Helm und Klettersteighandschuhe.

Bemerkung: Bei und nach Regenfällen ist der Steig heikel; bei Schnee nicht zu empfehlen. Der Steinschlag sollte vor allem im Mittelteil nicht unterschätzt werden (Helm mitnehmen). Die lange Querung ist teilweise ausgesetzt und verläuft über Schotterbänder (für Kinder und Ungeübte ist ein Sicherungsseil zu empfehlen). Sehr schöne Rundtour mit Start beim Hintersteiner See (oberhalb von Scheffau). Von dort zur Walleralm und über das „Hocheck" zur Kaindlhütte queren. Dann wie oben über den Klettersteig zum Gipfel. Vom Gipfel südlich (anfangs kurz versichert A/B) zur Steiner Hochalm und weiter zum Hintersteiner See absteigen. Gesamtzeit ca. 7 - 8 Stunden; durchgehend markiert. Nicht-Klettersteiggehern ist die Wanderung zur Walleralm zu empfehlen. (ca. 1 Stunde von der Kaindlhütte).

Topo *Axel Jentzsch-Rabl*

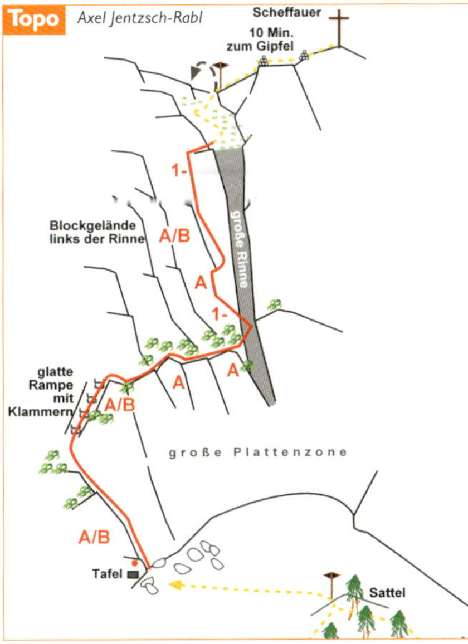

2

3

Ü

Bild 1: Der obere Teil des Klettersteiges; unten die Kaindlhütte.

Bild 2: Die etwas glattere Klammern-Rampe vor dem Latschenband.

Bild 3: Blick auf die Steinbergalm und zur Pyramidenspitze.

Ü-Bild: Der plattige Nordabbruch des Scheffauers.

Fotos: A. Jentzsch-Rabl und Archiv Kaindlhtt.

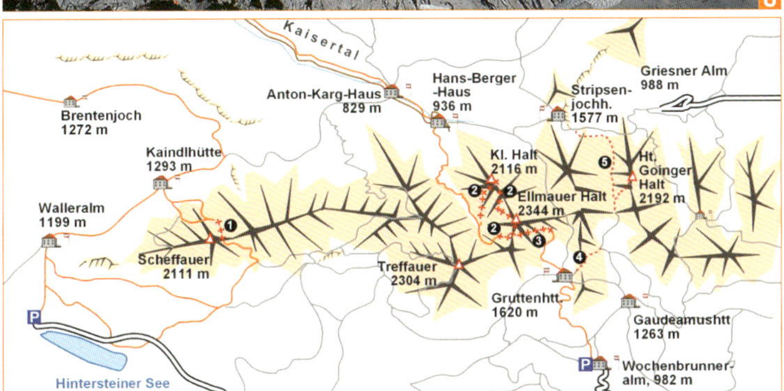

Karte:

1: **Widauersteig**
2: **Kaiserschützensteig**
3: **Gamsängersteig**
4: **Jubiläumssteig**
5: **Eggersteig**

PETZL

56 Kaiserschützensteig

2,3
3 2 1

Sehr schön

Mittel

Diff. B/C u. I+

800 Hm
3,5 Std.

4 Std.

4 Std.

ab 14 Jahren

11,5 Std.
2000 Hm

W

Ellmauer Halt, 2344 m

Juli - Sept.

Karte auf Seite: 141

Stützpunkt

Hans-Berger-Haus, 936 m, TNV ; Mitte Mai - Mitte Okt. bew.; Tel: +43 5372 62575.
Info: bergsteigerschule.at

Besonderheiten: Dieser klassische, sehr bekannte Kaiserklettersteig zeichnet sich vor allem durch die landschaftliche Schönheit und Länge aus. Der Steig wurde 1987 unter der Führung des Heeresbergführers Hangl Josef zum Gedenken an die Opfer des 1. u. 2. Weltkrieges vom JGB 21 errichtet. Zwischen den versicherten Passagen gibt es viel Gehgelände, bei dem gute Trittsicherheit und alpine Erfahrung nötig ist. Der Steig ist durchgehend sehr gut rot markiert.

Kurzinfo

Talort: Kufstein, 499 m
Ausgangspunkt: Parkplatz beim Kaiseraufstieg, 501 m
Karten: AV-Karte Nr. 8, Kaisergebirge; ÖK 90, Kufstein; Kompass Nr. 09

Anreise: Auf der A12 bis zur Ausfahrt Kufstein Nord. Beim Kreisverkehr in Richtung Ebbs über eine Brücke, nach ca. 1 km rechts abzweigen und bis zum Parkplatz im Bereich des engen Taleinschnittes des Kaisertals fahren – dort parken (Parkgebühr). Öffis: Mit der Bahn nach Kufstein.

Zustieg: Vom Parkplatz im Ortsteil Sparchen über den sog. „Kaiseraufstieg" ins Kaisertal. Nach der Treppe folgt man der guten Forststraße bis zum Hans-Berger-Haus. Vom Hans-Berger-Haus auf dem markierten Weg in den Unteren Scharlinger-boden und weiter zum Oberen Scharlingerbodens (große flache Mulden). Dort zweigt bei der Tafel der Kaiserschützensteig nach links ab und man steigt zum Einstieg bei einer markanten Platte auf.

Route: Siehe Skizze. Die Schwierigkeiten liegen vor der „grünen Rinne" (B/C), im Bereich der Querung (B/C) unterhalb der Gamshalt und im steilen Grat beim Aufstieg zum Gipfel der Ellmauer Halt. Auch beim „Abstieg" hinunter zur Rote-Rinn-Scharte sind Stellen B/C und leichte Kletterei (I+) zu bewältigen.

Abstieg: Vom Ende der Versicherungen nach der Rote-Rinn-Scharte auf markiertem Weg zurück zum Hans-Berger-Haus. Es ist auch möglich auf dem Gamsängersteig weiter in Richtung Gruttenhütte abzusteigen und über die Kopftörlscharte zurück zum Hans-Berger-Haus zu gehen (um mind. 1 Stunde länger).

Ausrüstung: Komplette Klettersteigausrüstung und Helm.

Bemerkung: Der Klettersteig ist eine lange Rundtour, die hohe Anforderungen an Kletterkönnen (bis I+) und Kondition stellt! Da man sich oft auf exponierten Graten bewegt, ist sehr stabiles Wetter nötig. Sinnvoll ist eine Nächtigung auf einer der Hütten im Kaisertal.

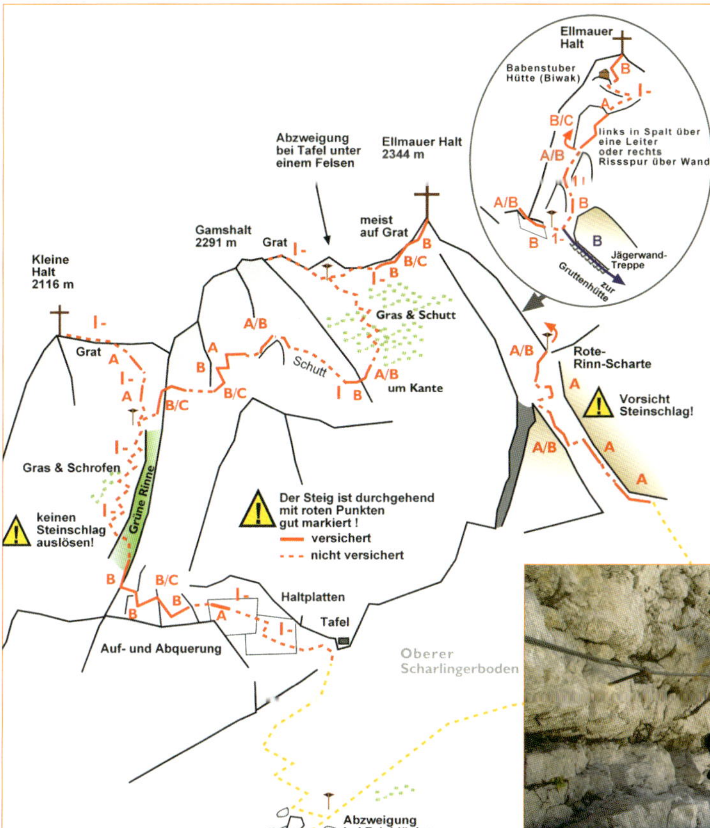

Topo *Axel Jentzsch-Rabl*

Bild 1: Bei der plattigen Querung zur Grünen Rinne.

Bild 2: Steile Passage bei der Abzweigung zur Kleinen Halt.

Abzweigung zum Steig

2

Ü

Ü-Bild: Der Steigverlauf im Gipfelbereich der drei Halt-Gipfel.

Fotos: Dieter Wissekal, Luidger Roeckrath und Axel Jentzsch-Rabl

Stützpunkt

Anton-Karg-Haus, 829 m, ÖAV; Anfang Mai - 26. Oktober bew.; Tel: +5372 62578

1

57 Gamsängersteig

1,8 3 2 1

Sehr schön

Gut/Mittel

Diff. B/C u. I+

550 Hm
2 Std.

2 Std.

3,5 Std.

ab 13 Jahren

7,5 Std.
1400 Hm

S

Ellmauer Halt, 2344 m

Juli - Sept.

Karte auf Seite: 141

Stützpunkt

Gruttenhütte, 1620 m, DAV; Anfang Juni - Mitte Okt. bew.; Tel: +5358 2242; Info: www.gruttenhuette.at

Besonderheiten: Dieser Klettersteig ist der einfachste Aufstieg auf den höchsten Kaisergipfel und dementsprechend stark frequentiert. Der bequeme Zustieg über die Gruttenhütte und die guten, exotischen Versicherungen machen den Steig zum Erlebnis. Der höchste Kaisergipfel bietet meist einen guten Ausblick auf die umliegenden Berge und lädt zum Verweilen ein. Gesamt gesehen eine großartige „Eisen-Fels-Fahrt", die auch für konditionsstarke Jugendliche geeignet ist.

Kurzinfo

Talort: Ellmau, 804 m
Ausgangspunkt: Parkplatz bei der Wochenbrunneralm, 982 m
Karten: AV-Karte Nr. 8, Kaisergebirge; ÖK 90, Kufstein; Kompass Nr. 09

Anreise: Auf der A12 bis zur Ausfahrt Kufstein Süd. Beim Kreisverkehr in Richtung St. Johann/Tirol bis nach Ellmau. Im Ort zur Wochenbrunneralm auffahren (Maut) und dort parken. Öffis: Mit der Bahn nach St. Johann und dem Bus bis Ellmau.

Zustieg: Vom Parkplatz zur schon gut sichtbaren Gruttenhütte aufsteigen (ca. 1,5 Std. vom PKW). Von der Hütte in ca. 45 Min. auf dem gut markierten Weg in ein großes Schuttkar unterhalb der Ellmauer Halt. Im rechten Teil befindet sich der Einstieg.

Route: Vom Einstieg in leichter Kletterei (I) hinauf und auf- und absteigend (A/B und I) auf den sog. „Gamsängern" (=ausgesetzte Schrofenbänder) bis zur „Jägerwand-Treppe" (B) mit 74 Trittbügeln queren. Nach der Jägerwand folgt steiles Blockgelände (teilweise versichert B bzw. I+). Im oberen Teil gibt es zwei Varianten, rechts eine schräge Rampe, die mit B/C die Schlüsselstelle darstellt oder links eine Schlucht, in der sich eine kurze, aber dafür fast überhängende Leiter befindet. Danach wieder leichteres Gelände (A). Kurz vor dem Gipfel trifft man auf das Babenstuberhüttchen (Biwakhütte für Notfälle). Nach der kleinen Holzhütte steigt man an einer plattigen Wand (B) zum höchsten Punkt mit dem Kreuz auf.

Abstieg: Wie Aufstieg

Ausrüstung: Komplette Klettersteigausrüstung und Helm.

Bemerkung: Im Frühjahr oft sehr steile Altschneefelder in der Tour, die nicht zu unterschätzen sind. Bei Nässe ist der Steig heikel! Der Steig ist von der Gruttenhütte aus teilweise einsehbar. Man sollte bedenken, dass man denselben Weg wieder absteigen muss. Für Kletterer ist der Kopftörlgrat ein lohnendes Ziel; für Wanderer der Weg vorbei an der Gaudeamushütte zum Ellmauer Tor.

Axel Jentzsch-Rabl **Topo**

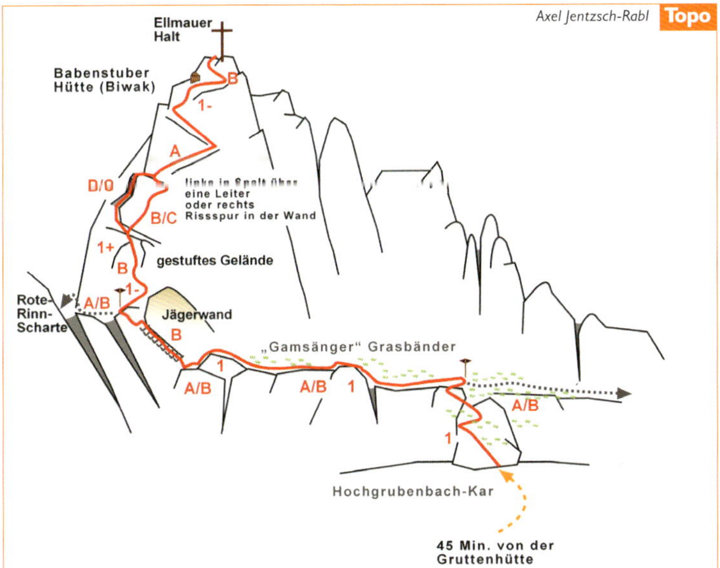

Bild 1: *Auf der mit ca. 75 Klammerstufen gebauten Jägertreppe.*

Bild 2: *Die kleine, leicht überhängende Leiter im oberen Teil.*

Bild 3: *Eine sehr steile Rinne nach der Jägertreppe.*

Babenstuber Hütte

Ü-Bild: *Sehr schön zu sehen der Steigverlauf und die Rote-Rinn-Scharte.*

Fotos: Dieter Wissekal und Axel Jentzsch-Rabl

Gipfelpanorama

1

58 Henne-Klettersteig

1,2 (3 2 1)

Sehr schön

Gut

Diff. B, Var. C/D

300 Hm
1 Std.

2 Std.

1,5 Std.

ab 7 Jahren

4 - 5 Std.
900 Hm

O

Henne, 2078 m

Juni - Okt.

Stützpunkt

Wildseeloderhaus, 1854 m, ÖAV; Mitte Juni bis Ende Sept. bew. Tel: +43 664 3254583.

Bahn: www. bergbahnen-fieberbrunn.at

Besonderheiten: Schöne Steiganlage, die über den Grat verläuft und einen wunderbaren Rundblick auf die Berge (Wilder Kaiser, Loferer u. Leoganger Steinberge, Steinplatte bis hin zum Großglockner) bietet. Der Steig ist wegen der geringen Schwierigkeiten auch für Anfänger und Kinder äußerst interessant. Beim Abstieg lädt das gemütliche Wildseeloderhaus - am Wildsee - zu einer Rast ein. Man kann auch gut den Wildseeloder an die Gratüberschreitung anhängen.

Kurzinfo

Talort: Fieberbrunn, 790 m
Ausgangspunkt: Bergstation Lärchfilzkg., 1630 m; Lärchfilzhochalm, 1363 m
Karten: AV-Karte Nr. 34/2, Kitzbüheler Alpen, Ost; BEV ÖK 122, Kitzbühel

Anreise: Auf der B164 von St. Johann oder Saalfelden nach Fieberbrunn. Dort hat man zwei Möglichkeiten: Zur Talstation der Bergbahnen Fieberbrunn (wenn man von der Bergstation Lärchfilzkogel zusteigt) oder von St. Johann kommend vor der markanten Brücke rechts (nach Berglehen) abbiegen und über eine gegen Ende recht wilde Staubstraße zur Lärchfilzhochalm fahren. Öffis: Mit der Bahn nach Fieberbrunn.

Zustieg: Von der Bergstation Lärchfilzkogel zu den Wildalmen und bergab zur ersten Kurve, dort der Markierung 18 folgen und oberhalb der Bergstation Reckmoos zum Einstieg. Alternativ von der Lärchfilzhochalm (bis hierher mit PKW - Parkmöglichkeit) auf der Straße über die Grießenbodenalm bis zur Kurve, von dort weiter wie oben.

Route: Von einer Tafel oberhalb der Lawinenverbauungen über eine kurze Querung (A) und eine mit Trittstiften und Seil versicherte Felsstufe (B) auf den Grat. Es folgt Gehgelände bis zu einer kurzen Scharte (A/B). Danach auf dem Grat weitergehen, bis man zu einem steilen felsigen Aufschwung kommt. Dort (schwarze Punktmarkierung) direkt (B) hinauf - im B-Abschnitt ist auch das Steigbuch - oder die B-Passage links vom Grat (rote Punktmarkierung) durch Latschen umgehen. **Schwere Variante:** Kurz vor dem Hauptsteig zwischen den Lawinenverbauungen zum Einstieg - Rest siehe Topo.

Abstieg: Auf markiertem Weg zum Wildseeloderhaus und zu den Wildalmen. Von dort entweder zur Bergstation Lärchfilzkogel oder rechts auf der Straße zur Grießenbodenalm und Lärchfilzhochalm absteigen.

Ausrüstung: Komplette Klettersteigausrüstung und Helm

Bemerkung: Auch für sehr junge Klettersteig-Kids mit zusätzlichem Sicherungsseil machbar - für den Zu- und Abstieg wird aber ein starker Papa benötigt :-)

Topo *Axel Jentzsch-Rabl*

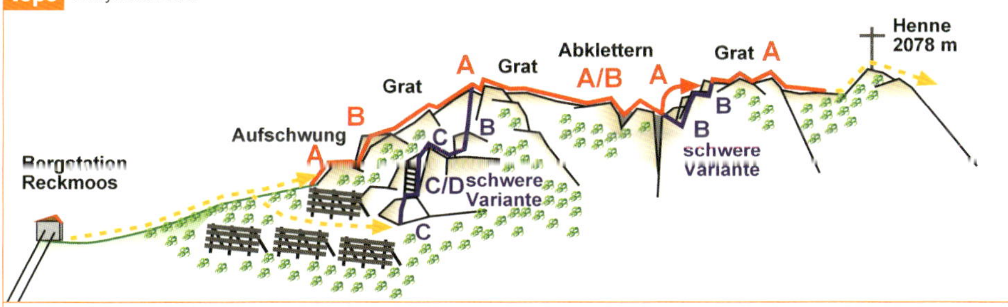

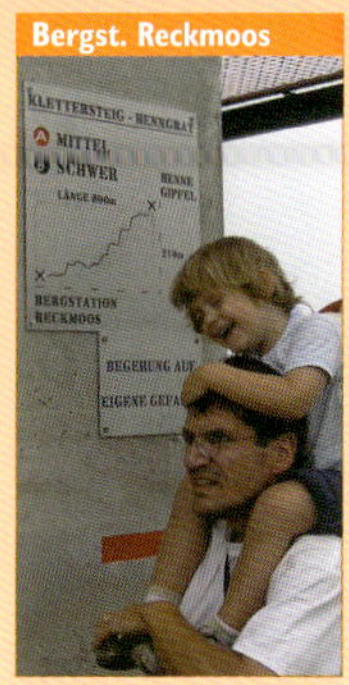

Bild 1: Ein kleiner Ferratisti in der schweren Variante.

Bild 2: Eine schöne Klammer-Passage.

Ü-Bild: Der Routenverlauf auf dem Grat (Varianten in Violett) und der Zustieg.

Fotos: T. Niederwieser und A. Jentzsch-Rabl

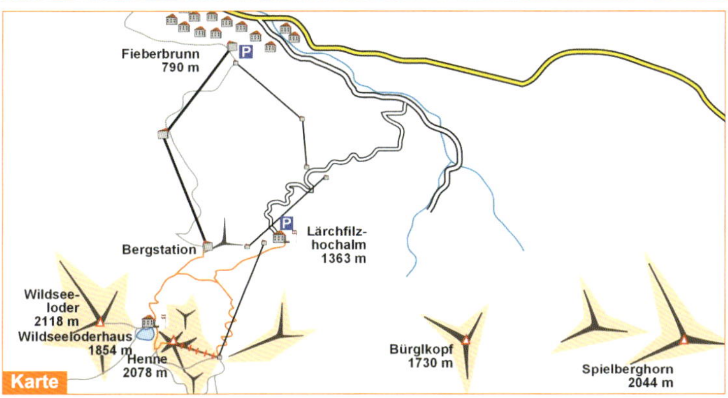

1

59 Tristkogel-Klettersteig

1,5 (3 2 1)

Mittel

Sehr gut

Diff. C/D

220 Hm
1 Std.

1,5 Std.

1,5 Std.

ab 13 Jahren

4 Std.
850 Hm

N

Tristkogel, 2095 m

Mai - Okt.

Stützpunkt

Bochumer Hütte, 1430 m, DAV; bew. Mai - Oktober; Tel. +43 664 4150575

Besonderheiten: Kurzer und im ersten Teilstück rassiger Eisenweg hoch über dem Nobelschiort Kitzbühel. Im unteren Teil teilweise sehr ausgesetzte Leitern- und eine abdrängende Wandpassage; dort ist der Klettersteig wirklich sehr gut angelegt! Der obere Teil ist leider eine „senkrechte Wiese", die bei Nässe sehr heikel ist! Der Klettersteig lässt sich gut mit einer Familienwanderung zum Torsee oder mit einer Besteigung der zahlreichen schönen Grasgipfel kombinieren.

Kurzinfo

Talort: Aurach, 842 m
Ausgangspunkt: Parkplatz bei den sog. Ruinen, ca. 1230 m
Karten: AV-Karte Nr. 34/2, Kitzbüheler Alpen - Östliches Blatt; ÖK 122

Anreise: Von Kitzbühel in Richtung Pass Thurn bis Aurach. Im Ort, beim Gasthof Hechenmoos nach links abzweigen und auf der Schotterstraße zum Parkplatz der Bochumer Hütte (bei den sog. Ruinen parken). Öffis: Mit der Bahn nach Kitzbühel und dem Bus nach Aurach/Gh. Hechenmoos.

Zustieg: Vom Parkplatz auf dem beschilderten Weg zur Oberkaseralm (ca. 1750 m), rechts an der Hütte vorbei und auf Steigspuren zum Wandfuß (MTB-Strecke zur Alm).

Route: Zwei kurze Leitern (B und B/C) und eine steile Wandstelle (C) führen zu einem kl. Band. Von diesem erreicht man über eine Doppelleiter (B/C) ein großes Querband (A), auf dem man rechts zu einer Leiter (B) geht. Es folgt abdrängende Kletterei (C/D) und eine luftige Leiternpassage (C/D) führt auf das große Grasband. Von diesem über grasige Stufen (B) zum Ausstieg auf das Gipfelplateau.

Abstieg: Vom Gipfel über den markierten Westrücken zum Tor, von diesem hinunter zur Alm und weiter zum Parkplatz.

Ausrüstung: Komplette Klettersteigausrüstung und Helm, evtl. ein Sicherungsseil.

Bemerkung: Beim Abstieg ist der historisch interessante Weg über die Bochumer Hütte zu empfehlen (siehe Tafel beim Parkplatz).

2

Topo *Axel Jentzsch-Rabl*

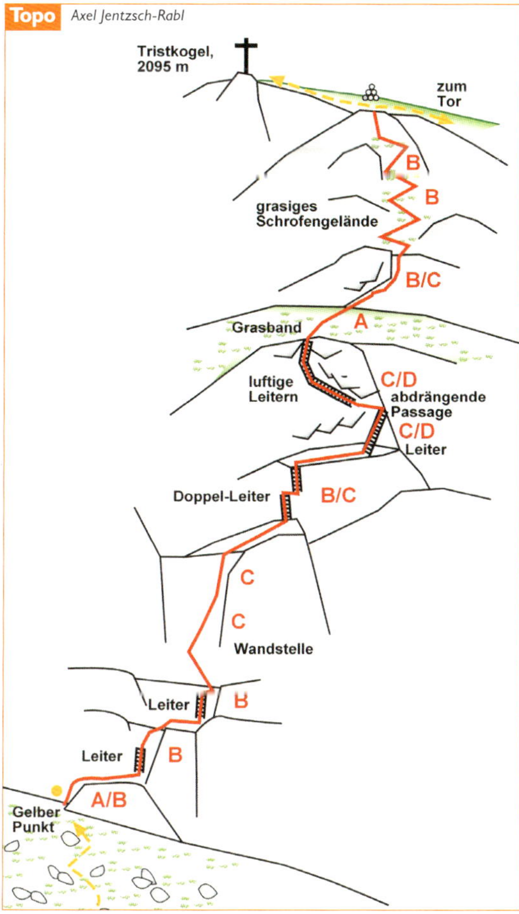

3

Ü

Karte

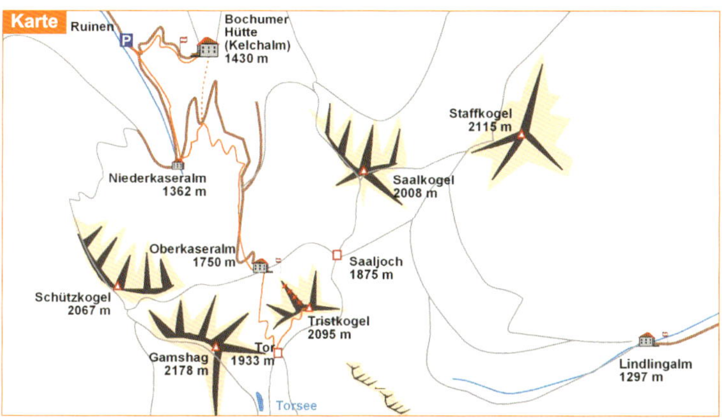

Bild 1: Der Beginn der abdrängenden Wandpassage.

Bild 2 - 3: Der leicht überhängende Steigabschnitt.

Ü-Bild: In Rot der Klettersteig, in Orange der Zu- und Abstieg.

Fotos: A. Jentzsch-Rabl und Volker Bengs

1

60 Klettersteig „Wilde Wasser“

1,5 (3 – 2 – 1)

Sehr schön

Sehr gut

Diff. B, Var. C

50 Hm
45 Min.

1,5 Std.

1,5 Std.

ab 10 Jahren

3,5 Std.
630 Hm

SO

Rostocker Eck, 2749 m

Juli - Sept.

Stützpunkt

Essener-Rostocker-Hütte, 2207 m, DAV; bew. Mitte Juni bis Ende September. Tel: +43 4877 5101

Besonderheiten: Der Klettersteig "Wilde Wasser" ist ein typischer Fun-Klettersteig. Nicht das Erklimmen eines Gipfels, sondern Spaß steht im Vordergrund. Das tosende Wasser des Maurerbachs und der ständige Blick auf die Gletscherwelt machen das Erlebnis perfekt.

Kurzinfo

Talort: Prägraten, 1309 m

Ausgangspunkt: Parkplatz Ströden, ca. 1403 m

Karten: AV-Karten Nr. 36, Venedigergruppe; ÖK 151, Krimml; Kompass WK 38

Anreise: Von Lienz oder durch den Felbertauerntunnel ins Virgental. Bis zum Straßenende beim Parkplatz Ströden (Parkgebühr) fahren. Mit Öffis: Mit der Bahn nach Lienz und weiter mit dem Bus (Linie 4412) bis Prägraten Ströden.

Zustieg: Von Ströden durchs Maurertal (zuerst Forststraße, dann Wanderweg) aufsteigen. Auf ziemlich genau 2000 m (ein geeichter Höhenmesser ist sehr hilfreich) ist links bereits der Klettersteig zu erkennen. Dort links vom Wanderweg abzweigen und weglos über die Alm in wenigen Min. zum Einstieg (über Stacheldrahtzaun).

Route: Zuerst hinunter zum Bach (A). Dort kommt die erste Seilbrücke (A/B) und der erste Steilaufschwung (B) auf eine Kante. Danach leicht (A) zur ersten Teilung des Steiges. Über die rechte Var. (B) kann man die Gischt des Gletscherbachs intensiv spüren (die linke Variante - A/B - umgeht diesen Teil). Dann zur zweiten Seilbrücke (B) abgesteigen. Über leichtes Gelände (A) zum Kraftwerkshäuschen aufsteigen, kleine Bachquerung. Über eine Platte (A/B) zur nächsten Teilung des Steigs. Links die eindrucksvolle dritte Seilbrücke (B), danach mit Hilfe von Eisenklammern auf die soeben unterquerte Felsbrücke. Nach dieser erreicht man das obere Ende einer locker befestigten Leiter, über die man - hätte man vorher die rechte Variante gewählt - diesen abenteuerlichen Abschnitt auslassen kann (sinnvoll bei hohem Wasserstand). Über eine Platte (A/B) gelangt man zur letzten Seilbrücke (A/B) und zur finalen Felsstufe (A), welche direkt zum Ausstieg führt. Alternativ kann der Abschnitt Felsbrücke und die darauf folgende Platte ausgelassen und der Bach über eine aus zwei nebeneinander gespannten Seilen bestehende Brücke (C) überquert werden.

Abstieg: Wenige Meter über die Alm zum Weg queren und zurück ins Tal.

Ausrüstung: Komplette Klettersteigausrüstung und Helm.

Bemerkung: Hinweistafeln zur Folge darf der Klettersteig nur mit den Venediger Bergführern begangen werden. **Vorsicht bei Wetterstürzen und Hochwasser!**

Topo *Dieter Wissekal*

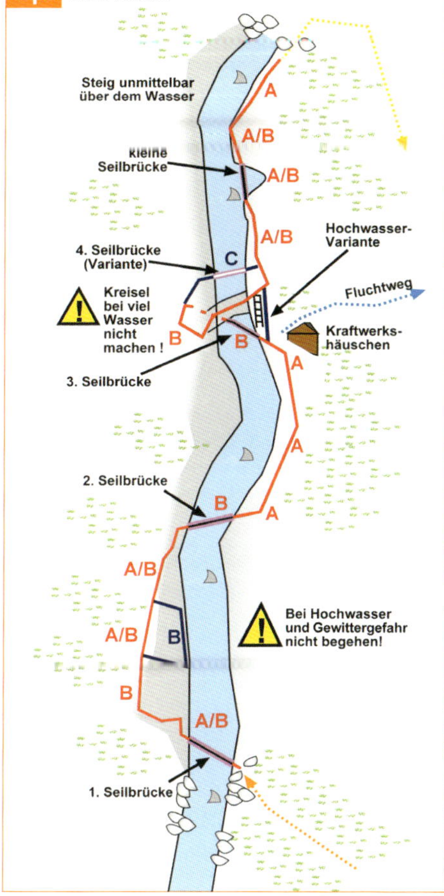

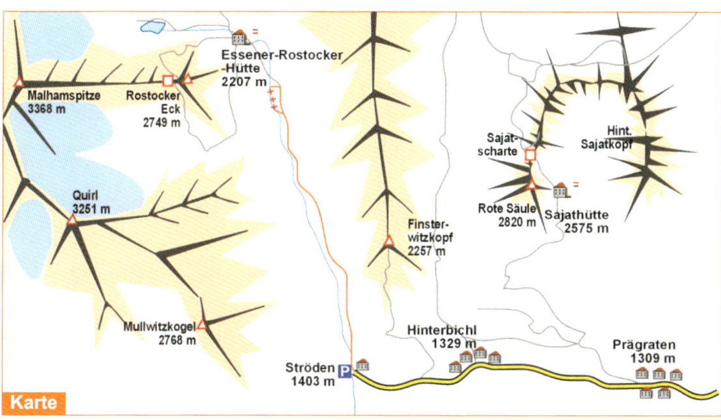

Bild 1: *Auf der dritten Seilbrücke, eine Zweiseilbrücke.*

Bild 2: *Aufstieg aus dem sog. Kreisel.*

Bild 3: *Auf der 2. Seilbrücke (Schlingenbrücke)*

Bild 4: *Auf der ersten Seilbrücke.*

Fotos: Dieter Wissekal

61 Rote Säule-Klettersteig

2,3 (3 – 2 – 1)

Sehr schön

Sehr gut

Diff. C, Var. E

170 Hm
1 Std.

3 Std.

2,5 Std.

ab 14 Jahren

6,5 Std.
1150 Hm

O

Rote Säule, 2820 m

Juli - Okt.

Stützpunkt

Sajathütte, 2575 m, privat; bew. Mitte Mai bis Ende Oktober;
Tel. +43 664 5454460
kratzer@sajathuette.at
www.sajathuette.at

Besonderheiten: Schöner Klettersteig mit perfekter Linienführung in einer senkrechten bis überhängenden Plattenwand, die mittels sehr steiler Leitern bezwungen wird. Der Klettersteig ist kurz, aber sehr anstrengend. Auf dem Gipfel hat man einen tollen Ausblick auf die benachbarten Gletscherberge. Der Fels an der Roten Säule wirkt derart weich und brüchig, dass man sich kaum vorstellen kann, wie die Versicherungen halten.

Kurzinfo

Talort: Prägraten, 1309 m
Ausgangspunkt: Parkplatz „Wallhorner Mährer", ca.1700 m
Karten: AV-Karte Nr. 36, Venedigergruppe; ÖK 152, Matrai; F&B WK 123

Anreise: B108 von Lienz oder Mittersill (durch den Felbertauerntunnel) nach Matrei. Dort ins Virgental bis nach Wallhorn (kurz vor Prägraten). Beim Ortsschild nach rechts, vorbei an einem Gasthaus in einer Kehre bis zum Ticketautomaten und weiter zum Parkplatz „Wallhorner Mährer" (ca. 1700 m). Öffis: Mit der Bahn nach Lienz und dem Bus über Matrei ins Virgental nach Prägraten Wallhorn

Zustieg: Auf dem Forstweg zur Bodenalm (1948 m), weiter in Richtung Eisseehütte ins Timmeltal bis zur Wallhorner Alm (2133 m). Links über den Bach und am Hang in Richtung Südwesten zu einem Rücken (2300 m) aufsteigen. Über die steilen, sehr schönen Hänge leicht ansteigend zur Sajathütte (2575 m). Von der Hütte in nördlicher Richtung hinter die Lawinenverbauung und links über ein Steiglein in Richtung Sajatscharte. Bald scharf links zum Wandfuß und zu den Einstiegen. Einstieg der Umgehungsvariante ist rechts vom direkten Einstieg in Richtung Sajatscharte (15 Min. von der Sajathütte). Alternativ kann man in Prägraten vom Ortsteil Oberbichl in drei Stunden zur Sajathütte aufsteigen.

Route: Siehe Topo - der direkte (linke) Einstieg ist extrem schwer!

Abstieg: In südliche Richtung über gestuftes Gelände in eine Scharte absteigen (loses Stahlseil, eine Stelle B). Um einen Turm herum, über einen breiten, grasigen Hang mit deutlichen Steigspuren absteigen und nach links zur Sajathütte.

Ausrüstung: Komplette Klettersteigausrüstung und unbedingt einen Helm!

Bemerkung: Hochalpine Lage, bei Nässe und Schnee nicht zu empfehlen. Auch der Abstieg ist bei Nässe/Schnee sehr heikel. Als Tagestour wegen der Höhendifferenz recht anstrengend. Nächtigung in der gemütlichen Sajathütte von Vorteil.

Andreas Jentzsch **Topo**

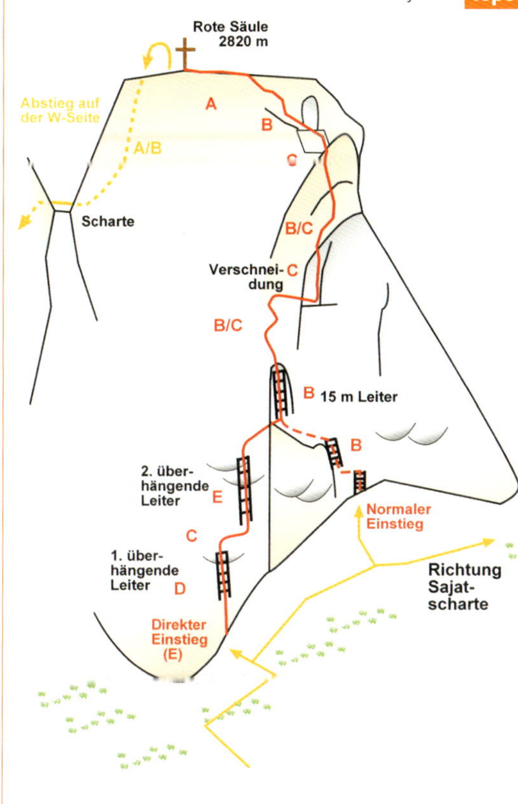

Fotos: Lukas Danniger

Karte

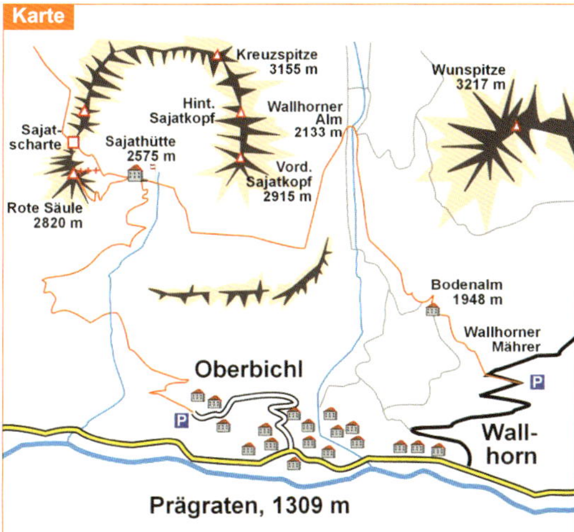

1

62 Weg der 26er

2,7
3 2 1

Schön
Gut
Diff. D u. I+
500 Hm
3 Std.
3 Std.
4,5 Std.
ab 14 Jahren
10,5 Std.
1600 Hm
N
Hohe Warte, 2780 m
Juli - Sept.

Karte auf Seite: 156

Einstieg oft im Schnee

Besonderheiten: Der „Weg der 26er" zählt zu den schwierigsten Steigen in den Karnischen Alpen. Der kühne Eisenweg über den Nordwandsockel der Hohen Warte stellt hohe Anforderungen an Trittsicherheit und Kletterkönnen. Er zählt nicht zu den „Sonderangeboten", die man schnell mitnimmt! Der lange Zustieg, das wilde alpine Flair, die fast 900 Klettermeter und der nicht zu unterschätzende Abstieg machen diesen Steig zu einem großen „Bergabenteuer". Zum Gipfel steigt man über den sog. Koban-Prunner Weg auf, der in einer sehr langen Gratpassage zum höchsten Punkt führt.

Kurzinfo

Talort: Kötschach-Mauthen, 707 m
Ausgangspunkt: Untere Valentinalm, 1205 m
Karten: Tabacco Nr. 09, Karnische Alpen; BEV ÖK 197, Kötschach; F&B WK 223

Anreise: Von Norden: Auf der A10 zum Knoten Spittal/Millstätter See, weiter auf der B100 nach Oberdrauburg und der B110 in Richtung Plöckenpass. Beim Heldenfriedhof zweigt man rechts zur Unteren Valentinalm ab - Parkmöglichkeit. Von Osten: Auf der A2 bis Arnoldstein, weiter auf der B111 nach Kötschach-Mauthen und der B110 in Richtung Plöckenpass. Öffis: Mit der Bahn nach Kötschach-Mauthen und mit dem Taxi zur Unteren Valentinalm.

Zustieg: Von der Unteren Valentinalm folgt man dem Weg vorbei an der Oberen Valentinalm (1540 m) bis zum Valentintörl (2138 m). Dort, einen Felsblock westseitig umrunden, auf die große Schutthalde und am Ende steiler auf Steigspuren zum Einstieg (blaue Punkte). Oft befinden sich die ersten Meter des Steiges tief unter Schnee.

Route: Vom Einstieg auf ca. 2300 m (Tafel und blauer Pfeil) gleich sehr steil und anstrengend gerade aufwärts (D). Eine leichte Querung (C/D) führt zu einer Platte (D) mit ausgehauenen Tritten, danach senkrecht zur Plattenquerung (B/C) mit Wandbuch. Nach der Rechtsquerung im Zickzack (C und C/D) hinauf und nach leichterem Gelände (B/C und A/B) trifft man auf den Koban-Prunner Weg (auf ca. 2480 m). Nach dem Zusammenschluss rechts (A/B) über eine stumpfe Kante (B) und zwischen den Türmen wie auf einem Rücken aufwärts zum Gipfelgrat. Auf dem Grat werden zwei Türme überwunden (A/B). Danach leichtes Gelände, bis man kurz vor dem Gipfel auf eine Scharte (A) trifft und aufwärts zum höchsten Punkt gelangt.

Abstieg: Vom Gipfel südlich auf Bändern absteigen (brüchiger Fels; rot markiert), bis man auf 2300 m zu einer Gabelung kommt. Zur Wolayerseehütte: Über den Steig 145

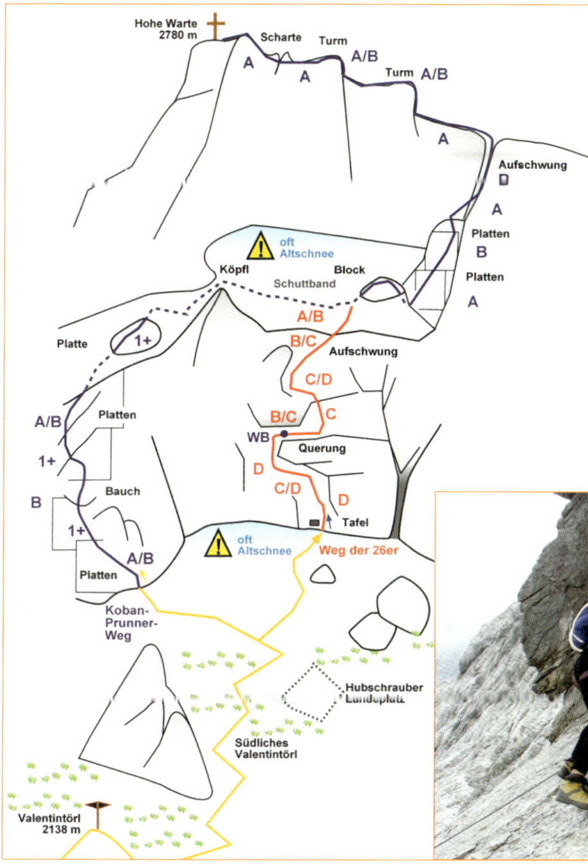

Stützpunkt

Wolayerseehütte, 1967 m, ÖAV; Juni - Sept. bew.
Tel. +43 664 2011555

Rif. Marinelli, 2120 m; Juli - Sept. bew.
Tel. +39 433 779177

Valentinalm, 1205 m, privat; April - Okt. bew;
Tel. +43 4715 92215

Bild 1: Kurz nach dem Einstieg oberhalb der Schutthalde.

Bild 2: Bei der langen Querung in der Steigmitte.

Ü-Bild: In Rot der „Weg der 26er", in Magenta der Koban-Prunner-Weg und in Orange der Zustieg.

Fotos: K. Pikalo, H. Tarnowiecki und A. Jentzsch-Rabl

PETZL

Glocke auf dem Gipfel

Bild 3: Die Kletterpassagen auf dem Koban-Prunner-Weg.

Bild 4: Der Gipfel der Hohen Warte mit der „Sturmglocke".

(rechts) erreicht man eine zweite Gabelung. Dort rechts, tlw. versichert und über heikle Schotterpassagen zum Rif. Lambertenghi und von diesem zur Wolayerseehütte. Zum Plöckenpass: Von der Abzweigung auf 2300 m dem Weg 143 bis zum Rif. Marinelli folgen und auf dem Weg 146 zur Passhöhe.

Ausrüstung: Komplette Klettersteigausrüstung und evtl. Leichtsteigeisen und Eispickel.

Bemerkung: Sehr schwerer und vor allem sehr langer Sportklettersteig, für den alpine Erfahrung nötig ist! Der Abstieg über den unteren Teil des Koban-Prunner-Weges hat kurze Kletterstellen (I +; es stecken Standbohrhaken) und versicherte B-Passagen. Vorsicht, bei Schneelage auf dem Band und im Einstiegsbereich (teilweise sehr steil)! Bei Schnee ist der Einstieg sehr schlecht zu finden. Der Einstieg befindet sich ca. 40 m links von einem Kamin in einer glatten Plattenwand! Der Abstieg über den Koban-Prunner-Weg verlangt alpine Erfahrung, stellt aber die schnellste Möglichkeit dar, wieder zur Unteren Valentinalm zu gelangen (vom Gipfel der Hohen Warte in ca. 4,5 Std. bis zum PKW).

3

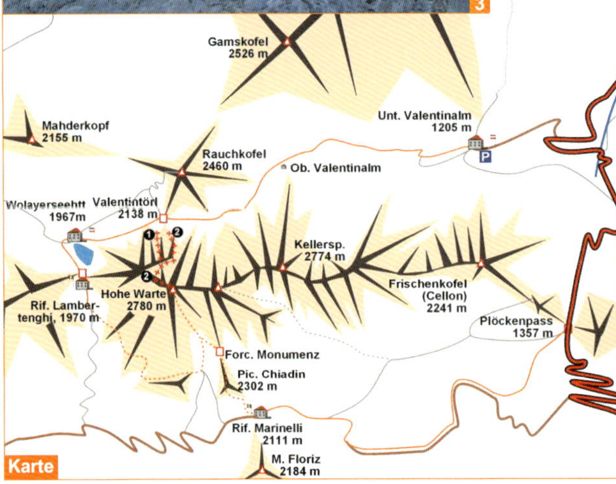

Karte

4

63 Koban-Prunner-Weg

2,2

Schön

Mittel

Diff. B u. I+

580 Hm
3 Std.

3 Std.

5 Std.

ab 14 Jahren

11 Std.
1600 Hm

N

Hohe Warte, 2780 m

Juli - Sept.

Topo auf Seite: 156

Besonderheiten: Der Koban-Prunner-Weg war der erste mit Drahtseilen versicherte Anstieg über die Nordseite auf die Hohe Warte. Der Steig stellt trotz der geringen Schwierigkeiten sehr hohe Anforderungen an die Kondition und das Kletterkönnen (viele ausgesetzte, ungesicherte Passagen bis I+). Gesamt aber ein schönes, fast schon hochalpines Bergerlebnis inmitten des Karnischen Hauptkammes.

Wie beim Weg der 26er **Kurzinfo**

Anreise: Wie beim Weg der 26er.

Zustieg: Wie beim Weg der 26er. Auf der Schutthalde dann links zum plattigen Pfeiler (Einstieg bei gelb-roter Markierung).

Route: Zuerst tlw. mit Drahtseil gesichert (A/B), dann aber auch kletternd (bis I+) aufwärts. Ein kleiner Bauch (B) wird überwunden. Danach wieder Schrofen (bis I+) und Platten (A/B) bis auf das große Schuttband. Nach einer Plattenstelle (I+) erreicht man ein Köpfl und quert zu einem großen Block. Dort kommt der Weg der 26 von unten dazu (auf ca. 2480 m); weiterer Anstieg siehe Weg der 26er.

Abstieg: Wie beim Weg der 26er - am schnellsten auf dem Aufstiegsweg hinunter.

Ausrüstung: Komplette Klettersteigausrüstung und evtl. Leichtsteigeisen und Pickel.

Bemerkung: Der Steig ist nur den alpin erfahrenen Klettersteiggehern zu empfehlen. Heikel sind auch bei diesem Anstieg die Schneereste in der Route bzw. am Einstieg!

Bild 1: Schuttpassage auf dem Gipfelgrat.
Bild 2: Im Bereich des langen Grates.
Fotos: Harald Tarnowiecki

64-65 Cellonstollen und Steinbergerweg

1,2 (3 2 1)

Schön/Mittel

Gut

Diff. B bzw. B/C und I+

bis 320 m
1 - 2 Std.

bis 1,5 Std.

bis 2 Std.

ab 8/12 Jahren

bis 5,5 Std.
bis 800 Hm

O

Frischenkofel, 2241 m

Juni - Okt.

Ü-Bild auf Seite: 159

Stützpunkt

Gasthaus im Bereich der Passhöhe.

Besonderheiten: Der im Ersten Weltkrieg errichtet Cellonstollen ist der erste unterirdische Klettersteig in Kärnten. Die 250 Meter lange Tunnelstrecke ist durchaus auch für Kinder geeignet (evtl. Sicherungsseil) und stellt somit ein aufregendes Abenteuer mit kurzem Zustieg dar. Der Steinbergerweg ist hingegen nur etwas für hartgesottene Klettersteig-Freaks - meist wird die steinschlaggefährdete Schlucht gemieden und man wählt den deutlich schöneren und etwas schwereren „Weg ohne Grenze“ als Aufstieg.

Kurzinfo

Talort: Kötschach-Mauthen, 707 m
Ausgangspunkt: Parkplätze auf dem Plöckenpass, 1357 m
Karten: Tabacco Nr. 09, Karnische Alpen; BEV ÖK 197, Kötschach; F&B WK 223

Anreise: Siehe Weg der 26er - von Kötschach-Mauthen auf der B110 weiter bis zur Passhöhe des Plöckenpasses.

Zustieg: **Cellonstollen** (30 Min.): Zur Lawinenverbauung und auf markiertem Weg (Geotrail) im Zickzack bis zum Beginn der Versicherungen aufsteigen. **Steinbergerweg** (1,5 Std.): Wie zum Cellonstollen, dann entweder durch diesen zur Cellonschulter und nach rechts zum Einstieg queren oder auch über steiles Wiesengelände (rechts des Cellonstollens) zum Einstieg hinauf.

Route: Siehe Topo-Skizze. **Cellonstollen** (B; 200 Hm): Die schwierigsten Stellen im Stollen sind steilere Klammer-Passagen (B; mit zusätzlicher Seilsicherung). **Steinbergerweg** (B; 320 Hm): Bei dieser heiklen Steiganlage sind kurze Kletterstellen bis zum oberen ersten Grad zu bewältigen!

Abstieg: **Cellonstollen** (1 Std.): Man folgt dem Weg bis zur Cellonschulter, dann steigt man westlich zur Unteren Collinetta-Alm ab und weiter zum Plöckenpass hinunter. **Steinbergerweg** (1,5 Std.): Vom Ausstieg auf dem Weg 147 (rote Markierung) in westlicher Richtung mit kurzer Gegensteigung bis unter die Grüne Schneid queren. Abstieg zum Almgelände und linkshaltend zurück zum Ausgangspunkt.

Ausrüstung: Komplette Klettersteigausrüstung beim Cellonstollen, eine Stirnlampe, und für Kinder evtl. ein Sicherungsseil. Für den Steinbergerweg einen guten Helm.

Bemerkung: Der Cellonstollen ist in Kombination mit einer Besichtigung der alten Kriegsstellungen am Ausstieg eine schöne leichte Klettersteigrundtour. Der Steinbergerweg ist wegen der Steinschlagproblematik im unteren Teil (enge Schlucht, in der parktisch jeder Stein landet, der oben losgetreten wird) nicht unbedingt zu empfehlen.

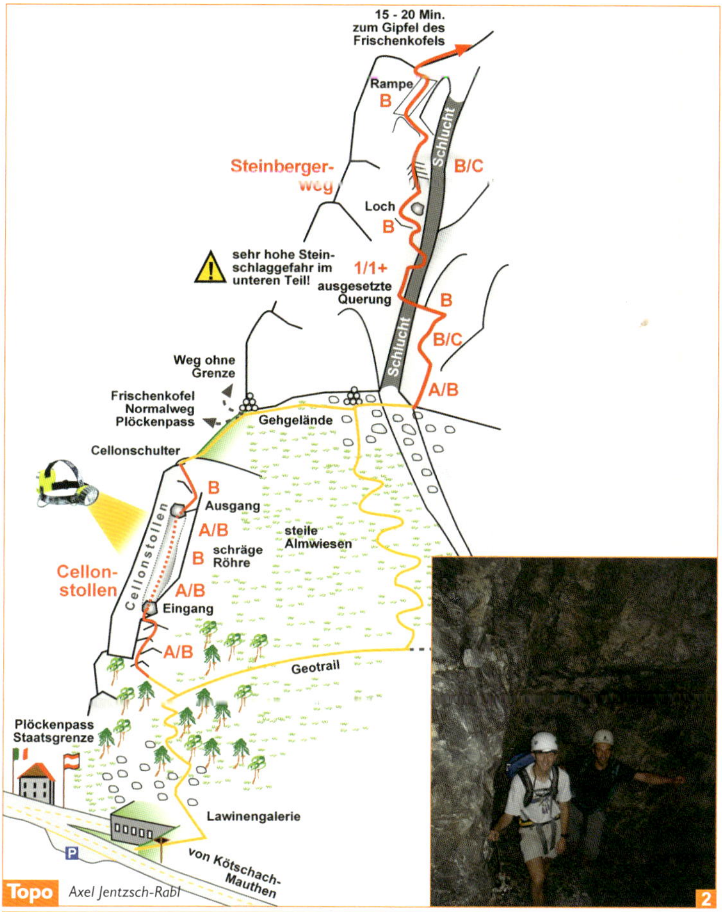

Topo *Axel Jentzsch-Rabl*

2

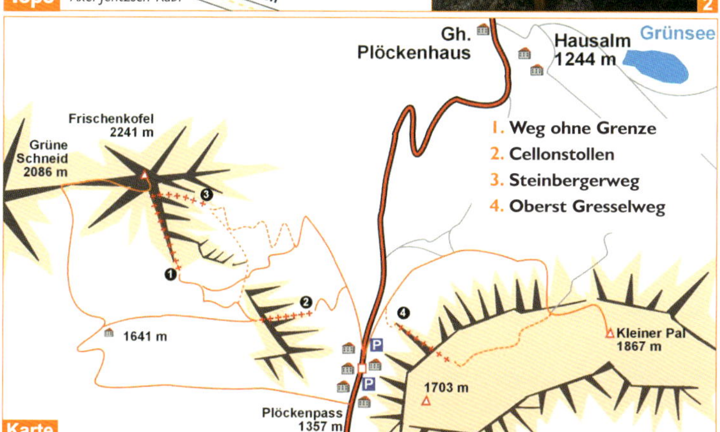

Karte

Bild 1-2: *Im ca. 250 m langen Cellonstollen. Der Stollen wurde als „schusssichere" Röhre zur Versorgung der Stellungen oben auf der Cellonschulter gebaut.*

Fotos: Dieter Wissekal u. Helmut Mayerhofer

1

66 Weg ohne Grenze

2 (3 2 1)

Schön

Sehr gut

Diff. D

260 Hm
2 Std.

1,5 Std.

2 Std.

ab 14 Jahren

5,5 Std.
800 Hm

SO

Frischenkofel, 2241 m

Juni - Okt.

Karte auf Seite: 159

Stützpunkt

Gasthaus im Bereich der Passhöhe.

Besonderheiten: Der „Weg ohne Grenze" (auch „Via ferrata senza confine" oder „Bergführerweg" genannt) wurde von den Kötschacher Bergführern errichtet. Der Klettersteig ist modern mit ausgesetzten, kraftraubenden Abschnitten. Schöne, anspruchsvolle Einzelstellen, großer Abwechslungsreichtum und die hervorragende Absicherung machen den Steig zu einem der besten Steige Kärntens. Beim Abstieg über den Normalweg kommt man an zahlreichen Stellungen aus dem Ersten Weltkrieg vorbei.

Siehe Cellonstollen und Steinbergerweg **Kurzinfo**

Anreise: Siehe Cellonstollen und Steinbergerweg.

Zustieg: Vom ehemaligen Zollhaus des Plöckenpasses den Wegweisern Richtung „Weg ohne Grenze" folgen. Nach etwa 15 Minuten teilt sich der Weg, wobei die rechte Variante zu nehmen ist (links würde es zum alternativen Zustieg durch den Cellonstollen gehen). Beim Zusammentreffen zweier Geröllhalden unter den Felsabstürzen der Frischenkofel-Ostwand nimmt man den linken Weg. Auf teils schlecht ausgeprägtem Steig durch Geröll entlang des Wandfußes zum Einstieg rechts einer markanten Schlucht.

Route: Vom Einstieg durch eine kurze, etwas brüchige Rinne (B) hoch. Es folgt eine riesige, zunehmend steiler werdende, tolle Plattenrampe (zuerst B/C, dann C/D) mit zahlreichen, zum Teil recht weit auseinander gesetzten Klammern. Danach geht es direkt an die Kante und auf dem blockigen Grat (B/C) zu einem anspruchsvollen, engen Kamin (D). Es folgt ein weiterer luftiger, aber flacherer Gratabschnitt (B). Nach einem kurzen Steilaufschwung (B/C) und zwei Einschartungen geht es zur kraftraubenden Schlüsselstelle in Form eines sehr steilen und abdrängenden, schrägen Risses (D). Ein plattiger Grat (B) führt zu einem Sattel. Über eine schmale Rampe (C) und ein Gratstück (B) kommt man zum Ausstieg.

Abstieg: Vom Ausstieg auf dem Weg 147 (rote Markierung) in westlicher Richtung mit kurzer Gegensteigung bis unter die Grüne Schneid queren. Abstieg zum Almgelände und linkshaltend zurück zum Ausgangspunkt.

Ausrüstung: Komplette Klettersteigausrüstung und Helm.

Bemerkung: In Kombination mit dem „Zustieg" über den Cellonstollen-Klettersteig eine sehr gute Tagestour, die zu den schönsten Klettersteig-Unternehmungen in den Karnischen Alpen zählt.

Topo *Axel Jentzsch-Rabl*

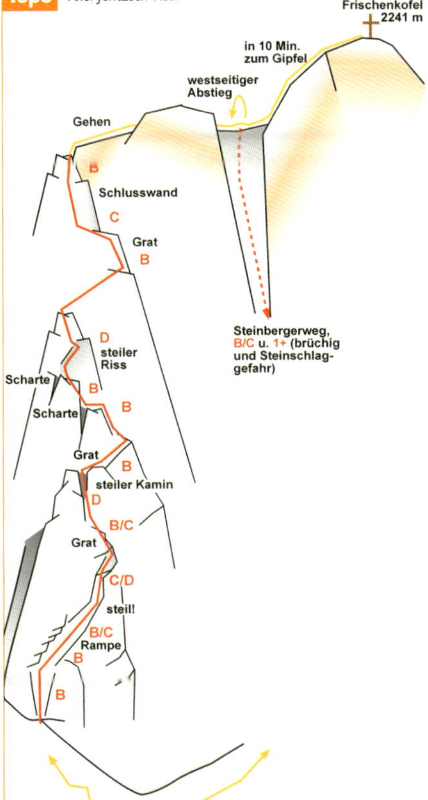

Bild 1: Im steilen Kamin im Mittelteil der Route.

Bild 2: Gratabschnitt im Mittelteil der Route.

Bild 3: Kurz vor dem Ende des Klettersteiges - im Hintergrund das Plateau des Kleinen Pals.

Ü-Bild: Ansicht der drei Klettersteige an den Ostabbrüchen des Frischenkofels (ital. Cellon).

Fotos: Dieter Wissekal

Bild: Dritter Wasserfall

1

67 Klabauter-Klettersteig

1,5 (3 2 1)

Sehr schön

Sehr gut

Diff. C

150 Hm
2 Std.

3 Std.

1,5 Std.

ab 10 Jahren

5 Std.
350 Hm

NO

Lamprechtk., 1861 m

Juni - Sept.

Karte auf Seite: 156

Stützpunkt

Buffet Waldbad Mauthen, ca. 710 m, privat; Tel. +43 4715 21477

Besonderheiten: Der Klabauter-Klettersteig durch die Mauthner Klamm ist eine gelungene Mischung aus Abenteuerklettersteig und leichtem Canyoning. Der mäßig schwere Steig folgt der eindrucksvollen Schlucht des Valentinbachs flussaufwärts. Der Klettersteig ist nur an jenen Stellen versichert, wo Felsstufen der Wasserfälle zu überwinden sind oder der Bach zu tief zum durchwaten ist. Auf den Klettersteiggeher warten zahlreiche interessante Abschnitte, wie beispielsweise das „Himmelsgewölbe der zweiten Finsternis", die „Märchenhafte Moosdusche" oder die „Klabauterplatten". Mehrere Stellen laden zum Springen oder Rutschen ein - Zielbereich vorher prüfen!

Kurzinfo

Talort und Karten: Siehe „Weg der 26er"

Ausgangspunkt: Waldbad Kötschach-Mauthen, ca. 710 m

Anreise: Wie beim „Weg der 26" nach Kötschach-Mauten. Im engen Ortszentrum die Hauptstraße links Richtung Waldbad verlassen und beim Bad parken.

Zustieg: Vom Waldbad dem Weg in die Mauthner Klamm folgen. Am Ende der Steiganlage auf den Schluchtgrund zum Einstieg absteigen.

Route: Nach der „1. und 2. Finsternis" erreicht man den „1. Wasserfall". Diesen links zuerst auf einem glatten Band (A), über Felsblöcke (A/B), in einer ausgesetzten Querung (B/C) und schließlich abkletternd auf einer Leiter (A) überwinden. Nach der „3. Finsternis" und der „Steinernen Rinne" folgt eine Querung (B). Auf die „Klabauterplatten" (A/B) und den „2. Wasserfall" (A, Sprungmöglichkeit) folgt der „3. Wasserfall" (A/B). Nach einer Rutschmöglichkeit kommt eine Stufe mit Leitern (A). Nach dem „4. Wasserfall" (B) gibt es einen Notausstieg. Über den „5. Wasserfall" (B) zum zweiten Notausstieg und zur „Märchenhaften Moosdusche". Stellenweise versichert (A/B) zum „6. Wasserfall". Nach dessen steilem Aufschwung (C) absteigend zum Wasser queren (B). Über kurze leichte Stellen (A) zum Ende der Versicherungen.

Abstieg: Links zum Römerweg aufsteigen und auf diesem zurück zum Ausgangspunkt. Vom Schluchtende kann man alternativ rechts in wenigen Minuten zur Passstraße aufsteigen. Wer dort ein zweites Fahrzeug (trockenes Gewand nicht vergessen) geparkt hat, erspart sich den lästigen Abstieg in nassen und klebrigen Sachen.

Ausrüstung: Komplette Klettersteigausrüstung, Helm, Neoprenanzug, Neoprensocken, evtl. Trockenbeutel, Reserveschuhe usw.

Bemerkung: Da man immer wieder im manchmal knietiefen Wasser watet, ist vor allem für Kinder ein Neoprenanzug (und Neoprensocken!) sehr empfehlenswert. Die lange Zeit mit nassen Füßen ist nicht zu unterschätzen!

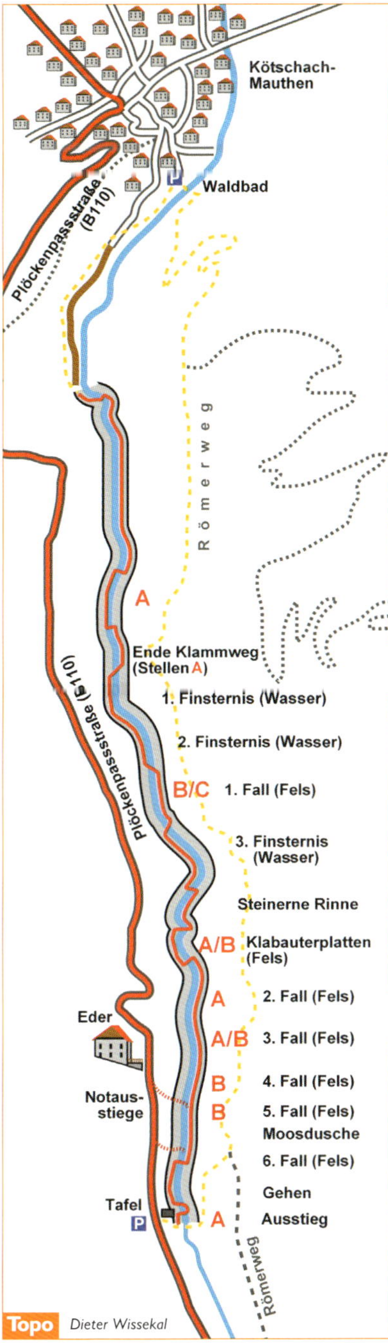

Topo *Dieter Wissekal*

Bild: Vierter Wasserfall 2

Bild: Vierter Wasserfall 3

Alle Fotos zeigen den Klabauter-Klettersteig

Bild: Rutsche 4

Fotos: Dieter Wissekal

Bild: Ausstieg 5

1

68 Oberst Gresselweg Klettersteig

2,5 (3 – 2 – 1)

Schlecht

Mittel

Diff. D

380 m
1,5 Std.

10 Min.

1 Std.

Ab 14 Jahren

2,5 Std.
440 Hm

W

Kleiner Pal,
1867 m

Juni - Okt.

Karte auf Seite: 159

Stützpunkt

Gasthaus im Bereich der Passhöhe.

Besonderheiten: Nahezu senkrechte, felsdurchsetzte Wiesen und diese noch dazu kühn versichert, das erwartet den Klettersteiggeher an der Ostseite des Plöckenpasses. War Oberst Gressel ein dschungelerfahrener Vietnam-Veteran oder weshalb hat man ihm sonst so ein botanisches Denkmal gesetzt? Einzig das sehr gute Freilichtmuseum im Gipfelbereich des Kleinen Pals, mit adäquat hergerichteten Stellungen aus dem Ersten Weltkrieg, spricht für diese sehr schwere Wiesen-Ferrata.

Siehe Cellonstollen und Steinbergerweg **Kurzinfo**

Anreise: Siehe Cellonstollen und Steinbergerweg.

Zustieg: Vom ehemaligen Zollhaus des Plöckenpasses kurz der Straße Richtung Kötschach-Mauthen, dann rechts den Wegweisern „Oberst Gresselweg" bis zum Einstieg folgen.

Route: Über den Einstiegspfeiler (C und C/D) erreicht man das erste große Wiesenstück (A) und gelangt in einer grasigen Rinne (B) auf den zweiten Grasabsatz (A). Über einen Block (B/C) erreicht man eine schöne Rampe (C), von der steile Kletterei (C/D und C) auf den Blockgrat (Stellen B/C) führt. An dessen Ende erreicht man einen großen Absatz, von dem man in die anfangs leichte Schlusswand (B und A) einsteigt. Im Mittelteil folgt nach einer Platte (B) ein kurzer, aber sehr kraftraubender Überhang (D). Nach diesem kommt man über eine Rampe (C) und eine ansprechende Platte (B) zum Ausstieg.

Abstieg: Vom Ausstieg folgt man den Steigspuren (tlw. markiert) in Richtung Gipfel, kurz vor diesem links hinunter zum Plöckenpass.

2

Ausrüstung: Kompl. Klettersteigausrüstung und Helm.

Bemerkung: Auf keinen Fall bei Nässe oder Schneelage begehen (steiles, rutschiges Gras)! Teilweise sind die Verankerungen des Stahlseiles sehr weit auseinander, was eine große Sturzhöhe ergibt! **Der Steig soll saniert werden!**

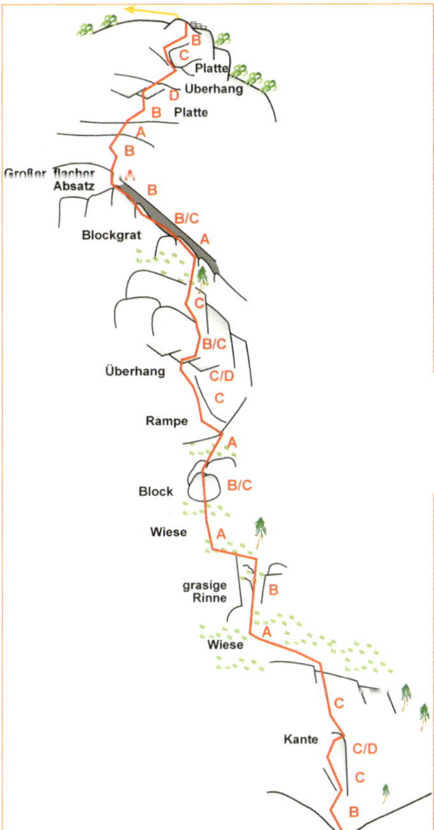

Topo *Axel Jentzsch-Rabl*

3

4

Ü

Bild 1: *Auf dem Absatz vor der letzten Wandstufe.*

Bild 2: *Senkrechte Wiese hoch über dem Plöckenpass.*

Bild 3: *Zum Dschungelkämpfer fehlt nur noch der richtige Tarnanzug (in Grasgrün).*

Bild 4: *Die Schlüsselstelle kurz vor dem Ausstieg.*

Ü-Bild: *Der Verlauf des Klettersteiges.*

Fotos: Axel Jentzsch-Rabl

1

69 Dohlen-Klettersteig

1,3 (3 2 1)

Sehr schön

Gut

Diff. B/C

140 Hm
30 Min.

1 Std.

1 Std.

ab 10 Jahren

2,5 Std.
550 Hm

NO

Hoher Trieb,
2199 m

Juni - Sept.

Stutzpunkt

Zollnersee-Hütte, ca. 1738 m, ÖAV; Anf. Juni – Anfang Oktober bew. Tel. +43 4718 625. Infos: www.oeav-obergailtal.at

Besonderheiten: Der Klettersteig verläuft über den felsigen Nordostgrat des Hohen Triebes direkt an der Grenze zu Italien. Der nach oben hin flacher werdende Steig ist stellenweise recht ausgesetzt. Den Begeher erwarten eindrucksvolle Tiefblicke und ein prächtiges Gipfelpanorama.

Kurzinfo

Talort: Dellach im Gailtal, 672 m

Ausgangspunkt: Parkplatz Zollnersee-Hütte, ca. 1720 m

Karten: ÖK 197, Kötschach; F&B WK 223, Naturarena Kärnten; Kompass WK 60

Anreise: A2 bis zur Ausfahrt Arnoldstein, dann auf der B111 über Hermagor nach Dellach im Gailtal und im Ortszentrum links Richtung Weidenburg abbiegen. Am Anfang der Siedlung Weidenburg, unmittelbar vor der Brücke des Aßnitzbaches, links auf eine anfangs asphaltierte Straße abzweigen. Dieser in zahlreichen Kehren bis zum Parkplatz der Zollnersee-Hütte folgen. Mit Öffis: Mit der Bahn nach St. Daniel oder Dellach im Gailtal und mit dem Taxi zur Zollnersee-Hütte.

Zustieg: Vom Parkplatz über den anfangs flachen, später steilen, rot/gelb markierten Dohlensteig auf den Kleinen Trieb (2096 m). Die genauen Einstiegskoordinaten: N 46°35'57,4", O 13°03'44,8".

Route: Vom Gipfel des Kleinen Triebes etwa 40 Hm in einen Sattel absteigen (A). Rechts an einem markanten Felsblock vorbei (A) zu einer Platte (B/C) und über mehrere Aufschwünge (A) zu einem ausgesetzten Eck (A/B). Durch zwei Rinnen (A/B) hinauf und anschließend auf dem Grat (A bis A/B) zum Gipfel des Hohen Triebes.

Abstieg: Über den nordseitig gelegenen, rot/weiß markierten Normalweg durch den Triebkessel zurück zum Aufstiegsweg. Alternativ kann auch wieder über den Klettersteig abgestiegen werden.

Ausrüstung: Komplette Klettersteigausrüstung, Helm und evtl. Reisepass.

Bemerkung: Nach der Tour bietet sich ein erfrischendes Bad im nahen Zollnersee an. Auch der Geotrail (geologischer Lehrpfad) ist einen Besuch wert. Achtung: Das gesamte Gebiet um den Hohen Trieb ist ein Schlangeneldorado. Die kleinen zischenden „Würmer" wurden sowohl beim Zustieg als auch beim Abstieg gesichtet. Besonders die als gefährdet eingestufte Kreuzotter kommt häufig vor. Man lässt die Tiere besser in Ruhe; auch beim Fotografieren sollte ein gewisser Sicherheitsabstand eingehalten werden.

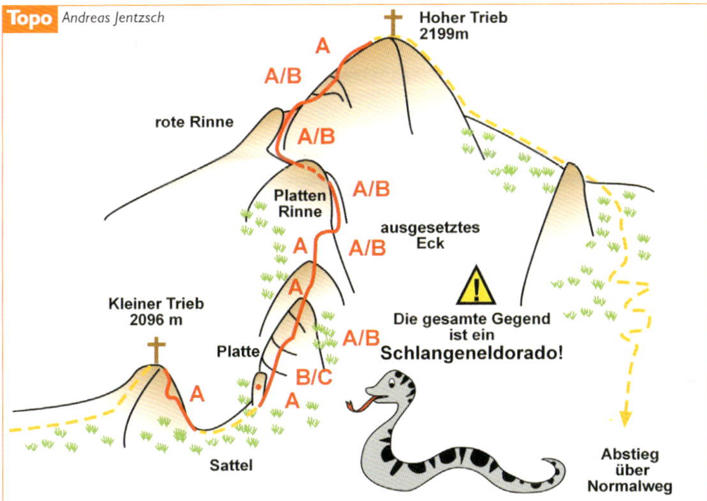

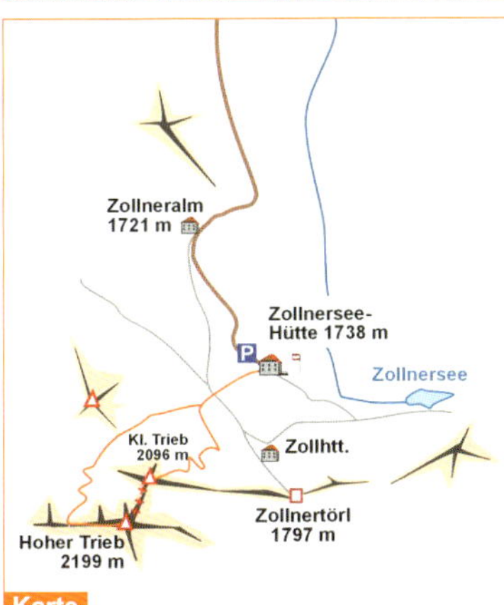

Bild 1: Auf dem Grat, dahinter der Kleine Trieb.

Bild 2: *Auf dem Grat kurz vor dem Gipfel.*

Bild 3: *Die steile, ausgesetzte Ecke im Mittelteil der Tour.*

Ü-Bild: *Der Routenverlauf auf dem Grat.*

Fotos: Dieter Wissekal und Andreas Jentzsch.

1

70-71 Crete Rosse- und Uiberlacher-Klettersteig

1,4 (3 2 1)

Sehr schön

Gut

Diff. B/C, I

bis 280 Hm
bis 1 Std.

bis 1,5 Std.

bis 2 Std.

ab 10 Jahren

3,5-4 Std.
bis 750 Hm

S bzw. NO

Trogkofel, 2280 m

Juni - Sept.

Stützpunkt

Rudnigalm, 1622 m, privat.

Gourmet-Tipp: Nach der Tour sollte man sich den hervorragenden Gailtaler Almkäse der Rudnigalm schmecken lassen.

Besonderheiten: Der 1980 vom italienischen Alpenverein angelegte Crete Rosse-Klettersteig folgt einer rampenartigen Rinne durch die man das Gipfelplateau des Trogkofels erreicht. Der Erbauer des Uiberlacher-Klettersteiges wurde der Legende nach von einer Villacher Krankenschwester zu einer kühnen Kletterpartie verleitet; er stürzte dabei in den Tod.

Kurzinfo

Talort: Tröpolach, 600 m

Ausgangspunkt: Parkplatz der Lahnhütte, ca. 1590 m

Karten: ÖK 198, Weisbriach; F&B WK 223, Naturarena Kärnten; Kompass WK 60

Anreise: A2 bis Ausfahrt Arnoldstein, dann auf der B111 über Hermagor nach Tröpolach. Im Ort nach rechts Richtung Rattendorf abbiegen und am westlichen Ortsende dem Schild nach Schlanitzen folgen. Von Schlanitzen führt eine Schotterstraße Richtung Rudnigalm (Fahrverbot; Auffahrt wird geduldet). Bei einer Quellfassung etwa 800 m vor der Rudnigalm parken. Mit Öffis: Mit der Bahn nach Tröpolach und mit dem Taxi zum Ausgangspunkt.

Zustieg: Vom Parkplatz auf dem Weg 413 zum Kleinen Sattel (Staatsgrenze). **Crete Rosse** (1,5 Std.): Dort rechts und unter die Südwand des Trogkofels absteigend queren. Nach etwa fünf Min. erreicht man den Einstieg (Aufschrift, mehrere Tafeln, orange-blaue Mark.). Einstieg: N 46°33'54,1", O 13°13'08,7". **Uiberlacher-Klettersteig** (1 Std.): Auf ca. 1940 m zweigt rechts der Zustiegsweg zum Uiberlacher Klettersteig ab. Ansteigend zum Einstieg queren. Einstieg: N 46°34'12,3", O 13°13'15,6".

Route: Crete Rosse-Klettersteig (B/C; 100 Hm): Zuerst in einer Rinne (A/B bis B) und dann über den rechten Begrenzungsrand (B/C) aufwärts. Über eine mit Trittbügeln versehene enge Rinne (B) zu einem Klemmblock. Unter diesem durch zu einem kleinen Absatz (B/C) mit dem Steigbuch. Eine ausgesetzte Wandstufe (A/B) leitet zum Ende der Versicherungen. Über eine Steilstufe (I) ins Gehgelände mit Ausstiegstafel. **Uiberlacher-Klettersteig** (B/C; 280 Hm): Nach der kurzen Leiter (A) im Geröll zu einer Rampe (A), über die man zur zweiten steilen Leiter gelangt. Dann überwindet man einen Einschnitt (B/C), dieser leitet zu einer weiteren Leiter (A/B). Anschließend folgen eine kurze, etwas ausgesetzte Querung (A) und kurz darauf ein enger Riss (A). Bis zum Ausstieg folgen noch einige versicherte Stellen (A).

Abstieg: Wie Aufstieg bzw. über den leichten Uiberlacher-Klettersteig.

Ausrüstung: Komplette Klettersteigausrüstung und Helm.

Bemerkung: Unpraktische Kettenversicherungen am Uiberlacher-Klettersteig!

Topo Crete Rosse

Andreas Jentzsch

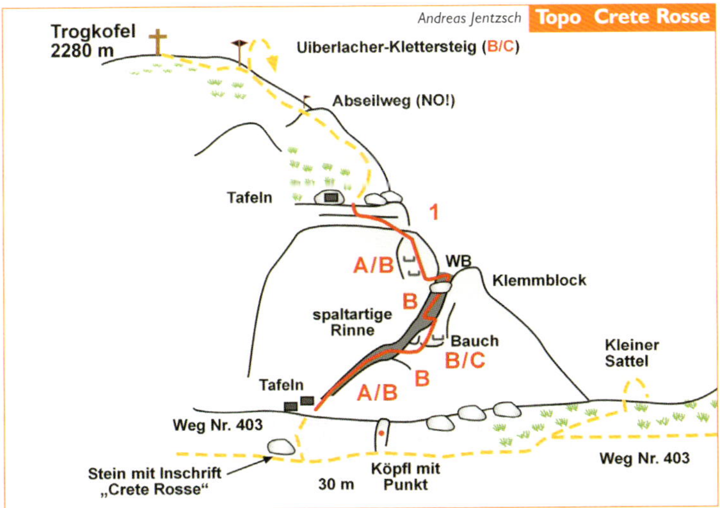

Karte auf Seite: 171

Bild 1: Der schwere, leicht überhängende Bauch (Crete Rosse, Schlüsselstelle) im unteren Teil der Tour.

Bild 2: Der Einstiegsbereich des Crete Rosse.

Bild 3: In der Rinne unter dem Klemmblock (Crete Rosse).

Ü-Bild: Der Verlauf des Uiberlacher-Klettersteiges.

Fotos: Dieter Wissekal und Andreas Jentzsch

1

72 Winkelturm-Klettersteig

2,2 (3 – 2 – 1)

Sehr schön

Gut

Diff. E

185 Hm
1,5 Std.

30 Min.

1,5 Std.

ab 14 Jahren

3,5 Std.
600 Hm

NO

Rosskofel,
2240 m

Juni - Okt.

Stützpunkt

Gasthäuser im Skigebiet

Trendsportarten am Nassfeld Infos über die Möglichkeiten am Nassfeld findet man unter www.soelle.at

Alpinschule
Sepp Szöke,
9622 Weißbriach 49
Tel. +43 42 86 458

Besonderheiten: Bis jetzt war der Rosskofel bei den ambitionierten Klettersteiggehern ein unbeschriebenes Blatt. Die meisten zog es zum nahegelegenen Trogkofel. Ende 2006 wurde von Sepp Szöke ein neuer, rassiger Eisenweg in die Nordostabbrüche gelegt. Es entstand ein kurzer aber sehr kraftraubender Klettersteig. Auch der Normalweg an der Nordseite wurde mit Seilen besser abgesichert. Vom mächtigen Grenzberg genießt man - sofern man noch die Kraft hat - einen schönen Ausblick ins Nassfeldgebiet bzw. südlich in Richtung Italien.

Kurzinfo

Talort: Tröpolach, 600 m
Ausgangspunkt: Bergst. Madritschen, 1919 m bzw. Nassfeldpass, 1530 m
Karten: ÖK 198, Weisbriach; F&B WK 223, Naturarena Kärnten; Kompass WK 60

Anreise: A2 bis Ausfahrt Arnoldstein, dann auf der B111 über Hermagor nach Tröpolach. Dort bei der Talstation parken. Alternativ ist die PKW-Auffahrt zum Nassfeldpass Sonnenalpe möglich (Nassfeld - Einstieg: 1,5 Std.). Mit Öffis: Mit der Bahn nach Tröpolach und mit dem Taxi zum Ausgangspunkt.

Zustieg: Von der Madritschen in Richtung Rosskofel - den Schildern folgend - zum Einstieg.

Route: Vom Einstieg über senkrechte Wandpassagen (C u. D) steil nach oben, danach ein leicht bewachsenes Grasband entlang. Dann aus einer kleinen Rinne nach rechts queren. Dort hat man die Möglichkeit sich nochmals auszuruhen, bevor es stetig und sehr steil (D u. E) aufwärts geht. Felsplatten mit Klammern führen dann direkt zum Ausstieg, der in einem kleinen „Kamin" (E) endet. Oben angelangt geht es noch rund 5 Min. über leichtes Gelände bis zum Gipfel.

Abstieg: Der Abstieg führt über einen Steig Richtung Rosskofel Westgipfel. Kurz vor der E.T. Contin Scharte (2049 m) ist der Steig nochmals mit einem Stahlseil gesichert. Dann den Markierungen folgend im leichten Gelände den Steig entlang hinunter. Wieder trifft man auf einen leichten, kurzen Klettersteig (Stellen B). Vom Talboden noch eine gute Stunde bis zur Madritsche.

Ausrüstung: Komplette Klettersteigausrüstung und Helm, evtl. Sicherungseil

Bemerkung: Schwerer Klettersteig, den man nicht unterschätzen sollte! Steinschlaggefahr beim Einstieg. Der Steig ist bei Nässe sehr rutschig. Alternative für schwächere Geher ist der Normalweg auf den Rosskofel (kurze Stellen B). Im Bereich Nassfeld gibt es einige Klettergärten und einen Felsenpark (siehe unter Stützpunkt). **Die Infos wurden uns vom Erbauer Sepp Szöke zur Verfügung gestellt.**

Topo *nach Angaben von Sepp Szöke*

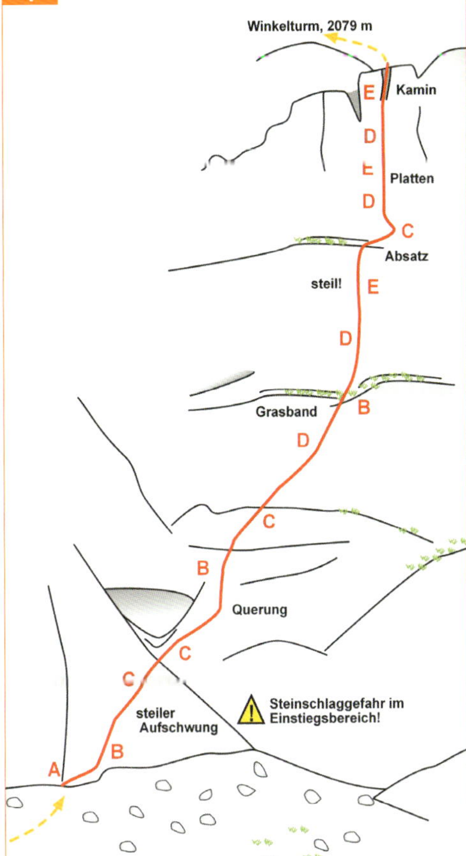

Bild 1-2: Bei der ersten Winterbegehung des Winkelturm-Klettersteiges im Winter 2006/2007.

Ü-Bild: Die Wand mit dem Klettersteig, oben der Gipfel des Rosskofels.

Fotos: Archiv Sepp Szöke

1

73-74 Extrem- und BGV-Klettersteig

1,5 (3 – 2 – 1)

- Schön/Mittel
- Gut
- Diff. bis D/E
- bis 50 Hm 20 Min.
- 20 Min.
- 20 Min.
- ab 10 Jahren
- 1 Std. bis 180 Hm
- S
- Hachelnock, 1442 m
- Mai - Okt.

Stützpunkt

Hotel am Kolm, ca. 975 m, privat, Tel: +43 4244 2321. Infos: www.hotel-am-kolm.com

Besonderheiten: Der interessante, aber leider kurze Extrem-Klettersteig durch die unscheinbare Traningerwand ist vor allem in Bezug auf die Ausgesetztheit extrem. In Kombination mit dem leichteren BGV-Klettersteig ergibt sich eine gute Klettersteigrunde oberhalb von Bad Bleiberg. Teilweise sind die Steige leider etwas zugewachsen.

Kurzinfo

Talort: Bad Bleiberg, 902 m
Ausgangspunkt: Hotel am Kolm, ca. 975 m
Karten: ÖK 200, Arnoldstein; F&B WK 224, Villach; Kompass WK 064

Anreise: A10 bis Villach-West und weiter nach Bad Bleiberg. Durch das Ortszentrum und auch noch am Thermalbad vorbei. Etwa 100 m danach rechts den Hinweisschildern zum Hotel am Kolm folgen. Mit Öffis: Mit der Bahn nach Villach Hbf. und weiter mit dem Bus (Linie 8570) bis Bad Bleiberg Thermalbad (kein Verkehr an Sonn- und Feiertagen).

Zustieg: Vom Parkplatz auf einer Forststraße links bis etwa 100 m nach der zweiten Kehre. Dort scharf rechts auf markiertem Steig (Wegweiser „Klettergarten") in den Wald. Nach kurzer Strecke teilt sich der Weg. Die linke, rot-weiß-rot markierte Abzweigung nehmen. Zur Traningerwand und zu den Einstiegen aufsteigen - siehe Topo. Extrem: N 46°37'54,7", O 13°40'19,1" BGV: 46°37'54,2", O 13°40'09,7"

Route: **Extrem** (D/E): Von der Einstiegstafel an eine Kante queren. Die Kante (C) empor, dann (A) zu einer kleinen Felsstufe (A/B), welche auf ein grasiges Band (A) führt. Eine steile Verschneidung (C) abklettern. Sehr ausgesetzt nach links queren (Schlüsselstelle, D und D/E). Einen Überhang empor (D), dann nach links (C/D) auf ein grasiges Band (A/B), wo man in Kürze auf den BGV-Klettersteig trifft. **BGV** (C): Vom Einstieg über Felsstufen (A und A/B) durch den Wald, bis sich der Steig teilt - die rechte Variante nehmen. Über einen Block (B) zu einem Band à la Brenta (A/B und A). Mit Hilfe eines Baums eine Stufe überwinden (A/B) und zur Vereinigung mit dem Extrem-Klettersteig queren. Über Leitern (C und B) in den Wald hochklettern. Dort in versichertem Gehgelände (A) nach links queren. Abstieg durch den Wald (A/B und B).

Abstieg: Auf dem BGV-Klettersteig nach links queren und zum Aufstiegsweg absteigen und zurück zum Ausgangspunkt.

Ausrüstung: Komplette Klettersteigausrüstung, Helm, Kletterschuhe und evtl. Klettersteighandschuhe.

Bemerkung: Wird meist als Runde gemacht, Extrem- dann BGV-Klettersteig.

Topo *Dieter Wissekal*

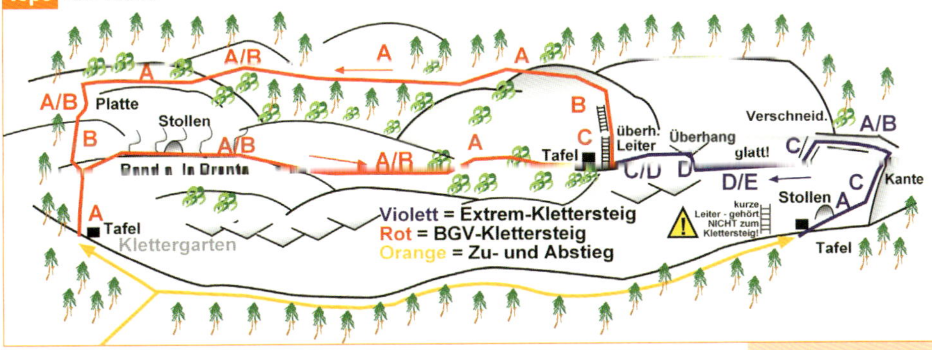

EXTREM-Klettersteig

Karte

Bild 1 und 2: Bei der Querung des Extrem-Klettersteiges.

Bild 3: *Auf der steilen Leiter des BGV-Klettersteiges.*

Ü-Bild: *Rechts der Extrem-Klettersteig und links der BGV-Klettersteig.*

Fotos: Dieter Wissekal

1

75 Norbert Schluga-Klettersteig

1,3 (3 – 2 – 1)

- Unlohnend
- Mittel
- Diff. B/C
- 150 Hm, 40 Min.
- 30 Min.
- 50 Min.
- ab 10 Jahren
- 2 Std., 450 Hm
- S
- Spitzegel, 2119 m
- Apr. - Okt.

Stützpunkt

Schluga's Wirtshaus, ca. 610 m, privat, Tel: +43 4282 288121

„Köck'n Brünnerl"

Besonderheiten: Kaum lohnender, stellenweise verwachsender Klettersteig durch die Hohe Wand. Nur brüchiges Schutt- und Schrofengelände mit hoher Steinschlaggefahr zeichnen die Tour aus. Der Höhepunkt ist das „Köck'n Brünnerl" (Heilquelle) am Abstiegsweg.

Kurzinfo

Talort: Obervellach, 604 m
Ausgangspunkt: Schluga's Wirtshaus, ca. 610 m
Karten: ÖK 199, Hermagor; F&B WK 223, Naturarena Kärnten; Kompass WK 60

Anreise: A2 bis Ausfahrt Arnoldstein, dann auf der B111 über Hermagor nach Obervellach. Nach rechts ins Ortszentrum und bei Schluga's Wirtshaus parken. Mit Öffis: Mit der Bahn nach Vellach-Khünburg.

Zustieg: Von Schluga's Wirtshaus über die Vella und nach 100 m bei der Weggabelung rechts halten (Wegweiser). Nach 200 m links abbiegen und durch den Wald zum Einstieg bei den Tafeln. Aufgrund der Steinschlaggefahr die Ausrüstung am besten im Schutz des Überhangs anlegen. Einstiegskoordinaten: N 46°38'25,7", O 13°23'53,4".

Route: Auf einen Absatz (B/C) hinauf und durch eine Schotterrinne (A/B) zu einem Wandl (B/C). Über eine Rampe (A bis A/B) und eine (teilweise absteigend) Querung (A) zum Steigbuch. Zu einer Rinne queren (A/B) und an deren Rand einen Pfeiler empor (B). Auf einer ansteigenden Querung (A) in einen Schuttkessel. Im unangenehmen und nicht ganz ungefährlichen Gehgelände zu einer erdigen Rampe (A/B) und auf dieser zum Ausstieg.

Abstieg: Vom Ausstieg über einen steilen Rasenhang 70 Hm zu einer Forststraße aufsteigen. Auf dieser links und nach ca. 250 m neuerlich li. dem markierten Steig durch den Wald ins Tal folgen.

Ausrüstung: Komplette Klettersteigausrüstung und Helm.

Bemerkung: Unpraktische Kettenversicherungen erschweren die Selbstsicherung.

2

Topo *Axel Jentzsch-Rabl*

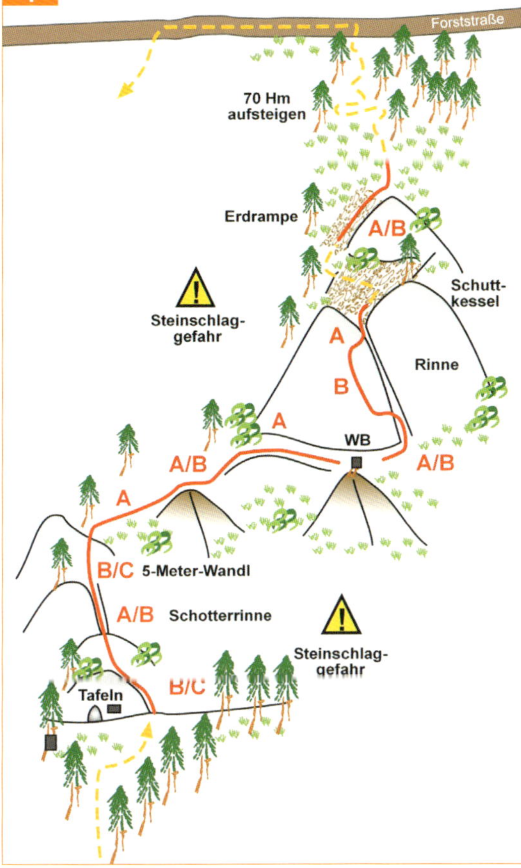

3

Bild 1: Das sog. 5-Meter-Wandl (B/C).

Bild 2: Das „Köck'n Brünnerl".

Bild 3: Eine der Steilstufen im unteren Teil.

Bild 4: Die Ketten-Absicherung ist etwas gewöhnungsbedürftig.

4

Ü

Wie die Tafel, so der Steig

Ü-Bild: Der Steigverlauf (Rot) und der Zu- und Abstieg (Orange).

Fotos: Dieter Wissekal und Andreas Jentzsch

Bild 1: Die Passage beim Regenbogenfall. Fotos: A. Jentzsch-Rabl

76 ÖTK-Klettersteig Pirknerklamm

1,4 (3 2 1)

Sehr schön

Sehr gut

Diff. C

140 Hm
50 Min.

15 Min.

20 Min.

ab 12 Jahren

1,5 Std.
250 Hm

N

Rastenkogel, 1115 m

Juni - Sept.

Stützpunkt

Unterwegs keiner Gasthäuser in Oberdrauburg u. Flaschberg.

Alpin Center Lienz

Die eindrucksvolle Steiganlage wurde vom Alpin Center Lienz gebaut. *Info: www.bergführer.cc*

Besonderheiten: Eindrucksvoller und nicht allzu schwerer Schlucht-Klettersteig durch die Pirknerklamm. Der Klettersteig wurde sehr geschickt über diverse Blöcke im Bach gelegt. Zahlreiche Postmanswalk-Brücken (ein gespanntes Halteseil und ein lockeres Gehseil) stellen eine zusätzliche Herausforderung dar. Highlight ist die Steilpassage bei der ersten Wehranlage, wo man direkt neben den tosenden Fluten hinaufklettert. Da die Gischt dort bei Sonne fast immer einen Regenbogen erzeugt, wurde diese Passage Regenbogenfall genannt. Gesamt eine sehr gute Anlage, die wegen der mittleren Schwierigkeiten auch für Nicht-Experten interessant ist.

Kurzinfo

Talort: Pirkach, 636 m

Ausgangspunkt: Brücke im Bereich der Kirche, ca. 635 m

Karten: ÖK 180, Winklern; F&B WK 182, Lienzer Dolomiten; Kompass WK 47

Anreise: Von Lienz oder Spittal auf der B100 nach Oberdrauburg. Im Ort zweigt man nach Kötschach-Mauthen ab. Gleich nach der Brücke und dem Bahnübergang nach rechts in Richtung Ötting. Durch Flaschberg bis nach Pirkach. Kurz nach der Kirche ist eine Brücke, in diesem Bereich an der Landesstraße parken. Öffis: Mit der Bahn bis nach Oberdraubrug, dann weiter per Anhalter oder zu Fuß.

Zustieg: Vom Parkplatz im Bereich der Brücke auf der linken Bachseite zu einem Einfamilienhaus am Bach, rechts am Haus vorbei zu einer alten Mühle - kurz dahinter beginnt der Klettersteig.

Route: Siehe Topo-Skizze. Die erste Schlüsselstelle ist ein Felsblock hinter der Mühle (C), danach folgen ausgesetzte Seilbrücken und Querungen (bis C). Über Blockgelände und eine Brücke gelangt man zum Pfeiler (B/C) beim Regenbogenfall. Danach Gehgelände und Bachquerung, bis kurz vor der zweiten Wehranlage noch eine schwere Stelle (C) auf der rechten Seite wartet. Rechts der Wehranlage steigt man im leichten Gelände (A/B) auf.

Abstieg: Vom Ausstieg oberhalb der zweiten Wehranlage steigt man entlang der Steigspuren (Drahtseil-Geländer) aufwärts, bis man kurz unterhalb der Dirndle-Rast (Aussichtspunkt) auf den ÖTK-Steig (Zustieg zum Hochstadelhaus) trifft. Diesem folgt man zurück zur Landesstraße bei der Brücke.

Ausrüstung: Kompl. Klettersteigausrüstung und Helm; Kinder evtl. Sicherungsseil.

Bemerkung: **Achtung: Bei Wetterstürzen und Hochwasser ist eine Begehung der Klamm sehr gefährlich!** In der Klamm nicht das Seil verlassen bzw. auf eine der zwei Wehranlagen klettern (rutschiger Boden - Absturzgefahr!).

Topo *Axel Jentzsch-Rabl*

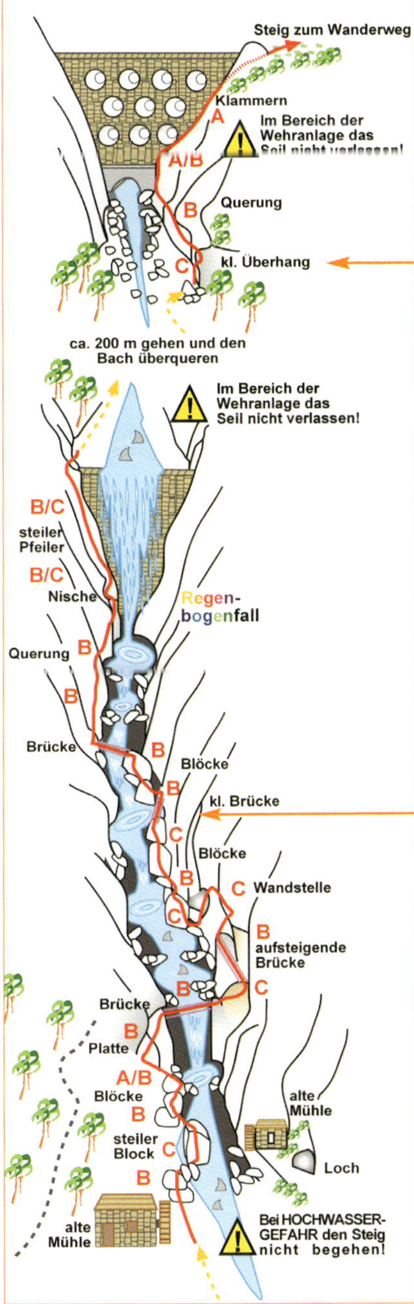

Bild 2: Der Überhang im oberen Teil.

Bild 3: Eine der Postmanwalk-Brücken.

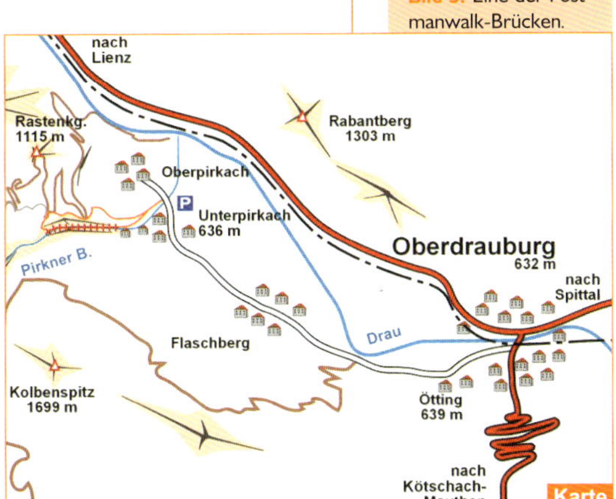

77 Laserz-Klettersteig

1,7 — 3 2 1

Sehr schön

Sehr gut

Diff. D

380 Hm 2 Std.

2 Std.

2 Std.

ab 13 Jahren

6 Std. 1000 Hm

W

Kl. Laserzwand, 2568 m

Juni - Sept.

Karte auf Seite: 184

Stützpunkt

Karlsbader Hütte, 2261 m, DAV; Mitte Juni bis Ende Sept. bew. Tel: +43 664 9759998

Lienzer Dolomiten-Hütte, 1616 m, privat; Tel: +43 664 2253782

Besonderheiten: Schöner Klettersteig durch die fast 400 m hohen Westabbrüche der Kleinen Laserzwand. Der eher anspruchsvolle Klettersteig hat eine Kletterlänge von 620 m und ist mit einem dicken Stahlseil abgesichert. Der Klettersteig stellt durch die anhaltenden Schwierigkeiten ein Ziel für den sportlich orientierten Klettersteiggeher dar. Vor allem Ausdauer ist in dieser Steiganlage gefragt. Vom Gipfel hat man einen schönen Ausblick auf die Eisriesen am Alpenhauptkamm.

Kurzinfo

Talort: Lienz, 673 m

Ausgangspunkt: Parkplatz der Lienzer Dolomiten-Hütte, ca. 1600 m

Karten: ÖK 179, Lienz; F&B WK 182, Lienzer Dolomiten; Kompass WK 47

Anreise: Auf der B100 oder B108 Richtung Lienz. Von Lienz über Tristach oder auch von Lavant zur Abzweigung der Zufahrtsstraße zum Tristacher See. Kurz vor dem See auf der Mautstraße (Hinweisschild) zum Parkplatz der Lienzer Dolomiten-Hütte fahren. Mit Öffis: Mit der Bahn nach Lienz und mit dem Taxi zum Parkplatz der Lienzer Dolomiten Hütte.

Zustieg: Über den Rudl Eller-Steig ins Hohe Törl (2233 m). Von dort kurz absteigen und am Einstieg der Bügeleisenkante vorbei zum Einstieg der Egerländerkante (weißes E 9). Dort links vom Weg abzweigen und den Steigspuren entlang der Felsen folgen. Ein kleines Bachbett überqueren und zum Einstieg bei einer Tafel aufsteigen. Einstiegskoordinaten: N 46°46'16,3", O 12°47'54,2". Alternativ kann mit dem MTB über die Forststraße zum Marcherstein aufgefahren werden. Weiter auf blau markiertem Steig zum Einstieg.

Route: Siehe Topo-Skizze. Die Schwierigkeiten der ersten Hälfte sind steile Wandpassagen (C/D) vor und nach der Schluchtquerung. Die Schlüsselstelle ist ein kleiner Überhang im oberen Teil.

Abstieg: Vom Ausstieg östlich in den Laserzwandsattel und auf markiertem Normalweg zur Karlsbader Hütte absteigen. Von der Hütte auf der Forststraße bzw. auf Abkürzungen ins Tal. Alternativ kann im unteren Teil des Normalweges auch direkt zur Forststraße abgestiegen werden.

Ausrüstung: Komplette Klettersteigausrüstung, Helm und Klettersteighandschuhe.

Bemerkung: Vorsicht, loses Gestein in der Route! Im oberen Teil halten sich meist hartnäckig Schneefelder in den Rinnen (dort ist das Seil dann auch unter dem Schnee)! Lässt sich gut mit dem Panoramasteig (Panorama-Kletterweg) kombinieren.

Topo Axel Jentzsch-Rabl

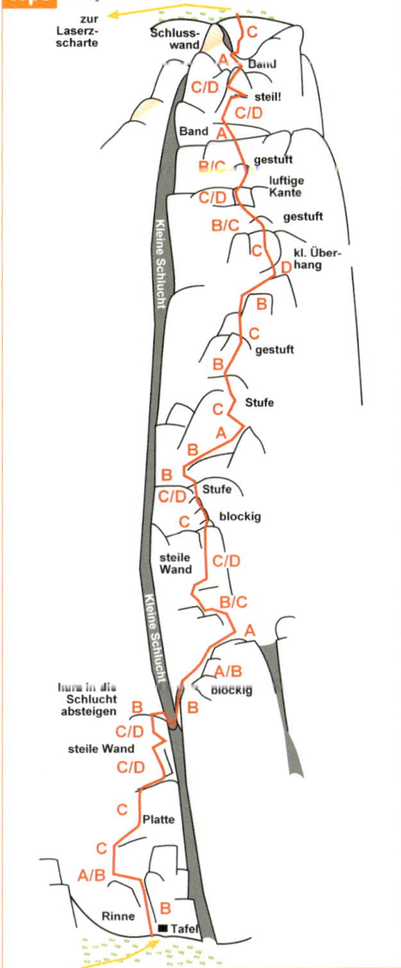

Bild 1: Die luftige Kante im Mittelteil.

Bild 2: Der Ausstieg des Klettersteiges.

Bild 3: Steile Passagen im oberen Teil.

Bild 4: Die schwere, erste Steilstufe.

Ü-Bild: Der Routenverlauf des Laserz-Klettersteiges.

Fotos: A. Jentzsch-Rabl u. Dieter Wissekal.

1

78-80 Panorama- , Ari-Schübel- u. Gebirgsjägersteig

1,5 (3 2 1)

Sehr schön

Mittel

Diff. bis C/D u. I+

bis 300 Hm bis 2 Std.

bis 3 Std.

bis 2,5 Std.

ab 14 Jahren

bis 6 - 7 Std. bis 1350 Hm

Div.

Gr. Sandspitze, 2770 m

Juni - Sept.

Karte auf Seite: 184

Stützpunkt

Karlsbader Hütte, 2261 m, DAV; Mitte Juni bis Ende Sept. bew. Tel: +43 664 9759998

Lienzer Dolomiten-Hütte, 1616 m, privat; Tel: +43 664 2253782

Besonderheiten: Der Panoramasteig (Panorama-Kletterweg) und die beiden anderen Anstiege ergeben kombiniert eine der besten Rundtouren in den Lienzer Dolomiten. Der Ari-Schübel- und Gebirgsjägersteig können natürlich auch als eigenständige Anstiege auf die Große Sandspitze genutzt werden. Die teils etwas abenteuerliche Absicherung ist nicht jedermanns Sache. Deshalb ist dieser exponierte Gratanstieg nur etwas für erfahrene Geher. Diese werden mit einem perfekten Ausblick vom höchsten Gipfel der Lienzer Dolomiten belohnt!

Kurzinfo

Talort: Lienz, 673 m

Ausgangspunkt: Parkplatz der Lienzer Dolomiten-Hütte, ca. 1600 m

Karten: ÖK 179, Lienz; F&B WK 182, Lienzer Dolomiten; Kompass WK 47

Anreise: Auf der B100 oder B108 Richtung Lienz. Von Lienz über Tristach oder auch von Lavant zur Abzweigung der Zufahrtsstraße zum Tristacher See. Kurz vor dem See auf der Mautstraße (Hinweisschild) zum Parkplatz der Lienzer Dolomiten-Hütte fahren. Mit Öffis: Mit der Bahn nach Lienz und mit dem Taxi zum Parkplatz der Lienzer Dolomiten-Hütte.

Zustieg: Vom Parkplatz in 1,5-2 Std. auf dem markierten Weg zur Karlsbader Hütte. Von der Karlsbader Hütte ein Stück den Fahrweg zurück bis zum Wegweiser. Dort der blauen Markierung nach links in Richtung Roter Turm folgen. Auf halbem Weg trifft man auf den alten Steig (rote Markierung), dem man bis unter den Roten Turm folgt, wo wieder die blaue Markierung (Tafel) beginnt. Auf Steigspuren (blau markiert) unterhalb der Südwände vom Roten Turm und Ellerturm bis zum Gr. Laserzkopf. Etwa 30 Hm unterhalb des Gipfels beginnen die Seilsicherungen des Panoramasteiges.

Route: Siehe Topo-Skizze.

Abstieg: Man steigt über einen der beiden Sandspitzen-Klettersteige ab.

Ausrüstung: Komplette Klettersteigausrüstung und Helm, evtl. Sicherungsseil.

Bemerkung: Die Routenkombination setzt ausreichende Klettersteigerfahrung voraus. Anfänger und Kinder sollten, falls sie überhaupt diesen Steig machen, unbedingt ans Seil genommen werden. Eine Begehung in der Gegenrichtung ist möglich. Die Sicherungen sind stellenweise alt und aus Kunststoff (Sanierung geplant). **Wissen:** Die Steige wurden von Dipl. Ing. Alfred Thenius, dem Erfinder des gleichnamigen Hakens, im hohen Alter von über 80 Jahren alleine fertiggestellt! **Sanierung geplant.**

Topo *Andreas Jentzsch*

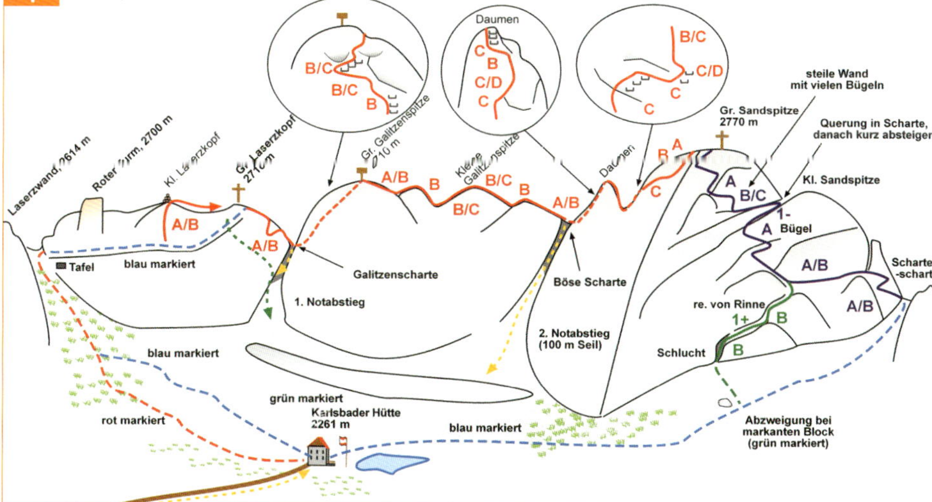

Bild 1: *Im Bereich des sog. Daumens, kurz vor der Großen Sandspitze.*

Bild 2: *Die „Thenius-Triangel" an der Schlüsselstelle des Ari-Schübel-Steiges.*

Ü-Bild: *In Rot der Panoramasteig, in Violett der Ari-Schübel-Steig und in Grün der Gebirgsjägersteig.*

Fotos: Andreas Jentzsch

Siehe CD-ROM Rudl-Eller-Weg

Siehe CD-ROM Piccola-Ferrata

1

81 Madonnen-Klettersteig

1,7 (3 2 1)

Schön

Sehr gut

Diff. C

390 Hm
2 Std.

3 Std.

2,5 Std.

ab 12 Jahren

7,5 Std.
1500 Hm

SW

Gr. Gamswiesensp, 2486 m

Juni - Sept.

Karte auf Seite: 184

Stützpunkt

Kerschbaumeralm, 1902 m, ÖTK, bew. Mitte Juni bis Ende September. Tel.: +43 664 3034647. Info: www.kerschbaumeralm.at

Besonderheiten: Sehr schön angelegter Klettersteig, der die beiden Gamswiesenspitzen verbindet. Von diesen zentral gelegenen Gipfeln hat man eine wunderbare Aussicht auf den Großvenediger und Großglockner. Die Höhepunkte des Steiges sind eine 16 m lange Hängebrücke und die Felsmadonna, deren reflektierender Kopfschmuck im richtigen Sonnenlicht bis zur Kerschbaumeralm hinunter blitzt.

Kurzinfo

Talort: Leisach, 712 m
Ausgangspunkt: Parkplatz Klammbrückl, 1104 m
Karten: ÖK 179, Lienz; Kompass WK 47, Lienzer Dolomiten; F&B WK 182

Anreise: Von Lienz auf der B100 in südwestlicher Richtung nach Leisach-Gries. Etwa 1,5 km nach Gries zweigt links die Zufahrtsstraße zur Kerschbaumeralm (Wegweiser) ab. Diese bis zum Ende der Fahrmöglichkeit (zuerst Asphalt, später Schotter) fahren. Öffis: Bahn bis Lienz und Bus nach Leisach.

Zustieg: Vom Parkplatz auf dem markierten Weg zur Kerschbaumeralm. Dort links Richtung Kerschbaumertörl abzweigen. Wo der Weg aus den Latschen in eine Geröllhalde wechselt, biegt man links im spitzen Winkel ab (Wegweiser "Große Gamswiesenspitze"). Dem steilen Weg folgen, bis links blaue Markierungen sichtbar werden (N 46°45'49,3", O 12°46'49,9"). Den Markierungen folgend über Schrofen (I-) in Kürze zum Einstieg (N 46°45'49,8", O 12°46'50,1").

Route: 1. Teil: Vom Einstieg zuerst rechts der Kante (B), dann über eine Wandstelle (B) zu einer Platte (B/C). Über Schrofen (A) zu weiteren Wandstellen (B bis B/C). Auf dem grasigen Grat hinauf (A) und anschließend leicht absteigend (B) zur Hängebrücke (A) queren. Über eine Wandstufe (B) und grasiges Gelände (A) zum Steigbuch. Eine weitere Wandstufe (B) führt zu einem Spalt (C), welcher die erste Schlüsselstelle darstellt. An der Rückseite der Felsmadonna vorbei queren (A/B) und steil empor (B/C). Eine leichtere Stelle (B) führt zu einer luftigen Kante (C), nach dieser erreicht man das Ende des ersten Abschnittes. Vom Ausstieg zum Gipfel der Gr. Gamswiesenspitze - von diesem zuerst etwas zurück, dann auf Steigspuren südlich in die Gamsscharte absteigen. **2. Teil:** Von der Gamsscharte auf einen Felskopf (zuerst B, dann B/C). Über die steile Platte (B/C) geht es auf den Zackengrat. Nachdem der erste Gipfel (A/B) erklommen ist, steigt man in eine kleine Scharte ab (B/C). Leicht rechts vom Grat (B) wird der Ausstieg auf der Kleinen Gamswiesenspitze erreicht.

Topo *Axel Jentzsch-Rabl*

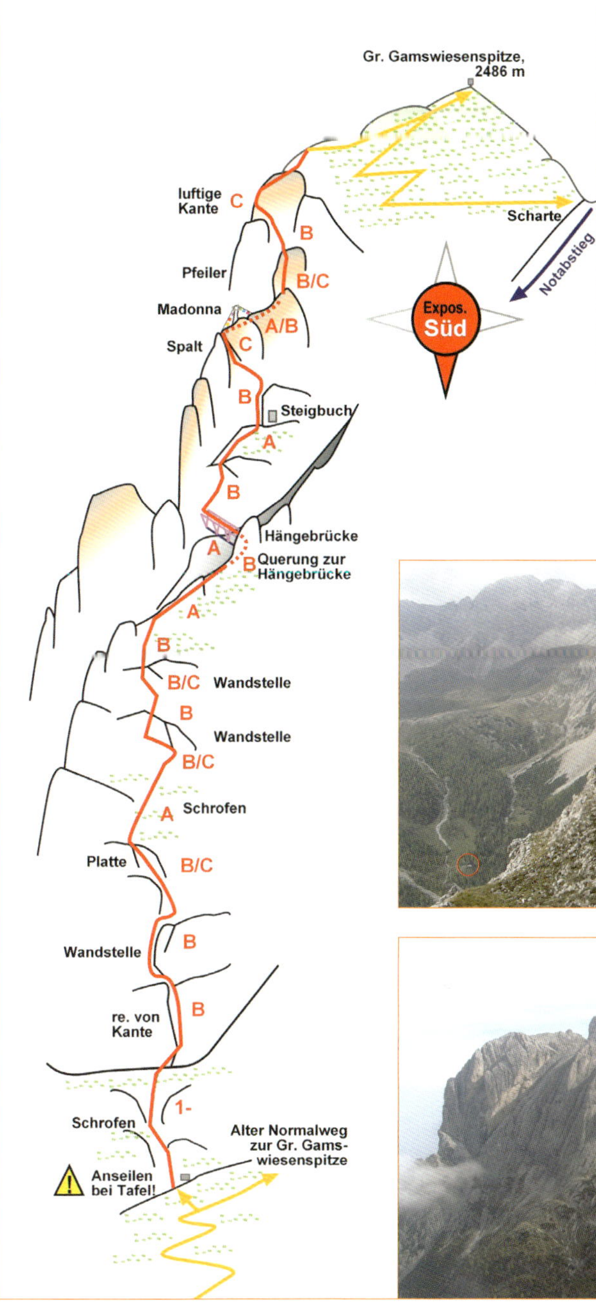

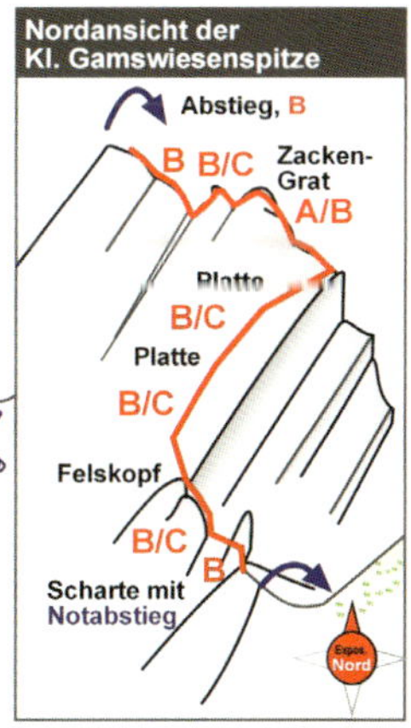

Bild 1: *In einer der Schlüsselstellen.*

Bild 2-3: *Im Gipfelbereich der Kl. Gamswiesenspitze.*

Fotos: A. Jentzsch-Rabl

2

3

T Lienzer Dolomiten - Gamswiesenspitzen

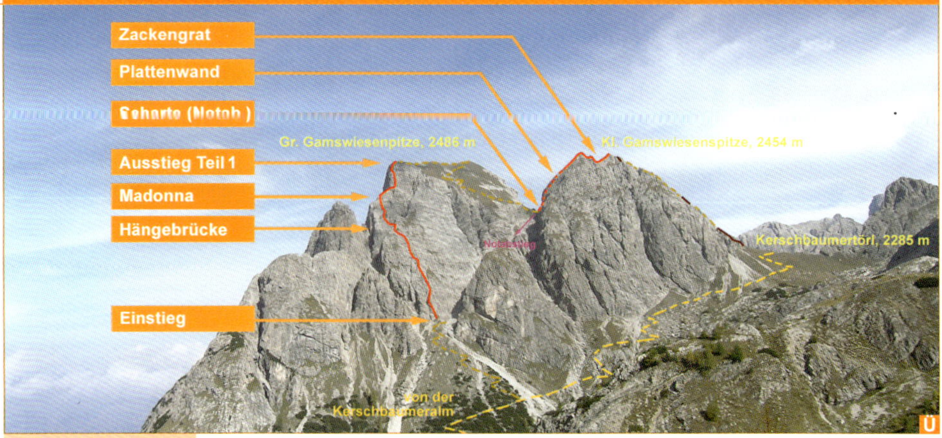

Ü-Bild: Sehr schön zu sehen ist der Steigverlauf des Madonnen-Klettersteiges über die zwei Gipfel.

Bild 4: Auf der Hängebrücke des Madonnen-Klettersteiges.

Foto: A. Jentzsch-Rabl

Tipp

Es gibt zwei große Kessel, in denen sich oberhalb von Lienz das „Klettersteigleben" abspielt. Deutlich ruhiger geht es auf der gemütlichen Kerschbaumeralm zu!

Der Madonnen-Klettersteig lässt sich gut mit dem Galitzenklamm-Klettersteig (Bild unten) verbinden. Diesen kann man am Anreisetag problemlos machen.

Abstieg: Vom Gipfel der Kleinen Gamswiesenspitze über den Normalweg (max. B) zum Kerschbaumertörl. Dort rechts Richtung Kerschbaumeralm-Schutzhaus zum Aufstiegsweg absteigen. Alternative: Wer bei der Lienzer Dolomitenhütte ein zweites Fahrzeug geparkt hat, hält sich beim Kerschbaumertörl links. Dieser Abstieg ist um etwa eine Stunde kürzer.

Ausrüstung: Komplette Klettersteigausrüstung und Helm.

Bemerkung: Beim Zustieg schon unten auf dem Weg anseilen, oben am Anfang des Stahlseiles ist wenig Platz (Absturzgefahr)! Der zweite Teil (Aufstieg zur Kleinen Gamswiesenspitze) ist nordseitig! Auch sehr gut mit dem leichten Klettersteig auf den 2717 m hohen Spitzkofel zu verbinden (Nächtigung im gemütlichen Kerschbaumeralm-Schutzhaus).

Karte

1. *Laserz-Klettersteig*
2. *Piccola-Ferrata*
3. *Rudl-Eller-Weg*
4. *Panoramasteig (Panorama-Kletterweg)*
5. *Ari-Schübel-Steig*
6. *Gebirgs-jägersteig*
7. *Madonnen-Klettersteig*
8. *Allmaier-Toni-Weg*
9. *Spitzkofelsteig*

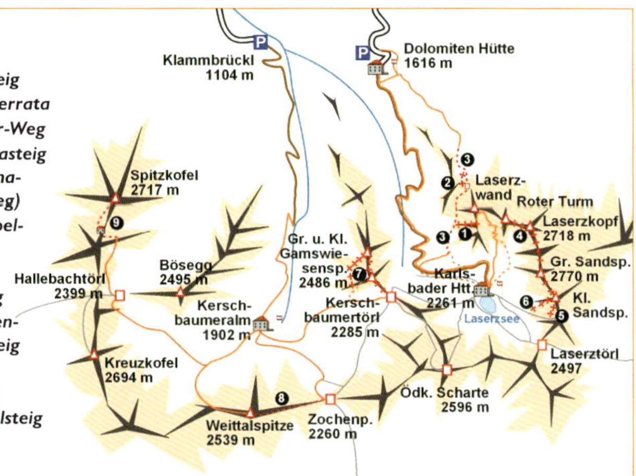

82-83 Spitzkofel-Steig und Allmaier-Toni-Weg

1,2 (3 2 1)

Schön

Gut/Mittel

Diff. B bzw. C

bis 330 Hm
1,5 Std.

bis 4 Std.

bis 4 Std.

ab 13 Jahren

bis 9,5 Std.
bis 1700 Hm

Alle

Spitzkofel
Weittalspitze

Juni - Sept.

Karte auf Seite: 184

Stützpunkt

Kerschbaumeralm*, *1902 m*, *ÖTK, bew. Mitte Juni bis Ende September. Tel.: +43 664 3034647. Info: www.kerschbaumeralm.at

Besonderheiten: Der Spitzkofel (2717 m) und die Weittalspitze (2539 m) sind zwei markante Erhebungen im Bereich der Kerschbaumeralm. Vor allem der Spitzkofel zählt zu den beliebtesten Gipfeln in den Lienzer Dolomiten. Vom Gipfelkreuz reicht der Blick bis zur Glockner- und Vendigergruppe, aber auch der eindrucksvolle Tiefblick ins Pustertal ist ein Erlebnis. Die Weittalspitze ist die südliche Begrenzung des Kerschbaumeralm-Kessels, der Allmaier-Toni-Weg verläuft meist im Bereich des Grenzgrates von Tirol und Kärnten.

Kurzinfo Siehe Madonnen-Klettersteig

Anreise: Siehe Madonnen-Klettersteig

Zustieg: Vom Parkplatz auf dem markierten Weg zur Kerschbaumeralm. **Spitzkofel-Steig** (3,5 Std.): Man folgt dem markierten Weg zum Hallenbachtörl (2399 m), dort weiter in nördlicher Richtung unter den Ostabbrüchen der Kuhbodenspitze entlang, bis zum Beginn des Steiges bei einem markanten Couloir. **Allmaier-Toni-Weg** (3 Std.): Vom Schutzhaus südlich auf markiertem Weg zum Zochenpass.

Route: **Spitzkofel-Steig** (B und I-; 250 m): Zuerst durch eine steile Rinne aufwärts (Stellen I-) und weiter durch die Flanke aufsteigen (markiert). Ab der Wandmitte kommen einige mit Drahtseilen abgesicherte Steilstufen (A/B). Nach deren Überwindung erreicht man die neu renovierte Linderhütte (2683 m; Biwak). Dort weiter auf dem markierten Steig, über eine kurze luftige Stelle (B), zum Gipfel. **Allmaier-Toni-Weg** (C; 330 Hm): Die erste Hälfte des Steiges ist eher leicht (A/B) und endet am so genannten „Barbaraplatzl". Von dort steigt man kurz zu einem Schuttgrat ab, auf dem man die Gipfelwand erreicht. Dort wird der Steig steiler und schwerer und führt zur Schlüsselstelle (C) - einer griffarmen Platte, die schräg nach links oben zu überwinden ist.

Abstieg: **Spitzkofel-Steig** (4 Std.): Wie Aufstieg. **Allmaier-Toni-Weg** (2,5 Std.): Über den „Hans Falkner-Weg", dem Normalweg, über die Westabdachung zum Weittalsattel und weiter ein Schotterkar hinunter bis zu den Almwiesen der Kerschbaumeralm.

Ausrüstung: Komplette Klettersteigausrüstung und Helm; für Kinder und nicht Trittsichere evtl. ein Sicherungsseil.

Bemerkung: Für beide Steige ist ein gewisses Maß an Trittsicherheit erforderlich. Bei Schneelage und Nässe heikel!

84 Galitzenklamm-Klettersteig

1,7 (3 2 1)

Sehr schön

Sehr gut

Diff. C/D

60 Hm
30 Min.

5 Min.

10 Min.

ab 13 Jahren

1 Std.
80 Hm

NW

Kreidenfeuer, 1615 m

Mai - Sept.

Stützpunkt

Jausenstation Galitzenklamm, 710 m

Das Klettersteigset kann beim Klammeingang ausgeliehen werden. Miete: € 5,00

Besonderheiten: Eindrucksvoller Klettersteig unter dem beliebten Wasserschaupfad durch die Galitzenklamm. Die beiden Nepalbrücken und die ständige Nähe zum Wasser sind die Höhepunkte dieses neuen Klettersteiges. Vor allem in Verbindung mit einem Familienausflug (Wasserschaupfad) und an heißen Sommertagen bietet die sehr gut gemachte Steiganlage eine willkommene Abwechslung.

Kurzinfo

Talort: Leisach, 712 m
Ausgangspunkt: Jausenstation Galitzenklamm, 710 m
Karten: ÖK 179, Lienz; Kompass WK 47, Lienzer Dolomiten; F&B WK 182

Anreise: Von Lienz auf der B100 in südwestlicher Richtung nach Leisach-Gries. Unmittelbar nach der Eisenbahnbrücke links abbiegen und die Drau übersetzen. Öffis: Mit der Bahn bis Lienz. Von dort mit dem Bus (Linie 4421) nach Leisach-Gries.

Zustieg: Vom Parkplatz an der Jausenstation vorbei und danach - der Hinweistafel folgend - links zur Kassa. Von dort dem Galitzenbach entlang zum Einstieg (Infotafel).

Route: Vom Einstieg (B) um eine Ecke und an einer steilen Kante (B/C) zur ersten Seilbrücke (B/C). Es folgt eine leichte Querung (zuerst B, dann A/B). An einer steilen Plattenwand geht es mit Hilfe von Trittstiften empor (C). Eine etwas glatte, aber leichte Plattenquerung (B) führt zum Steigbuch (A). Dort befindet sich ein Notausstieg (A) nach links. Nach dem Steigbuch folgt die glatte Schlüsselstelle (C/D). Unter den Holzstegen quert man ansteigend (B/C) nach rechts. Um eine Kante herum (B) geht es unter der Holzbrücke des Wasserschaupfades weiter. Unmittelbar am Anfang der zweiten Seilbrücke (B) zweigt ein weiterer Notausstieg (B) links ab. Nach der Brücke erreicht man über eine kurze Steilstufe (B) und eine erdige Querung (A) den Ausstieg.

Abstieg: Vom Ausstieg dem Wasserschaupfad zurück zur Kassa folgen.

Ausrüstung: Komplette Klettersteigausrüstung, evtl. Klettersteighandschuhe.

Bemerkung: Der Klettersteig ist nur von Mitte Mai bis Ende September von 10 bis 17 Uhr (im Juli und August von 9 bis 18 Uhr) zugänglich. Eintrittsgebühr: EUR 2,90. **Achtung:** Bei Hochwasser (starkes Gewitter oder Schneeschmelze) ist durch die unmittelbare Nähe zum Wasser und den darin schwimmenden Gegenständen (Bäume usw.) eine Begehung sehr gefährlich!

Topo *Axel Jentzsch-Rabl*

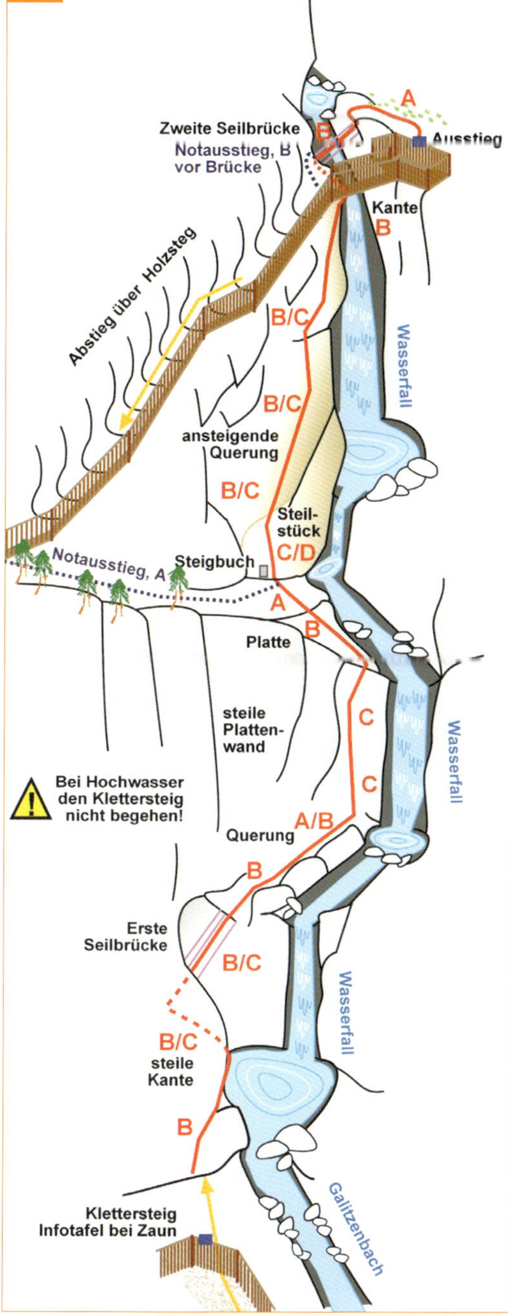

2

3

Bild 1: Auf der zweiten Seilbrücke

Bild 2-3: In der eindrucksvollen Klamm.

Fotos: A. Jentzsch-Rabl

1

85 Kranewitsteig

1,3 (3 – 2 – 1)

Mittel

Sehr gut

Diff. C/D

20 Hm
10 Min.

30 Min.

30 Min.

ab 12 Jahre

1 Std.
220 Hm

N

Kreidenfeuer, 1615 m

Apr. - Okt.

Stützpunkt

Unterwegs keine; Gasthöfe in Amlach

Besonderheiten: Der Kranewitsteig, der in anderen Führerwerken zu Unrecht in den Himmel gelobt wird, ist nur ein sehr kurzer Übungsklettersteig im Talbereich von Lienz. Vom höchsten Punkt hat man eine schöne Aussicht auf die Stadt.

Kurzinfo

Talort: Amlach, 689 m

Ausgangspunkt: Zufahrtsstraße zum Westufer des Tristacher Sees, ca. 740 m

Karten: ÖK 179, Lienz; F&B WK 182, Lienzer Dolomiten; Kompass WK 47

Anreise: Auf der B100 oder B108 Richtung Lienz. Von Lienz über Amlach oder auch von Tristach nach Ulrichsbichl. Dort südöstlich Richtung Parkhotel Tristacher See abbiegen. Nach 700 m zweigt rechts eine Forststraße im spitzen Winkel ab. Dort nach Möglichkeit parken. Mit Öffis: Mit der Bahn nach Lienz und weiter zu Fuß.

Zustieg: Entlang der Forststraße etwa 15 Min. aufsteigen. In einer Linkskurve zweigt rechts ein kleiner Steig ab (Wegweiser „Salzsteig Rauchkofel"), diesem bis zu einer Wegkreuzung folgen. Dort rechts abbiegen und danach links haltend in wenigen Minuten zum Wandfuß. Am Ausstieg vorbei, leicht absteigend nach rechts zum Einstieg queren. Einstiegskoordinaten: N 46°48'28,0", O 12°46'23,8".

Route: Vom Einstieg auf einer Rampe (A/B) zur Schlüsselstelle - eine steile Wand (C/D). Es folgt eine kurze Querung (B/C) nach rechts und ein weiterer Steilaufschwung (C). Auf zwei wackeligen Baumstämmen (B/C) wird an eine luftige Kante (B) gequert und in einer Linksquerung (A/B) der höchste Punkt erreicht. Anschließend im erdigen Gelände (zuerst B, dann A/B) zum Ausstieg abklettern.

Abstieg: Über den Aufstiegsweg zurück zum Ausgangspunkt.

Ausrüstung: Komplette Klettersteigausrüstung und Helm; für Kinder ein Sicherungseil.

Bemerkung: Der Steig ist aufgrund seiner Kürze vor allem für Kinder und Anfänger interessant, die sich in schwierigeres Gelände vorwagen wollen. Lässt sich gut mit dem Galitzenklamm-Klettersteig kombinieren.

2

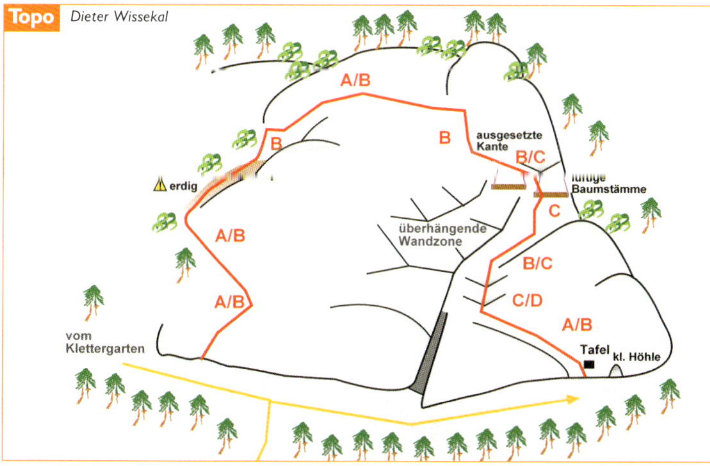

Bild 1 u. 3: *Die sehr steile Einstiegsrampe unter den an Seilen aufgehängten Holzbalken.*

Bild 2: *Na ja - der erdige Teil beim Abstieg. Der Steig wird als Runde geklettert. Am besten beginnt man rechts.*

Bild 4: *Auf einem der beiden Baumstämme im ersten Steigabschnitt.*

Ü-Bild: *Die große Felsformation am Fuß der Lienzer Dolomiten ist auch von der Stadt aus zu sehen. Ganz rechts befindet sich der kurze Klettersteig.*

Fotos: Dieter Wissekal

Schuhputz-Teppich

86 Sattelköpfe-Schleinitz-Kletterweg

2,3 (3 – 2 – 1)

Sehr schön

Schlecht

Diff. C und I+

380 Hm
1,5 - 2 Std.

1,5 Std.

1,5 Std.

ab 14 Jahren

5 Std.
850 Hm

O

Schleinitz,
2904 m

Juni - Sept.

Stützpunkt

Panorama-Restaurant Moar Pepo, ca. 2200 m; Infos: www.lienzer-bergbahnen.at

Naturfreundehütte, 1809 m, TVN; Juni bis Mitte Okt. bew; Tel: +43 4852 69852

Seilverbindung!?

Besonderheiten: Großartige Gratüberschreitung auf den Hausberg von Lienz. Die Tour tendiert mehr in Richtung Klettertour, da unzählige, nicht gesicherte Passagen bis zum oberen ersten Schwierigkeitsgrad bewältigt werden müssen. Das Gestein ist sehr kletterfreundlich, somit dürften auch Anfänger (gesichert mit einem Seil) keine Schwierigkeiten haben. Klettert man ungesichert, sollte man sehr griffsicher sein! Vom fast 3000 Meter hohen Gipfel blickt man auf die schroffen Lienzer Dolomiten, die weißen Gipfel der Schobergruppe und die unzähligen kleinen Lacken der Neualp Seen.

Kurzinfo

Talort: Lienz, 673 m

Ausgangspunkt: Bergstation Steinermandl, 4-er Sesselbahn, ca. 2200 m

Karten: AV-Karte Nr. 41, Schobergruppe; ÖK 179 Lienz

Anreise: Von Lienz zur Talstation der Zettersfeldbahn; Auffahrt mit der Bergbahn. Alternativ kann man mit dem Pkw auf das Zettersfeld fahren (Rottmannalm oder Faschingalm sind dann die Ausgangspunkte; plus ca. 45 Min. Fußmarsch). Öffis: Mit der Bahn nach Lienz.

Zustieg: Von der Bergstation auf markiertem Weg in Richtung Schleinitz. Nach dem Schoberköpfl folgt man dem „Goiselemandlweg Nord“ zu den Neualp Seen und steigt von den Seen in den Sattel links von der Östl. Sattelspitze auf. Bei Auffahrt mit dem PKW - man wählt die Mautstraße bei Thurn und parkt bei der Zufahrtsstraße zur Rottmannalm - steigt man in Richtung Schleinitz auf und folgt dann wie oben dem „Goiselemandlweg Nord“ zu den Neualp Seen.

Route: Siehe Topo-Skizze. Die Schwierigkeiten liegen im letzten Drittel, dort sind steilere Passagen (bis C) zu bewältigen.

Abstieg: Von der Vermessungsstange hinunter zum Kreuz und über den Normalweg (rot markiert) wieder zurück zum Zettersfeld.

Ausrüstung: Komplette Klettersteigausrüstung und Helm, evtl. Sicherungsseil.

Bemerkung: Die Sicherungen entsprechen nicht mehr dem aktuellen Standard. Stürzt man z.B. an der plattigen Schlüsselstelle, klatscht man ganz unten in der Flachpassage auf (sehr weite Abstände bei den Drahtseilfixierungen!). Auch die eingesetzten „Thenius-Dreiecksklammern“ sind gewöhnungsbedürftig. Man sollte auf sicheres Wetter achten, da man sich immer auf dem exponierten Grat aufhält. Will man den Grat vor der letzten Steilwand verlassen, klettert man besser zur Scharte mit der Markierungsstange zurück (die Rinne vor der Schlusswand ist sehr steil!)

Axel Jentzsch-Rabl **Topo**

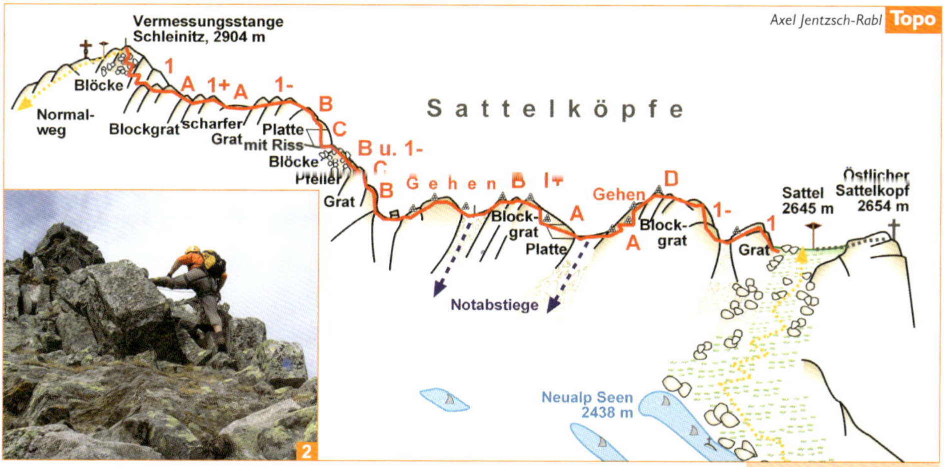

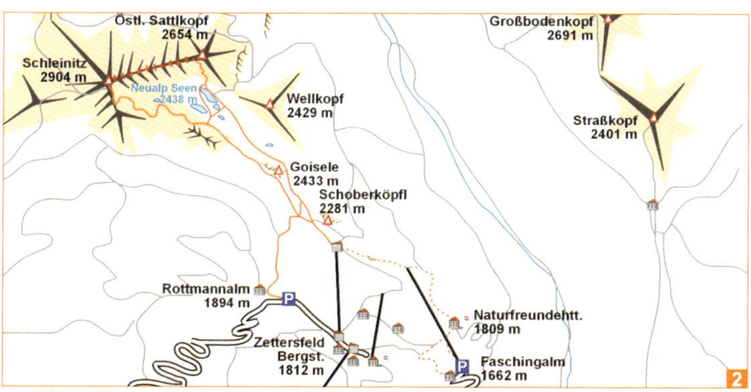

Bild 1 u. 3: Kletterstellen im ersten Abschnitt des Grates.

Bild 2: Vor der ersten C-Stelle.

Bild 4: Die heikle Schlüsselstelle - eine Platte mit einem Riss.

Ü-Bild: Der Steigverlauf und der Zu- und Abstieg.

Fotos: Axel Jentzsch-Rabl

1

87 Blauspitz-Klettersteig

1,8 (3 2 1)

- Schön
- Sehr gut
- Diff. D
- 110 Hm 35 Min.
- 3 Std.
- 2 Std.
- ab 13 Jahren
- 5,5 Std. 1200 Hm
- SW
- Blauspitze, 2575 m
- Juli - Sept.

Karte auf Seite: 197

Stützpunkt

Panoramarestaurant Bergstation Blauspitze, 2305 m; nur bei Bahnbetrieb bewirtschaftet. Info: www.bergbahnen-kals.at

Besonderheiten: Sehr schön angelegter Sportklettersteig, der neben kniffligen Plattenstellen auch den einen oder anderen Überhang zu bieten hat. Der Steig führt zumeist direkt am luftigen Südwestgrat der Blauspitze empor und ersetzt zum Teil eine alte Kletterroute. Vom Gipfel hat man eine herrliche Aussicht zum nahen Großglockner.

Kurzinfo

Talort: Kals am Großglockner, Ortsteil Großdorf, 1364 m
Ausgangspunkt: Talstation der Kalser Bergbahn, 1365 m
Karten: AV-Karte Nr. 39, Granatspitzgruppe; ÖK 153 Großglockner

Anreise: Auf der B 108 von Lienz oder durch den Felbertauerntunnel nach Huben. Dort ins Kalser Tal abzweigen und bis nach Kals in den Ortsteil Großdorf fahren - bei der Talstation der Bergbahn parken. Mit Öffis: Mit der Bahn nach Lienz und dem Bus nach Kals Ortsteil Großdorf.

Zustieg: Vom Parkplatz auf dem Weg 516 über Schipisten am Wirtshaus Glocknerblick (1944 m) vorbei auf die Ganotzalm. Von dort unter der Sesselbahn auf der Schipiste zur Bergstation aufsteigen. Von der Bergstation auf Steigspuren (mit vereinzelten roten Punkten markiert) zuerst in nordwestlicher Richtung in das Ganotzkar, danach in nordöstlicher Richtung zum Fuß der Blauspitze und zum Einstieg (N 47°01'07,4", O 12°36'22,7"). **Bei Benützung der Bergbahnen Kals verkürzt sich die Zustiegszeit um knapp zwei Stunden.** Außerdem erspart man sich den wenig attraktiven Aufstieg auf den Schipisten.

Route: Siehe Topo. Die schweren Passagen befinden sich im unteren und oberen Drittel. Es gibt genug Rastpositionen, um sich zwischen diesen Passagen auszurasten.

Abstieg: Vom Gipfel in nördlicher Richtung zum Weg 516 (Aussig Teplitzerweg) absteigen. Über diesen zurück zum Ausgangspunkt. Alternativ kann auch der Blaue Knopf (2595 m) überschritten und über den Niwanólkopf zur Bergstation abgestiegen werden. Von dort mit den Sesselbahnen zurück zum Ausgangspunkt. Zeitersparnis etwa 40 Minuten.

Ausrüstung: Komplette Klettersteigausrüstung, Helm und Klettersteighandschuhe.

Bemerkung: Dank der schnellen Erreichbarkeit mit den Bergbahnen kann man diesen schönen Klettersteig auch noch am ersten Tag vor einer Glocknerbesteigung machen (danach Aufstieg zur Stüdlhütte). Am Ostgrat der Blauspitze befindet sich eine sehr beliebte und gut abgesicherte Klettertour (4).

Topo *Axel Jentzsch-Rabl*

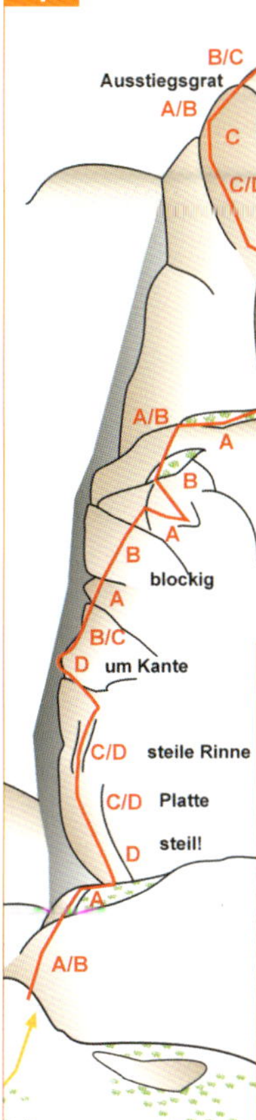

Bild 1 u. 2: In der oberen sehr ausgesetzten Steigpassage.

Bild 3: Der Gipfel der Blauspitze.

Bild 4: Luftiger Grat im Mittelteil des Klettersteiges.

Ü-Bild: Der Routenverlauf in Rot. Oben in Orange der Abstiegsweg zum Blauen Knopf, unten der Zustieg.

Fotos: Dieter Wissekal u. Axel Jentzsch-Rabl

1

88 Kristall-Klettersteig

2,4 (3 – 2 – 1)

Sehr schön

Sehr gut

Diff. E

160 Hm
2 Std.

35 Min.

50 Min.

ab 14 Jahren

3,5 Std.
250 Hm

O

Hohe Fürleg, 2947 m

Juli - Sept.

Stützpunkt

Berghotel Rudolfshütte, 2311 m, privat, bew. Mitte Dez. - Ende April, Mitte Juni - Ende Sept. Tel: +43 6563 8221 www.alpinzentrum.at

Besonderheiten: Glatte, sehr steile Wandstellen und überhängende Leitern, das sind die Merkmale für das Extrem-Abenteuer Kristall-Klettersteig. Der Steig ist nur etwas für versierte Klettersteiggeher, die mit Seilbrücken und sehr Kraft raubenden Wandpassagen kein Problem haben. Die Nutzung der Fluchtmöglichkeiten ist nur mit Kletterausrüstung möglich (Abseilen)! Der Steig zählt zu den schwersten Routen in Österreich, ist aber wegen der Hüttennähe und der geringen Höhe sicher nicht der „Nonplusultra-Klettersteig", wie vielerorts angepriesen.

Kurzinfo

Talort: Uttendorf, 803 m
Ausgangspunkt: Bergstation der Weißsee-Gletscherbahn, 2311 m
Karten: AV-Karte Nr. 39, Granatspitzgruppe; ÖK 153, Großglockner

Anreise: Von Zell am See oder Mittersill nach Uttendorf. Dann durch das Stubachtal zur Talstation der Weißsee-Gletscherbahn beim Enzingerboden; dort parken. Öffis: Mit der Bahn nach Uttendorf und dem Bus zum Enzingerboden.

Zustieg: Entweder mit der Seilbahn zur Rudolfshütte auffahren (AV-Ermäßigung) oder in 2 - 2,5 Stunden entlang der Schipiste und dann auf dem markierten Weg zur Hütte aufsteigen. Von der Hütte zur Oststaumauer (Talstation Medelzkopf-Sessellift) absteigen und dem See entlang (Gletscherlehrpfad, blauweiße Markierung) bis zur Abzweigung zum Klettersteig (Schild - Steigspuren zum markanten Bach neben der Felswand - Steinmänner).

Route: Siehe Topo-Skizze. Zuerst mit dem Flying-Fox über den Bach. Dann auf Steigspuren zur Wand (Beginn der Drahtseile).

Abstieg: Vom Ausstieg den Steinmännern in Richtung Sonnblickkees folgen, bis man auf den blauweiß markierten Gletscherpfad trifft. Über diesen rechts hinunter zur Staumauer und zurück zur Hütte.

Ausrüstung: Kompl. Klettersteigset, Kurzfixierung, Seilrolle (evtl. Abseilachter und Kurzprusik für die Abseilstellen), Helm und evtl. sogar Sicherungsseil erforderlich.

Bemerkung: Wirklich nur etwas für Leute mit Armkraft. Wer bei der Seilbrücke und der ersten Querung schon Probleme hat, sollte auf jeden Fall sofort umkehren! Für die Fluchtwege und Abseilstellen ist Klettererfahrung nötig. Der Fluchtweg ist bei Nässe sehr gefährlich (steiles Gras). Wegen der Höhenlage nur in den Sommermonaten zu begehen, tlw. Altschneefelder! Besteigt man danach noch den Hohen Fürleg (gletscherfreier Weg), steht man inmitten von gigantischen Eisriesen!

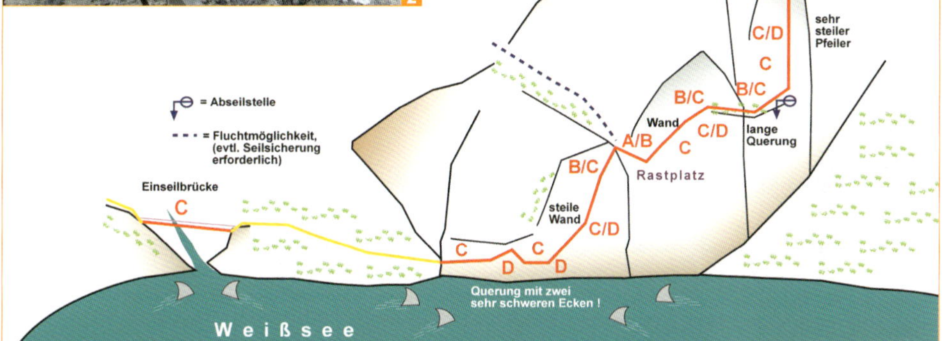

Bild 1: *Nach der Einstiegsquerung.*

Bild 2: *Auf den überhängenden Leitern.*

Bild 3: *Im nur unwesentlich leichten Mittelteil, immer den Weißsee im Rücken.*

Fotos: Ernst Riha, Stefan Busemann und Axel Jentzsch-Rabl

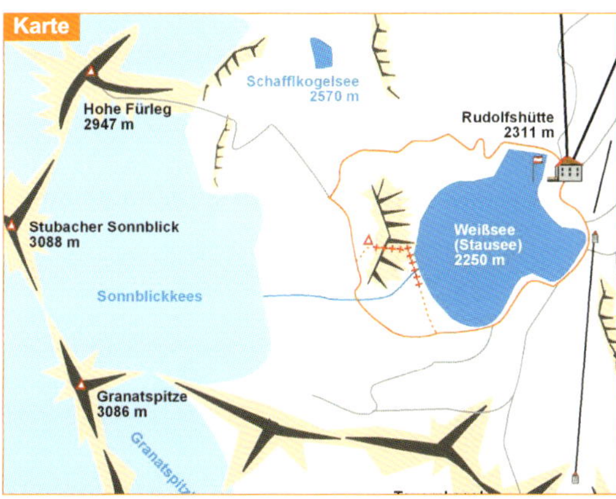

Rot: Kristall-Klettersteig Magenta: Notausstieg

1

89 Großglockner über Mürztaler Steig

3,0 (3 2 1)

Sehr schön

Gut/Schlecht

Diff. C, 2

bis 700 Hm
bis 4 Std.

4 Std.

6 Std.

Ab 14 Jahren

12 Std.
1900 Hm

S - O

Großglockner
3798 m

Juli - Sept.

Achtung!
Für den ***Mürztaler Steig*** ist ***Gletschererfahrung*** nötig. Für den Weiterweg zum ***Großglockner*** sollte das Klettern im ***Seilschaftsverband*** beherrscht werden!

Besonderheiten: Der Großglockner ist eines der bekanntesten und eindrucksvollsten Gipfelziele in den Ostalpen. Steil und schroff ragt die Gipfelpyramide hoch über Kals in den Himmel und markiert den höchsten Punkt Österreichs. Hat man das goldene Gipfelkreuz einmal erreicht, schweifen die Blicke in alle Richtungen und man vergisst fast die Anstrengungen der Besteigung. Meist ist man nicht alleine am Berg. An schönen Tagen sind es über 500 Personen, die zur höchsten Spitze des Landes aufsteigen. Staus und teilweise lange Wartezeiten sind an der Tagesordnung - dies ist die Kehrseite des Parade-Dreitausenders. Dieser Umstand hat dazu geführt, dass der Mürztaler Steig zur Adlersruhe mit neuen Drahtseilen sehr gut abgesichert wurde. Auch der Weiterweg zum nahen Gipfel weist im Felsteil einen Drahtseilabschnitt und zahlreiche andere „Klettererleichterungen" auf - es fehlt also nicht mehr viel zum „Glocknerklettersteig". Trotz dieser vielen Erleichterungen bleibt die Tour eine ernste Angelegenheit. Die Höhe, das Wetter und die Ausgesetztheit machen aus dieser schönen Bergtour schnell ein extremes alpines Unternehmen.

Kurzinfo

Talort: Kals am Großglockner, 1324 m
Ausgangspunkt: Parkplatz beim Lucknerhaus, 1918 m
Karten: AV-Karte Nr. 40, Glocknergruppe; ÖK 153 Großglockner

Anreise: Auf der B108 von Lienz oder durch den Felbertauerntunnel nach Huben. Dort ins Kalser Tal abzweigen und bis nach Kals auffahren. In Kals über die mautpflichtige Straße zum Parkplatz beim Lucknerhaus. Mit Öffis: Mit der Bahn nach Lienz und dem Bus nach Kals am Großglockner Lucknerhaus.

Zustieg: Als Ausgangspunkt dient die Stüdlhütte. Diese wird vom Lucknerhaus in ca. 2,5 Std. Fußmarsch erreicht. Zum Oberen Mürztaler Steig folgt man von der Stüdlhütte dem Weg in Richtung Salmhütte und steigt nach ca. 500 m rechts von der sog. Schere aufwärts zum Beginn des Ködnitzkeeses (markiert, Weg 712). Im linken Teil des Gletschers steigt man hinauf und quert in der Höhe der Luisenscharte leicht ansteigend zum sog. Kampl. An dessen Fuß beginnt der Obere Mürztaler Steig (1 Std.) Zum Unteren Mürztaler Steig gelangt man, indem man auf dem Weg zur Salmhütte weiter geht und auf ca. 2630 m (im Bereich des Seilbahnseiles der Erzherzog-Johann-Hütte) links zum Ködnitzkees abzweigt. Man folgt dem Weg bis unter die Burgwartscharte. Der untere Mürztaler Steig kann grundsätzlich ohne Gletscherberührung erreicht werden. Die meisten Bergsteiger ziehen es aber vor, anstatt im unangenehmen Moränengelände, auf dem Gletscher zu gehen (2 Std.). Alternativ

2

erreicht man den Unteren Mürztaler Steig auch in 3 Std. direkt von der Lucknerhütte (markierter Weg 712A).

Route: Oberer Mürztaler Steig - das Stück bis zur Einmüdung des Unteren Mürztaler Steiges wird auch „Alter Kalser Weg" genannt (C): Vom Ködnitzkees über die oft tiefe Randkluft in die Felsen und gleich anfangs sehr steil (C) im Zickzack hinauf auf den Grat, dem man oft auch links im Schnee bis zur Verbindung mit dem Unteren Mürztaler Steig folgt (Tafel). Entlang des Blockgrates, anfangs leicht (A) aufwärts und dann an der Westseite des Grates über Rampen und kurze Aufschwünge (Trittstifte, B) hinauf zur Adlersruhe. **Unterer Mürztaler Steig:** Von der Burgwartscharte (3104 m) zuerst A/B bis zur sog. „Hühnerleiter" (auf dem Fels angebrachte Holzstufen), und über diese (B) auf das Blaue Schartl (3182 m). Anschließend auf das Kampl (A/B), wo eine Tafel die Abzweigung des Oberen Mürztaler Steiges markiert. Ab dort weiter wie oben beschrieben. **Großglockner-Gipfelanstieg von der Adlersruhe:** Mit Steigeisen und Seil über Firn zum Glocknerleitl, über das man sehr steil (bis 40°) zu einer kleinen Scharte (Beginn des Felsteiles) gelangt. Von dieser zuerst südwestlich, dann direkt am Grat (I) über Platten (2-) hinauf zum Kleinglockner. Die Sicherung ist an Eisenstangen möglich. Auf dem schmalen Gipfelgrat des Kleinglockners über eine kurze Stufe zum Abstieg in die Scharte zwischen Kl. und Großglocker. Entlang des

Bild 1: Der Einstieg des Oberen Mürztaler Steiges.

Bild 2: Der Kleinglockner (noch mit Stangen) und dahinter der Aufstieg zum Großglockner.

Fotos: A. + A. Jentzsch

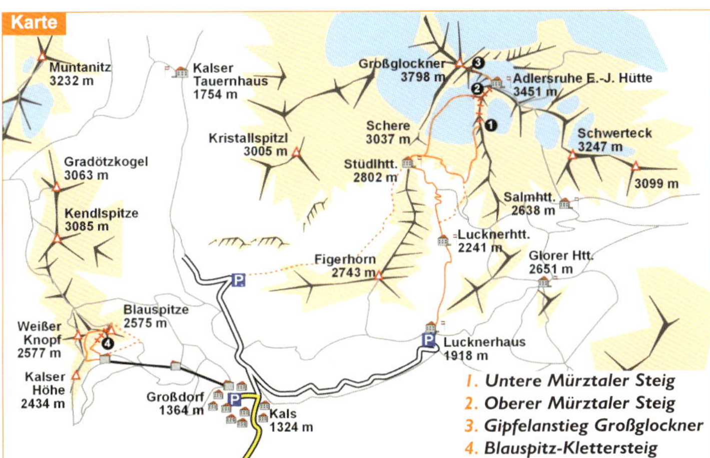

Gipfel - 3798 m

Beim Aufstieg :-)

Bild 3: Die lange Rampe des Oberen Mürztaler Steiges. An deren Ende steht man genau beim Eingang der Adlersruhe (Erzherzog-Johann-Hütte).

Bild 4: Der Aufstieg zum Kleinglockner. Die sog. „Stangensicherung" entspricht nicht der Lehrmeinung, wird aber von zahlreichen Glocknerbesteigern angewandt.

Fotos: A. + A. Jentzsch

Fixseiles steil (C) in die Scharte. Auf schmalem Schneeband hinüber zum Großglockner, über eine Felswand (Kletterstelle ca. 30 m, 2) zum Gipfelgrat und weiter (leichter) zum höchsten Punkt Österreichs aufsteigen.

Abstieg: Wie Aufstiege.

Ausrüstung: Gletscherausrüstung - Steigeisen, Eispickel, Seil, Handschuhe, Prusikschlingen, warme Kleidung, etc. und Klettersteigausrüstung.

Bemerkung: Alle Anstiege erfordern hochalpine Gletschererfahrung und sehr gute Kondition. Die meisten Bergsteiger gehen von der Stüdlhütte über den Oberen Mürztaler Steig zur Adlersruhe (Erzherzog-Johann-Hütte) und weiter auf den Gipfel. Der Aufbruch von den Stütz- bzw. Ausgangspunkten erfolgt mit Ausnahme des Zustieges zur Stüdlhütte in der Regel sehr früh am Morgen. Der Gipfelanstieg erfordert sicheres Kletterkönnen bis zum 2ten Grad und ist oft extrem überlaufen (bis 500 Personen pro Tag - Staus). Wer vom Lucknerhaus über den Unteren- und Oberen Mürztaler Steig zur Adlersruhe aufsteigt und dort nächtigt, verpasst zwar das exzellente Abendbuffet auf der Stüdlhütte, ist dafür am nächsten Morgen nur mit wenigen Leuten auf dem Gipfelgrat.

Zeiten: **Lucknerhaus – Stüdlh.:** 2,5 Std.; **Lucknerhaus – Burgwartscharte:** 3,5 Std. ; **Unterer- und Oberer Mürztaler Steig:** 1 - 1,5 Std.; **Stüdlhtt. – Adlersruhe:** 2 - 3 St.; **Adlersruhe – Großglockner:** 1,5 - 2 Stunden (mit Stau bis zu 5 Std.!)

Stützpunkt

Stüdlhütte, 2802 m, DAV; Ende Juni - Anfang Okt. bew. Tel: +43 4876 8209. www.stuedlhuette.at

Erzherzog-Johann-Hütte (Adlersruhe), 3451 m, ÖAK; Ende Juni - Ende Sept. bew. Tel. +43 4876 8500 www.erzherzog-johann-huette.at

A.+A. Jentzsch **Topo**

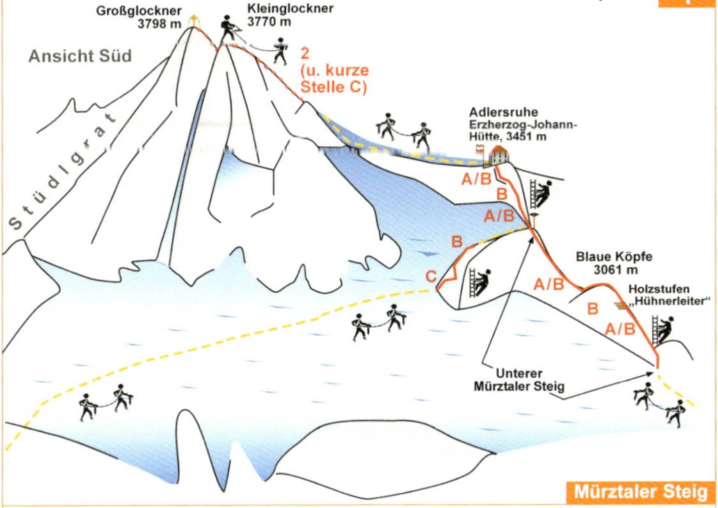

Mürztaler Steig

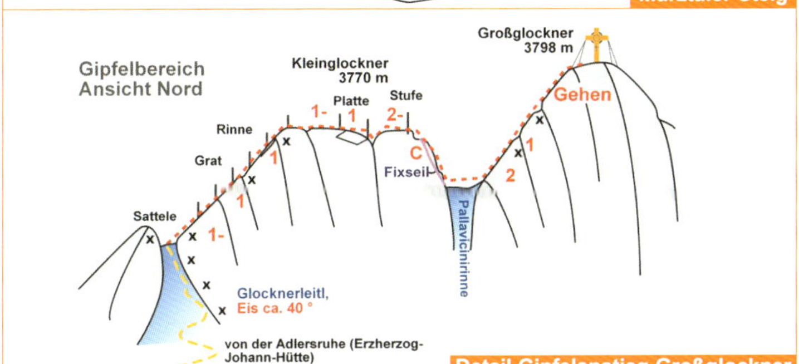

Detail Gipfelanstieg Großglockner

Blick aufs Glocknerleitl

Vor der Adlersruhe

Ü-Bild: Rechts unten punktiert angedeutet der Untere- und links der Obere Mürztaler Steig zur Adlersruhe. Von dort fast flach zum eisigen Glocknerleitl, dann der Gipfelanstieg über den Kleinglockner zum Hauptgipfel (3798 m)

Fotos: A. u. A. Jentzsch

1

90 Gleitwitzer Höhenweg

2,2 — 3 2 1

Sehr schön

Gut

Diff. B/C

1150 Hm
4,5 Std.

3,5 Std.

5,5 Std.

ab 13 Jahren

13,5 Std.
2500 Hm

N

Schneespitze, 3317 m

Juli - Sept.

Stützpunkt

Gleiwitzer Hütte, 2174 m, DAV; bew. Juni bis Ende Sept.; Tel. +43 676 4783420; Infos: www.gleiwitzerhuette.at

Besonderheiten: Der Hohe Tenn ist das ruhige Gegenstück zu so manchen überlaufenen Gipfel der Glocknergruppe. Da die Zustiege von allen Seiten relativ lange sind, empfiehlt es sich, Quartier in der im Sommer bewirtschafteten Gleiwitzer Hütte zu beziehen. Vor allem die grandiose Aussicht macht den Gleiwitzer Höhenweg zu einem sehr lohnenden Unternehmen. Zitat Reinhold Messner: „Der schönste Höhenweg der Alpen".

Kurzinfo

Talort: Fusch a. d. Glocknerstraße, 813 m

Ausgangspunkt: Parkplatz südl. Ortsende (Talstation Materialseilbahn), 813 m

Karten: AV-Karte Nr. 40, Glocknergruppe; ÖK 153, Großglockner

Anreise: Auf der B311 durch das Salzachtal nach Bruck a. d. Glocknerstraße. Dort abbiegen und auf der Großglockner Hochalpenstraße nach Fusch. Im Ort, gleich nach der Brücke über den Hirzbach, re. abzweigen (Schild Gleiwitzer Hütte) - dort Parkmöglichkeit. Öffis: Mit der Bahn nach Bruck-Fusch und mit dem Bus nach Fusch.

Zustieg: Auf dem mark. Wanderweg über die Hirzbachalm zur Gleiwitzer Hütte.

Route: Von der Hütte führt der zuerst einfache Weg mit nur geringem Höhengewinn in das Ochsenkar. Eine mit Trittstiften und Seilen gesicherte Rinne (B) leitet in die Untere Jägerscharte. Über den folgenden Grat (A) und eine weitere Querung gelangt man in die Obere Jägerscharte. Dort weitet sich das Panorama, welches man während des weiteren Aufstiegs über den langen Nordgrat zum Kempsenkopf ständig im Blickfeld hat. Auf dem wieder leichteren Steig weiter über den Bauernbrachkopf bis unter die Felsen des Kleinen Tenn. Diese letzte steile Hürde wird durch einen Spalt (B/C) mittels Drahtseil und Eisenstiften sicher überwunden. Die letzten Höhenmeter führen über ein Firnfeld zum Gipfelkreuz der Schneespitze.

Abstieg: Wie Aufstieg.

Ausrüstung: Klettersteiga- und Gletscherausrüstung.

Bemerkung: Mögliche Varianten sind der Aufstieg zur Gleiwitzer Hütte aus dem Kapruner Tal über die Brandlscharte und der direkte Auf- und Abstieg vom Stausee Mooserboden, welcher erst am Kempsenkopf in den Gleiwitzer Höhenweg mündet. Für die Begehung des Höhenwegs ist solide alpine Erfahrung nötig! Der Weiterweg über den luftigen Grat zum 50 Meter höheren Hauptgipfel des Hohen Tenn erfordert Blockkletterei bis zum 2. Schwierigkeitsgrad und ist nicht versichert!

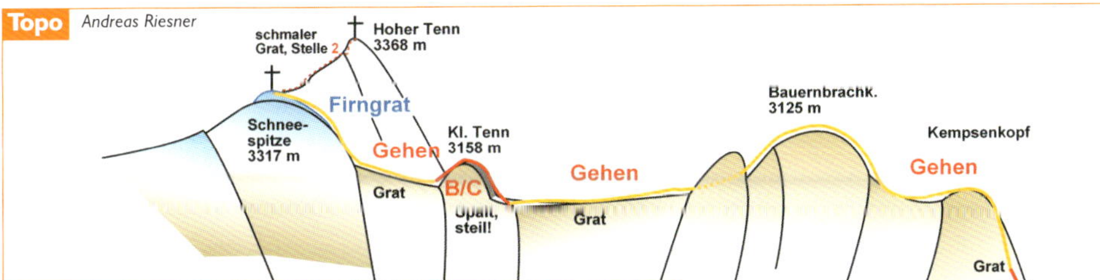

Bild 1: Die erste, mit Klammern abgesicherte Rinne.

Bild 2: Der Grat nach der Oberen Jägerscharte.

Bild 3: Auf dem Firngrat, kurz vor dem Gipfel der Schneespitze.

Fotos: Andreas Riesner und Erich Brugger

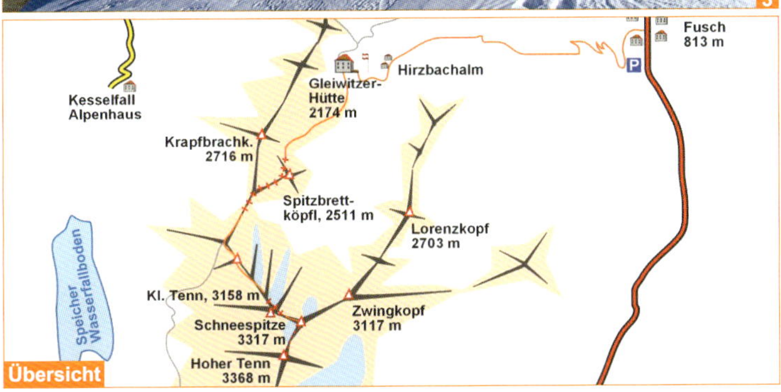

1

91 Leoganger Süd Klettersteig

2,5 (3 – 2 – 1)

Sehr schön

Sehr gut

Diff. D (E)

250 Hm
2,5 Std.

2,5 Std.

3 Std.

ab 14 Jahren

8,5 Std.
1300 Hm

Süd

Westl. Mitterspitze, 2160 m

Juni - Sept.

Karte auf Seite: 205

Stützpunkt

Passauer Hütte 2051 m, DAV; bew. Mitte Juni bis Ende September; Tel: +43 664 337 8529 Info: www.passauer-huette.at

Besonderheiten: Sehr anspruchsvoller Sportklettersteig mit schweren Kletterstellen in zum Teil sehr steilem Gelände. Belohnt werden die Mühen mit einer grandiosen Fernsicht zur Glocknergruppe. Die Schlüsselstelle ist ein überhängender, sehr ausgesetzter Seilquergang, der ohne zusätzliche Kurzfixierung zu den schwersten Klettersteigpassagen der Ostalpen gehört. Der Steig nützt die Strukturen der Südwand der Westl. Mitterspitze sehr gut aus und führt durch den zentralen Wandteil zum Gipfel.

Kurzinfo

Talort: Leogang, 788 m

Ausgangspunkt: Parkplatz Ortsteils Ullach, 820 m

Karten: ÖK 123, Zell am See; F&B WK 104; Kompass WK 30

Anreise: Von Kitzbühel oder Saalfelden nach Leogang. Im Ort gibt es nahe der Kirche eine Abzweigung nach Norden (Schild „Passauer Hütte“), dann den Schildern bis zum Parkplatz der Passauer Hütte folgen. (Parkplatz ist nahe des Ortsteils Ullach). Öffis: Mit der Bahn nach Leogang-Steinberge.

Zustieg: Auf dem markierten Normalaufstieg zur Passauer Hütte (Trittsicherheit nötig). Kurz vor der Hütte gibt es eine Scharte, das sog. „Hochtor“(Grashügel mit Kreuz auf der einen Seite und eine markante Felskante auf der anderen). Dort steht eine Klettersteig-Hinweistafel; man folgt dem markierten Steig zum Einstieg (zarte rote Punkte). Von der Passauer Hütte in 15 Min. zu erreichen.

Route: Vom markierten Einstieg über Platten (C) und Steilstufen (D) in flacheres Gelände (B und C) beim sog. „Liebeseck“ (guter Rastpunkt). Danach zu einer Querung aufsteigen, die zur Steilwand (C/D) unter einer Platte (B) führt. Am Ende der Platte beginnt der „Bergführer-Quergang“ (Schlüsselstelle (D - ohne Kurzfixierung E). Nach diesem durch einen Kamin (C) und die Schlusswand (C) zum Gipfel.

Abstieg: Auf dem komplett versicherten „Leoganger Nord“ Klettersteig (C/D) mit durchgehendem Seil versehen, steigt man über die Nordseite zur schon gut sichtbaren Passauer Hütte ab. Der Steig hat auch sehr schöne Passagen („Hängebrücke“ und „Wendeltreppe“) und wurde als „Familien-Klettersteig“ konzipiert.

Ausrüstung: Kompl. Klettersteigausrüstung, Helm und **Kurzfixierung:** Dazu braucht man eine Expressschlinge (zwei Karabiner mit einer kurzen Schlinge verbunden), damit hängt man deutlich näher an der Wand und kann die Arme entlasten.

Bemerkung: Bei Nässe und Gewittergefahr ist der Steig zu meiden. Auch bei Schneelage sollte man auf eine Begehung verzichten (nordseitiger Abstieg - evtl. Schneereste).

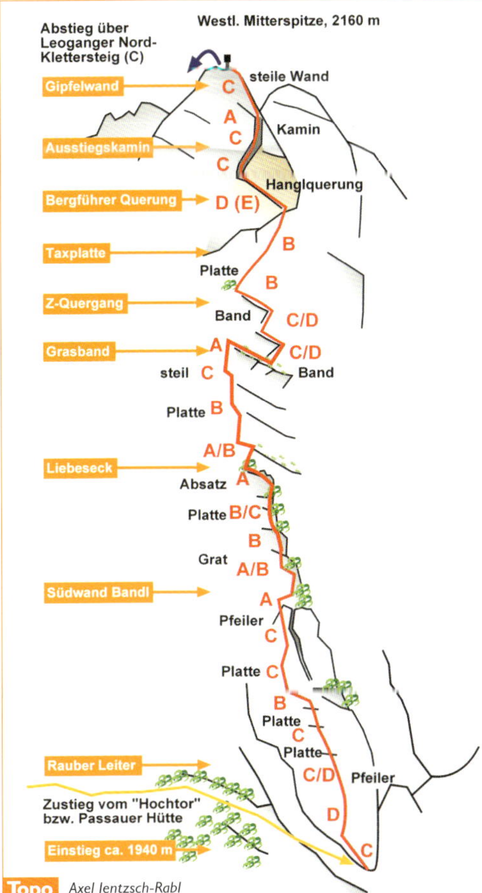

Topo *Axel Jentzsch-Rabl*

Bild 1: Bei der ausgesetzten „Bergführer-Querung". Ohne Kurzfixierung eine der schwersten Klettersteigstellen in den Ostalpen.

Bild 2-3: Im unteren Steigabschnitt.

Fotos: Thomas Wolf und Axel Jentzsch-Rabl

Ü-Bild: In Rot der Steigverlauf, oben im rötlichen Fels die sog. Bergführer-Querung. In Orange der Zustieg zum „Hochtor" (Passauer Hütte) und in Gelb die Querung vom Hochtor zum Einstieg.

92 Leoganger Nord Klettersteig

1,7 | 3 2 1

Sehr schön

Sehr gut

Diff. C/D

160 Hm
1 Std.

3 Std.

3 Std.

ab 13 Jahren

7 Std.
1400 Hm

N

Westl. Mitterspitze, 2160 m

Juni - Sept.

Stützpunkt

Passauer Hütte 2051 m, DAV; bew. Mitte Juni bis Ende September; Tel: +43 664 337 8529 Info: www.passauer-huette.at

Besonderheiten: Schöner und originell angelegter Klettersteig im Nahbereich der Passauer Hütte. Der Steig wurde als „Familien-Klettersteig" konzipiert, wobei die einzelnen Familienmitglieder stellenweise recht heftig zupacken müssen! Der Steig wird beim Abstieg nach dem deutlich anspruchsvolleren Leoganger Süd Klettersteig begangen. Im oberen Teil wurde eine zusätzliche Variante durch die sog. „Teufelslöcher" gebaut.

Kurzinfo

Talort: Leogang, 788 m
Ausgangspunkt: Parkplatz Ortsteils Ullach, 820 m
Karten: ÖK 123, Zell am See; F&B WK 104; Kompass WK 30

Anreise: Wie beim Leoganger Süd Klettersteig

Zustieg: Wie beim Leoganger Süd Klettersteig zum sog. „Hochtor"(Grashügel mit Kreuz auf der einen Seite und eine markante Felskante auf der anderen) und weiter zur Mittagsscharte unterhalb der Passauer Hütte. Dort führt ein Steig nordseitig unter den Felsen zum Einstieg hinunter.

Route: Vom Einstieg über eine erdige Rampe (A) zur ersten Steilstufe (C), danach über gestuftes Gelände (B u. C) zum „Jausenkammerl". Über Schrofen (A/B) gelangt man zur nächsten Wandstelle (C), auf die das schwere „Überhangl" (C/D) folgt. Über steile Platten (C) erreicht man den Absatz unter der „Wendeltreppe" (C), welche zur Seilbrücke (B) hinaufführt. Danach leicht absteigen, gerade über die steile „Hennenleiter" und die Gipfelwand zum höchsten Punkt (Tafel, 2160 m). **Variante „Teufelslöcher" B/C:** Am Ende der Seilbrücke „Passauersteg" über ein Band zum „Teufelsloch". Durch das enge Loch auf die Südseite. Dort aufsteigen, bis man oben wieder auf den Steig trifft.

Abstieg: Gleich wie Aufstieg - über den Klettersteig wieder hinunter.

Ausrüstung: Komplette Klettersteigausrüstung, Helm. Festes Schuhwerk ist zu empfehlen, da sich auf der Nordseite meist recht hartnäckig der Schnee hält.

Bemerkung: Vom Tal aus ein sehr langes Unternehmen, das eine ausgefüllte Tagestour ergibt. Zu empfehlen ist auch die spannende Tour auf das Birnhorn (2634 m, kurze Stellen I) dem Hauptgipfel der Leoganger Steinberge. So lässt sich ein ausgefülltes Wochenende im Bereich der gemütlichen Passauer Hütte verbringen.

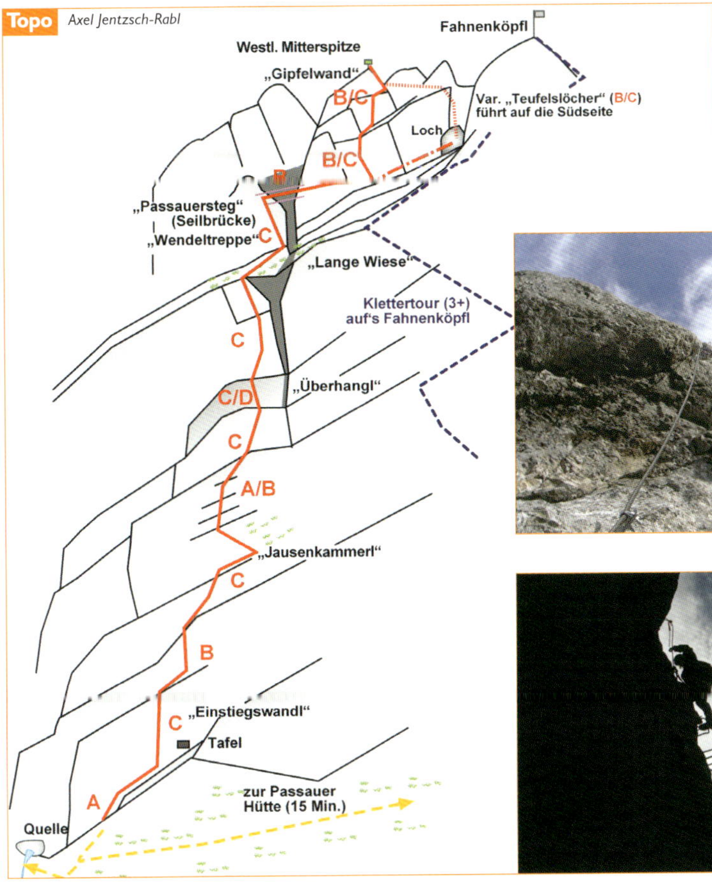

Bild 1: Der Leoganger Nord Klettersteig ist teilweise sehr luftig!

Bild 2-3: Leoganger Nord Klettersteig.

Fotos: Axel Jentzsch-Rabl

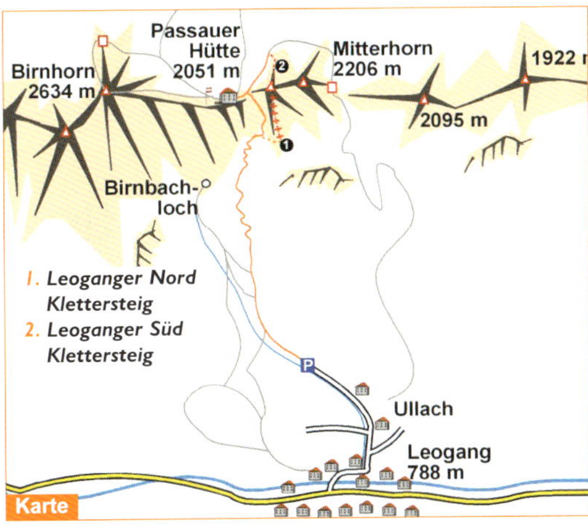

93 Klettersteig „Nackter Hund“

1,5 (3 – 2 – 1)

Sehr schön

Gut

Diff. D und I-

150 Hm
1 Std.

3,5 Std.

3 Std.

ab 14 Jahren

7,5 Std.
1650 Hm

O

Mitterhorn, 2506 m

Juli - Sept.

Stützpunkt

Schmidt-Zabierow-Hütte, 1963 m; ÖAV; bew Juli - September; Tel. +43 6588 7284. Infos: www.schmidt-zabierow.at

Besonderheiten: Der Klettersteig „Nackter Hund“ ist nach dem 2372 m hohen gleichnamigen Gipfel benannt, der jedoch nicht bestiegen, sondern nur tangiert wird. Der landschaftlich einmalige Steig mit abwechslungsreichen Einzelstellen verläuft genau an der Grenze von Salzburg und Tirol.

Kurzinfo

Talort: St. Ulrich, 847 m bzw. Lofer, 626 m

Ausgangspunkt: Weißleiten, 920 m bzw. Loferer Hochtal, ca. 760 m

Karten: AV-Karte Nr. 9, Loferer- und Leoganger Steinberge; ÖK 92, Lofer

Anreise: Nach St. Ulrich am Pillersee: Auf der B312 nach Waidring und ins Pillerseetal abzweigen. In St. Ulrich nach links in Richtung Weißleiten. Dort nochmals links (Wegweiser Mitterhorn) und bis zum Ende der Fahrmöglichkeit. Nach Lofer: Auf der B312 nach Lofer. Dort ins Loferer Hochtal abzweigen und bis zum Ende der Fahrmöglichkeit. Öffis: Mit der Bahn nach Fieberbrunn und dem Bus nach St. Ulrich oder nach Saalfelden und mit dem Bus nach Lofer.

Zustieg: Von St. Ulrich: Über den Weg 613 zuerst flach, später steiler durch das Lastal aufsteigen. Auf 1878 m teilt sich der Weg. Auf dem Weg 613 (rechte Möglichkeit) weiter durch die Ulricher Grube zum Wehrgrubenjoch. Von Lofer (100 Hm zusätzlich): Auf dem Weg 601 durch das Tret zur Schmidt-Zabierow-Hütte aufsteigen. Weiter auf dem Weg 613 durch die Große Wehrgrube auf das Wehrgrubenjoch. Vom Wehrgrubenjoch sanft ansteigend den Steinmännern über den Südostgrat des Nackten Hunds folgen. Bei der Einstiegstafel auf die Nordostseite wechseln und auf einem Band in Kürze zum eigentlichen Einstieg absteigen.

Route: Siehe Topo-Skizze.

Abstieg: Vom Ende der Versicherungen in Kürze zur Kreuzung mit Weg 612 aufsteigen. Nach St. Ulrich am Pillersee: Links auf den Weg 612 und bald nochmals nach links abzweigen (dunkelgrüne Markierung). Teilweise versichert (max. B/C) in die Schneegrube und zurück zum Aufstiegsweg. Nach Lofer: Rechts zum Weg 612 und über diesen zurück zum Aufstiegsweg.

Ausrüstung: Kompl. Klettersteigset, Helm und Schuhe mit Profilsohle.

Bemerkung: Beim Aufstieg gut mit dem Nurracher Höhenweg (max. B) zu kombinieren. In diesem Fall steigt man von St. Ulrich über das Ulrichshorn auf das Seehorn (2155 m) und folgt dem Gratverlauf zum Rothorn (2403 m), von diesem über den Grat zum Gipfel des Mitterhorns (siehe Karte).

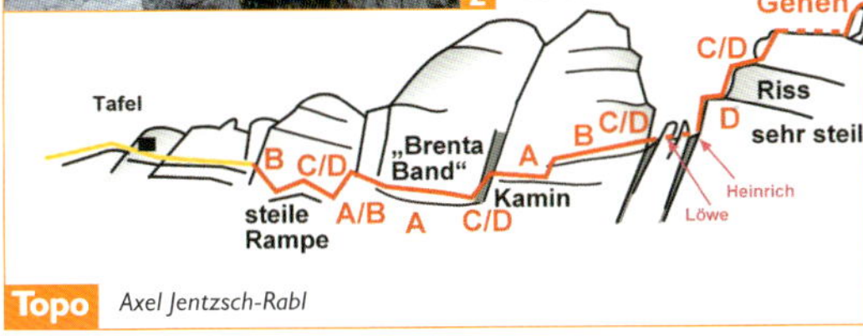

Topo Axel Jentzsch-Rabl

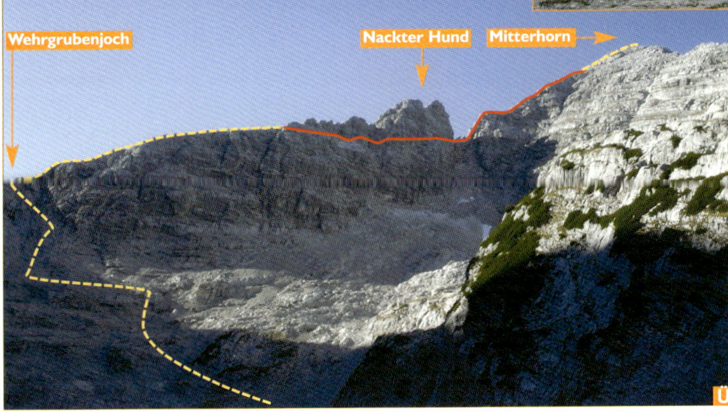

Bild 1: Recht luftige Passagen - beim Klettersteig „Nackter Hund“.

Bild 2: Ein schmales ausgesetztes Band an der Ostseite des Grates.

Bild 3: Auf dem Abstiegsweg über die eindrucksvolle schroffe Karstlandschaft.

Ü-Bild: In Orange der Zustieg, in Rot der Klettersteig „Nackter Hund“.

Fotos: Stefan Busemann und Dieter Wissekal.

Siehe CD-ROM Nurracher-Höhenw.

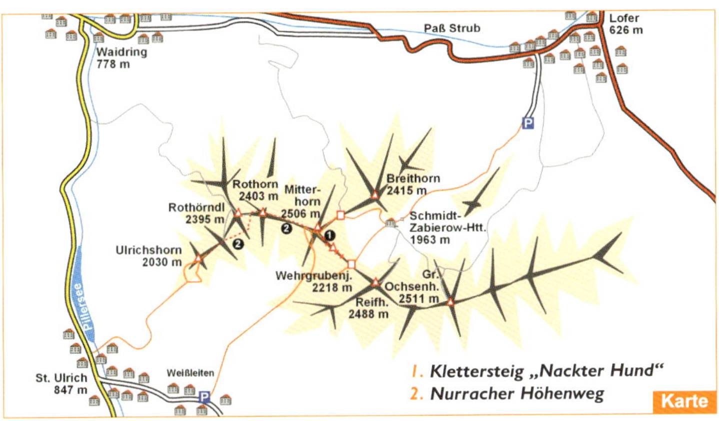

Karte

Wehrgrubenjoch

1

94 Klettersteig „S'Schuastagangl“

1,5 3 2 1

Schön

Sehr gut

Diff. C/D

180 Hm
55 Min.

1 Std.

1 Std.

ab 13 Jahren

3 Std.
550 Hm

S

Steinplatte,
1869 m

Mai - Okt.

Stützpunkt

Gasthäuser auf der Steinplatte
Infos:
www.steinplatte.co.at

Besonderheiten: Schöner Klettersteig in landschaftlich sehr reizvoller Umgebung. Der Steig hat einige knackige Passagen und luftige Stellen, neu dazugekommen ist die ausgesetzte Variante „Knieschläderer“. Am besten verbindet man den kurzen Steig mit einer Wanderung auf der Steinplatte. Wenn man den Gamssteig (kurzer Klettersteig zum Wandfuß) als Zustieg wählt, kommt ein schöner und spannender Rundkurs heraus.

Kurzinfo

Talort: Waidring, 778 m
Ausgangspunkt: Parkplatz Ghf. Steinplatte, 1376 m
Karten: ÖK 91, St. Johann i. T.; F&B WK 104 bzw. 301; Kompass WK 14

Anreise: Von der A12 (Abfahrt Kufstein-Süd) nach St. Johann und weiter nach Waidring. Von Salzburg über das "Kleine Deutsche Eck" und Lofer nach Waidring. Die Höhenstraße beginnt unweit der kaum zu übersehenden Seilbahnstation. Man fährt diese bis zum Gasthof Steinplatte hinauf (Maut). Öffis: Mit der Bahn nach St. Johann und dem Bus nach Waidring/Schredergasse.

Zustieg: Vom Parkplatz Ghf. Steinplatte zur Stalleralm und weiter auf dem Wanderweg in Richtung Wemeteigenalm. Am Ende der Forststraße - nachdem man unter der Gondelbahn hindurch ist - zweigt links ein Steiglein hinauf (gelbes Schild „Klettersteig“). Diesem bis zum Wandfuß folgen und rechts (nicht nach links zur Gondelbahn) weiter zum Einstieg bei dem markanten Felspfeiler (Föhre). **Gondelbahn:** Der Zustieg über den **„Gamssteig“** (25 Hm, B/C; der Steig führt zum Wandfuß) erfolgt vom/hinter dem Gasthof Kammerköhr. Dort nicht dem Weg mit der Beschilderung „Steinplatte“ folgen, sondern einem unmarkierten Weg südseitig in Richtung Felswand nachgehen. Der Weg führt zu einer Hinweistafel, hinter der Steigspuren zum „Gamssteig“ leiten. Den Steig bis auf ein Band abklettern (Klammern; steil; B/C) und dann östlich auf einem Steiglein am Wandfuß entlang bis zum Einstieg des „S'Schuastagangls“ (bei Nässe heikel!).

Route: Siehe Topo-Skizze.

Abstieg: Vom Ausstieg zum Gipfel und weiter zur nahen Liftstation. Auf markiertem Weg zurück zur Bergstation der Gondelbahn. Wenn man mit dem PKW aufgefahren ist, weiter über die Stalleralm hinunter zum Parkplatz.

Ausrüstung: Kompl. Klettersteigausrüstung und Helm. Für Kinder und Anfänger ein Sicherungsseil.

Bemerkung: Vorsicht, bei Nässe nicht zu empfehlen - viele erdige Stellen! Dank der Südlage ist der Steig meist schon recht früh im Jahr möglich.

Topo *Axel Jentzsch-Rabl*

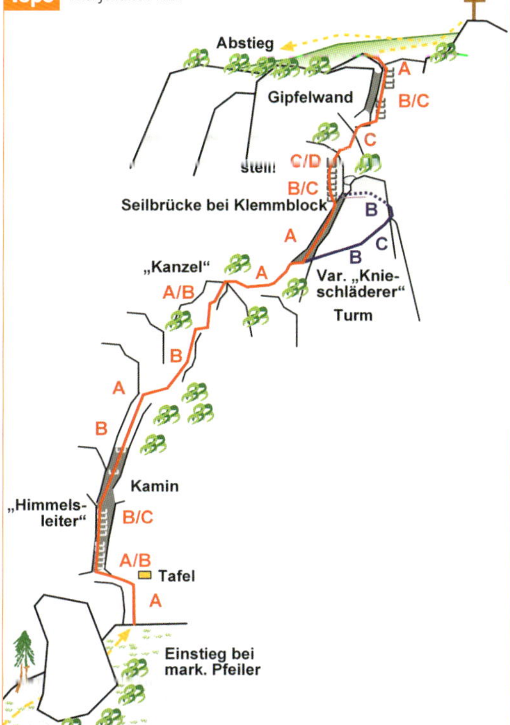

2

Bild 1: An der Schlüsselstelle des Steiges.

Bild 2: Im Mittelteil.

Bild 3: Der Ausstieg über die Gipfelwand.

3

4

Bild 4: Landschaftlich sehr eindrucksvoll ist der Zustieg unterhalb der Wände (von der Gondel, bei Nässe heikel!).

Fotos: Axel Jentzsch-Rabl

Karte

Ü

1

95 Pidinger Klettersteig

Schön

Sehr gut

Diff. D

710 Hm
3,5 Std.

1,5 Std.

2,5 Std.

ab 14 Jahren

7,5 Std.
1300 Hm

N

Hochstaufen, 1771 m

Juni - Okt.

Stützpunkt

Reichenhaller Haus, 1750 m, DAV, im Gipfelbereich, bew. von Mitte Mai - Mitte Okt. Tel: +49 8651 5566

Besonderheiten: Sehr gute und lange Steiganlage durch die Nordabstürze des Hochstaufens. Die vorbildlich angelegte Linie hat einen hohen Erlebniswert und bietet wunderbare Ausblicke ins Voralpenland. Auf Grund der Höhenlage vor allem in der Übergangszeit ein interessantes Ziel. Auch durch die Nähe zur Autobahn München - Salzburg ein sehr schnell zu erreichendes Ziel für den extremeren Klettersteiggeher.

Kurzinfo

Talort: Piding, 455 m
Ausgangspunkt: Parkplätze nach Urwies, 510 m
Karten: Bayer. LVA 82/43; BEV ÖK 63, Salzburg; Kompass WK 14,

Anreise: Auf der A8 bis zur Abfahrt Bad Reichenhall. Beim Kreisverkehr in Richtung Piding/Bad Reichenhall und danach gleich rechts in Richtung Aufham abzweigen. Weiter bis nach Urwies und nach dem Ortsende (kleines Sägewerk) bei der ersten Möglichkeit links auf einer Forststraße in den Wald bis zum Schranken (davor P.). Öffis: Mit der Bahn nach Piding und weiter mit dem Bus nach Urwies.

Zustieg: Vom Wanderparkplatz der Forststraße in Richtung Steiner-Alpe folgen. Zwischen Mairalm und Steiner-Alpe links ab (Schild „Pidinger Klettersteig") zu einer Lichtung (Bank bei Felsblock, dort stellt man am besten das Mountainbike ab). Dann wieder links, zuerst noch auf Forstweg, dann auf Steigspuren zum Einstieg.

Route: Teil 1: Die Einstiegswand (C) führt zu einem Flachstück mit kurzem Aufschwung (B). Danach links der Rinne (Grat, A/B) bis zum Ende der Versicherungen. Über die Rinne (A) bis zum Pfeiler (Fluchtweg - weiter auf dem Band) aufsteigen. **Teil 2:** Senkrecht aufwärts (C/D und D) und dann zum vorgelagerten Pfeiler queren. Über den Pfeiler (C) und eine Steilwand mit Rinne (C) kommt man auf den Pfeilerkopf. Ein Grat (A/B) und ein letztes Steilstück (C) führen zur zweiten langen Querung (bis B), die in einem Schuttkessel endet. Weiter bis zur nächsten Steilwand (Stelle C/D) die zur Rampe führt (C und C/D). Nach kurzem Flachstück sehr steil (D) links von einer Kante aufwärts. Querend erreicht man ein Steilstück (C) und den Buchplatz, danach über eine letzte Stufe (C) auf das Gipfelplateau.

Abstieg: Über den Normalweg in Richtung NW bis man zur Abzweigung (Piding/Urwies) kommt, dann Richtung Piding durch den Wald absteigen. Unten trifft man bei einer Wiese (Steiner-Alpe) wieder auf die Forststraße, auf dieser ins Tal.

Ausrüstung: Kompl. Klettersteigausrüstung, evtl. ein Sicherungsseil.

Bemerkung: Trittsicherheit und Schwindelfreiheit erforderlich; konditionelle Anforderung beim Aufstieg vom Tal sehr hoch. Evtl. MTB für Zustieg zu empfehlen.

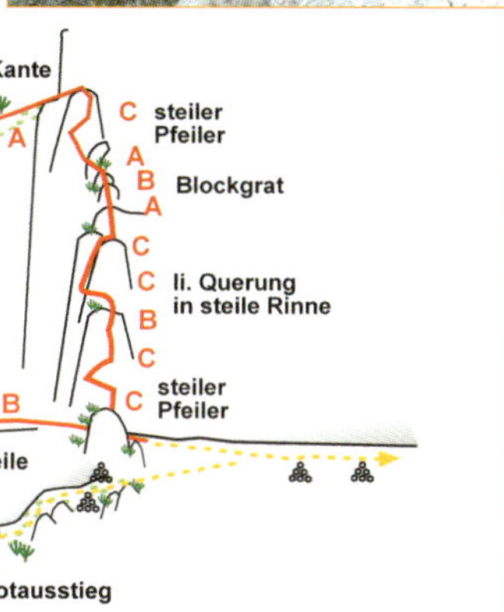

Bild 1: Im zweiten Teil des Klettersteiges - im Hintergrund die Steiner-Alpe.

Bild 2: Der zweite Pfeiler am Ende der Querung.

Bild 3: Gut zu sehen ist der Steigverlauf in Rot. Der Zustieg und die beiden Fluchtmöglichkeiten in Orange.

Fotos: A. Jentzsch-Rabl

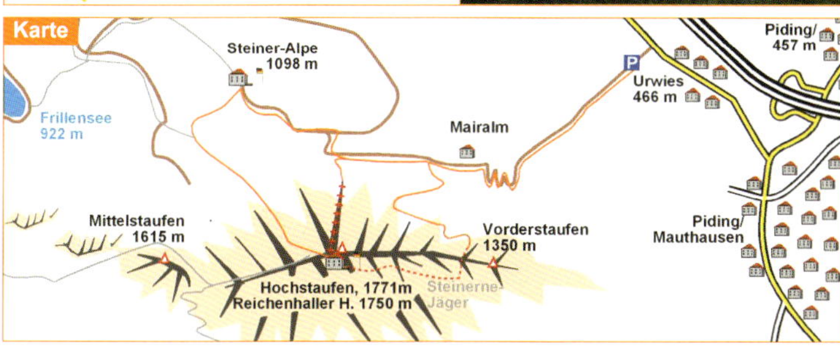

Karte: Alternativer Abstieg über den *„Steinernen Jäger"* (Stellen A/B) möglich. Der Verlauf dieses leichten Steiges ist in der Karte rot strichliert eingezeichnet.

1

96 Berchtesgadener Hochthronsteig

2 (3 – 2 – 1)
Sehr schön
Sehr gut
Diff. C/D
390 Hm
2 Std.
2,5 Std.
3 Std.
ab 13 Jahren
7,5 Std.
1250 Hm
SO
B. Hochthron
1972 m
Mai - Okt.

Stützpunkt
Stöhrhaus, 1894 m, DAV, Mitte Mai bis Mitte Okt. bew. Tel: +49 8652 7233

Besonderheiten: Sehr schöner und eindrucksvoller Sportklettersteig durch die Ostwand des Berchtesgadener Hochthrons. Der Steig wurde sehr elegant durch die steile Kalkwand gelegt und hat zahlreiche ausgesetzte Passagen - Gehstücke findet man fast keine. Der Steig gehört zu den besten Klettersteigen im Großraum Salzburg und wird sicher bald zum Klassiker werden.

Kurzinfo
Talort: Marktschellenberg, 477 m
Ausgangspunkt: Wanderparkplatz Ettenberg, ca. 780 m
Karten: BEV ÖK 93, Bad Reichenhall; F&B WK 102; Kompass WK 14

Anreise: Auf der A10 bis zur Ausfahrt Salzburg Süd, dann in Richtung Berchtesgaden bis Marktschellenberg. Bei der Kirche rechts über eine alte Steinbrücke in den Ort. Nach ca. 200 m zweigt die Straße links zum Ortsteil Ettenberg ab. Über die schmale Straße erreicht man nach ca. 5 km den Wanderparkplatz. Öffis: Mit der Bahn nach Berchtesgaden und mit dem Bus nach Hintergern.

Zustieg: Zuerst auf einer Forststraße und später auf einem Steig (AV-Weg 466) durch den Wald zum Scheibenkaser (ca. 1,5 Std.). Dort auf bezeichnetem Weg rechts an der Almhütte vorbei und nach ca. 50 m bergauf, bis nach etwa 5 Min. rechts der Grubenpfad abzweigt. Diesem folgt man durch eine Latschengasse bis zum großen Schotterfeld. Im Schotterfeld bitte nur den markierten Weg benutzen. Zuletzt unter dem Wandfuß nach links zum Anseilplatz queren (20 – 30 Min. ab Scheibenkaser). Alternativaufstieg von Hintergern über den Stöhrweg und dann nach rechts zum Scheibenkaser - siehe Karte.

Route: Siehe Toposkizze - die schweren Stellen kommen ab Wandmitte.

Abstieg: Vom Ende des Klettersteiges links zum nahen Gipfel (mit Kreuz) und auf markiertem Weg zum Stöhrhaus. Von der Hütte über den Stöhrweg (AV-Weg 417) bis zur Abzweigung Roßlandersteig. Über diesen AV-Weg (466) und den Scheibenkaser zurück nach Ettenberg (3 Std.). Alternativ vom Stöhrhaus über den Stöhrweg nach Maria Gern.

Ausrüstung: Kompl. Klettersteigausrüstung und Helm, evtl. ein Sicherungsseil.

Bemerkung: Bis auf eine kurze Passage (10 m Gehgelände) ist der Steig durchgehend mit Stahlseil und Trittbügeln versichert. Der Steig hat keinen Notausstieg - es gibt keine Möglichkeit vom Steig auf leichteres Gelände auszuqueren! Im Frühjahr kann große Gefahr durch abbrechende Schneewechten im Ausstiegsbereich bestehen. Nicht über den Steig absteigen!

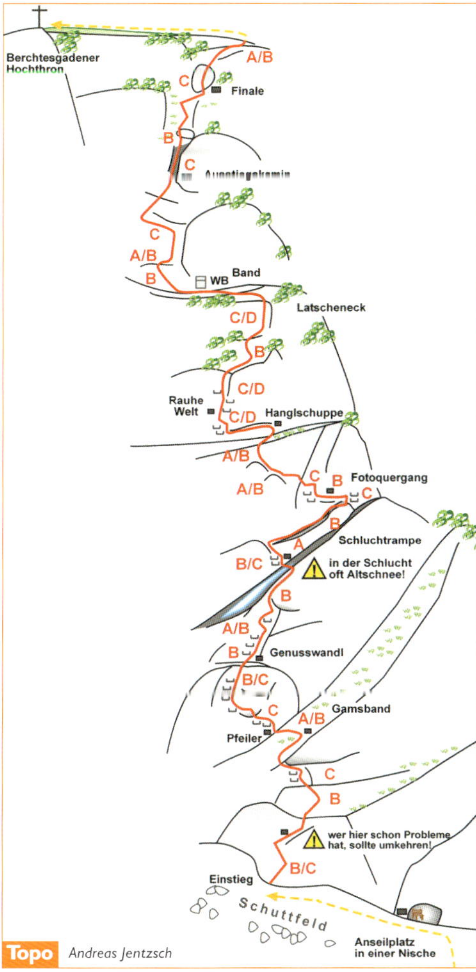

Topo *Andreas Jentzsch*

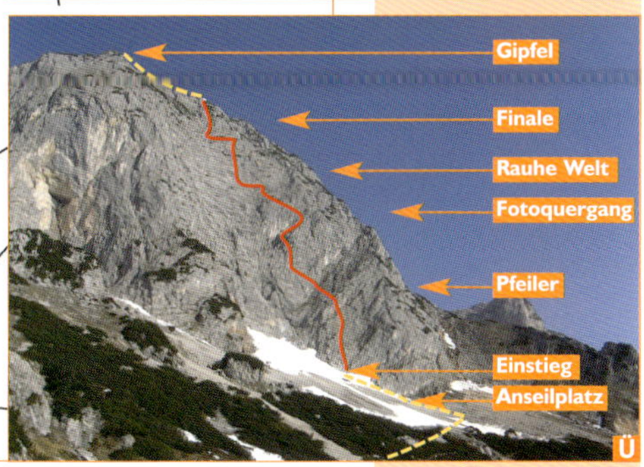

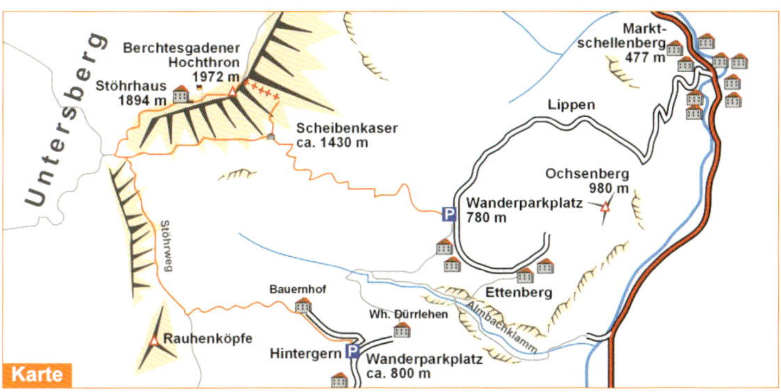

Karte

Bild 1: Im „Fotoquergang"; hinten der mächtige Watzmann.

Bild 2: In der steilen „Rauhen Welt".

Ü-Bild: Der Verlauf des Hochthronsteiges.

Fotos: A. Jentzsch-Rabl

Am Einstieg

1

97 Watzmann Überschreitung

2 (3 2 1)

Sehr schön

Mittel

Diff. B u. I-

800 Hm
4,5 Std.

3 Std.

4,5 Std.

ab 14 Jahren

2300 Hm
10 - 11 Std.

O-W (Grat)

Mittelsp. Watzmann, 2713 m

Juli – Sept.

Karte auf Seite: 217

Stützpunkt

Watzmannhaus, 1915 m, DAV; bew. Mai - Oktober; Tel.: +49 8652 96 42 22. Infos: www.watzmannhaus.de

Besonderheiten: Eine der schönsten Überschreitungen in den Ostalpen. Der Watzmann ist mit 2713 Metern das zweithöchste Gebirgsmassiv Deutschlands und hat drei Gipfel (Hocheck - Mittelspitze - Südspitze), die überschritten werden. Der Anstieg verläuft meist im Bereich des fast drei Kilometer langen Grates, der vom Watzmannhaus bis zur Südspitze reicht. Im Osten lockt der Blick hinunter zum Königssee nach St. Bartholomä und von der Ostwand - eine der größten Wände der Ostalpen - blinzelt das orange Biwak herauf.

Kurzinfo

Talort: Ramsau bei Berchtesgaden, 670 m
Ausgangspunkt: Parkplatz Wimbachbrücke, 634 m
Karten: ÖK 93, Berchtesgaden; Bayer. LVA UK 25-1; F&B WK D5

Anreise: A8 bis Ausfahrt Bad Reichenhall, weiter über die B20 und B305 zur Wimbachbrücke (Großparkpl. mit Parkscheinautomat) oder A8, Ausfahrt Traunstein/ Siegsdorf. Dann auf der B305 über Inzell, Schneizlreuth, nach Ramsau/ Wimbachbrücke. Öffis: Bahn nach Berchtesgaden und mit Bus zur Wimbachbrücke.

Zustieg: Von der Wimbachbrücke zum Watzmannhaus (siehe Hüttenzustieg - ca. 3 Std.), vom Watzmannhaus auf dem Weg in Richtung Hocheck zu den ersten Versicherungen (sog. Hochecksteig). Die Überschreitung „beginnt“ in der Regel beim Watzmannhaus (und wird hier auch so beschrieben).

Route: **Watzmannhaus (1915 m) - Hocheck (2651 m):** Von der Hütte kurz in eine Senke absteigen und auf dem Weg in Richtung Hocheck zu den ersten Versicherungen (sog. Hochecksteig - A). Danach wieder Gehstrecke bis kurz vor den Hocheck-Gipfel. Der Gipfel wird in kurzer, sehr leichter Kletterei erreicht (Stellen max. I-). **Hocheck (2651 m) - Mittelspitze (2713 m):** Von der Biwakhütte hinter dem Gipfel (dort legt man das Klettersteig-Set an) folgt man dem Zackengrat (A/B und A), teilweise auch kurz westlich davon (tlw. ungesichert), bis zu einer markanten breiten Platte. Über diese aufwärts (A), dann kurz ungesichert bis zu einem Gratstück (A) westlich vom Hauptgrat im Bereich eines Felsenfensters, über das kurz abgestiegen wird. Danach erreicht man ein Rampensystem (A, in der Mitte kurz B) das zur Mittelspitze führt. **Mittelspitze (2713 m) - Südspitze (2712 m):** Von der Mittelspitze zuerst kurz westlich, dann gleich wieder südlich am luftigen Grat abklettern (A und B), bis man westlich nach einer Rinne (A) wieder flacheres Gelände erreicht. Meist im Bereich des Grates weiter, bis man erneut im Zickzack (B und ein ausgesetztes ungesichertes

Topo *A.xel Jentzsch-Rabl*

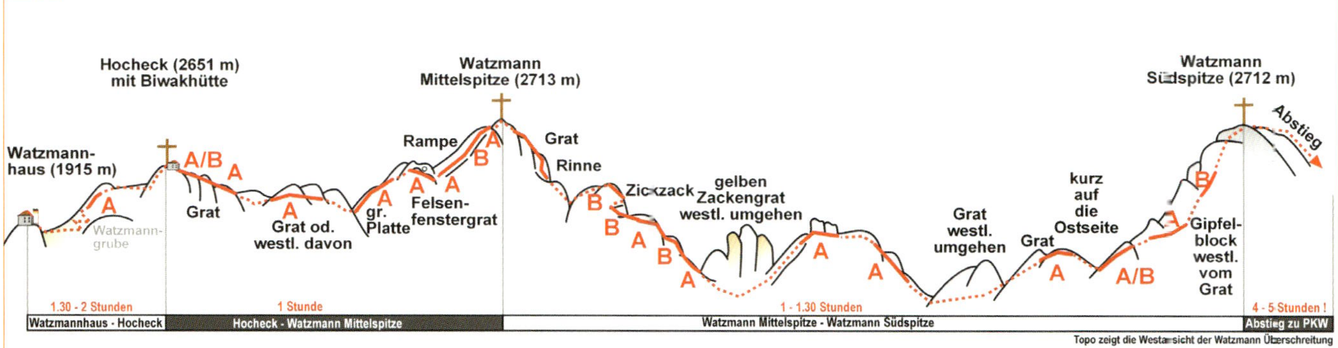

Bild 1: Auf dem markanten, teils sehr luftigen Grat.

Bild 2: Der Beginn des Steiges bei der Biwakhütte. Im Blickfeld das erste Ziel, die Watzmann-Mittelspitze.

Bild 3: Nach der Mittelspitze; der Weiterweg zur Südspitze ist etwas anspruchsvoller.

Bild 4: Der Abstieg hinunter ins Wimbachgries ist auch noch einmal ein Kapitel für sich.

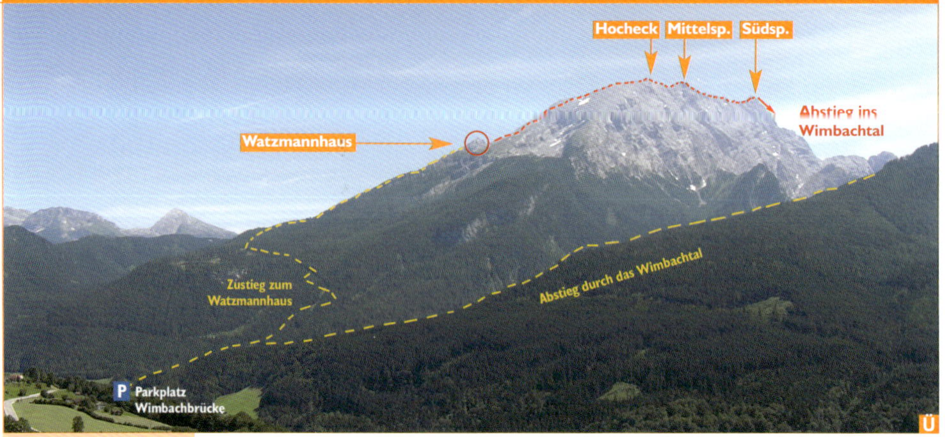

Ü-Bild: *Der gewaltige Watzmannstock mit den drei Gipfeln.*

Bild 5: *Eine Gruppe beim Aufstieg zum Hocheck. Unten sieht man das Watzmannhaus.*

Foto: A. Jentzsch-Rabl

Band) absteigt. Danach weiter hinunter (A, Stellen B) bis man in eine Scharte vor einem zackigen, gelben Aufschwung gelangt. Dieser Gratteil wird westlich umgangen, auf Bändern erreicht man dann wieder den Grat (zuletzt A). Einen Block westlich umgehen (A), dann wieder absteigen (A) und ungesichert (Steigspuren, westl. vom Hauptgrat) weiter in eine Scharte (zuletzt A). Im Bereich des Grates (A) bzw. östlich davon auf den Gipfelblock zu (A/B). Der Gipfelblock der Südspitze (2712 m) wird westseitig (A und eine letzte kurze Stelle B) erstiegen.

Abstieg: Markiert, ganz leichte Kletterstellen bzw. tlw. versichert A. Von der Südspitze zuerst auf dem Grat in eine Scharte, dann durch eine Art Schlucht auf ein Schuttfeld. Danach weiter über eine Steilstufe auf ein Wiesenstück, auf dieses folgt eine ungute Sandrinne. Vor der letzten Steilstufe gibt es eine längere Querung, kurz auch ansteigend, danach erneut eine Rinne (Kette) in einem Latschenfeld. Querend und absteigend erreicht man schlussendlich das große Schuttfeld (Ende der Schwierigkeiten). Jetzt beginnt der lange Weg durchs Wimbachtal. Vorbei an der Wimbachgrieshütte (1326 m) und dem Wimbachschloss (937 m) erreicht man den Ausgangspunkt bei der Wimbachbrücke (634 m).

Ausrüstung: Komplette Klettersteigausrüstung und evtl. ein Sicherungsseil für die Kletterstellen (tlw. Bohrhaken vorhanden).

Bemerkung: Nur bei bestem Wetter und schnee-/eisfreiem Fels unternehmen! Trittsicherheit, Schwindelfreiheit und etwas Klettergewandtheit sind notwendig. Längere Strecken Schwierigkeitsgrad I-, ansonsten Sicherungen. Vor allem auf stabiles Hochdruckwetter sollte geachtet werden. Bei Gewittern hat es auf dem Grat schon einige böse Unfälle gegeben.

Tipp

Bootsfahrt Königssee

Ein Tipp für Familien ist die Bootsfahrt auf dem Königssee im Nationalpark Berchtesgaden. Landschaftlich sehr eindrucksvoll geht die Fahrt unterhalb des Watzmanns vorbei.

Infos:
www.seenschifffahrt.de
www.nationalpark-berchtesgaden.de

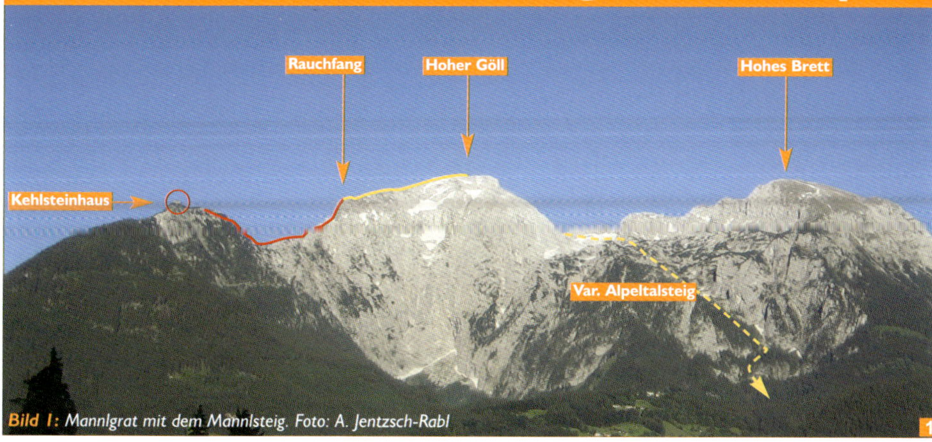

Bild 1: Mannlgrat mit dem Mannlsteig. Foto: A. Jentzsch-Rabl

98 Mannlsteig

1,5 (3 – 2 – 1)

Schön

Mittel

Diff. B/C

550 Hm
2 Std.

10 Min.

3 Std.

ab 13 Jahren

5,5 Std.
600 Hm

NW

Hoher Göll, 2522 m

Juni - Okt.

Stützpunkt

Kehlsteinhaus, 1834 m, privat; Mitte Mai - Ende Okt.; keine Nächtigung. www.kehlsteinhaus.de

Purtschellerhaus, 1692 m, DAV; bew. Pfingsten bis Ende Okt.

Besonderheiten: Schöner Steig auf den zweiten mächtigen Gipfel beim Königssee. Der Steig beginnt hinter dem geschichtsträchtigen Kehlsteinhaus und führt gratartig zum Gipfel des Hohen Göll. In Verbindung mit dem Schustersteig eine schöne Runde.

Kurzinfo

Talort: Berchtesgaden, 571 m

Ausgangspunkt: (Obersalzberg) Kehlsteinhaus, 1834 m

Karten: ÖK 93, Berchtesgaden; Bayer. LVA UK 25-1; F&B WK D5

Anreise: Von Berchtesgaden nach Obersalzberg (971 m; gr. Parkplatz), dort mit dem Shuttelbus (ab 8.20 Uhr) und Aufzug zum Kehlsteinhaus. Öffis: Mit der Bahn nach Berchtesgaden und dem Bus zum Obersalzberg (Shuttel-Kehlsteinhaus).

Zustieg: Mit wenigen Schritten von der Terrasse des Kehlsteinhauses zum Einsteig.

Route: Der Steig verläuft im stetigen Auf und Ab (kurze Stellen B/C, meist leichter) über den Mannlgrat. Am Ende erreicht man nach einem kurzen Kamin den sog. Rauchfang (2245 m; dort zweigt der Schustersteig ab) - ab dort Weiterweg zum H. Göll.

Abstieg: Am schnellsten vom Rauchfang (2245 m) über den sog. Schustersteig (A/B) zum Purtschellerhaus (1692 m) und entlang der Straße zurück nach Obersalzberg. Alternativ kann man über die Göllscharte und den Alpeltalsteig (Stelle B) absteigen.

Ausrüstung: Evtl. Klettersteigausrüstung, Helm und Sicherungsseil für Kinder!

Karte

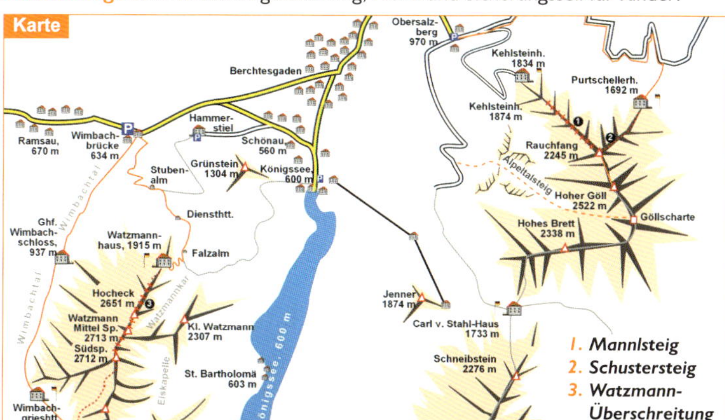

1

99-100 Wildental- und Südwand-Klettersteig

1,3 (3 – 2 – 1)

Sehr schön

Sehr gut

Diff. B/C bzw. B

280 Hm
1,5 Std.

3 Std.

3,5 Std.

ab 10 Jahren

8 Std.
bis 1500 Hm

NW/SW

Persailhorn, 2347 m

Juni - Sept.

Stützpunkt

Peter Wiechenthaler-Hütte, 1707 m, ÖAV, Anf. Juni – Ende Sept. durchgehend, Mai und Okt. an Sa/So/Ft. bew. Tel: +43 6582 73489

Besonderheiten: Der 1993 errichtete Wildental-Klettersteig verläuft durch die schattige Nordflanke des Persailhorns und vereint spannende Passagen mit fantastischer Aussicht. Der Südwand-Klettersteig verläuft in interessanter Routenführung durch die sonnige Südflanke des Persailhorns. Am besten werden beide Klettersteige als „Rundtour" geklettert. In der Regel steigt man den Wildental-Klettersteig auf und den Südwand-Klettersteig ab.

Kurzinfo

Talort: Saalfelden, 748 m
Ausgangspunkt: Parkplatz Bachwinkl, ca. 840 m
Karten: AV-Karte 10/1, Steinernes Meer; ÖK 124, Saalfelden; F&B WK 103

Anreise: Auf der B164 oder B311 nach Saalfelden. Auf der B311 nördlich von Saalfelden, im Ortsteil Pabing Richtung Bachwinkl abzweigen und durch Siedlungsgebiet zum Parkplatz im Wald fahren. Mit Öffis: Mit der Bahn nach Saalfelden und weiter zu Fuß oder mit dem Bus bis Saalfelden Bachwinkl (nur an Werktagen).

Zustieg: Vom Parkplatz auf rot markiertem Steig zur Peter Wiechenthaler-Hütte aufsteigen. **Wildental-Klettersteig:** Weiter auf dem Weg 428, bis links ein Steig zum Wildental-Klettersteig abzweigt. Über diesen zum Einstieg. Einstiegskoordinaten: N 47°27'39", O 12°53'14". **Südwand-Klettersteig:** Von der Peter Wiechenthaler-Hütte auf dem Weg 428, bis rechts ein Steig zum Südwand-Klettersteig abzweigt. Über diesen zum Einstieg queren. Einstiegskoordinaten: N 47°27'39", O 12°53'07".

Route: Siehe Topo-Skizze. Auf dem Wildental-Klettersteig ist die Schlüsselstelle eine Engstelle (B/C) im oberen Wandteil. Der Südwand-Klettersteig zeichnet sich durch steile Leiternpassagen (B) aus.

Abstieg: Über den Südwand-Klettersteig (kommt man über diesen, also den gleichen Weg wieder absteigen) oder den rot markierten Normalweg „Alter Weg" (unangenehmes Schrofen- und Geröllgelände; Stellen 1+) zurück zum Aufstiegsweg.

Ausrüstung: Kompl. Klettersteigausrüstung und Helm; für Kinder ein Sicherungsseil.

Bemerkung: Vom Ausstieg bzw. dem Zusammenschluss der beiden Klettersteige kann man den Vorgipfel des Persailhorns (Gipfelkreuz, max. B/C, 50 Hm zusätzlich) in etwa 10 Minuten erreichen. Zum Hauptgipfel sind es weitere 10 Minuten und 40 Hm. Der Wildental-Klettersteig lässt sich gut mit dem anspruchsvollen Saalfelder Höhenweg (Stellen 2) kombinieren.

Topo *Dieter Wissekal*

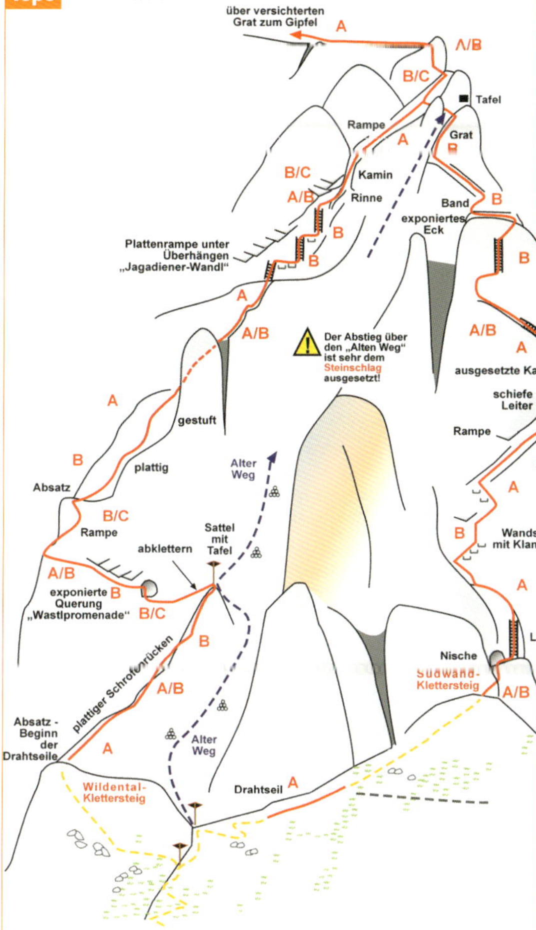

Bild 1: Am Ende der steilen Leiter des Südwand-Klettersteiges (oberer Teil).

Bild 2: *Am Anfang einer Leiternpassage des Wildental-Klettersteiges.*

Ü-Bild: *1: Wildental-Klettersteig, 2: Südwand-Klettersteig und 3: Alter Weg.*

Fotos: Dieter Wissekal und Daniela Kengyel.

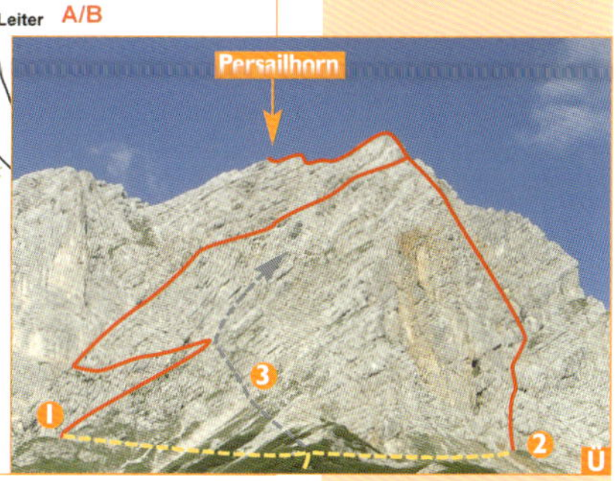

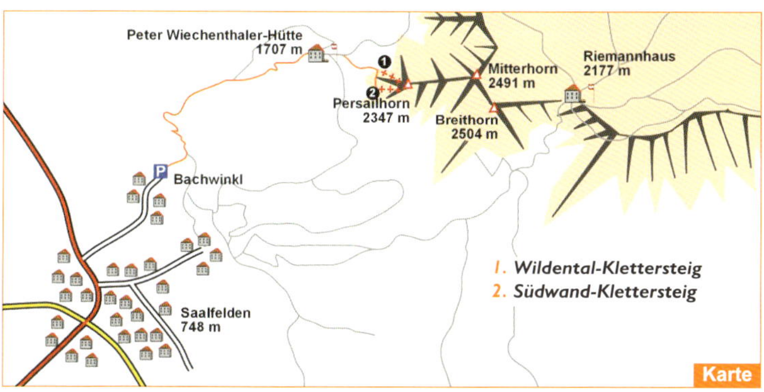

Karte

Bei der Abzweigung

1

101 Klettersteig „Königsjodler“

3 (3 2 1)

Sehr schön

Sehr gut

Diff. D und I-

700 Hm
5,5 Std.

2 Std.

3,5 Std.

ab 14 Jahren

1650 Hm
11 Std.

S

Hochkönig, 2941 m

Juli – Sept.

Bilder: Siehe nächste Doppelseite.

Stützpunkt

Erichhütte, 1545 m, TVN; bew. Mitte Mai - Mitte Okt., Tel: +43 664 2643553

Besonderheiten: Wegen der gewaltigen Dimensionen und anhaltenden Schwierigkeiten ist der Königsjodler eine der schwersten Steiganlagen im Ostalpenraum! Der Steig führt rund **1700 Klettermeter** über die Teufelshörner, den Kematstein (auch Kummetstein) und endet am Hohen Kopf. Der Steig verläuft meist direkt an der wilden Gratkante und äußerst spektakulär über kleine und große Schluchten (Jungfrauensprung, Teufelsschlucht und „Flying Fox“ über den Sallerriss) und acht zum Teil sehr spitze Türme. Da man von den Turmgipfeln meist sehr steil wieder absteigt und den darauf folgenden Turm wieder aufsteigen muss, werden die 1700 Klettermeter zur Belastungsprobe. Auch landschaftlich ist der Steig sehr eindrucksvoll. An schönen Tagen ist das Panorama unschlagbar. Die Erstbegeher verlegten über die gesamte, sehr abwechslungsreiche und zum Teil recht ausgesetzte Länge eine fast durchgehende Seilsicherung (ausgenommen leichte Gehpassagen).

Kurzinfo

Talort: Dienten am Hochkönig, 1071 m

Ausgangspunkt: Parkplatz Erichhütte auf dem Dientner Sattel, 1342 m

Karten: AV-Karte Nr. 10/2, Hochkönig; ÖK 124, Saalfelden; F&B WK 103

Anreise: Auf der A10 bis Bischofshofen, weiter auf der B164 über den Dientner Sattel und nach etwa 1 km rechts am Parkplatz der Erichhütte parken. Öffis: Mit der Bahn nach Bischofshofen oder Lend. Weiter mit dem Bus nach Mühlbach am Hochkönig oder Dienten. Von Mitte Mai bis Ende September Anschlussbus auf den Dientner Sattel.

Zustieg: Vom Parkplatz auf einer Forststraße zur Hütte aufsteigen. Von der Erichhütte auf Weg 432 weiter in die Hochscharte. Auf 2220 m folgt ein Wegweiser. Dort nach links abzweigen und in Kürze zum Einstieg.

Route: Nach heftigem Einstieg (D) führt eine flache Rinne (C) auf den „Flower Tower“. Ein flacher Grat (B) führt hinunter in eine Scharte (B). Anschließend erklimmt man den Mühlbacher Turm (B/C). Es folgen die Via-Mala-Schlucht (C/D) und der Spreizschritt „Jungfrauensprung“ (C). Über die Porti-Sport-Diretissima (max. C) klettert man auf den Teufelsturm. Dann geht es steil hinunter (max. C/D) auf die luftige Dreiseilbrücke „Kranabetter- Steg“ (B/C). Auf der Lehner-Traverse (C) noch ein Stück abgeklettern. Es folgt ein kurzer ungesicherter Abschnitt (I-), bevor wieder versichert (C) ein Grat (B) erreicht wird. In der Folge geht es steil in den Sallerriss (C/D) hinun-

Topo

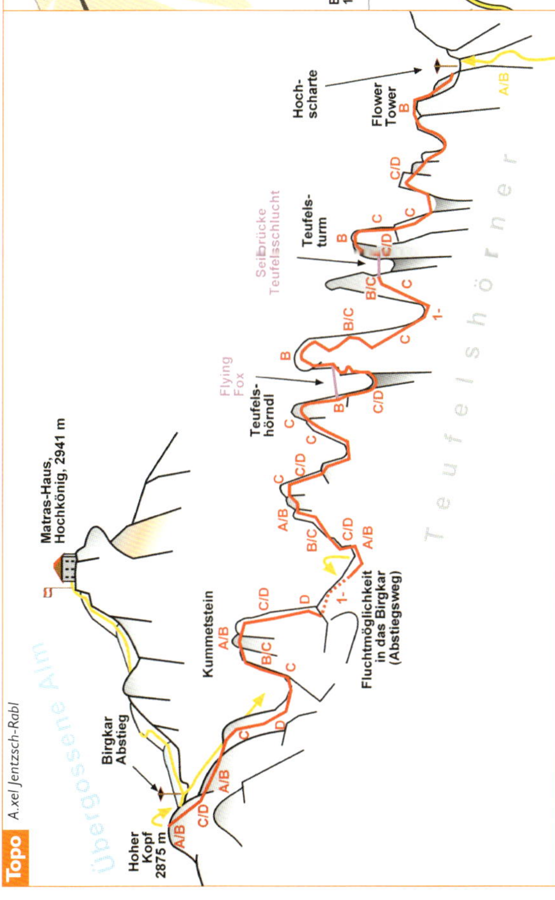

Karte

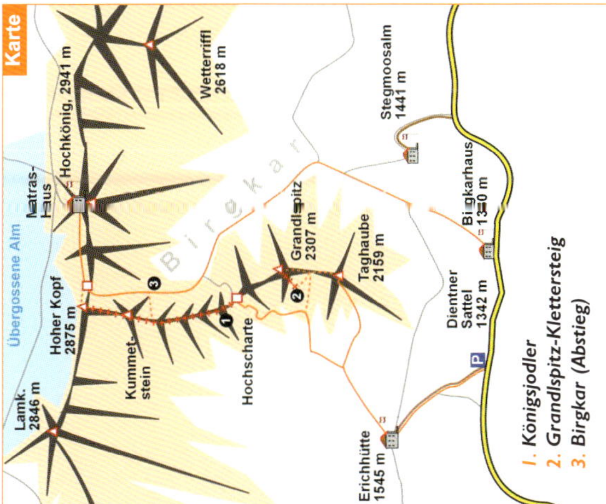

4

3

2

Bild 1 - 4: Im unteren Teil des Königsjodlers.
Bild 2: Man klettert immer sehr luftig über Grate und Türme.
Bild 3: Der Flying-Fox.
Bild 5: Kletterer zu später Stunde im oberen Teil der Route.
Foto: A. Jentzsch-Rabl und Dieter Wissekal.

Stützpunkt

Matras-Haus, 2941 m, ÖTK; bew. Mitte Juni - Mitte Okt., Tel: +43 6467 7566.
Info: www.matrashaus.at

Tipp

Abstieg über den Hochkönig-Normalweg:

Man steigt, vorbei an der Torsäule, zur Mitterfeldalm ab, von dort zum Arthurhaus. Landschaftlich eindrucksvoll und nicht so anspruchsvoll wie das Birgkar. Zeit: Ca. 3 - 4,5 Stunden bis zum Arthurhaus (mit Taxi, 2 PKW oder Bus zurück zum Dientner Sattel).

ter. Wer nicht ganz in diese Scharte abklettern will benutzt den „Flying Fox". Danach steil (max. C) auf das 2522 m hohe Teufelshörndl und über den luftigen Brücknergrat (max. C/D) zur Dientner Schneid (C/D) steigen. Es folgt die ebenfalls luftige Bosch-Promenade (B). Anschließend kurz in eine Scharte abklettern (C/D). Dort befindet sich ein Notausstieg ins Birgkar. Über einen Schrofenrücken (zuerst A/B, dann I-) zum Fuß des Kematsteins. Der lange Aufschwung „Franzl's Fantastica" (max. D) und ein Grat (A/B) führen auf den Kummetstein. Über die „Brandner Abfahrt" (max. C) kommt man in eine Scharte und nach einer Querung steil auf den Matras-Kopf (D). Es folgen noch ein paar Spreizschritte (max. C). Über den durch eine kurze Platte (C/D) unterbrochenen Grat (A/B) wird der Ausstieg erreicht.

Abstieg: Vom Ausstieg rechtshaltend in wenigen Minuten in die Birgkarscharte absteigen (von dort alternativ in 30 Min. zum Hochkönig-Gipfel). Dort nach rechts abbiegen und durch das Birgkar (teilweise versichert, max. A) hinunter zum Birgkarhaus und auf der Straße wieder zum Parkplatz der Erichhütte.

Ausrüstung: Kompl. Klettersteigausrüstung und Handschuhe, evtl. Steigeisen für die Schneefelder auf dem Plateau.

Bemerkung: Konditionell sehr fordernder Klettersteig – einer der schwersten Steige in Österreich. Nur bei sehr sicherem Wetter einsteigen. Der Abstieg über das Birgkar ist heikel und bei Nässe mit Vorsicht zu genießen - bei Schneelage sehr gefährlich!

Bild 1: In der schweren Ausstiegsplatte. Foto: A. Jentzsch-Rabl

102 Grandlspitz-Klettersteig

1,5

Sehr schön

Sehr gut

Diff. C/D

80 Hm
45 Min.

2 Std.

2 Std.

ab 12 Jahren

5 Std.
1000 Hm

S

Grandlspitz, 2307 m

Juni - Okt.

Karte auf Seite: 221

Stützpunkt

Erichhütte, 1545 m, TVN; bew. Mitte Mai - Mitte Okt., Tel: +43 664 2643553

Besonderheiten: Schöner Klettersteig, den man sehr gut am Tag der Anreise in Angriff nehmen kann, um sich für den Königsjodler einzuklettern. Der kühn angelegte Steig führt durch die Südwand des Grandlspitzes und ist im oberen Teil anspruchsvoll und ausgesetzt. Interessant ist die Kombination mit der Taghaube.Von dieser quert man dann zum Einstieg des Grandlspitz-Klettersteiges hinüber (kurze Stellen mit Stiften gesichert) und steigt nach dem kurzen Klettersteig wieder zur Erichhütte ab.

Kurzinfo

Siehe Königsjodler.

Anreise: Siehe Königsjodler.

Zustieg: Vom Parkplatz zur Erichhütte und dort in Richtung Hochscharte, kurz vor der Linksquerung zweigt der markierte Weg in die Scharte zwischen Taghaube und Grandlspitz ab. Anschließend links auf mark. Steigspuren zum Einstieg.

Route: Siehe Topo-Skizze.

Abstieg: Beim Ausstieg steigt man (von unten gesehen) rechts ab; markiert und teilweise versichert. Man erreicht wieder die Scharte und steigt wie beim Aufstieg zur Erichhütte ab.

Ausrüstung: Komplette Klettersteigausrüstung.

Bemerkung: Auch in der Kombination mit dem Königsjodler machbar. Die Querung zum Zustiegsweg der Hochscharte ist aber heikel (brüchig; 2ter Grad).

Topo *Axel Jentzsch-Rabl*

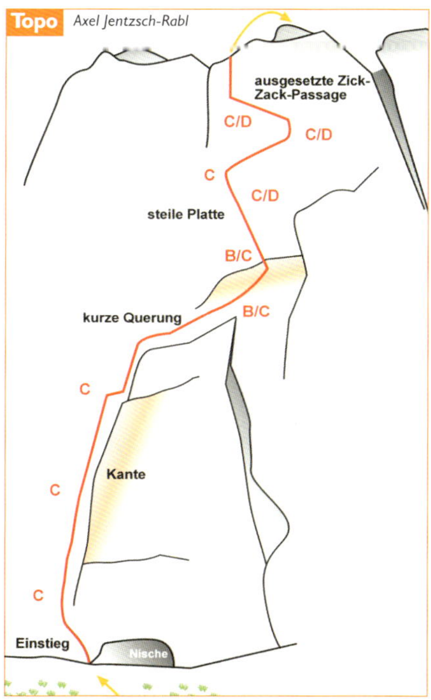

103 Klettersteig „City Wall“

2,7 (3 – 2 – 1)

Schön

Sehr gut

Diff. E

50 Hm
30 Min.

5 Min.

25 Min.

ab 14 Jahren

1 Std.
70 Hm

N

Kapuzinerberg
636 m

Juli - Feb.

Information

Der Klettersteig ist zum Schutz brütender Vögel von März bis Juni gesperrt. Der City Wall ist eingezäunt, versperrt und daher nicht für jedermann zugänglich.

Schlüsselabholung ist nur zu Bürozeiten möglich.

www.akzente.net

Besonderheiten: Der erste „Stadtklettersteig“ im Ostalpenraum; und dieser gleich im höchsten Schwierigkeitsgrad! Der City Wall bietet nicht nur eine wunderschöne Aussicht über die historische Altstadt von Salzburg, sondern auch die Möglichkeit, mitten in Salzburg ein wenig alpines Gefühl zu entwickeln. Ein schöner Herbstnachmittag, eine Stunde Zeit, Kletterausrüstung und genügend Kraft in den Armen: Das sind die besten Voraussetzungen um einen sehr anspruchsvollen Eisenweg am Kapuzinerberg im Herzen der Mozartstadt zu erklettern.

Kurzinfo

Talort: Salzburg, 425 m
Ausgangspunkt: Parkplätze im Bereich der Glockengasse, 430 m
Karten: ÖK 163, Salzburg; F&B WK 391; Wallersee - Mondsee; Kompass WK 017

Anreise: A1 bis Abfahrt Salzburg Nord, weiter über die Vogelweidstraße bis zum Kapuzinerberg. Letzte Möglichkeit nach rechts (Schallmooserstraße bis zur Linzer Garage, bzw. in der Kurzparkzone der Stadt parken). Genaue Adresse: Akzente Salzburg, Glockengasse 4c. Öffis: Mit der Bahn nach Salzburg.

Zustieg: In zwei Minuten zum Einstieg des Klettersteiges rechts hinter dem Haus, nach dem Absperrzaun. Das Betreten des Steiges ist nur nach vorhergehender Anmeldung im Sekretariat von Akzente Salzburg gestattet (Tel.: +43 662 849291).

Route: Über den glatten Einstiegspfeiler (C) aufwärts, bis man zu einem Steilstück unter der Dachzone (D) kommt. Der dort beginnende „Götterquergang“ ist sehr Kraft raubend und ausgesetzt (E) und quert horizontal unter der Dachzone nach links. Der Quergang ist die erste, sehr schwere Schlüsselstelle des Klettersteiges! Nach der Querung ein kurzes Stück (C) zum einzigen Rastpunkt (Biwakplace) aufwärts und weiter direkt über die steilen Überhänge (D), in denen man nach rechts (Long Pane; E) quert. Dies ist die zweite Schlüsselstelle kurz vor dem Ausstieg. Danach geht es kaum leichter nach links (D/E) zurück zu einer kurzen Steilpassage (C). Nach der Überkletterung des Zaunes steht man nach ca. 130 Klettermetern auf dem Wanderweg zum Kapuzinerberg.

Abstieg: Vom Ausstieg orographisch rechts auf asphaltiertem Weg zur Linzergasse absteigen und zurück zur Glockengasse.

Ausrüstung: Komplette Klettersteigausrüstung, Helm und Klettersteighandschuhe.

Bemerkung: Extrem schwerer, steiler und sehr ausgesetzter Klettersteig, mit einigen E-Stellen!

Topo *Andreas Jentzsch*

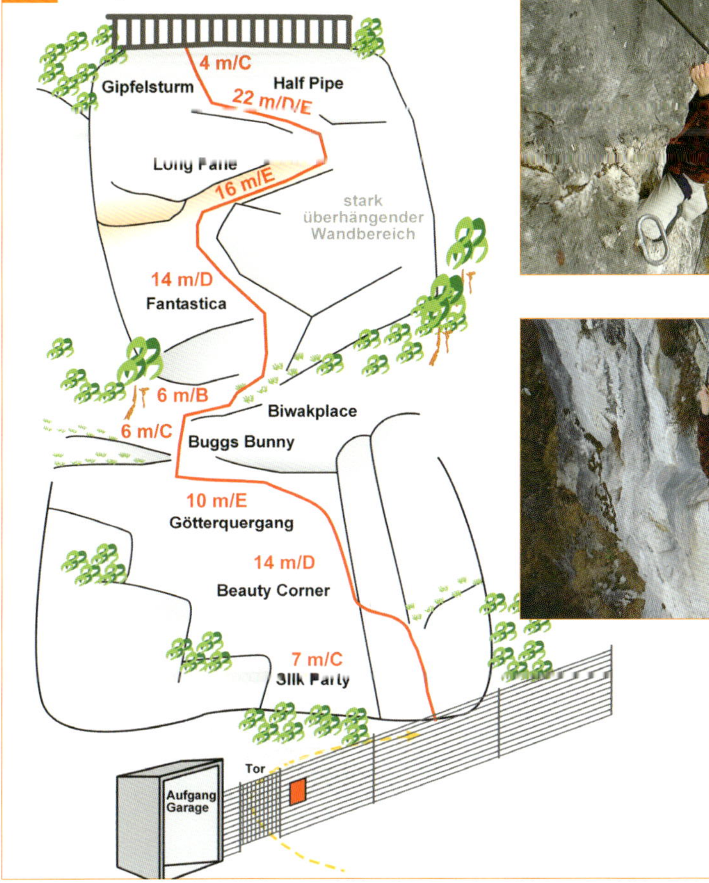

Bild 1: *Ausstieg über der Skyline der Mozartstadt.*

Bild 2: *Steile, stark überhängende Kletterei.*

Bild 3: *In der überhängenden Dachzone des Mittelteiles.*

Fotos: Andreas Jentzsch und Dieter Wissekal

Karte

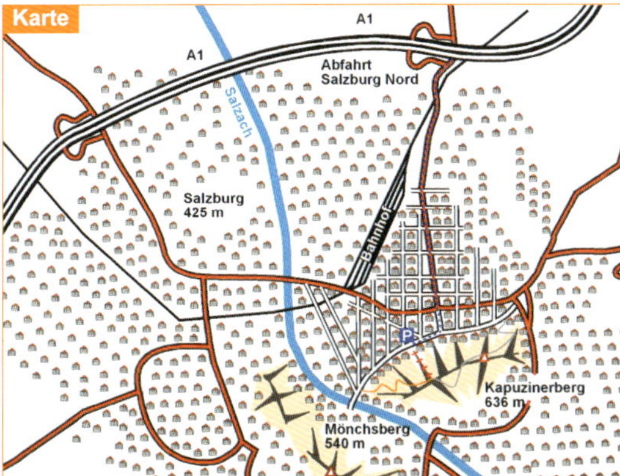

1

104 Postalmklamm-Klettersteig

2,3 (3 – 2 – 1)

Sehr schön

Gut

Diff. D

350 Hm
3 Std.

25 Min.

1,5 Std.

ab 13 Jahren

5 Std.
550 Hm

SO

Thorhöhe, 1533 m

Mai - Okt.

Stützpunkt

Div. Gasthäuser und Hütten auf dem Plateau der Postalm
Infos: www.postalm.at

Besonderheiten: Ein rassiger Action-Klettersteig wurde von den Erbauern in die Postalm-Klamm gebohrt. Nicht weniger als 5 Seilbrücken führen über den tosenden Rußbach - eine davon ist eine „Hangelbrücke" mit Seilen. Nach deren Überquerung steigt man entlang eines Wasserfalles zur steilen Gamsleckenwand auf. In dieser sind wieder richtige „Ferratisten" gefragt, denn man muss schon kräftig zupacken, will man den Ausstieg in der leicht überhängenden Wand erreichen. Entstanden ist ein landschaftlich sehr reizvolles Klammabenteuer mit kleinen Mutproben, das man auf dem saftig-grünen Postalmplateau gemütlich ausklingen lassen kann.

Kurzinfo

Talort: Strobl am Wolfgangsee, 542 m
Ausgangspunkt: Klettersteigparkplatz vor der „Aufstieg Kehre", ca. 720 m
Karten: ÖK 95, Sankt Wolfgang; F&B WK 392; Kompass WK 018, Wolfgangsee

Anreise: Von der A1 gelangt man über die Ausfahrten Mondsee oder Thalgau an den Wolfgangsee (in Richtung Bad Ischl). In Weißenbach zweigt die Straße zur Postalm ab (Maut). Dieser folgt man bis zum Klettersteigparkplatz bei der sog. „Aufstieg Kehre". Öffis: Mit der Bahn nach Bad Ischl und dem Bus zur Postalm.

Zustieg: Auf der Forststraße (Sulzaustraße), vorbei an der Simonhütte, in Richtung Rinnkogel. Die Straße verläuft entlang des Baches. Vor der Brücke (741 m) über den Rußbach zweigt man bei einem Wehr nach rechts ab und gelangt auf Steigspuren zu den Versicherungen.

Route: Siehe Topo-Skizze. Die sehr anstrengende Schlusswand lässt sich gut links umgehen (markiert).

Abstieg: Entweder gerade zur Schnitzhofalm oder nach rechts bis zur Busstation und über den Wanderweg im Nahbereich der Postalmstraße zurück zum Parkplatz. Alternativ kann man auch gleich nach der Gamsleckenwand gerade zum Abstiegsweg gehen (weglos durch den Wald; siehe Karte).

Ausrüstung: Komplette Klettersteigausrüstung und Schuhe mit guter Profilsohle. Für kleine Kletterer ist eine zusätzliche Seilverlängerung nötig, da die Handseile tlw. sehr hoch oben verlaufen.

Bemerkung: Bei Nässe ist die Klamm sehr rutschig und auch die heiklen Wiesenpassagen sind kein Genuss! Selten wurde bei einem Klettersteig so viel Eisen in Bäume geschlagen. Das hätte man evtl. auch anders lösen können (macht sich optisch nicht wirklich gut). Die Wegführung wurde nach einem Sturmschaden geringfügig geändert. Am Ende ist eine „Seilrutsche" dazugebaut worden.

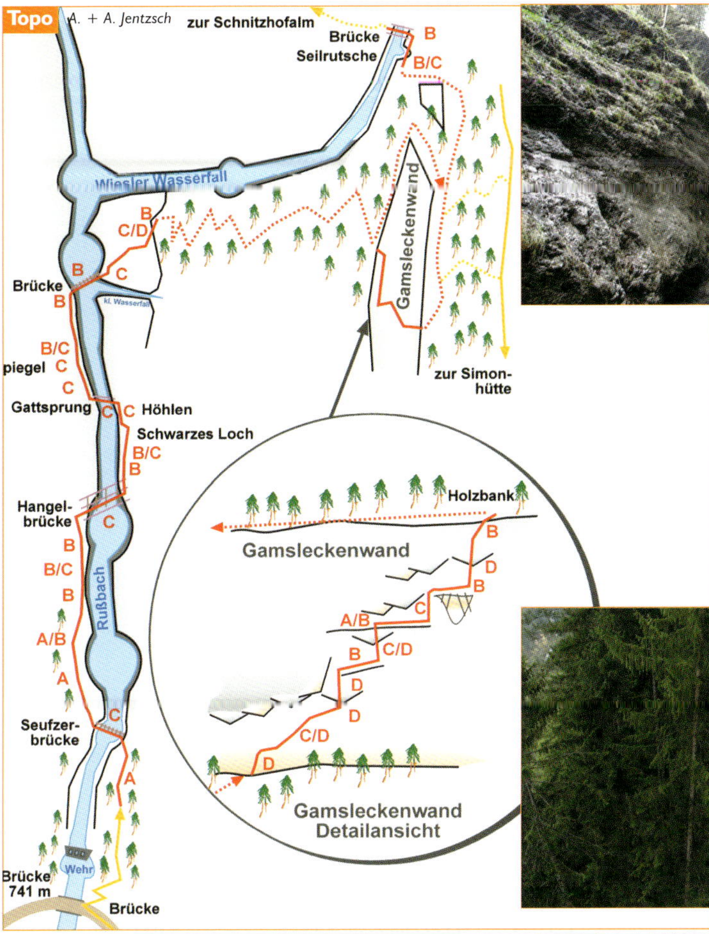

Bild 1: *Bei dem sog. „Gattsprung".*

Bild 2: *Im Bereich des „Schwarzen Loches".*

Bild 3: *In der leicht überhängenden Gamsleckenwand.*

Bild 4: *Die wackelige Wasserfallbrücke.*

Fotos: A. Jentzsch-Rabl und Dieter Wissekal

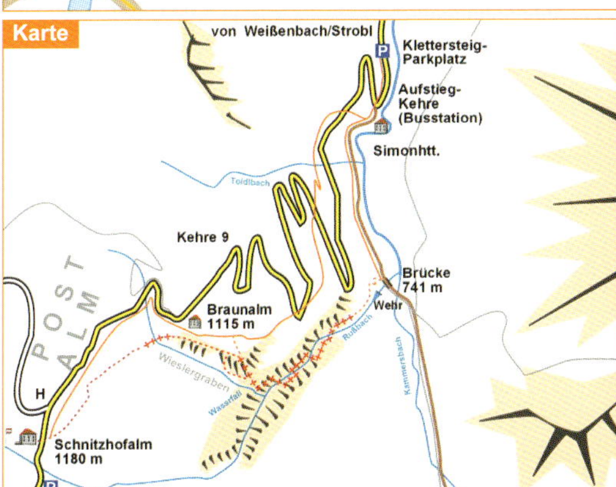

1

105 Bergwerkskogel-Rettenkogel-Klettersteig

1,5 (3 2 1)

Sehr schön

Mittel

Diff. C und I+

230 Hm
1 Std.

3 Std.

2,5 Std.

ab 12 Jahren

6,5 Std.
1350 Hm

Div.

Rettenkogel
1780 m

Juni - Okt.

Stützpunkt

Sonntagkaralm, ca. 1150 m, privat; fallweise einfach bew.

Obere Schöffaualm, 805 m, privat; *fallweise einfach bew.*

Besonderheiten: Eindrucksvolle, stellenweise auch ausgesetzte Überschreitung eines 650 m langen Grates zwischen den beiden nahezu gleich hohen Gipfeln. Die tollen Tief- und Fernblicke (man sieht sowohl den Wolfgang- als auch den Hallstätter See) entschädigen für die nur kurzen Klettersteigabschnitte.

Kurzinfo

Talort: Strobl, 542 m

Ausgangspunkt: Ramsau, 542 m

Karten: ÖK 95, St. Wolfgang; F&B WK 392; Kompass WK 018, Wolfgangsee

Anreise: A1 bis zur Ausfahrt Regau oder Mondsee, dann weiter auf der B145/B158 bzw. B154/B158 zur Siedlung Ramsau 6 km westlich von Bad Ischl. Beim Gasthof „Zur Wacht" nach Süden abbiegen und dem Schöffaubach 500 m bis zum Ende der Fahrmöglichkeit folgen. Mit Öffis: Mit der Bahn nach Bad Ischl und weiter mit dem Bus (Linie 150) bis Strobl Wacht.

Zustieg: Der Forststraße immer entlang des Schöffaubaches bis zu einer Brücke kurz vor der Oberen Schöffaualm folgen. Unmittelbar nach der Brücke links auf den markierten Wanderweg abzweigen (Wegweiser „Bergwerkskogel") und über die Laufenbergalm zu den ersten Versicherungen auf ca. 1650 m. Einstiegskoordinaten: N 47°40'38,3", O 13°30'41,2".

Route: Vom Einstieg kurz in eine kleine Scharte abklettern (A). Meist etwas links des Grates (oft Gehgelände, Stellen A, eine Stelle I) bis kurz vor den Bergwerkskogel (15 Hm zusätzlich). Rechts abzweigen (Aufschrift auf Fels) und entlang des Grates (Gehgelände) zu einem Spalt (I+). Nach einem kurzen Stück Gehgelände um ein Platteneck herum (A/B) und eine Rampe (A) empor. Im Gehgelände zum Gipfelaufschwung des Rettenkogels. Sehr steil einen Pfeiler hinauf (C) und gestuft (A/B) zum Gipfel.

Abstieg: Über den Rettenkogel-Steig zum Aufstiegsweg. **Rettenkogel-Steig (A):** Vom Gipfel zuerst Gehgelände hinunter zu zwei langen Leitern (A). Nach diesen quert man gehend den Hang bis man bei einem Pfeiler zur dritten Leiter (A) kommt. Weiter durch Latschenfelder (zwei kurze Stellen A). Dann auf einem Steig hinunter zur Sonntagkaralm und weiter ins Tal.

Ausrüstung: Komplette Klettersteigausrüstung, evtl. Sicherungsseil.

Bemerkung: Eine Begehung in der Gegenrichtung ist möglich, jedoch anspruchsvoller (Abklettern der schwierigsten Stellen).

Topo *Andreas Jentzsch*

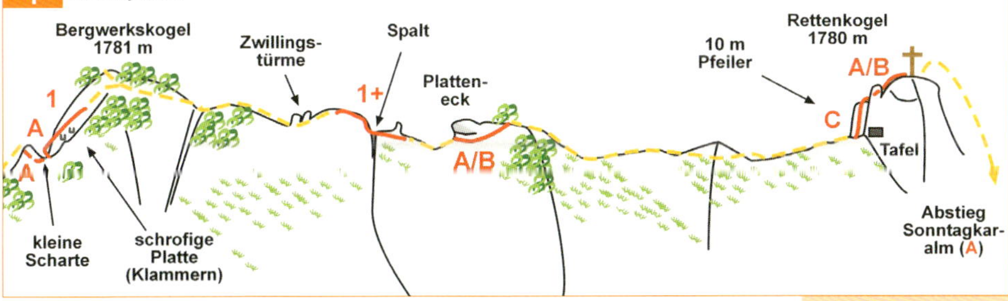

Bild 1: *Der sehr steile 10 m-Pfeiler (C) vor dem Gipfel des Rettenkogels.*

Bild 2: *Abstieg - Blick auf den Wolfgangsee.*

Bild 3: *Das Platteneck auf dem Grat (A/B).*

Bild 4: *Auf dem Gipfel des Rettenkogels.*

Fotos: Andreas Jentzsch und Dieter Wissekal.

Karte

106 Hochkogelsteig

1,2 — 3 2 1

Schön

Gut/Mittel

Diff. A/B

500 Hm
1,5 Std.

25 Min.

1 Std.

ab 11 Jahren

3 Std.
550 Hm

SW

Hochkogel, 2281 m

Mai - Okt.

Stützpunkt

Dr.-Friedrich-Ödl-Haus, 1582 m, privat, Mai bis Okt. bew. Tel: +43 6468 524812 www.oedlhaus.at

Infos Eishöhle: www.eisriesenwelt.at

Besonderheiten: Die Eisriesenwelt und der Hochkogelsteig sind zwei spannende Ziele, die sich sehr gut kombinieren lassen. Die Bergbahn erleichtert den Aufstieg zur größten Eishöhle der Welt, deren Besuch an sich schon ein kleines Abenteuer ist. Unweit des Höhleneingangs beginnt der Hochkogelsteig und man steigt, weg vom Trubel rund um die Eisriesenwelt, zum Plateaurand des Tennengebirges auf. Neben dem Tiefblick auf das Salzachtal erstreckt sich das Panorama vom Hochkönig über den Watzmann bis hin zu den Eisriesen der Ankogelgruppe.

Kurzinfo

Talort: Werfen, 548 m

Ausgangspunkt: Bergstation beim Dr.-F.-Ödl-Haus, 1582 m

Karten: ÖK 94, Hallein und ÖK 125, Bischofshofen; F&B WK 392

Anreise: Über die A10 bis nach Werfen und dort auf der beschilderten Zufahrtsstraße zum Parkplatz der Eisriesenwelt. Dan in ca. 15 Min. zu Fuß zur Talstation und mit der Bahn zum Ödl-Haus (alternativer Fußaufstieg plus ca. 1,5 Std.). Öffis: Mit der Bahn nach Werfen und mit dem Bus zum Parkplatz der Eisriesenwelt.

Zustieg: Vom Ödl-Haus steigt man in Richtung Höhleneingang auf. Kurz vor der Höhle zweigt nach einer Schlucht rechts der Hochkogelsteig ab.

Route: Siehe Topo-Skizze. Anfangs auf dem Felsenweg (A) zu einer Schlucht, danach kurze, versicherte Stellen (A), aber auch viel Gehgelände bis zu einer kleinen Leiter (A/B). Nach dieser zu einer Latschenzone aufsteigen. Dann kommt man zur etwas steileren Schlusswand (A/B), die zur Plateaukante führt.

Abstieg: Wie Aufstieg hinunter zum Dr.-Friedrich-Ödl-Haus

Ausrüstung: Für Ungeübte und Kinder Klettersteigausrüstung, bzw. für Kinder ein Sicherungsseil für die ausgesetzten Gehpassagen.

Bemerkung: Am Plateaurand erreicht man in dem sog. Hochkogeltief eine kleine Jagdhütte. Von dieser steigt man nördlich auf einem Steig zum Gipfel des Hochkogels auf (190 Hm/30 Min.). Der Steig weist wenig ausgesetzte Stellen auf, es ist aber Trittsicherheit erforderlich! Wenn man über das Leopold-Happisch-Haus und die Streitmandlscharte zur Edelweißhütte geht, kann man über die sog. Thronleiter zwischen Fieberhorn und Hochthron zur Werfener Hütte absteigen. Von dort abwärts zum Gasthof Mahdegg und auf markiertem Weg zurück zum Parkplatz der Eisriesenwelt. Dies ergibt eine gigantische und landschaftlich eindrucksvolle Plateaurunde (ohne Hüttennächtigung eine konditionelle Herausforderung).

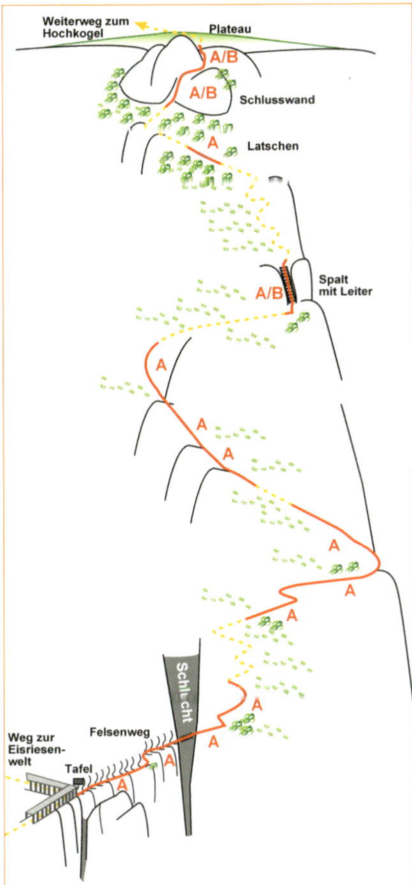

Topo *Axel Jentzsch-Rabl*

Bild 1: Der „Eisbär" in der Eisriesenwelt.

Bild 2: Die kl. Leiter in der Wandmitte.

Ü-Bild: Der Steigverlauf über der Eisriesenwelt

Fotos: A. Jentzsch-Rabl

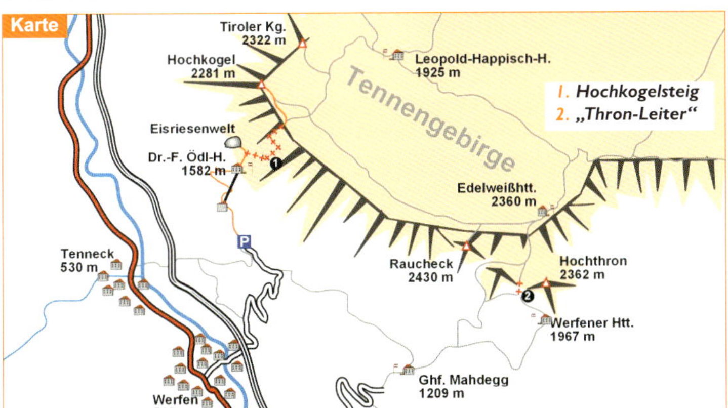

Steg in der Eishöhle

107 Klettersteig „Bella Cascinaia“

1,5
3 2 1
Sehr schön
Sehr gut
Diff. D/E
90 Hm
1 Std.
2 Std.
1,5 Std.
ab 14 Jahren
4,5 Std.
800 Hm
W
Saukarkopf, 2048 m
Juni - Okt.

Stützpunkt

Saukaralm, 1850 m, privat, bew. Juni - Okt., keine Nächtigungsmöglichkeit, Freitag Ruhetag!

Infos: www.saukaralm.at

Besonderheiten: Die „Schöne Sennerin“, so heißt der Klettersteig auf Deutsch, ist ein wirklich gelungener Sportklettersteig auf den Saukarkopf. Eingebettet in saftige Almwiesen führt der 130 m lange Steig über die kurze, aber sehr steile Westwand zum Gipfel. Der Steig ist sehr abwechslungsreich und hat mit der kleinen Seilbrücke auch eine luftige Einlage. Hat man die schweren Klettermeter hinter sich, wartet eine perfekte Aussicht auf den Hochkönig, Dachstein und die Ankogelgruppe.

Kurzinfo

Talort: Großarl, 924 m
Ausgangspunkt: Parkplatz Vorderstadluck, 1253 m
Karten: AV-Karte Nr. 45/1, Niedere Tauern I; ÖK 125; F&B WK 191

Anreise: Von Bischofshofen oder Zell am See nach St. Johann im Pongau, dort ins Großarltal abzweigen. Weiter bis nach Großarl und im Ort die Straße nach Vorderstadluck auffahren. Je nach Möglichkeit parken (bitte keine Wege und Einfahrten verstellen; leider gibt es nur wenig Parkmöglichkeiten). Man kann auch direkt von Großarl aufsteigen. Dann ist die Zustiegszeit um ca. 45 Min. länger. Öffis: Mit der Bahn nach St. Johann im Pongau und weiter mit dem Bus nach Großarl.

Zustieg: Vom Parkplatz bei den Höfen von Vorderstadluck auf markiertem Wanderweg zur wunderbar gelegenen Saukaralm. Von der Alm ein paar Minuten dem Normalweg zum Gipfel folgen. Beim Wegweiser „Klettersteig“ nach links abbiegen und in wenigen Minuten zum Einstieg unter der Westwand des Saukarkopfes. Einstiegskoordinaten: N 47°15'17", O 13°13'48".

Route: Siehe Topo-Skizze. Der Steig führt duch die Westwand des Saukarkopfes. Die Schlüsselstelle ist eine anstrengende Pfeilerpassage (D/E) vor der Seilbrücke.

Abstieg: Vom Ende des Stahlseils dem Grat bis zum Gipfelkreuz folgen. Vom Kreuz rechts auf dem markierten Normalweg zur Saukaralm und über den Aufstiegsweg zurück nach Vorderstadluck bzw. nach Großarl.

Ausrüstung: Kompl. Klettersteigausrüstung und Helm; für schwächere Geher ein Sicherungsseil.

Bemerkung: Gut mit einer Familienwanderung zu kombinieren. Bei der gemütlichen, auf einer großen Wiese gelegenen Saukaralm gibt es einen kleinen Teich. Der Klettersteig ist nicht weit von der Alm entfernt. Deshalb ist das klettersteiggehende Familienmitglied schnell wieder zurück bzw. ist der Gipfel auch über den leichten Normalweg problemlos zu erreichen.

Topo *Axel Jentzsch-Rabl*

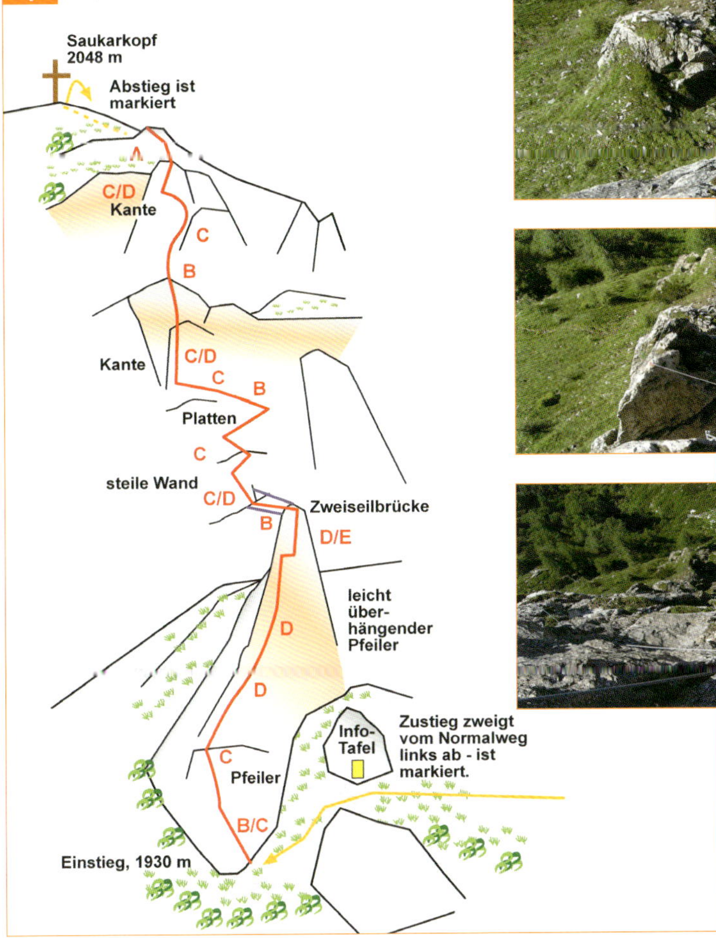

Bild 1: Landschaftlich sehr eindrucksvoll.

Bild 2: In der steilen Schlüsselpassage.

Bild 3: Die Seilbrücke.

Bild 4: Luftige Kante im oberen Teil.

Fotos: Axel Jentzsch-Rabl

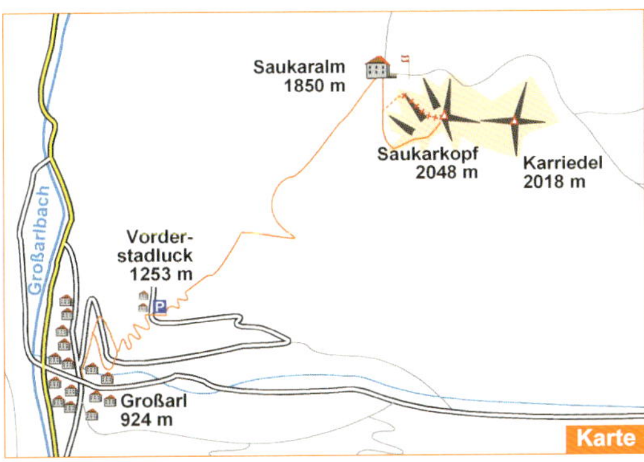

Karte

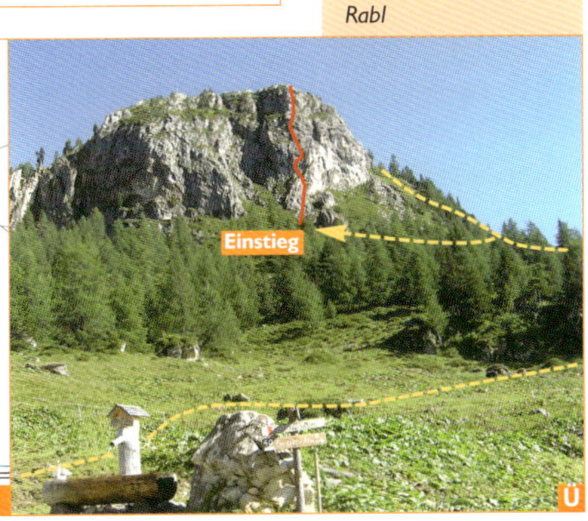

108 Säuleck-Klettersteig

2 (3 2 1)

Sehr schön

Gut

Diff. C/D

400 Hm
2,5 Std.

4 Std.

3,5 Std.

ab 13 Jahren

10 Std.
1690 Hm

SW

Säuleck,
3086 m

Juli - Sept.

Stützpunkt

Arthur-von-Schmid-Haus, 2275 m, ÖAV; Anfang Juni bis Anfang Okt. bew. Tel: +43 664 1122827

Besonderheiten: Neuer, naturnaher Klettersteig auf das mächtige Säuleck, der 2007 eröffnet wurde. Der Steig verläuft fast immer über einen zackigen Grat und hat zahlreiche anregende Kletterpassagen. Beim Bau wurde aus Naturschutzgründen auf Trittstifte und Klammern verzichtet. Auf den ausgesetzten Gratpassagen ist somit eine gute Fußtechnik gefragt. Der Erbauer Wolfgang Schupfer hat uns diese umfangreiche Information zur Verfügung gestellt.

Kurzinfo

Talort: Mallnitz, 1191 m
Ausgangspunkt: Parkplatz vor Schranke im Dösental, ca. 1450 m
Karten: AV Karte Nr. 44, Hochalmspitze - Ankogel; ÖK 181, Obervellach

Anreise: Von Lienz, Spittal oder Bad Gastein (Tauernschleuse) nach Mallnitz. Beim Bahnhof Mallnitz-Obervellach beginnt die Zufahrtsstraße ins Dösental, der man bis zu einem Parkplatz folgt (Schranke). Mit Öffis: Mit der Bahn nach Mallnitz - der Wanderweg ins Dösental beginnt beim Bahnhof.

Zustieg: Vom Parkplatz auf dem markierten Weg zum Arthur-von Schmid-Haus am Dösensee (2,5 Std. bis zur Hütte). Bei der Hütte folgt man nördlich dem markierten Normalweg auf das Säuleck, bis man nach ca. 1 Std. bei einer markanten Platte (auf ca. 2630 m) vom Weg zur schon gut sichtbaren Rampe abzweigt (Steinmänner, ca. 30 Min. ab der markanten Platte).

Route: Siehe Topo-Skizze. Hauptschwierigkeiten sind die 1. Wand und der kurze Überhang (jeweils C/D) auf dem Südgrat, sowie die ausgesetzte Nische (C/D) auf dem Westgrat. Den Abschluss bildet das luftige „Biefhörndl" (C) vor dem Gipfel.

Abstieg: Über den Normalweg hinunter in den Bereich des Grazer Schartls, später wieder auf dem Zustiegsweg, hinunter zum Arthur-von-Schmid-Haus. Alternativ kann man vom Grazer Schartl in Richtung Mallnitzer Scharte gehen und unterhalb dieser über den sog. Block-Gletscher absteigen. Man geht dort über Felsblöck unter denen sich ein Gletscher befindet.

Ausrüstung: Komplette Klettersteigausrüstung und Helm.

Bemerkung: **Es gibt keinen Fluchtweg!** Da der Berg an einer **Wetterscheide** liegt, ist der Anstieg nach Wetterstürzen oft mit Schnee und Eis überzogen. Wegen der langen Talzustiegszeit ist als Ausgangspunkt das Arthur-von-Schmid-Haus zu empfehlen. Das Säuleck ist im Gegensatz zu anderen Dreitausendern auf dem Normalweg relativ leicht zu bezwingen, deshalb auch der Beiname „Damen-Dreitausender".

Topo *Andreas Jentzsch nach Angaben von Wolfgang Schupfer*

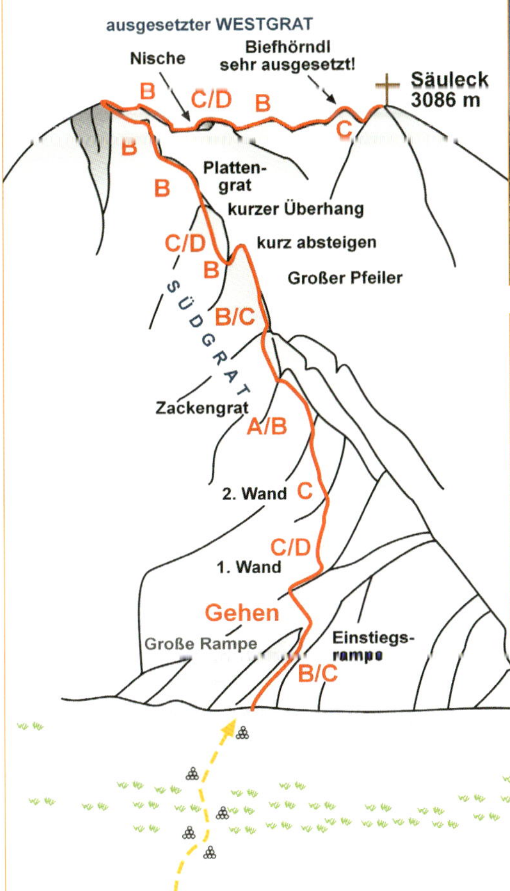

2

3

Bild 1 u. 3: Auf dem zackigen Grat.

Bild 2: Das sehr ausgesetzte „Biefhörndl“ kurz vor dem Gipfel.

Kl. Bild: Wolfgang Schupfer bei den Steig-Bauarbeiten in fast 3000 m Höhe.

Fotos: W. Schupfer

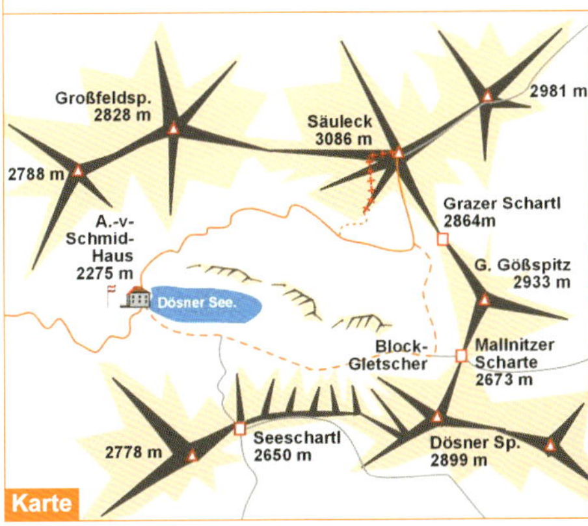

Karte

Ü

109 Detmolder Grat

2,5 (3 2 1)
Sehr schön
Gut/Mittel
Diff. B/C
500 Hm
2 Std.
3 Std.
4 Std.
ab 14 Jahren
9 Std.
1800 Hm
S
Hochalmsp., 3360 m
Juli - Sept.

Besonderheiten: Hochalpiner und landschaftlich einzigartiger Klettersteig auf die Hochalmspitze. Der Steig gehört zu den höchstgelegenen Klettersteigen Österreichs und endet am höchsten Punkt der Ankogelgruppe. An die Begeher werden hochalpine Anforderungen gestellt, der Umgang mit Pickel und Steigeisen sowie das Klettern im 2 Grad sollte beherrscht werden. Auch der Abstieg ist nicht zu unterschätzen, da er anfangs, kurz ausgesetzt (über Grat) und später über vergletschertes Gelände führt. Im gesamten aber grandiose und anspruchsvolle "Berg-(Klettersteig)-Tour"!

Kurzinfo

Talort: Malta, 643 m
Ausgangspunkt: Parkplatz beim Gößkarspeicher, ca. 1640 m
Karten: AV-Karte Nr. 44, Ankogel-Hochalmspitze

Anreise: Auf der A10 bis Abfahrt Gmünd/Maltatal. Im Maltatal bis zur Abzweigung in den Gößgraben (Weiler Koschach). Den Graben bis zum Gößkarspeicher (Parkplatz) folgen. Öffis: Bahn nach Spital und mit dem Bus bis Malta (Ghs. Zirmhof).

Zustieg: Vom Parkplatz beim Gößkarspeicher zur Gießener Hütte. Von der Hütte auf markiertem Weg in die Lassacher Winkelscharte (2856 m).

Route: Siehe Topo-Skizze. Von der Winkelscharte zunächst auf Schneefeldern oder Schutt bzw. Blockgelände (je nachdem wie man es erwischt auch 1er Stellen) bis zu rechts vom eigentlichen Grat aufwärts. Man gelangt zur breiten Einsattelung westlich des Trippkeeses, dort steigt man im Bereich des Grates kurz ab und gelangt über eine Scharte wieder auf den Gletscher. Dann zum Fuß der Gipfelfelsen, durch die man an Drahtseilen (bis C/D, tlw. recht luftige Stellen) höher steigt. Am Ende über eine Rampe (B) und einen kleinen Überhang (B/C) zum höchsten Punkt aufsteigt.

Abstieg: Vom Gipfel etwas ausgesetzt den südöstlichen Grat absteigen, dann über den Gletscher zu den sog. „Steinerne Mandln" (markante Felstürme am Kamm zwischen Hochalmspitze und Zsigmondykopf). Dort mit Drahtseilhilfe (B, tlw. recht luftig) hinab auf das Trippkees und zurück zur Gießener Hütte.

Ausrüstung: Komplette Klettersteigausrüstung und Gletscherausrüstung für den Zu- und Abstieg.

Bemerkung: Für diesen schweren versicherten Gipfelanstieg ist alpine Erfahrung nötig, der Abstieg über die „Steinerne Mandln" kann heikel sein. Auf sichere Wetterverhältnisse achten - Blitzschlaggefahr auf dem exponierten Grat! Der Steig wurde 2006 saniert und etwas besser Abgesichert.

Stützpunkt

Gießener Hütte, 2202 m, DAV; Anfang Juli bis Ende September bew.; Tel. +43 676 9439142

Topo *Axel Jentzsch-Rabl*

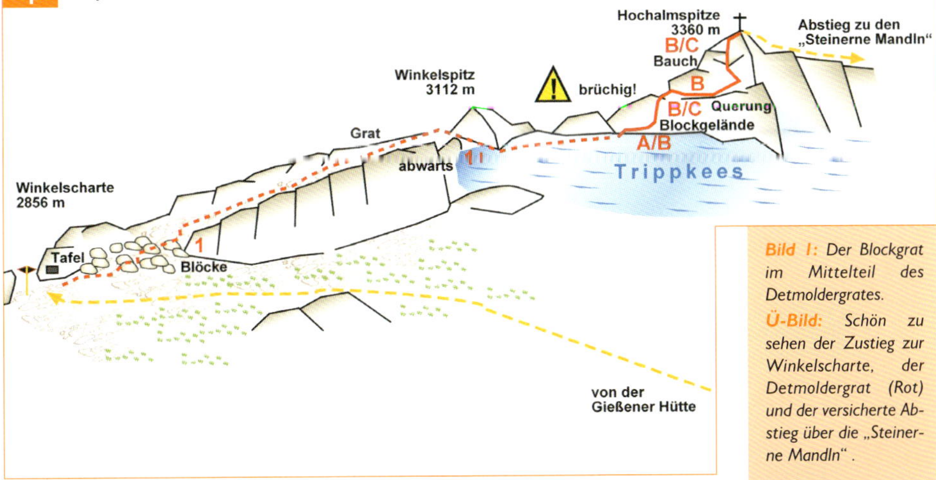

Bild 1: Der Blockgrat im Mittelteil des Detmoldergrates.

Ü-Bild: Schön zu sehen der Zustieg zur Winkelscharte, der Detmoldergrat (Rot) und der versicherte Abstieg über die „Steinerne Mandln".

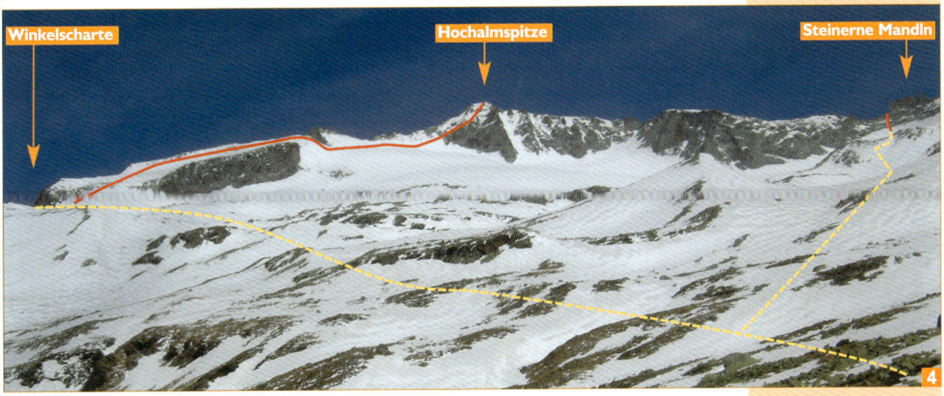

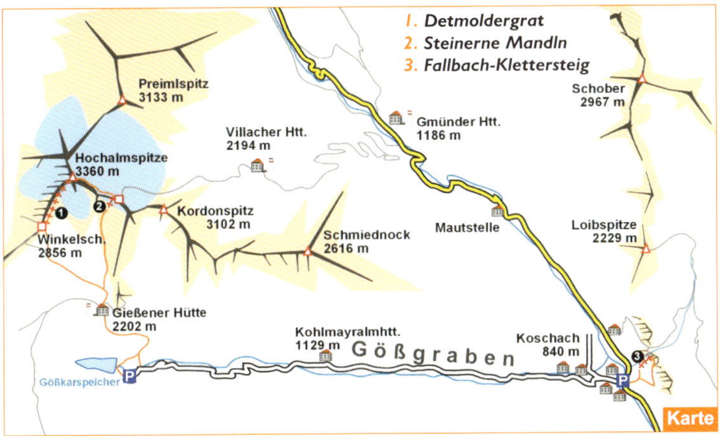

Fotos: H. Tarnowiecki u. A. Jentzsch-Rabl

1

110 Klettersteig „Bella Vista“

2,3

Sehr schön

Sehr gut

Diff. C/D

400 Hm
2,5 Std.

1 Std.

1,5 Std.

ab 13 Jahren

5 Std.
650 Hm

NW - S

Hohe Leier, 2774 m

Juli - Sept.

Stützpunkt

Reißeckhütte, 2287 m, ÖAV; Anfang Juli bis Ende September bew.; Tel. +43 664 4128571

Besonderheiten: Bergsportbegeisterten Ferratisten steht seit 2003 ein Klettersteig zur Verfügung, der dem Namen „Bella Vista“ – „Schöne Aussicht“ alle Ehre macht. Der teilweise recht kühn angelegte Steig führt über den Nordwestgrat auf die Hohe Leier und weist luftige Steigpassagen auf. Auch der Abstieg über den versicherten Normalweg verlangt noch einmal höchste Konzentration. Der Klettersteig wurde vom Jägerbataillon 26 des Österreichischen Bundesheeres errichtet und gehört zu den beliebtesten Klettersteigen im Süden von Österreich.

Kurzinfo

Talort: Kolbnitz, 613 m
Ausgangspunkt: Bergstation der Reißeckbahn, 2247 m
Karten: ÖK 181, Obervellach und ÖK 182, Spittal an der Drau; F&B WK 221

Anreise: Auf der A10 bis zum Knoten Spittal, dann westlich in Richtung Lienz, bis man bei der Möllbrücke nach Kolbnitz abzweigt und bei der Talstation der Reißeckbahn parkt. Auffahrt mit der Reißeckbahn zur Bergstation. Öffis: Mit der Bahn bis nach Kolbnitz.

Zustieg: Von der Bergstation der Reißeckbahn in 10 Min. zur Reißeckhütte. Unterhalb der Staumauer aufsteigen und dem Weg in Richtung Roßalmscharte/Kohlmaierhütte folgen, bis man links auf den Weg 573 abzweigt und auf diesem den Einstieg erreicht.

Route: Siehe Topo-Skizze. Nach der schweren Einstiegswand (C/D) erreicht man den langen Grat (schwerste Stelle B/C), dem man bis in eine markante Scharte folgt (dort Flüchtmöglichkeit - siehe Topo). Über eine Querung (B) mit anschließender Plattenzone (C) steigt man erneut zum Grat auf und folgt diesem leicht (A) zum Gipfel.

Abstieg: Vom Gipfel zuerst etwas auf dem Klettersteig zurück, dann den Normalweg (Weg 566) hinunter. Dieser ist im oberen Teil mit Drahtseilen versichert (A/B) und mündet bei der Roßalmscharte wieder auf den Weg Nr. 510. Diesem folgt man hinunter zur Reißeckhütte und weiter zur Bergstation der Bahn.

Ausrüstung: Komplette Klettersteigausrüstung und Helm.

Bemerkung: Der Gratanstieg sollte nur bei sicherem Wetter gemacht werden. Wegen der Höhenlage liegt im Frühsommer oft lange Schnee. Auch im Oktober kommt die weiße Pracht gelegentlich vom Himmel. Die Auffahrt mit der Reißeckbahn ist eigentlich schon ein Erlebnis für sich (maximale Steigung von 82 % und 2 km langen Tunnel). Mit **Bergführern** von Tauernalpin kann man den Steig geführt begehen – Infos: **www.tauernalpin.at**

Topo *Axel Jentzsch-Rabl*

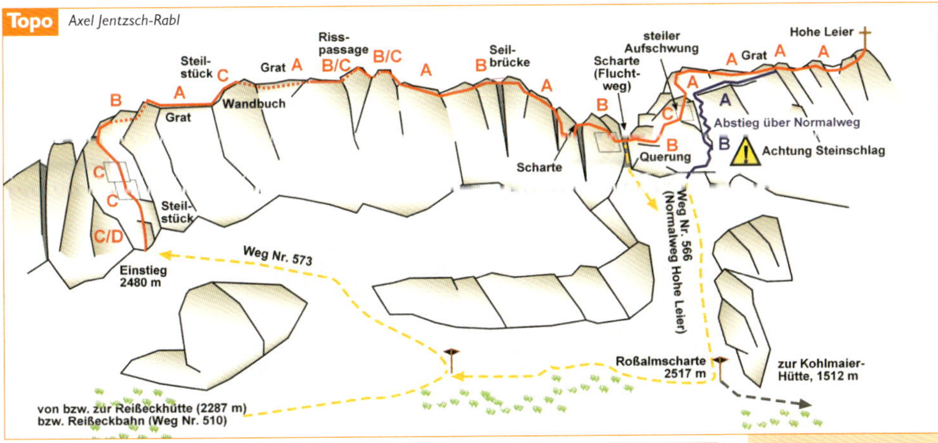

Bild 1: Das Steilstück nach dem Wandbuch.

Ü-Bild: Der Routenverlauf auf dem Grat (Rot) und der Zu- und Abstieg (Orange).

Fotos: JgB 26, Rudi Preimel und AV- Seeboden

Steile Gratpassage

Die Reißeckbahn

Infos zur Bahn:
www.tauerntouristik.at
Die Bahn ist meist von Mitte Mai bis Mitte Oktober geöffnet.

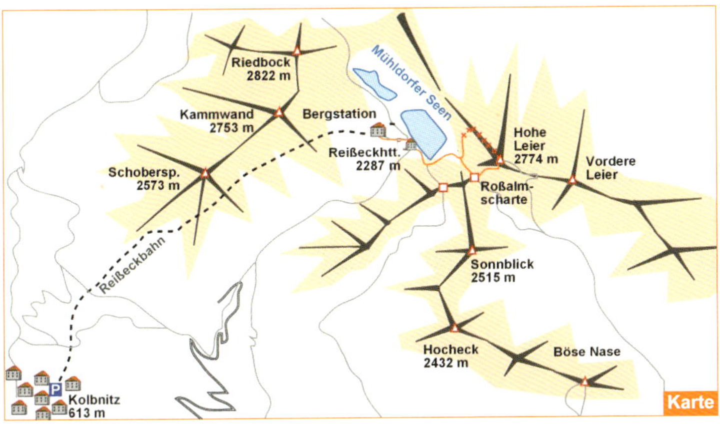

1

III Fallbach-Klettersteig

2,5 (3 – 2 – 1)

Sehr schön

Sehr gut

Diff. E

240 Hm
2 Std.

15 Min.

30 Min.

ab 14 Jahren

3 Std.
310 Hm

SW

Loibspitze, 2229 m

Mai - Okt.

Karte auf Seite: 237

Stützpunkt

Ghf. Faller, 845 m, direkt an der Straße.

Besonderheiten: In grandioser Szenerie - direkt neben dem höchsten Wasserfall von Kärnten - verläuft der Fallbach-Klettersteig in der über 200 Meter hohen Felswand. Die damit verbundene Ausgesetztheit, Tiefblicke und atemberaubenden Perspektiven garantieren ein Klettersteigabenteuer, das seines gleichen sucht. Insgesamt ein sehr anspruchsvoller, wunderschöner Eisenweg, der schon manchen Begeher ab- bzw. hinausgeworfen hat (Fluchtmöglichkeit in der Steigmitte). Auf dem Steig wurde erstmals in Österreich eine Zweiseiltechnik angewandt, somit gibt es ein dickes Halte- und ein dünneres Sicherungsseil.

Kurzinfo

Talort: Malta, 843 m
Ausgangspunkt: Parkplatz bei den Wasserwelten, 840 m
Karten: ÖK 182, Spittal an der Drau; F&B WK 221; Kompass WK 66

Anreise: Auf der A10 bis Abfahrt Gmünd/Maltatal. Beim Kreisverkehr Richtung Malta und ca. 10 Kilometer bis zum Weiler Koschach. Beim Parkplatz der Wasserwelten parken. Öffis: Mit der Bahn nach Spittal und weiter mit dem Bus.

Zustieg: Vom Parkplatz vorbei an den Wasserwelten den Hinweisschildern auf der linken Seite des Fallbaches in Richtung Wasserfall folgen. Kurz vor dem Erreichen des Wasserfalles über einen Steg auf die andere Seite des Baches und auf Steigspuren in Kürze zum Einstieg.

Route: Siehe Topo-Skizze. Die schwierigsten Stellen im unteren Teil reichen bis D. Bei der sog. Kanzel gibt es eine gute Fluchtmöglichkeit nach rechts. Von der Kanzel steigt über eine luftige Seilbrücke zum zweiten Teil ein. Dieser ist als extrem schwierig einzustufen (E!) und sollte nur von Könnern gemacht werden. Die Crux ist eine steile Kante (E) und diverse Plattenstellen (bis D/E). Beim Ausstieg steht man genau über der „Absturzkante" des Wasserfalles!

Abstieg: Der Abstieg erfolgt über den so genannten „Schlüsselsteig" (einige Versicherungen bis A/B): Beim Ausstieg des Klettersteiges nach rechts. In der Mitte des Abstieges kann man nach rechts zur Kanzel abzweigen und nochmals den Wasserfall bewundern.

Ausrüstung: Komplette Klettersteigausrüstung, Klettersteighandschuhe, evtl. Kletterschuhe für den 2. Teil.

Bemerkung: Der durch zwei parallel geführte Stahlseile perfekt gesicherte Klettersteig kann bei ungünstiger Windrichtung (vor allem bei NW-Wind) vom Wasserfall befeuchtet werden. Für die Begehung sind 2,5 Euro Erhaltungsbeitrag fällig.

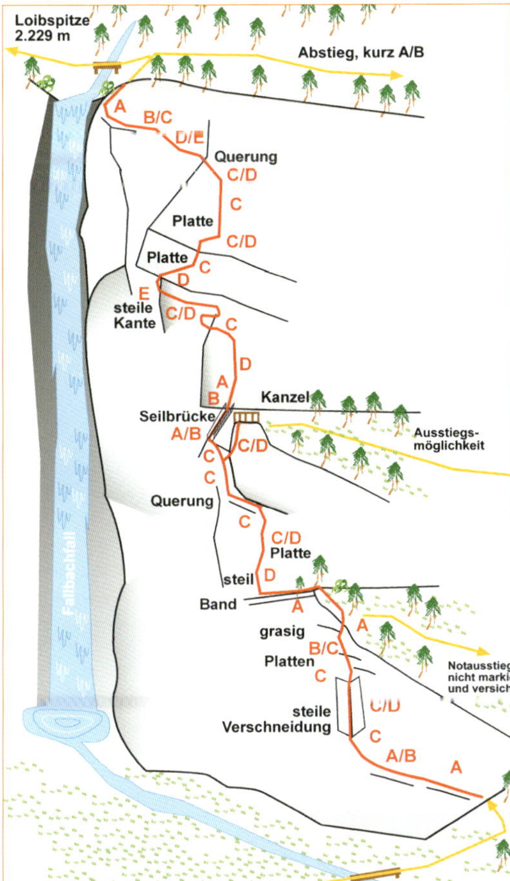

Topo Axel Jentzsch-Rabl

2

3

4

Ü

Bild 1: Man klettert direkt neben dem tosenden Wasserfall.

Bild 2: Die schwere Querung zur steilen Kante (im Teil 2).

Bild 3: In der steilen Passage kurz nach dem Einstieg.

Bild 4: Der Ausstieg direkt an der „Absturzkante" des Wasserfalles.

Fotos: Dieter Wissekal und Axel Jentzsch-Rabl

1

112 Klettersteig „Luft unter den Sohlen“

2
3 2 1

Sehr schön

Sehr gut

Diff. D/E

120 Hm
1,5 Std.

30 Min.

30 Min.

Ab 14 Jahren

2,5 Std.
270 Hm

SO

Breitwand,
890 m

Apr. - Okt.

Stützpunkt
Gasthäuser in Döbriach

Besonderheiten: Der Klettersteig „Luft unter den Sohlen“ wird seinem Namen mehr als gerecht und ist eine besondere Herausforderung für erfahrene Klettersteigfreaks. Der sehr schöne und anspruchsvolle Sportklettersteig führt durch die Breitwand hoch über Döbriach. Der Eisenweg ist ganz im modernen Stil angelegt, sehr gut versichert und gehört zu den besten Anlagen im Süden von Österreich. Sehr steile Vertikal-Passagen wechseln mit kurzen Flachstücken ab, auch der ein oder andere Überhang muss überwunden werden. Die Crux am Ende der Wand verlangt noch einmal vollen Einsatz von den Begehern. Der Klettersteig mit Blick auf den nahen Millstätter See wird auch gerne als Eingehtour für den etwas anspruchsvolleren Fallbach Klettersteig gemacht.

Kurzinfo

Talort: Döbriach, 608 m
Ausgangspunkt: Parkplatz im Bereich der Kirche, 620 m
Karten: ÖK 183, Radenthein; F&B WK 222; Kompass WK 063

Anreise: Auf der A10 bis nach Spittal, von dort nach Millstatt und dem See entlang bis nach Döbriach. Im Ortszentrum am besten bei der Kirche parken und zu Fuß zur Wand. Es kann auch bei der Zimmerei Obweger geparkt werden. Öffis: Mit der Bahn nach Spittal und mit dem Bus nach Döbriach.

Zustieg: Von der Kirche in Döbriach zur Zimmerei Obweger, dann auf dem Waldweg in Richtung Wand (nicht der Markierung „Rundweg“ folgen), bei einer Abzweigung li. zum Wandfuß (Einstieg in der Mitte der Wand, deutliche Steigspuren).

Route: Nach einem Band (A) folgt ein Steilstück (C/D), das in gestuftes Gelände führt. Über kurze Aufschwünge zur Rampe unter dem Überhang. Von dort auf einer Platte (C/D) unter das Dach und in sehr ausgesetzter Kletterei (D) über dieses hinweg zu einem Band. Danach in eine sehr steile Rinne (C/D), die zum Wandbuch (Bank) führt. Dort beginnt das ausgesetzte Schlussstück. Zuerst über Platten (D) links aufwärts, dann in einer ausgesetzten Querung (D) zur Kante und an dieser steil (D/E) hinauf zum Fahnenmast. Es folgt eine Querung (A/B) hinüber zum Wald bis zum Ausstieg.

Abstieg: Auf markiertem Weg oberhalb der Wand (teilweise versichert; Trittsicherheit nötig) queren, dann durch den Wald abwärts (eine kurze versicherte Felspassage) und in einem Bogen zurück zum Einstieg (bei Nässe schlecht begehbar und rutschig).

Ausrüstung: Komplette Klettersteigausrüstung und evtl. Sicherungsseil.

Bemerkung: Lässt sich gut mit Klettern im Klettergarten verbinden. Sehenswert ist auch der Alpengarten (Breitwandstube).

Topo *A. Jentzsch-Rabl*

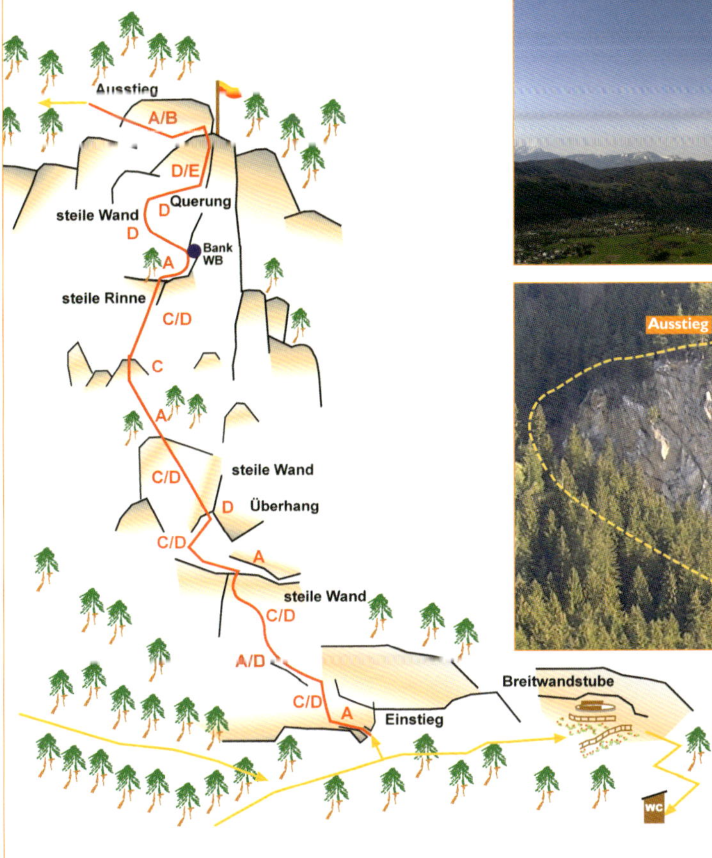

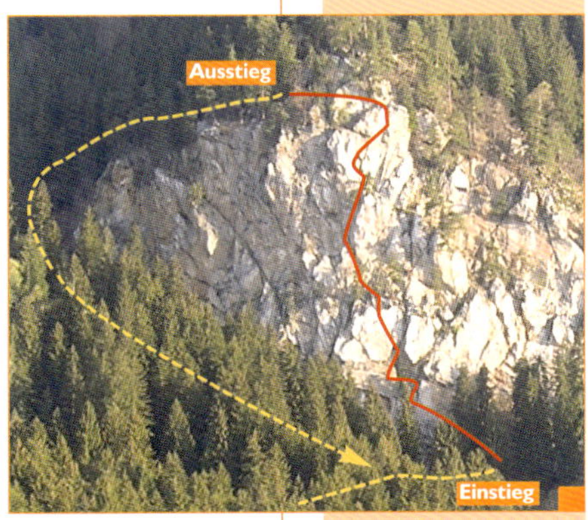

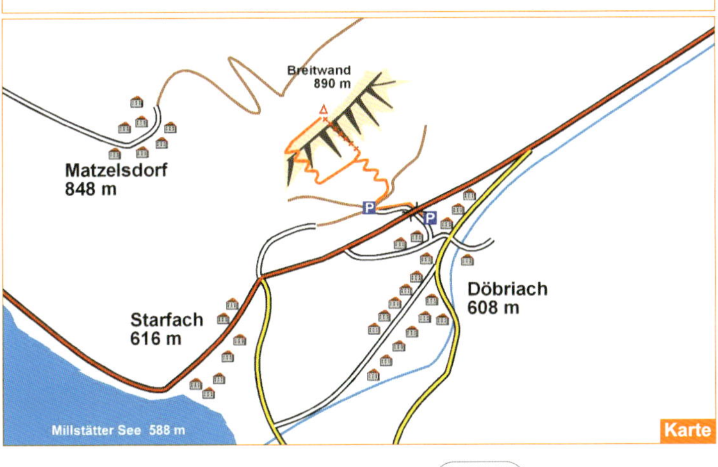

***Bild 1:** Der schwere Überhang in der Steigmitte.*

Bild 2: *Im oberen Teil hat man einen schönen Blick auf den Millstätter See.*

Ü-Bild: *Der Steigverlauf im Klettergarten Breitwand (Rot) und der Zu- und Abstiegsweg (Orange).*

Fotos: Dieter Wissekal und Axel Jentzsch-Rabl

1

113 Kali-Steig

1,5 (3 2 1)

Schön

Sehr gut

Diff. C/D

100 Hm
40 Min.

5 Min

25 Min.

ab 9 Jahren

1,5 Std.
180 Hm

NW

Sattelberg,
1253 m

Mai - Okt.

Karte auf Seite: 247

Stützpunkt

Gasthäuser in Ramsau.

Besonderheiten: Ein eigens für Kinder angelegter Klettersteig, bei dem selbst auch Erwachsene ganz schön zupacken müssen. Die schwierigen Abschnitte können leicht umgangen werden, somit der Steig auch für Kids sehr gut begehbar. Führungen - bei denen dann auch der „Fliegende Fuchs" benutzt werden kann - werden vom Tourismusverband (www.ramsau.com) organisiert. Der Abstieg führt über den extra für Kinder errichteten Natur- und Umwelterlebnispfad, auf dem es zahlreiche spannende Stationen zu erforschen gibt.

Kurzinfo

Talort: Ramsau am Dachstein, 1135 m

Ausgangspunkt: Parkplatz bei der alten Mühle, ca. 1030 m

Karten: AV-Karte Nr. 14, Dachstein; ÖK 127, Schladming; F&B WK 201

Anreise: Von Schladming in Richtung Ramsau a. Dachstein. Kurz nach der Ortschaft Kulm zweigt rechts eine Straße ab, der man ca. 2,5 km bis zu einer Verengung folgt. Dort befindet sich rechts der Parkplatz bei der alten Mühle. Öffis: Mit der Bahn nach Schladming und weiter mit dem Bus.

Zustieg: Vom Parkplatz bei der alten Mühle rechts dem Weg entlang und in wenigen Minuten zum Einstieg.

Route: Siehe Topo-Skizze. Der Klettersteig wurde geschickt über die Felsblöcke des grasigen Osthanges gelegt. Die Schwierigkeiten sind bei zwei Blöcken im mittleren Teil des Steiges.

Abstieg: Vom Ausstieg entlang des Natur- und Umwelterlebnispfades, vorbei an der Pension Concordia, wieder hinunter zum Ramsaubach und über den Hofrat Gruberweg zurück zum Parkplatz bei der alten Mühle.

Der Kali

Ausrüstung: Komplette Klettersteigausrüstung, evtl. Sicherungsseil für Kinder.

Bemerkung: Nach dem Gemsenturm gibt es einen Flying Fox („Fiegender Fuchs" - Seilbahn). Dieser sollte nur unter fachkundiger Aufsicht benutzt werden - es ist ein „Bremser" (mit Bremsseil) erforderlich, da man sonst mit großer Wucht gegen den unteren Baum prallt!

Topo *Andreas Jentzsch*

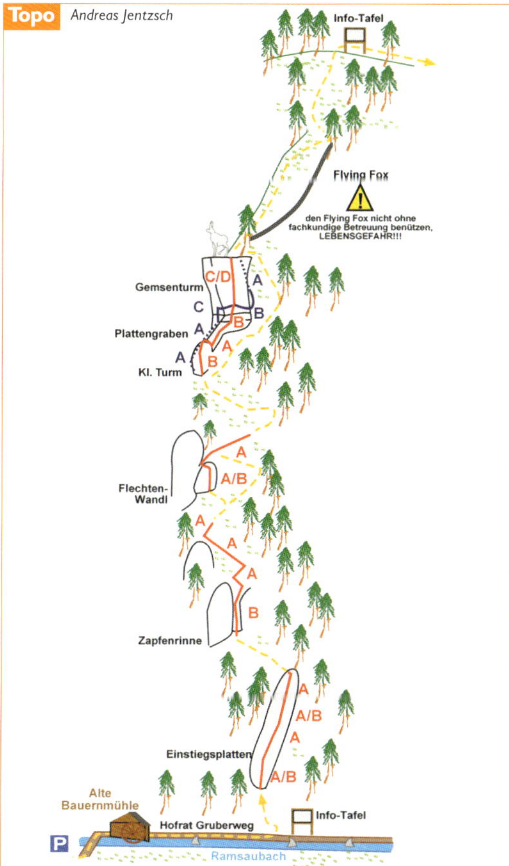

Bild 1 u. 3: Die steile C/D-Stelle auf dem Gemsenturm.

Bild 2: Der kleine Turm im oberen Teil.

Bild 4: Der Ausstieg bei der Gemse.

Ü-Bild: Der Steigverlauf in Rot, der Zustieg und die Gehpassagen in Orange.

Fotos: Dieter Wissekal und A. und A. Jentzsch

Ü

PETZL

114 Hias-Klettersteig

1,7 3 2 1

Sehr schön

Sehr gut

Diff. D

130 Hm
1 Std.

10 Min.

25 Min.

ab 13 Jahren

1,5 Std.
220 Hm

SW

Luserriedel,
1850 m

Mai - Okt.

Stützpunkt

Silberkarhütte, 1223 m, privat; Anfang Mai bis Ende Okt. bew. Tel: +43 664 3009843

Besonderheiten: Sehr schöner Klettersteig in der Silberkarklamm, der nach dem Erbauer der Klamm benannt wurde. Gekonnt wurden von den Steigerrichtern die Gegebenheiten ausgenutzt - zwei schöne Seilbrücken und einige knackige Wandstellen sind das Ergebnis. Wer in der Region ist und bei unsicherem Wetter eine gute Alternative braucht, ist bei dieser Klamm-Klettersteig-Kombination genau richtig.

Kurzinfo

Talort: Ramsau am Dachstein, 1135 m

Ausgangspunkt: Parkplatz Silberkarklamm, ca. 980 m

Karten: AV-Karte Nr. 14, Dachstein; ÖK 127, Schladming; F&B WK 201

Anreise: Von Schladming in die Ramsau und dort Richtung Weißenbach abbiegen. Vor Weißenbach zweigt links eine Straße zur Silberkarklamm ab (Hinweistafel, „Lodenwalker"). Von Haus im Ennstal nach Weißenbach und weiter in Richtung Ramsau, auf halbem Weg rechts zur Silberkarklamm abzweigen ("Lodenwalker"). Über eine am Ende schottrige Straße zum Parkplatz vor der Klamm. Öffis: Mit der Bahn nach Schladming und weiter mit dem Bus über Ramsau zum Lodenwalker.

Zustieg: Vom Parkplatz auf dem Weg bergauf zum Eingang in die Silberkarklamm (Klammerhaltungsgebühr Erwachsene € 2,50, Kinder € 1,40; Stand 2006). In der Klamm über die ersten Leitern aufwärts, bis man auf einem Flachstück bei Felsblöcken und Bankerl zum Beginn der Seilbrücke kommt - gelbe Einstiegstafel (N 47°26'15,8", O 13°42'58,6").

Route: Siehe Topo-Skizze.

Abstieg: Vom Ausstieg kurz ansteigen, dann querend den roten Markierungen bis zum Weg 619 folgen. Dort links hinunter in die Klamm und durch diese zurück zum Ausgangspunkt oder alternativ rechts hinauf zur Silberkarhütte.

Ausrüstung: Komplette Klettersteigausrüstung und Helm, evtl. Klettersteighandschuhe.

Bemerkung: Die letzte Steilstufe kann man nicht – wie in anderen Führern erwähnt – links umgehen (steiles Absturzgelände, man verlässt dabei den gesicherten Klettersteig!). Die Klamm ist in privatem Besitz der Familie Erlbacher. Der Erhaltungsbeitrag wird für die durch Lawinen verursachten Schäden am Klammsteig verwendet. Die Klamm bietet sich auch gut als Familien-Wanderung an, bei welcher der sportliche Teil den Klettersteig klettert und die anderen die schöne Klamm genießen.

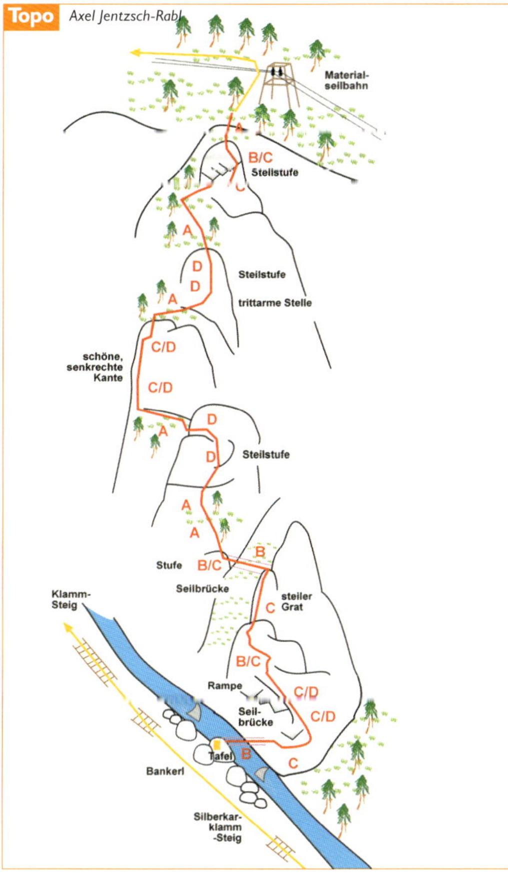

2

3

4

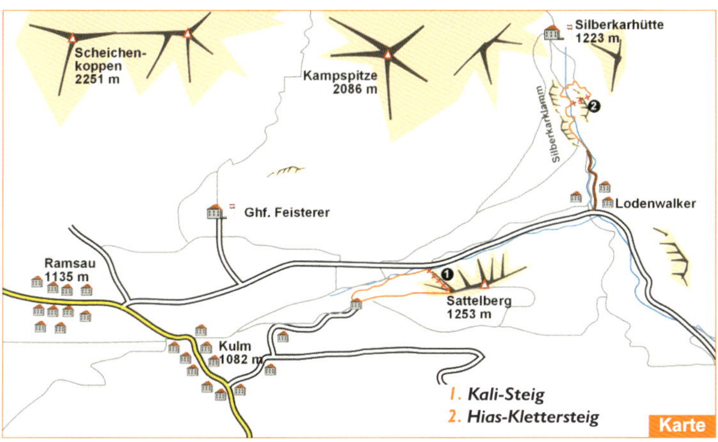

Bild 1 u. 3: *An der steilen Einstiegswand direkt über dem Bach.*

Bild 2: *Auf der ersten Seilbrücke.*

Bild 4: *Der steile und ausgesetzte Pfeiler im oberen Teil des Klettersteiges.*

Fotos: Dieter Wissekal und Axel Jentzsch-Rabl

115 Jubiläums-Klettersteig

2 (3 – 2 – 1)

- Sehr schön
- Gut
- Diff. D
- 260 Hm 1,5 Std.
- 3 Std.
- 3 Std.
- ab 14 Jahren
- 7,5 Std. 1450 Hm
- S
- Eselstein, 2556 m
- Juni - Sept.

Karte auf Seite: 257

Stützpunkt

Guttenberghaus, 2146 m, ÖAV; Mitte Juni - Ende Sept. bew. Tel: +43 3687 22753

Besonderheiten: Der 1991 angelegte Jubiläums-Klettersteig durch die Südwand des Eselsteines ist ein abwechslungsreicher Klettersteig mit Gratpassagen, ausgesetzten Wandstellen und zwischendurch auch leichterem Gelände. In der steilen Pfeilerpassage ist schon mancher Klettersteiggeher an seine Grenzen gekommen.

Kurzinfo

Talort: Ramsau am Dachstein, 1135 m
Ausgangspunkt: Parkplatz beim Gasthof „Feisterer", ca. 1130 m
Karten: AV-Karte Nr. 14, Dachstein; ÖK 127, Schladming; F&B WK 201

Anreise: Auf der A10 bis nach Altenmarkt und weiter nach Schladming, von dort hinauf in die Ramsau. Vor dem Ort rechts abzweigen in Richtung Weißenbach. Nach etwa 1 km zweigt links eine Zufahrtsstraße zum Gasthof „Feisterer" ab (Schild, Parkplatz). Öffis: Mit der Bahn nach Schladming und weiter mit dem Bus in die Ramsau unterhalb des Dachsteins.

Zustieg: Vom Gasthof Feisterer führt ein gut markierter und im Mittelteil steiler Wanderweg zum Guttenberghaus. Von dort in Richtung Gruberscharte. Nach etwa 20 Min. zweigt man rechts ab (Tafel „Klettersteig") und steigt über Steigspuren im Geröll zum Einstieg auf.

Route: Siehe Topo-Skizze - Über Schrofen (A) aufwärts, danach folgt eine brüchige Querung (B) zu einem steilen Gratstück (C/D), nach diesem gelangt man zu einer Kaminpassage (C/D). Leichtes Gelände führt zur ausgesetzten Plattenquerung (C/D), die zum sehr steilen Pfeiler überleitet (D - Schlüsselstelle). Eine Gratpassage (A) führt zu einer kurzen, steileren Wandstelle (C/D). Nach dieser über Schrofengelände und Steigspuren zum Gipfel.

Abstieg: Auf Steigspuren in der Ostflanke des Eselsteins (Steinmänner) zum markierten Weg absteigen und über die Feisterscharte zurück zum Guttenberghaus (40 Min.); weiterer Abstieg über den Aufstiegsweg.

Ausrüstung: Kompl. Klettersteigausrüstung und Helm.

Bemerkung: Steinschlaggefahr zu Beginn des Klettersteiges. Kurze, nicht versicherte Stellen; Trittsicherheit unbedingt nötig! Die Route lässt sich bei einer Nächtigung in der Hütte gut mit anderen Klettersteigen am Dachstein kombinieren (Ramsauer- und Irg-Klettersteig)!

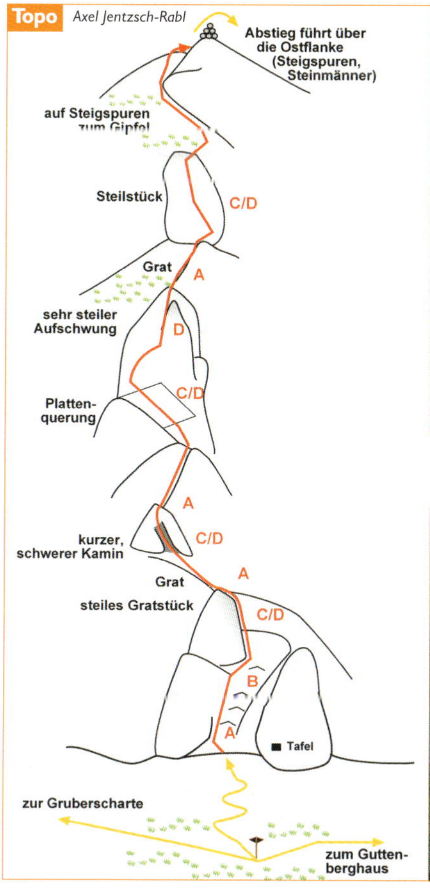

Bild 1: In der steilen Pfeilerpassage, unten die Plattenquerung.

Bild 2: Auf dem Grat, nach dem ersten Steilstück.

Bild 3: Die Querung und der steile Plattenpfeiler.

Ü-Bild: Der Steigverlauf des Jubiläums-Klettersteiges

Fotos: Dieter Hartig Axel Jentzsch-Rabl

1

116 Ramsauer Klettersteig

1,6
3 2 1

Sehr schön

Gut/Mittel

Diff. C

570 Hm
3,5 Std.

2,5 Std.

3 Std.

ab 13 Jahren

9 Std.
1700 Hm

N bzw. O

Scheichensp., 2667 m

Juni - Sept.

Karte auf Seite: 257

Stützpunkt

Guttenberghaus, 2146 m, ÖAV; Mitte Juni - Ende Sept. bew. Tel: +43 3687 22753

Besonderheiten: Der Klassiker schlechthin im Dachsteingebiet! Der Steig wird auch gerne als Eingehtour für den Hohen Dachstein vom Guttenberghaus aus gemacht (danach Nächtigung auf der urigen Seethalerhütte). In der Regel beginnt man von der Edelgrießhöhe aus. Dieser eindrucksvolle Eisenweg zieht über Gipfel und Türme bis zur Gruberscharte hinüber. Landschaftlich ein einzigartiges Erlebnis - auch an Möglichkeiten zur sportlichen Betätigung wird einiges geboten.

Kurzinfo Siehe Gjaidstein-Klettersteig.

Anreise: Wie beim Gjaidstein-Klettersteig.

Zustieg: Von der Talstation entlang des markierten Weges in das Edelgrießkar, bis man auf ca. 2230 m nach rechts zur Edelgrießhöhe abzweigt und nach weiteren 250 Hm den Grat erreicht. Dort weiter auf markiertem Steig zum Beginn der Versicherungen. Wer sich den langen Aufstieg vom Tal sparen will, erreicht die Edelgrießhöhe durch den sog. Rosmariestollen von der Bergstation aus. Nach dem Stollen (kurze Stellen 1 - 2) quert man unter dem Koppenkarstein zum Grat.

Route: Siehe Topo. Die Hauptschwierigkeiten liegen zwischen Scheichenspitze und Edelgrießhohe. Der Steig ist durchwegs gut markiert.

Abstieg: Von der Gruberscharte durch das weite Kar zurück zur Edelgrießhöhe und wie beim Aufstieg zurück ins Tal. Alternativ steigt man von der Gruberscharte vorbei am Guttenberghaus und den Hüttenanstieg hinunter zum Gasthof Feisterer.

Ausrüstung: Klettersteigausrüstung; im Frühjahr Steigeisen für die harten Firnfelder. Für Ungeübte evtl. ein Sicherungsseil.

Bemerkung: Die Klettersteigtour ist nicht zu unterschätzen. Die Tour ist für nicht schwindelfreie und trittsichere Geher nicht zu empfehlen! Auf sicheres Wetter ist zu achten!

2

Topo *Axel Jentzsch-Rabl*

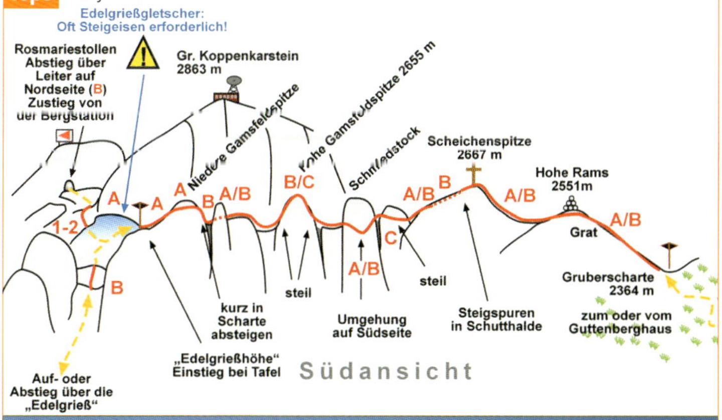

3

Tipp:

Wer es gerne ruhiger hat, der beginnt die Tour beim Guttenberghaus. Dieses erreicht man in 2,5 Std. vom Ghf. Feisterer (dieser liegt östlich des Ortes Ramsau - siehe Karte beim Hias-Klettersteig).

Bild 1: Die ersten Versicherungen nach der Gruberscharte.

Bild 2: Meist entlang des Grates, im Hintergrund der Dachstein.

Bild 3: Auf dem Gipfel der Scheichenspitze.

Ü-Bild: Der Steigverlauf und der mächtige Kessel des Landfriedtals.

Fotos: Axel Jentzsch-Rabl

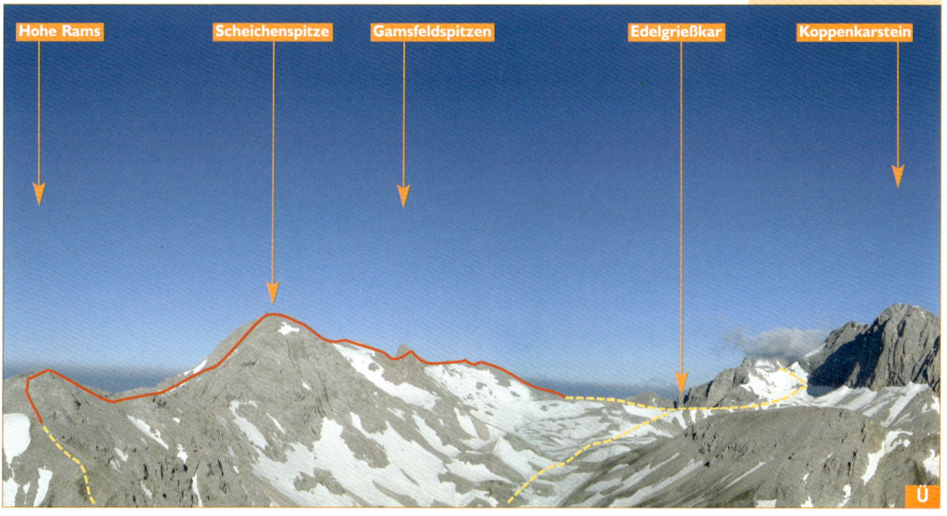

Ü

1

117 Irg Klettersteig

2,3 (3 – 2 – 1)

Sehr schön

Sehr gut

Diff. D

350 Hm
2 Std.

1 Std.

1,5 Std.

ab 13 Jahren

4,5 Std.
550 Hm

SO

Koppenkarstein, 2863 m

Juni - Sept.

Karte auf Seite: 257

Stützpunkt

Restaurant Hunerkogel, 2687 m (Bergstation).

Infos Gletscherbahn: www.planai.at

Besonderheiten: Schöner und luftiger Klettersteig an den Südostabbrüchen des Großen Koppenkarsteins. Der von Ramsauer Bergführern erbaute Steig wurde nach dem Erstbegeher der Dachsteinsüdwand, Georg („Irg") Steiner, benannt. Die Erbauer unter der Führung von Hans Prugger haben eine sehr gute Steiganlage geschaffen, bei der vor allem die guten „Umhängepunkte" (entweder ein guter Tritt oder ein Eisenstift) positiv auffallen. Im Frühjahr sind beim Zu- und Abstieg steile Firnfelder, aber auch die dürften für erfahrene Geher kein größeres Problem darstellen. Der unerfahrene Klettersteiggeher kommt besser im Sommer und Herbst.

Kurzinfo

Siehe Gjaidstein-Klettersteig

Anreise: Wie bei Gjaidstein-Klettersteig

Zustieg: Von der Bergstation Hunerkogel östlich zur Hunerscharte hinunter (versichert) und über den Gletscher zur Bergstation des kl. Schlepplifts. Hinter dem Lift führt eine Aluleiter zum Eingang des „Rosmarie-Stollens"; durch den Stollen auf die Südseite. Dem ausgehauenen, waagrechten Weg (Vorsicht bei hartem Firn) folgen und zum obersten Edelgrießgletscher absteigen. Unterhalb der Felswände queren und zu einem Kamm aufsteigen. Dort weiter unter den Südwänden des Koppenkarsteins bis zum Einstieg (der Zustieg auf dem Geröllfeld ist leicht mit Punkten markiert).

Route: Siehe Topo-Skizze. Die Hauptschwierigkeiten liegen im unteren Teil (löchriger, steiler Riss nach einem Rastpunkt; D) und in der steilen Passage (D) nach dem „Steinerschritt". Der obere Grat ist bis auf eine Stelle (Baucherl; D) zu Beginn deutlich leichter.

Abstieg: Auf dem gesicherten Westgrat Klettersteig (B; wurde im Frühjahr 2005 erneuert; orginelle Seilbrücke!) in die Austriascharte absteigen und wie beim Aufstieg zurück zur Bergstation (Alternativabstieg über Edelgrießkar).

Ausrüstung: Komplette Klettersteigausrüstung; im Frühjahr sind evtl. Steigeisen und Leichtpickel für den Zustieg nötig.

Bemerkung: Mit dem Abstieg über den Westgrat Klettersteig eine sehr schöne Klettersteigrunde. Lässt sich gut mit dem Sky Walk- oder dem Gjaidstein-Klettersteig kombinieren (beide im Bereich der Bergstation). Im Frühjahr für Experten mit einer Schitour durch das Edelgrießkar zu kombinieren (die Einfahrt hinunter ins Edelgrießkar ist sehr steil).

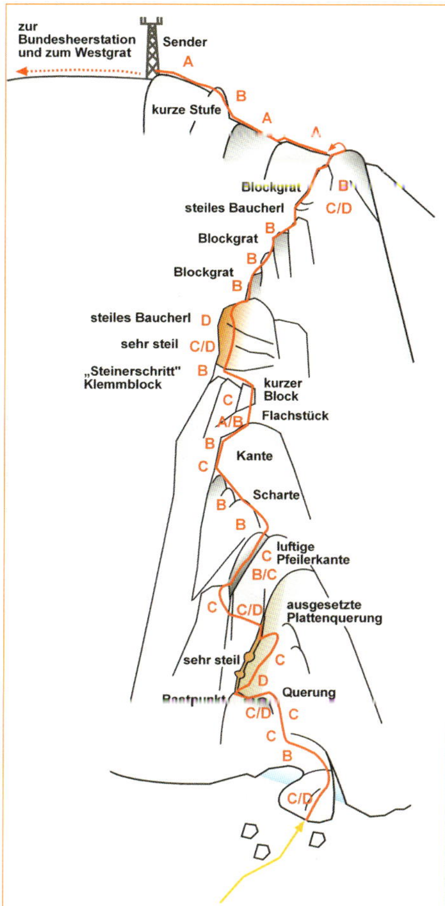

Topo *Axel Jentzsch-Rabl*

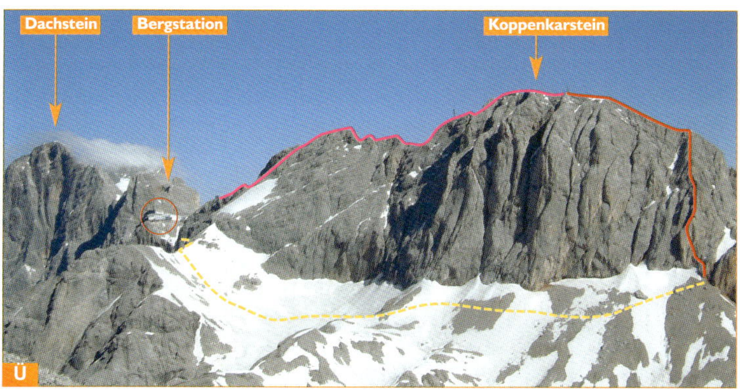

Bild 1-4: Bei einer Begehung des Irg-Klettersteiges.

Ü-Bild: Im roten Kreis die Bergstation der Seilbahn, in Orange der Zustieg unter den Südwänden und in Rot der Irg-Klettersteig. In Magenta der ungefähre Verlauf des Westgrat-Klettersteiges.

Fotos: Axel Jentzsch-Rabl

1

118 Sky Walk-Klettersteig

2,3 — 3 2 1

Sehr schön

Sehr gut

Diff. D/E

140 Hm
1 Std.

25 Min.

5 Min.

ab 14 Jahren

1,5 Std.
140 Hm

S

Hunerkogel,
2687 m

Juni - Sept.

Karte auf Seite: 257

Stützpunkt

Restaurant Hunerkogel, 2687 m (Bergstation).

Infos Gletscherbahn: www.planai.at

Besonderheiten: „Sky Walk" heißt übersetzt „Himmelsweg" und selten ist man bei einem Klettersteig dem Himmel so nahe wie hier! Extrem ausgesetzt verläuft der Steig durch die überhängenden Steilabbrüche des Hunerkogels. Gute Rastpositionen sucht man in dieser Steiganlage vergebens. Der Steig gehört zu den schwersten Steiganlagen der Ostalpen. Bei einer Begehung ist - neben einer gehörigen Portion Mut - vor allem ausdauernde Armkraft gefragt! Die Crux des Sky Walk-Klettersteiges ist ein sehr luftiger, leicht überhängender Pfeiler im Mittelteil der Wand. Aber auch schon der Einstiegspfeiler und die Plattenquerung haben es in sich. Unter der Regie von Karl Höflehner wurde von Hans Prugger und Alex Seebacher ein gelungenes Klettersteig-Testpiece geschaffen, das an Steilheit kaum überbietbar ist!

Siehe Gjaidstein-Klettersteig — **Kurzinfo**

Anreise: Wie bei Gjaidstein-Klettersteig

Zustieg: Von der Bergstation über einen kurzen Klettersteig (Abstiegsklettersteig, C/D; der Steig beginnt im Bereich des Aufganges zur Talfahrt, rot-weiß-rote Markierung); hinunter zur Hunerscharte (unter der Materialseilbahn) und über den neu sanierten Hunerscharten-Klettersteig bis zur Abzweigung des Sky Walk-Klettersteiges (Tafel). Beim Zustieg von der Türlwandhütte verlängert sich die Zustiegszeit um etwa 2 Stunden.

Route: Siehe Topo-Skizze - ab dem Ende der Querung durchgehend schwer!

Abstieg: Mit wenigen Schritten zurück zum Sky Walk bei der Bergstation der Dachstein-Gletscherbahn. Beim Abstieg zur Türlwandhütte verlängert sich die Abstiegszeit um etwa 1,5 Stunden.

Ausrüstung: Kompl. Klettersteigausrüstung und evtl. ein Sicherungsseil.

Bemerkung: Klettersteig-Neulinge oder nicht ganz so kräftige Bergsteiger sollten die Finger von diesem Eisenweg lassen – sonst kommen sie dem Himmel vielleicht näher als ihnen lieb ist (extrem schwerer Klettersteig - nichts für Anfänger!). In die Hunerscharte kann man auch in einem Bogen über den Gletscher zusteigen.

2

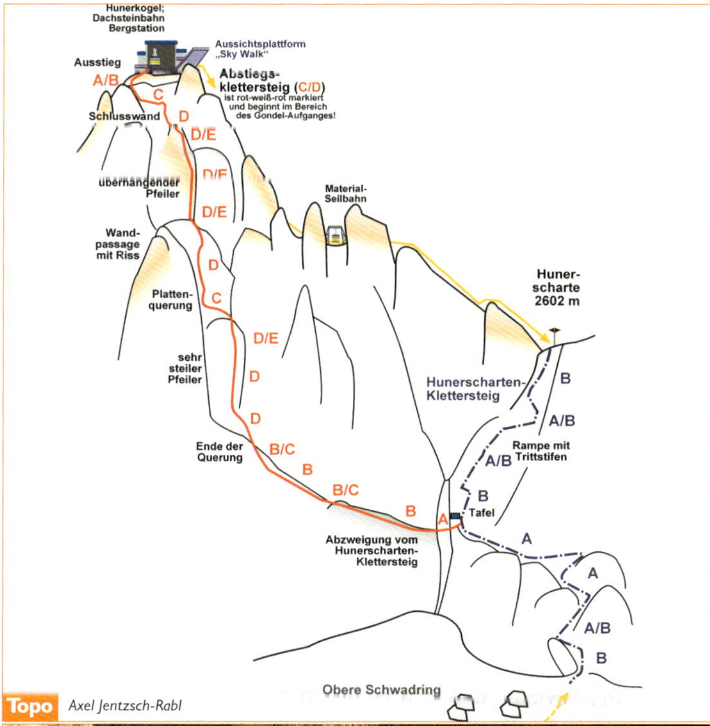

Topo *Axel Jentzsch-Rabl*

3

Ü

Bild 1: Der „Bauleiter" des Sky Walk-Klettersteiges - Karl Höflehner - bei der Ausstiegsplatte.

Bild 2: Karl Höflehner in dem ersten, sehr steilen Steigabschnitt.

Bild 3: Bei der sehr luftigen Plattenquerung des unteren Teils.

Ü-Bild: In Rot der Steigverlauf mit den einzelnen Abschnitten; in Violett der Hunerscharten-Klettersteig (Zustieg).

Fotos: A. Jentzsch-Rabl und D. Wissekal

Siehe CD-ROM Skywalk Video!

Skywalk am Ausstieg mit Strandkorb

1

119 Gjaidstein-Klettersteig

1,1 (3 – 2 – 1)

- Sehr schön
- Sehr gut
- Diff. A/B
- 200 Hm, 45 Min.
- 15 Min.
- 1 Std.
- ab 8 Jahren
- 2 Std., 470 Hm
- S
- Gjaidstein, 2794 m
- Juni - Sept.

Stützpunkt

Restaurant Hunerkogel, 2687 m (Bergstation).

Infos Gletscherbahn: www.planai.at

Besonderheiten: Sehr schöner, leichter und gut mit Drahtseilen abgesicherter Gipfelanstieg auf einen der besten Aussichtspunkte im Nahbereich der Seilbahn. Die Route verläuft immer entlang des Grates und ist an den felsigen Stellen versichert. Vom Gipfel genießt man ein schönes Panorama auf den Dachstein, den Koppenkarstein und das nördlich des Dachsteins gelegene Seengebiet.

Kurzinfo

Talort: Ramsau am Dachstein, 1135 m
Ausgangspunkt: Bergstation der Südwandbahn, 2687 m
Karten: AV-Karte Nr. 14, Dachstein; ÖK 127, Schladming; F&B WK 201

Anreise: Auf der A10 bis Altenmarkt, weiter nach Schladming und hinauf in die Ramsau. Westlich des Ortes führt eine Mautstraße zur Talstation der Dachstein-Gletscherbahn (Parkplatz). Öffis: Mit der Bahn nach Schladming und mit dem Bus über die Ramsau zur Gletscherbahn - Auffahrt zur Bergstation.

Zustieg: Von der Bergstation kurz absteigen und über den Gletscher direkt auf den Gjaidstein zu. Vorbei an der Bergrettungshütte zum Beginn der Versicherungen. Einstieg: N 47°28'27,3", O 13°37'38,7"

Route: Siehe Topo-Skizze. Die Route folgt immer dem ausgeprägten Grat und weist kurze, steilere Aufschwunge mit Drahtseil auf. Der Anstieg ist gut markiert.

Abstieg: Wie Aufstieg.

Ausrüstung: Evtl. Klettersteigausrüstung - für Kinder ein Sicherungsseil.

Bemerkung: Der Steig lässt sich sehr gut mit den anderen Klettersteigen mit Ausgangspunkt bei der Bergstation kombinieren. Es empfiehlt sich ein Besuch der neuen Attraktionen bei der Bergstation (Sky Walk und Eiswelt).

2

Topo *Andreas Jentzsch*

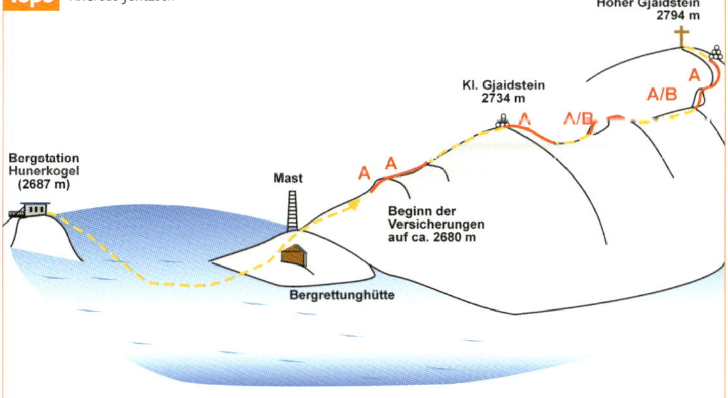

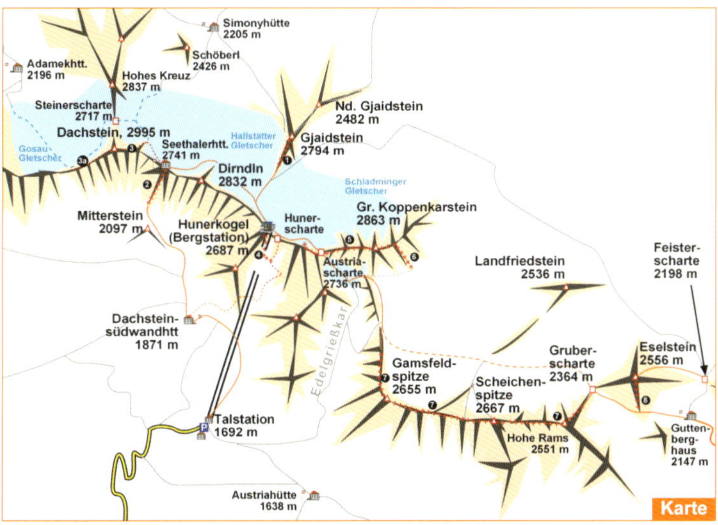

Der Dachstein

Bild 1: Auf dem schönen, nicht schweren Südgrat des Gjaidsteins.

Bild 2: Immer im Blickfeld ist der Gipfel des Dachsteins.

Ü-Bild: Der Routenverlauf auf dem ausgeprägten Grat.

Fotos: Andreas Jentzsch

Siehe CD-ROM Koppenkarstein

Dachstein Karte

1. ***Gjaidstein-Klettersteig***
2. ***Der Johann Klettersteig***
3. ***Randkluft- und Schulter-Anstieg***
3a. ***Dachstein-Westgrat***
4. ***Sky Walk-Klettersteig***
5. ***Koppenkarstein Westgrat-Klettersteig***
6. ***Irg-Klettersteig***
7. ***Ramsauer Klettersteig***
8. ***Jubiläums-Klettersteig***

120 Klettersteig „Der Johann“

2,7 (3 2 1)

Sehr schön

Sehr gut

Diff. E u. I+

600 Hm
4 Std.

2 Std.

30 Min.

ab 14 Jahren

6,5 Std.
1250 Hm

S

Hohes Dirndl, 2832 m

Juni - Sept.

Karte auf Seite: 257

Stützpunkt

Südwandhütte, 1871 m, privat; bew. Juni - Okt.; Tel.: +43 3687 81509

Seethalerhütte, 2741 m, ÖAV; bew. Juni - Okt.; +43 3687 81036

Besonderheiten: Der Johann Klettersteig in den Südabbrüchen des Dachsteins ist eine nicht zu unterschätzende Anlage, durchaus vergleichbar mit den großen und langen Klassikern in den Dolomiten! Gerade deshalb ist „Der Johann“ einer der beliebtesten Klettersteige Österreichs und 50 Begehungen pro Tag sind keine Seltenheit. Die Hauptschwierigkeiten befinden sich im unteren Wandteil, aber auch im Bereich der großen Rampe gibt es einige schwere Passagen. Sehr gute Kondition ist erforderlich, um im Banne der gewaltigen Südwand des Dachsteins erfolgreich bis zum Gletscher aufzusteigen.

Siehe Gjaidstein-Klettersteig **Kurzinfo**

Anreise: Wie beim Gjaidstein-Klettersteig

Zustieg: Von der Talstation auf gut markiertem Weg in 30 Min. zur Dachsteinsüdwandhütte (1871 m). Von der Hütte kurz in Richtung Torbachalm absteigen und nach rd. 100 m rechts vom markierten Weg abzweigen (Tafel „Südwandklettersteig“) und auf ausgeprägtem Steig zu einer markanten Wandstufe - ab dort große rote Farbmarkierungen. Eine Wandstufe wird stellenweise kletternd (I+) überwunden. Im oberen Bereich der Wandstufen nach Westen in einen Sattel. Vom Sattel kurz absteigen und schließlich aufwärts zu den ersten Versicherungen, die oft unter Schnee liegen.

Route: Siehe Topo-Skizze - Schwierigkeiten liegen zu Beginn und im Mittelteil.

Abstieg: Von der Seethaler Hütte südöstlich über den obersten Hallstätter Gletscher (Wegspuren) kurz absteigen, dann wieder leicht ansteigend zur Bergstation der Dachstein-Gletscherbahn (letzte Talfahrt beachten!). Wer die letzte Talfahrt verpasst, kann über den „Hunerscharten-Klettersteig“ (im oberen Teil versichert B) absteigen. Zeitaufwand für Hunerscharten-Klettersteig ca. 1,5 Std.

Ausrüstung: Kompl. Klettersteigausrüstung und Helm. Beim Zustieg im Frühjahr sollten die Altschneefelder nicht unterschätzt werden (Leichtsteigeisen u. Pickel). Bei Schlechtwetter kann der Weg von der Seethalerhütte zur Bergstation schwer zu finden sein, d.h. Kompass bzw. GPS mitnehmen.

Bemerkung: Beim Zustieg Kletterstellen bis I+ und evtl. heikle Altschneefelder (ggf. Steigeisen). Oft Menschenmassen auf dem Klettersteig, d.h. bei Schönwetter Wartezeiten einkalkulieren!

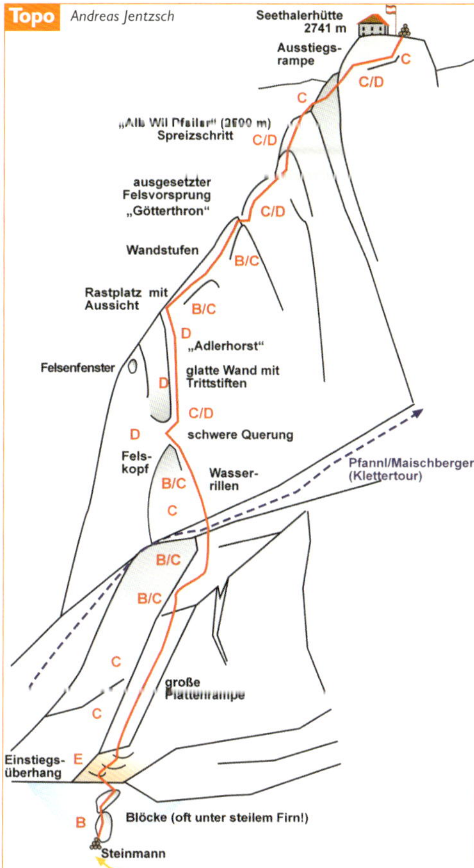

Bild 1: Der sehr schwere Einstiegsüberhang ist der „Eintritt“ in die vertikale Welt des Johann Klettersteiges

Bild 2: Im plattigen Mittelteil.

Bild 3: Steile, ausgesetzte Platten mit dicken Trittbolzen.

Bild 4: Bei der heiklen Zustiegskletterei.

Ü-Bild: Steigverlauf

Fotos: A. u. A. Jentzsch u. Archiv Sektion Austria

1

121-124 Dachsteinsteige u. Hunerscharten-Kletterst.

1,8 (3 2 1)

Schön

Gut/Schlecht

Diff. B u. I+ bzw. B

bis 240 Hm 1 Std.

bis 2 Std.

bis 2 Std.

ab 14 Jahren

bis 5 Std. bis 1000 Hm

S, O, W

H. Dachstein, 2995 m

Juni - Sept.

Karte auf Seite: 257

Stützpunkt

Restaurant Hunerkogel, 2687 m (Bergstation). Infos: www.planai.at
Seethalerhütte, 2741 m, ÖAV; bew. Juni - Okt.; +43 3687 81036

Besonderheiten: Der Randkluftsteig ist der klassische Anstieg auf den Hohen Dachstein und wird sowohl im Sommer als auch im Winter sehr oft begangen. Der Randkluft-Anstieg, der sog. Schulter-Anstieg und der Westgrat erfordern Klettererfahrung (Stellen bis I+). Der Hunerscharten-Klettersteig stellt eine gute Alternative zur Edelgrieß dar und wurde komplett saniert.

Kurzinfo

Talort: Ramsau am Dachstein, 1135 m
Ausgangspunkt: Tal- bzw. Bergstation der Südwandbahn, 1692 m bzw. 2687 m
Karten: AV-Karte Nr. 14, Dachstein; ÖK 127, Schladming; F&B WK 201

Anreise: Auf der A10 bis nach Altenmarkt, weiter nach Schladming und von dort hinauf in die Ramsau. Westlich des Ortes führt eine Mautstraße zur Talstation der Dachstein-Gletscherbahn (Parkplatz). Öffis: Mit der Bahn nach Schladming und mit dem Bus bis Dachstein/Türlwandhütte - Auffahrt zur Bergstation.

Zustieg: **Dachsteinsteige** (1 - 1,5 Std.): Von der Bergstation zur Seethalerhütte. Der Schulter-Anstieg beginnt unweit der Hütte, zum Randkluftsteig steigt man noch ca. 30 Min. unter den Wänden empor. Den Westgrat begeht man im Abstieg (Überschreitung - Rückweg über die Steinerscharte) oder man steigt von der Adamekhütte zum Einstieg auf. **Hunerscharten-Klettersteig** (2 Std.): Von der Talstation auf markiertem Weg in Richtung Dachsteinsüdwandhütte. Vor der Hütte rechts ins Schwadrin-Kar abzweigen und auf markiertem Weg zum Einstieg.

Route: **Schulter-Anstieg** (B; I+)**:** Über den Pfeiler auf die Schulter und weiter auf dem "Mecklenburgerband" in die Gipfelschlucht. Dort trifft man auf den Randkluft-Anstieg. Dieser verläuft im Bereich der Schlucht bis zum Gipfel. **Randkluft-Anstieg** (B, I+): Anfangs leicht rechtshaltend, dann im Bereich der Schlucht zum Gipfel. **Westgrat:** (A/B; I+) Über den teilweise recht breiten Grat bis zum Gipfel. **Hunerscharten-Klettersteig** (B)**:** Siehe Topo-Skizze beim Sky Walk-Klettersteig.

Abstieg: **Dachstein:** Der kürzeste Abstieg ist der Randkluft-Anstieg. **Hunerscharten-Klettersteig:** Über das Edelgrießkar absteigen bzw. mit der Bahn ins Tal.

Ausrüstung: Kompl. Klettersteigausrüstung, Helm; für den Dachstein Gletscherausrüstung.

Bemerkung: Beim Randkluft-Anstieg herrscht meist akute Steinschlaggefahr durch Vorauskletternde! Im Sommer 2007 wird der Randkluftsteig mit einem durchgehenden Stahlseil versehen. (Infos unter www.bergsteigen.at)

Bild 1: Die letzten Meter vor dem Gipfel am Randkluft-Anstieg.

Bild 2: Der Beginn des sog. Schulter-Anstieges auf den Dachstein.

Bild 3: Auf der Rampe des Hunerscharten-Klettersteiges.

Ü-Bild: Randkluft-Anstieg (Rot); Schulter-Anstieg (Magenta).

Ü-Bild unten: Hunerscharten-Klettersteig und strichliert der Sky Walk-Kettersteig.

Fotos: Andreas Riesner, Ax. u. An. Jentzsch, Harald Tarnowiecki u. Archiv Sektion Austria

1

125 Intersport-Klettersteig

2 | 3 2 1

Schön

Sehr gut

Diff. C/D und I-

470 Hm
3 Std.

2 Std.

2,5 Std.

ab 14 Jahren

7,5 Std.
1230 Hm

NW

Gr. Donnerkogel, 2054 m

Juni - Okt.

Stützpunkt

Gablonzer Hütte, 1522 m, ÖAV; bew Pfingsten - Mitte Okt., Tel: +43 6136 8465
Info: gablonzer-huette.at

Besonderheiten: Beim 1250 Klettermeter langen, vier sehr unterschiedliche Etappen umfassenden Intersport-Klettersteig handelt es sich um eines der umstrittensten Klettersteigprojekte in Österreich. Der Steig wurde über eine bestehende Kletterroute von Paul Preuß gelegt und berührt außerdem Jagdgebiete. Dies löste hitzige Diskussionen aus und führte letztendlich zu einer Neutrassierung im mittleren Bereich. Die früher äußerst lohnende Steiganlage hat dadurch deutlich an Attraktivität verloren. Die herrliche Aussicht auf den Dachstein und die Gosauseen sowie der sehr kletterfreundlich angelegte obere Teil entschädigen jedoch.

Kurzinfo

Talort: Gosau, 736 m
Ausgangspunkt: Talstation der Gosaukammbahn, 937 m
Karten: AV-Karte Nr. 14, Dachsteingebirge; ÖK 95, St. Wolfgang; F&B WK 281

Anreise: Von Westen: Auf der A10 bis Golling, weiter über die B162 und B166 nach Gosau. Dort nach rechts abbiegen und durch das Gosautal bis zum Straßenende bei der Talstation der Gosaukammbahn fahren. Von Osten: Auf der A1 nach Regau, weiter über die B145 und B166 nach Gosau. Bei einer Abzweigung fährt man geradeaus ins Gosautal; die Hauptstraße führt nach rechts. Öffis: Mit der Bahn nach Steeg-Gosau und dem Bus zur Talstation Gosausee.

Zustieg: Vom Gosausee auf dem Weg 620 zur Gablonzer Hütte und weiter auf dem Weg 611 zum oberen Törlecksattel (Infotafel) aufsteigen. Dort links halten und zum Einstieg absteigen (Einstieg N 47°31'50", O 13°28'38"). Bei Seilbahnbenützung etwa eine Std. Zeitersparnis.

Route: Siehe Topo-Skizze. Die schwierigen Stellen (C/D) sind im unteren und oberen Teil, dort muss man teilweise recht kräftig zupacken. Fluchtmöglichkeit vor dem Ziehkogelgrat und im Bereich des Donnermandls.

Abstieg: Vom Ausstieg in wenigen Minuten den Grat entlang zum Gipfel aufsteigen. Vom Gipfel der roten Markierung folgen und bald rechts auf den Weg 628 abzweigen. Auf diesem stellenweise recht unangenehm zum unteren Törlecksattel absteigen. Dort rechts halten und zurück zum Ausgangspunkt. Bei Seilbahnbenützung etwa 40 Min. Zeitersparnis.

Ausrüstung: Kompl. Klettersteigausrüstung und Helm. Für Schwächere evtl. ein kurzes Sicherungsseil.

Bemerkung: Da der Mittelteil sehr erdig ist, sollte der Steig nicht bei Nässe begangen werden.

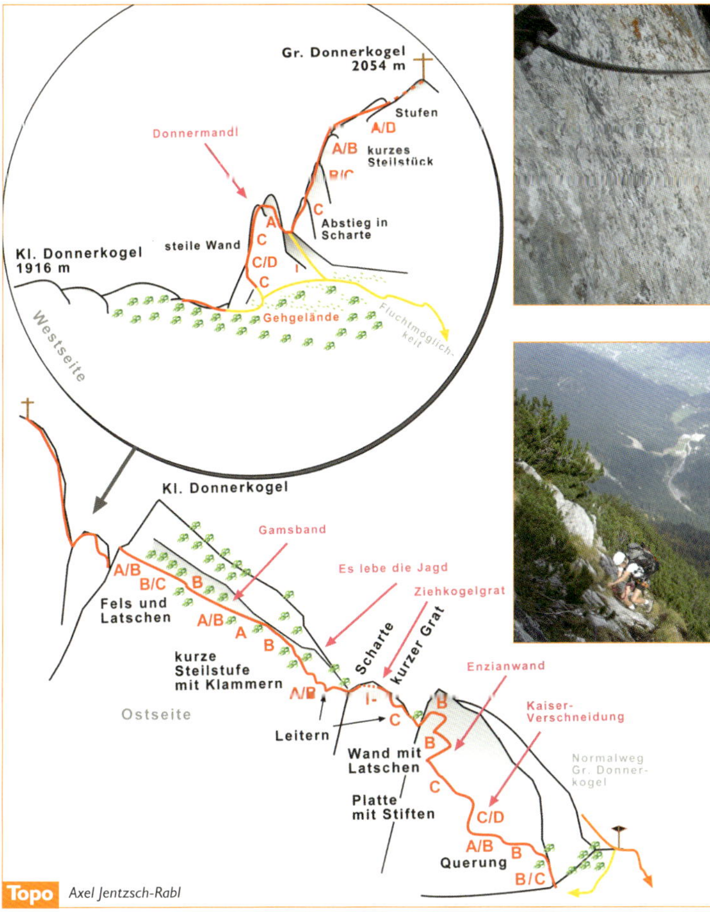

Topo *Axel Jentzsch-Rabl*

Bild 1: Trittbolzen und ein dickes Stahlseil markieren die Spuren von Paul Preuß.

Bild 2: Bei der Querung im ersten Steigabschnitt.

Bild 3: Blick auf den malerischen Gosausee.

Fotos: Dieter Wissekal und Heli Putz.

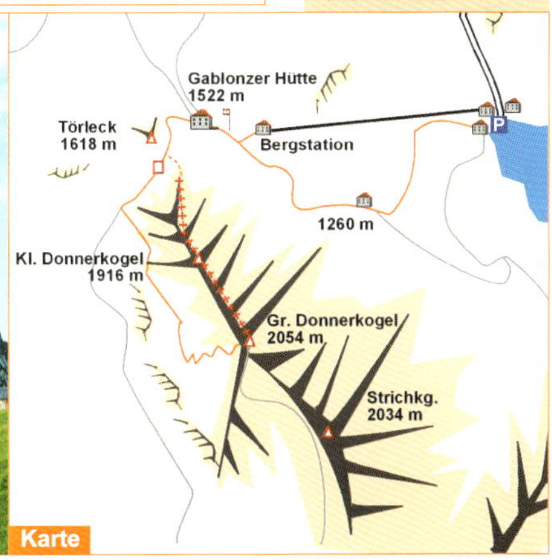

1

126 Seewand-Klettersteig

3 | 3 2 1

Sehr schön

Sehr gut

Diff. D/E

750 Hm
4,5 Std.

1 Std.

3 Std.

ab 14 Jahren

8,5 Std.
1350 Hm

NW

Außer Schönbichl, 1785 m

Juni - Sept.

Karte auf Seite: 267

Stützpunkt

Schilcherhaus, 1739 m, privat; bew. Weihnachten - Mitte Oktober; Tel: +43 6131 596. Info: www.dachsteinalm.at

Besonderheiten: Dieser Sportklettersteig ist eine wirklich steile Sache! Der Steig ist schwer, schwerer, am schwersten und somit zu Recht mit D/E bewertet. Die Erbauer um Helmut Putz haben sehr gute Arbeit geleistet. Es fängt schon bei der Markierung an, die vielen Tafeln sind vorbildlich. Leider sind durch die vielen Begehungen die Graspolster etwas weniger bzw. die schweren Stellen etwas mehr geworden. Meist ist es eine feuchte Angelegenheit und man rutscht in den Gras- und Erdpassagen ziemlich umher (gute Schuhe sind von Vorteil). Gesamt gesehen ein tolles Erlebnis mit ständigem Ausblick zum azurblauen Hallstätter See. Der Sportklettersteiggeher wird bei diesem Mega-Abenteuer auf seine Rechnung kommen; der Einsteiger ist aber fehl am Platz.

Kurzinfo

Talort: Hallstatt, 532 m
Ausgangspunkt: Kesselparkplatz, 510 m
Karten: AV-Karte Nr. 14, Dachsteingebirge; Kompass WK 20; F&B WK 281

Anreise: Auf der A1 bis Regau, weiter über die B145 nach Hallstatt, von dort Richtung Obertraun. Am Seeufer (Badeplatz) befindet sich der Kesselparkplatz. Öffis: Mit der Bahn nach Obertraun, dann zu Fuß oder per Anhalter zum Badeplatz.

Zustieg: Vom See auf rot markiertem Weg zum Einstieg. Der Weg beginnt bei der lesenswerten Erklärungstafel „Seewand-Klettersteig".

Route: Siehe Topo-Skizze. Die Schwierigkeiten sind recht anhaltend, einzig auf dem Grasband kann man etwas verschnaufen.

Abstieg: Vom Ende der Route auf blau/rot markiertem Weg zur Gjaidalm. Von der Gjaidalm die Piste rechts liegen lassen und den Weg 615 in Richtung Obertraun wählen. Der Weg mündet bei Krippenbrunn wieder in die Piste. Dann verläuft der Weg 615 entweder auf der Piste oder in Pistennähe. Kurz vor der Hanzinger Hütte (ca. 1220 m) gabelt sich der Weg. Dann die linke Variante (Weg 615) nach Winkl wählen. Der Weg mündet beim Gasthof Winkler Hof in die Straße Obertraun – Hallstatt. Nach links und die Straße bis zum Parkplatz gehen (evtl. Autostopp). Bei Seilbahnbenützung etwa eine Stunde Zeitersparnis.

Ausrüstung: Komplette Klettersteigausrüstung, Handschuhe und evtl. Sicherungsseil.

Bemerkung: Sehr langer, extrem schwerer Klettersteig in gewöhnungsbedürftigem Gelände. Nur für versierte und ausdauernde Klettersteiggeher! Seilschaftsverband ist für schwächere Kletterer empfehlenswert. Die gesamte konditionelle und psychische Anforderung ist sehr hoch. Es gibt keinen Notausstieg! Bei und nach Regen ist der Steig gefährlich! Der Fels ist nicht immer zuverlässig.

Topo A. Jentzsch-Rabl

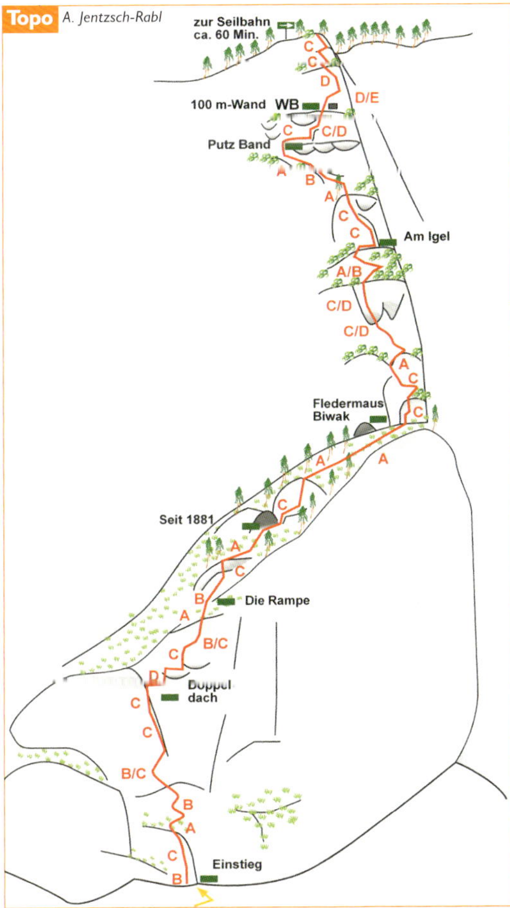

2

3

4

Ü

Bild 1: Der sehr ausgesetzte Ausstieg aus dem sog. Igel.

Bild 2: Im überhängenden Doppeldach.

Bild 3: Im Steilstück am Ende des sog. Putz Bandes.

Bild 4: Seeblick im oberen Teil des Klettersteiges.

Ü-Bild: Schön zu sehen der Zustieg und die mächtige Wand.

Fotos: Axel Jentzsch-Rabl und Andreas Jentzsch

1

127 Wildkar-Klettersteig

1,8 (3 2 1)

Sehr schön

Sehr gut

Diff. D

210 Hm
1 Std.

3,5 Std.

4 Std.

ab 14 Jahren

8,5 Std.
1500 Hm

NO

Vord. Nied. Kreuz, 2560 m

Juli - Sept.

Stützpunkt

Simonyhütte, 2205 m, ÖAV; bew. ganzj.; Tel: +43 664 9184174. Info: www.bergzentrum.at

Info Bahn: www.krippenstein.at

Besonderheiten: Das Dachsteinplateau ist eine der großartigsten und schönsten Berglandschaften der Nördlichen Kalkalpen - der Klettersteig liegt mitten auf der Karstfläche. Der direkt über den Nordost-Grat des Niederen Kreuzes verlaufende Wildkar Klettersteig ist die genussreiche Krönung der Klettersteige im Umfeld der Simonyhütte und auch gut mit dem Seewand Klettersteig zu kombinieren.

Kurzinfo

Talort: Obertraun, 513 m
Ausgangspunkt: Bergstation Gjaidalm der Krippensteinbahn, 1788 m
Karten: AV-Karte Nr. 14, Dachsteingebirge; Kompass WK 20; F&B WK 281

Anreise: Wie Seewand-Klettersteig; weiter nach Obertraun und bei der Talstation der Krippensteinbahn parken - Auffahrt mit der Seilbahn. Öffis: Mit der Bahn nach Obertraun und weiter mit dem Bus zur Gondelbahn.

Zustieg: **Zustieg Simonyhütte** (2,5 Std.): Von der Bergstation-Gjaidalm hinunter zur Gjaidalm und entlang des Weges Nr. 650 zur Hütte. **Zustieg Klettersteig** (1 Std.): Von der Simonyhütte rechts auf dem Weg 650 leicht absteigend ins Wildkar. Beim Wegweiser nach links abzweigen und zum Einstieg aufsteigen. Koordinaten des Einstieges: N 47°30'05", O 13°36'36".

Route: Durch eine Rinne (B und C) wird die Schlüsselstelle, ein trittarmer Aufschwung (zuerst C/D, dann D) erreicht. Leichteres Gelände (B) führt zu einem Überhang (C/D). Anschließend folgt das Filetstück des Wildkar Klettersteiges; der mit zahlreichen Trittstiften versicherte Pfeiler (C/D). Danach legt sich das Gelände zurück und wird leichter (zuerst C, dann B und A/B). Es folgt noch eine kurze anspruchsvolle Stelle (D), bevor die Schwierigkeiten endgültig vorbei sind (A/B über den Grat zum Gipfel).

Abstieg: Vom Ausstieg der roten Markierung folgen und bis zu einem Wegweiser aufsteigen. Dort rechts auf dem Weg 651 und über den Hohen Ochsenkogel zum Hohen Trog absteigen. Dort nach rechts auf den Weg 650 abzweigen, zurück ins Wildkar und weiter zur Hütte (Dauer: 2 Std.) **Talabstieg:** Abstieg über das Wiesberghaus, die „Herrengasse" hinunter in das Echerntal, durch dieses vorbei an einem mächtigen Wasserfall bis nach Hallstatt - Dauer knapp 5 Std.

Ausrüstung: Komplette Klettersteigausrüstung, Handschuhe und evtl. Sicherungsseil.

Bemerkung: Sehr schwerer Klettersteig; am Pfeiler tlw. sehr ausgesetzt. Der Steig kann auch mit dem Seewand-Klettersteig und den Klettersteigen am Schöberl gut kombiniert werden. Alternativ ist natürlich auch eine Besteigung des Dachsteins (Gletscherausrüstung) möglich.

Topo *A. Jentzsch-Rabl*

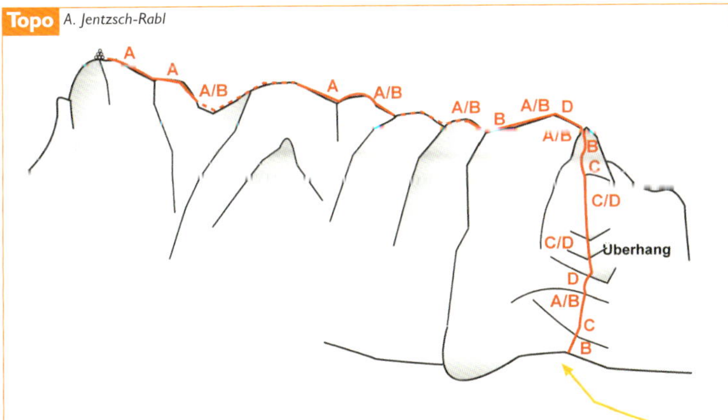

Bild 1: Die leicht überhängende „Stöpselplatte" im ersten Teil des Klettersteiges.

Bild 2: Kurz vor dem eigentlichen Nordost-Grat.

Ü-Bild: Der Steigverlauf auf dem Nordost-Grat (Rot) und der Zustieg (Orange).

Fotos:
Dieter Wissekal

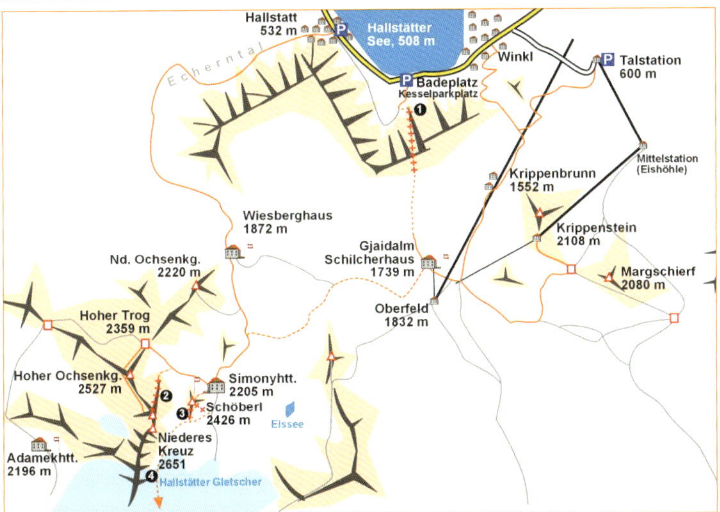

Karte:

1. **Seewand-Klettersteig**
2. **Wildkar-Klettersteig**
3. **Schöberl-Klettersteige**
4. **Aufstieg zum Dachstein**

Siehe CD-ROM Schöberl-Steige

Siehe CD-ROM Kuckucksnest

Absturzgefahr

1

128 Obertraun-Klettersteig

1,2 3 2 1

Mittel

Sehr gut

Diff. B/C, Var. C

40 Hm
20 Min.

5 Min.

5 Min.

ab 8 Jahren

30 Min.
50 Hm

S

Nd. Sattelkogel, 1250 m

Apr.- Okt.

Stützpunkt

Gasthaus Koppenrast, ca. 530 m, privat; ganzjährig bew., Di. Ruhetag. Tel: +43 6131 231

Besonderheiten: Dieser Klettersteig-Rundkurs im Klettergarten von Obertraun wurde 2001 vom Outdoor-Platzhirsch Heli Putz (www.outdoor-leadership.com) errichtet. Aufgrund der Tallage und Kürze eignet sich der Steig hervorragend für Anfänger und Kinder; ist auch bei unsicherem Wetter machbar.

Kurzinfo

Talort: Obertraun, 513 m
Ausgangspunkt: Bahnhof Obertraun-Koppenbrüllerhöhle, 531 m
Karten: ÖK 96, Bad Ischl; F&B WK 5281; Kompass WK 20, Dachstein

Anreise: A1 bis zur Ausfahrt Regau, dann auf der B145 bis Bad Goisern und weiter entlang des Hallstätter Sees nach Obertraun. Alternativ A10 bis Golling, dann auf der B162/B166 zum Hallstätter See und rechts nach Obertraun. Durch den Ort und im Bereich des Bahnhofs Obertraun-Koppenbrüllerhöhle parken. Mit Öffis: Mit der Bahn bis Obertraun-Koppenbrüllerhöhle (Züge halten nur vom 1. Mai bis 26. Okt.).

Zustieg: Vom Bahnhof Obertraun-Koppenbrüllerhöhle etwa 200 m entlang der Straße Richtung Obertraun. Der Klettersteig beginnt am linken Rand des Klettergartens. Einstiegskoordinaten: N 47°33'50,0", O 13°43'02,3".

Route: Beschreibung im Uhrzeigersinn: Von der Einstiegstafel über eine Rampe (A/B), eine Querung (B) und einen Aufschwung (A/B) zur ersten Weggabelung: Entweder die kleine Runde – Einbaumbrücke (A/B), Steilstufe (B/C) und Seilbrücke (B) – oder direkt (C) hinauf. Über einen Aufschwung (A/B) zu einer Querung (zuerst B, dann A). Mit Hilfe eines Balanceseils (B) zu einer weiteren Querung (A) und zur zweiten Weggabelung: Dann nicht geradeaus (dort geht es zum Flying Fox), sondern über Wandstufen (A/B bis B) und Querungen (A) zum Ausstieg am Wandfuß.

2

Abstieg: Rundkurs.

Ausrüstung: Die komplette Klettersteigausrüstung und einen Helm.

Bemerkung: Lässt sich gut mit einem Besuch der Koppenbrüllerhöhle kombinieren.

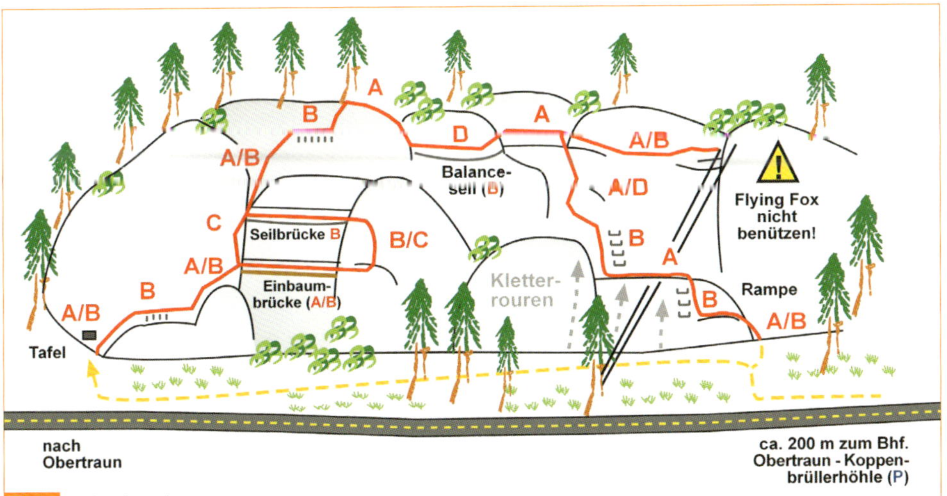

Topo *Andreas Jentzsch*

3

Bild 1: Auf der Einbaumbrücke im linken Abschnitt.

Bild 2: Die Seilbrücke direkt über dem Baum.

Bild 3: Im Einstiegsbereich des rechten Teils.

Ü-Bild: Der rechte Wandteil mit dem Routenverlauf.

Fotos: Dieter Wissekal und Andreas Jentzsch.

Ü

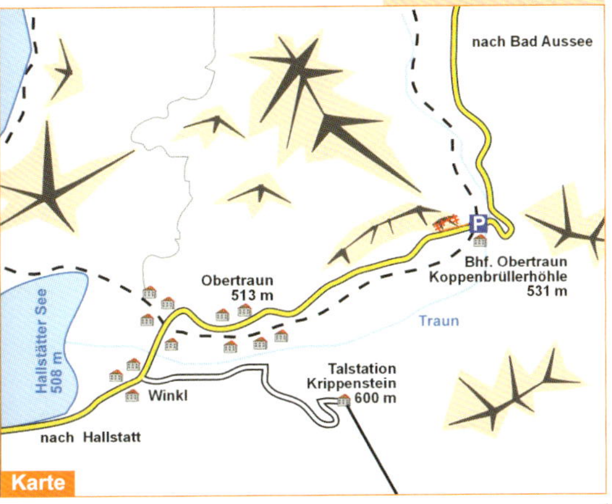

Karte

1

129 Grimming Südanstieg

1,3 (3 2 1)

Sehr schön

Gut

Diff. B

1250 Hm
4,5 Std.

1,5 Std.

4,5 Std.

ab 14 Jahren

9-11 Std.
1700 Hm

SO

Grimming, 2351 m

Juni - Okt.

Stützpunkt

Grimminghütte, 966 m, TVN; bew. im Mai Sa. /So./Ft., Juni - Sept. voll.

Dr.-Obersteiner-Biwak, 2300 m, ÖAV; Unterstand im Gipfelbereich.

Besonderheiten: Für den Anstieg auf den wuchtigen, komplett freistehenden Bergstock des Grimmings braucht man vor allem eines: Eine gute Kondition! Der Steig an der Südostseite des Grimmings ist das Herzstück einer technisch einfachen, aber sehr langen Bergtour. Die Reize der wilden Felslandschaft mit perfekten Ausblicken zum Toten Gebirge und den Niederen Tauern stehen eindeutig im Vordergrund.

Kurzinfo

Talort: Niederstuttern, 649 m
Ausgangspunkt: Parkplatz an der Bundsstraße, ca. 649 m
Karten: ÖK 97, Bad Mitterndorf; F&B WK 082

Anreise: A9 bis Knoten Selzthal oder A10 bis Ausfahrt Ennstal, dann auf der B146 nach Niederstuttern. Mit Öffis: Mit der Bahn nach Stainach-Irdning und weiter mit dem Bus (Linie 900) bis Niederstuttern Ort.

Zustieg: Vom Parkplatz durch den kleinen Ort und entlang des markierten Weges zur Grimminghütte (966 m). Nach der Hütte weiter in Richtung Grimming (Tafel „Grimming über Multereck") bis in die sog. Au. Rechts vorbei an einem Markierungsstein und über ein kleines Schuttfeld zur ersten Leiter. Alternativ kann man auch vom Schloss Trautenfels zur Grimminghütte aufsteigen (ist aber etwas länger).

Route: Über die Leiter (A/B) aufwärts und entlang der Rampe (A) aufsteigen. Danach wieder Gehgelände bis zu einer kleinen Felswand. Dort zweigt der Weg zum Südostgrat (Klettertour) nach links ab. Man geht rechts weiter und steigt im rechten Teil der sog. Schneegrube auf. Dort beginnt der zweite Teil, ein längerer, versicherter Abschnitt (B und A/B) über plattiges Gelände, der in den Geröllkessel des Kasten-Kars führt. Von diesem steigt man steil zuerst zu einem Sattel, dann über felsdurchsetzte, steile Wiesenflächen zum Multereck (2176 m) auf. Dann südwestlich entlang des Grates (kurze etwas ausgesetztere Stelle A), bis man die sanften Wiesen des Grimmingplateaus und wenig später den Gipfel erreicht.

Abstieg: Wie Aufstieg. Wer mit Öffis unterwegs ist bzw. ein zweites Fahrzeug in Kulm geparkt hat, kann über den **Nordanstieg** (A/B; siehe **Tour auf der CD-ROM**) absteigen und die Tour so zu einer großartigen Überschreitung erweitern.

Ausrüstung: Helm; für Anfänger und Kinder komplette Klettersteigausrüstung.

Bemerkung: Die Tour ist leicht, aber sehr lang! Bei Nässe und leichter Schneelage ist der Auf- bzw. Abstieg sehr unangenehm. Unterhalb des Gipfels befindet sich in nordwestlicher Richtung eine kleine Biwakhütte (Dr.-Obersteiner-Biwak).

Topo *Axel Jentzsch-Rabl*

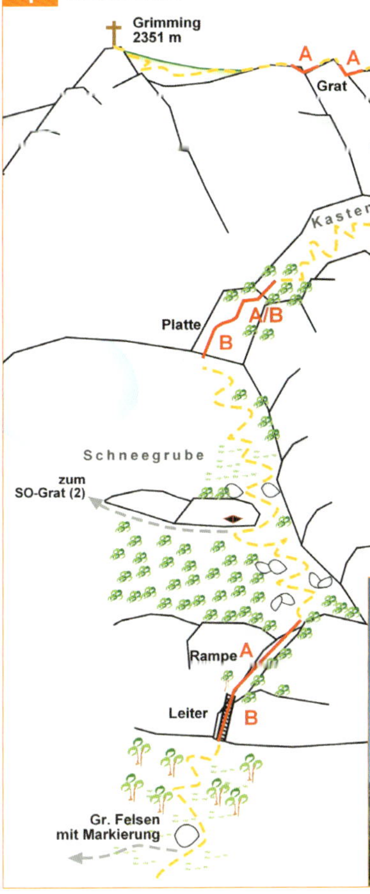

2

3

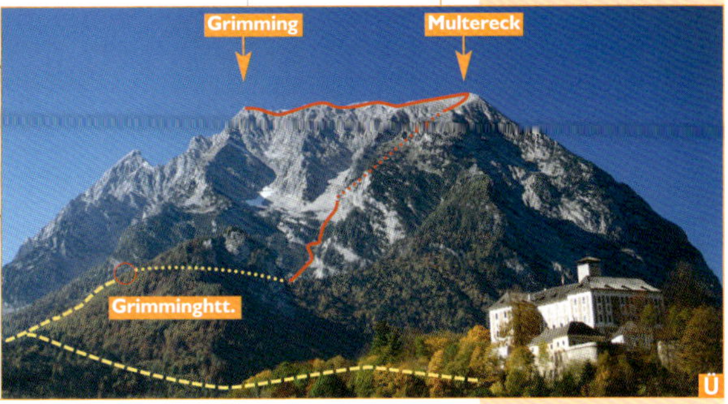

Ü

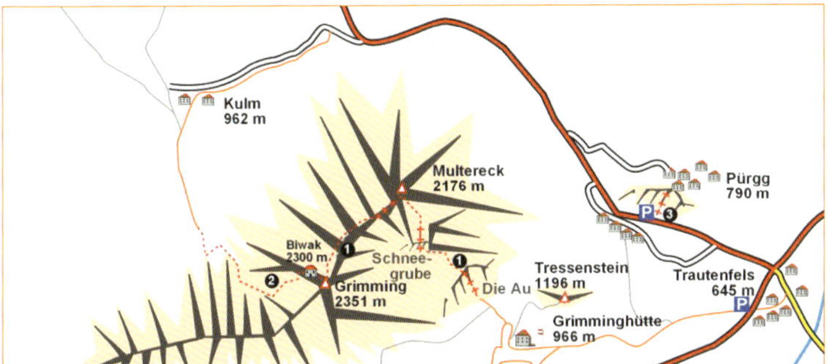

1. *Grimming Südanstieg*
2. *Grimming Nordanstieg*
3. *Burgstall-Klettersteig*

Karte

Bild 1: Auf dem Grat zwischen Multereck und Grimming.

Bild 2: Die Steinböcke fressen fast aus der Hand.

Bild 3: Oben auf dem Plateau, im Hintergrund der Gipfel.

Ü-Bild Blick von Schloss Trautenfels auf den ungefähren Wegverlauf (Rot, der Zustieg in Orange).

Fotos: Axel Jentzsch-Rabl u. Erich Hagspiel

130 Burgstall-Klettersteig

1,2 (3 2 1)

Mittel

Gut

Diff. B und I

150 Hm
45 Min.

5 Min.

30 Min.

ab 9 Jahren

1,5 Std.
210 Hm

S

Burgstall,
874 m

April - Okt.

Stützpunkt

Gasthöfe in Pürgg bzw. Trautenfels.
Infos: www.puergg-trautenfels.at

Besonderheiten: Die wuchtigen Felsabbrüche des Burgstalls wurden ursprünglich von Kletterern erschlossen. Die Kletterer legten - damit sie besser zu ihren Touren kommen - Drahtseile entlang der Wand und bauten so schlussendlich einen Klettersteig. Vor allem für Grimming-Besteiger eine gute Alternative (vor dem Aufstieg zur Grimminghütte), aber auch für Anfänger als eigenständige Tour durchaus interessant.

Kurzinfo

Talort: Untergrimming, 667 m
Ausgangspunkt: Parkplatz unweit der Bundesstraße, ca. 670 m
Karten: ÖK 97, Bad Mitterndorf; F&B WK 082

Anreise: Auf der Salzkammergut Bundesstraße entweder von Stainach oder Bad Aussee bis zur Abzweigung Untergrimming. Gleich nach der südlichen Ortseinfahrt nach rechts abzweigen (Hinweisschilder "Klettergarten") und bis zur Unterführung fahren (dort Parkmöglichkeit). Öffis: Mit der Bahn von Attnang-Puchheim oder Stainach-Irdning bis zur Hst. Pürgg, dann kurzer Abstieg auf Wanderweg nach Untergrimming.

Zustieg: Von der Straßenunterführung gerade aufwärts zu den Wänden. Den Steigspuren folgend, rechts hinauf zum Einstieg bei einer erdigen Verschneidung.

Route: Nach einer erdigen und nicht versicherten Verschneidung (I) über steiles Gehgelände zu einer Felsnische (Beginn der Versicherungen). Kurze, recht ausgesetzte Querung nach links hinaus zu einer Leiter (A), über diese hinauf (B) in eine Verschneidung mit mehreren teilweise weit auseinanderliegenden Leitern (B). Nach der letzten Leiter folgt eine Felsstufe mit Trittstift, die einen großen Schritt erfordert und daher für kleinere Personen nicht ganz einfach ist (B). Dann Gehgelände bis zu Seilsicherungen, denen man nach links folgt (nach rechts Zustieg zu Kletterrouten). Es folgt eine teilweise versicherte Querung (B, später A/B). Bei einem markanten Baum entlang der Versicherungen (A) rechts aufwärts, dann immer leichter zum Gehgelände und über eine Felsstufe (I) auf das bewaldete Gipfelplateau.

Abstieg: Vom bewaldeten Burgstall-Gipfel über schönen Waldweg immer rechtshaltend nach Pürgg. Von dort Abstieg vorbei am Bahnhof nach Untergrimming.

Ausrüstung: Klettersteigausrüstung und Helm; für Kinder ein Sicherungseil.

Bemerkung: Beim Abstieg kommt man durch die malerische Ortschaft Pürgg mit de schönen Pfarrkirche zum Hl. Georg und der Johanneskapelle. Die romanischen Fresken der Kapelle stammen aus dem 12. Jahrhundert und gehören zu den schönsten und am besten erhaltenen in Europa!

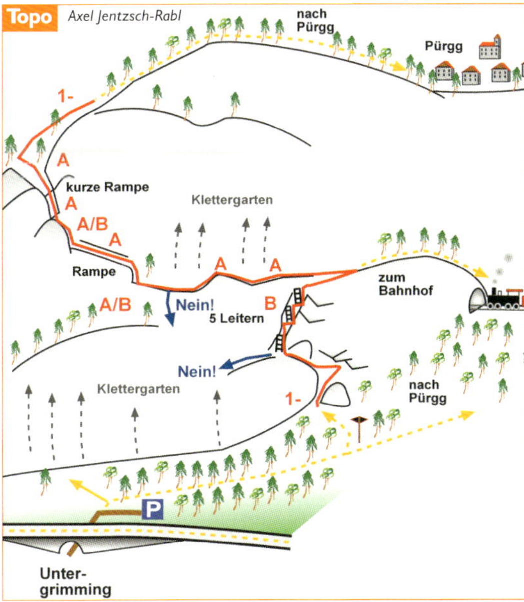

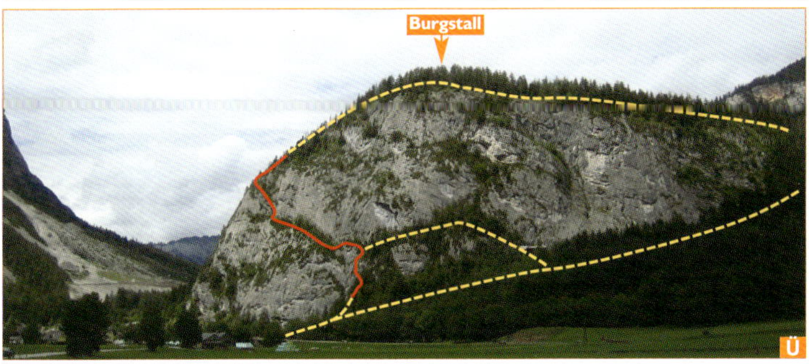

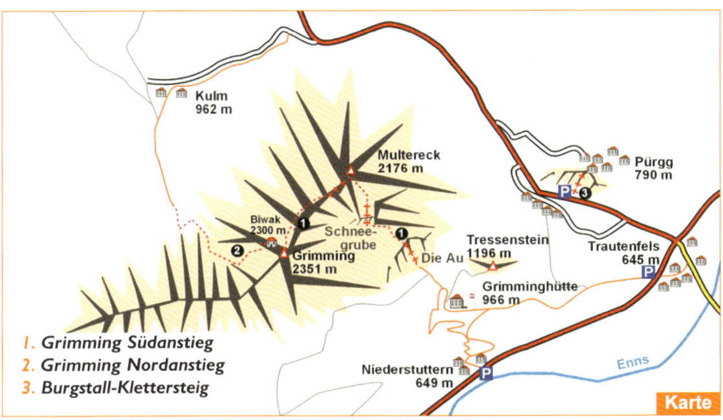

Bild 1: *Am Anfang der Leiternpassage.*

Bild 2: *Im langen Leiternabschnitt des Klettersteiges.*

Bild 3: *Auf einem der zahlreichen Bänder.*

Ü-Bild: *Der Steigverlauf in Rot, der Zu- und Abstieg in Orange.*

Fotos: An. Jentzsch und Erich Hagspiel

Siehe CD-ROM Grimming-Nord

1

131-132 Hochtausing-Ostanstieg und Tonisteig

1,2 (3 2 1)

Schön

Gut/Mittel

Diff. B/C und I+

280 Hm
50 Min.

1 Std.

1,5 Std.

ab 10 Jahren

3,5 Std.
750 Hm

SW bzw. O

Hochtausing,
1823 m

Juni - Okt.

Stützpunkt
Unterwegs keiner

Unangenehm bei Nässe

Besonderheiten: Über den technisch einfachen, aber ziemlich erdigen und deshalb auch oft rutschigen Ostanstieg erreicht man am schnellsten den Gipfel des Hochtausings. Der schöne Gipfel mit dem schwindelerregenden Nordabbruch entschädigt für die Mühen des Aufstiegs. Über den stellenweise ausgesetzten Tonisteig steigt man in der Regel wieder ab. Seitdem der Steig 1991 errichtet wurde, drängt sich eine Überschreitung des markanten Hochtausings geradezu auf.

Kurzinfo
Talort: Wörschach, 650 m
Ausgangspunkt: Parkplatz Schönmoos, ca. 1130 m
Karten: AV-Karte 15/2, Totes Gebirge - Mitte; ÖK 98, Liezen; F&B WK 082

Anreise: A9 bis zum Knoten Selzthal, dann auf der B146 bis kurz vor Wörschach. Unmittelbar unterhalb der Ruine Wolkenstein rechts abzweigen (Wegweiser Wörschachberg und Hochmölbinghütte) und auf schmaler Straße den Wörschachberg hoch. Fahrtmöglichkeit bis zum Parkplatz Schönmoos (letztes Stück Schotterstraße). Mit Öffis: Mit der Bahn nach Wörschach Schwefelbad.

Zustieg: Auf dem Weg 281 zur Pfaffensteinwiese aufsteigen. Links auf dem Weg 282 dem Wegweiser Richtung Hochtausing folgend zum Einstieg.

Route: **Ostanstieg** (A/B u. I+)**:** Vom Einstieg der Abfolge der gesicherten (bis A/B) und ungesicherten Abschnitte (bis I) durch den Wald auf den Grat folgen. Meist in der Nähe des Grates zu einer kurzen ungesicherten Rinne (I+). Nach einem Stück Gehgelände kommt eine abzukletternde Stelle (A/B). Über die letzten Versicherungen (A) zum Ausstieg.

Abstieg: **Tonisteig** (B/C u. I-)**:** Durch eine Latschengasse hinunter, vorbei am Steigbuch, zum Beginn der Versicherungen. Absteigend (A/B) trifft man auf eine kurze Leiter, die in eine steilere Rinne mit einer Leiternfolge führt (B/C). Diese steigt man bis zu einer Art Sattel ab. Eine verschneidungsartige Rinne (A/B) führt zur langen Querung (A) die zum eigentlichen Steigende in einem Sattel leitet. Entlang von Steigspuren steigt man auf der Nordwestseite hinunter. Nach einer etwas unguten Steilstufe (A/B u. I-) enden die Versicherungen. Man folgt dem Steig hinunter zur Schneehitzalm und dort rechts zum Langpoltner Klamml. Wieder rechtshaltend steigt man über die Langpoltenalm – am Schluss auf dem Aufstiegsweg – hinunter nach Schönmoos.

Ausrüstung: Komplette Klettersteigausrüstung und Helm.

Bemerkung: Den Abstieg nicht durch das Tausingkar abkürzen (Jagdsperre). Bei Nichtbeachtung droht laut diverser Hinweistafeln die Beseitigung des Klettersteiges.

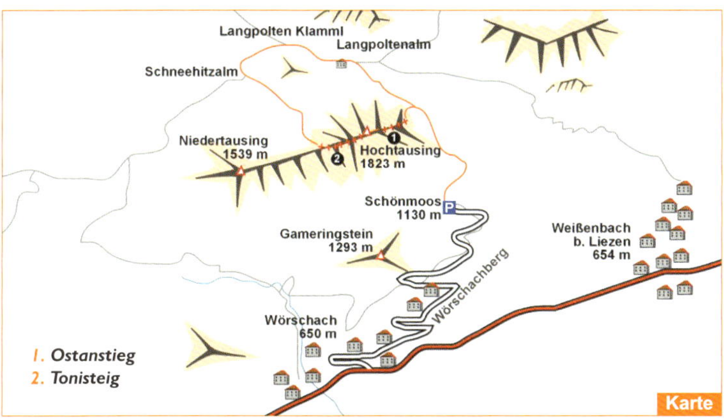

Bild 1: Auf der längeren Leiter des Tonisteiges.

Bild 2: Im Ausstiegsbereich des Tonisteiges. Eine Latschengasse ist die Verbindung zum Gipfel.

Ü-Bild: Der Routenverlauf des Tonisteiges auf den Hochtausing.

Fotos: Dieter Wissekal

133 Warscheneck SO-Grat

1,6 (3 2 1)

Sehr schön

Mittel

Diff. B und I-

550 Hm
2 Std.

1,5 Std.

2,5 Std.

ab 12 Jahren

6 Std.
1050 Hm

S

Warscheneck, 2388 m

Juli - Okt.

Stützpunkt

Linzer H., 1371m, ÖAV; bew. Anfang Juni bis Ende Oktober. Tel +43 7563 237.
Info: www.linzerhaus.at

Besonderheiten: Landschaftlich eindrucksvoller Gratanstieg auf den wuchtigen Kalkklotz des Warschenecks. Hat man den langen Grat hinter sich, genießt man das Panorama des Gr. Priels, der Ennstaler Alpen bis hin zu den oft schneebedeckten Gipfeln der Niederen Tauern. Der Klettersteig ist dank der Seilbahn und dem Sessellift auch sehr schnell zu erreichen.

Kurzinfo

Talort: Spital am Pyhrn, 640 m
Ausgangspunkt: Wurzeralm Bergstation Standseilbahn, 1427 m
Karten: AV-Karte Nr. 15/3, Totes Gebirge Ost; K 98 Liezen; F&B WK 082

Anreise: Von Liezen bzw. Spital am Pyhrn auf der B138 zum Pyhrnpass und bei der Talstation der Wurzeralmbahn parken. Öffis: Mit der Bahn bis Liezen oder Spital am Pyhrn, weiter mit dem Autobus bis zur Talstation der Wurzeralmbahn.

Zustieg: Nach der Auffahrt zur Wurzeralm folgt man der Beschilderung zum Frauenkarlift. Weiter auf markiertem Wanderweg ins Frauenkar bis zur Abzweigung zum Südostgrat (Tafel). Dort entlang der Markierung bis zum Gratbeginn. Alternativ kann man mit dem Sessellift auffahren (nur Mi./Sa./So. in den Sommerferien in Betrieb; etwa eine Stunde Zeitersparnis).

Route: Man steigt zunächst zum Widerlechnerstein (2107 m) hinauf (einige Stellen I). Von dort kann man bereits sehr gut den Verlauf des Klettersteigs erkennen. Von einer kleinen Mulde steigt man den anfangs noch kammartigen, dann ausgeprägten Grat empor bis zum Beginn der Verisherungen (Stellen I-). Die eher sparsam angebrachten Drahtseile (A, später kurz B), Trittstifte und Klammern führen einmal direkt auf dem Grat, einmal links davon hinauf zum rot-weiß-roten Gipfelkreuz.

Abstieg: Wie Aufstieg. Besser und landschaftlich eindrucksvoller ist die Rundtour über den Toten Mann (Stellen I-) und die Speikwiese. Bei der Einsattelung vor der Roten Wand zweigt man rechts ab und folgt dem rot markierten Weg zum malerischen Brunnsteiner See. An diesem vorbei zur Sessellift Talstation und zurück zur Wurzeralm.

Ausrüstung: Für wenig Geübte und Kinder Klettersteigausrüstung bzw. ein kurzes Sicherungseil.

Bemerkung: Der Grat ist nur sporadisch mit Klammern und Drahtseilen gesichert, Kurze leichte Kletterstellen (I-) müssen bewältigt werden - Trittsicherheit erforderlich!

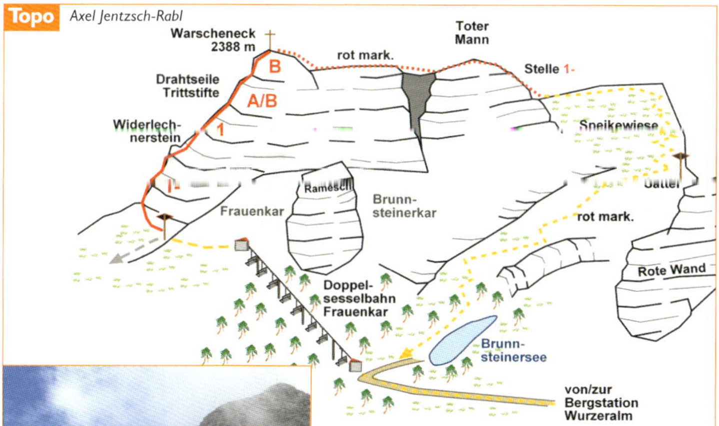

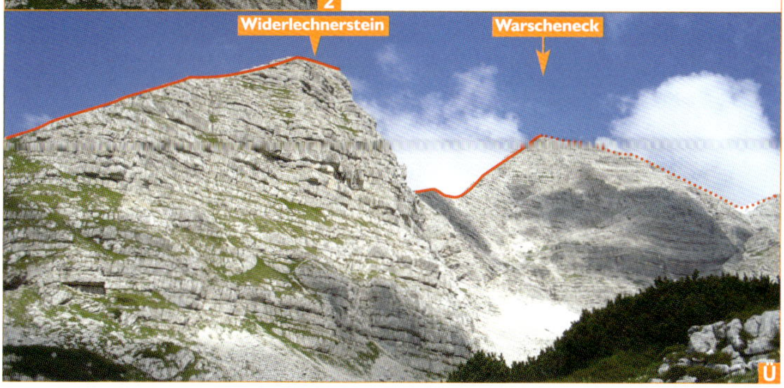

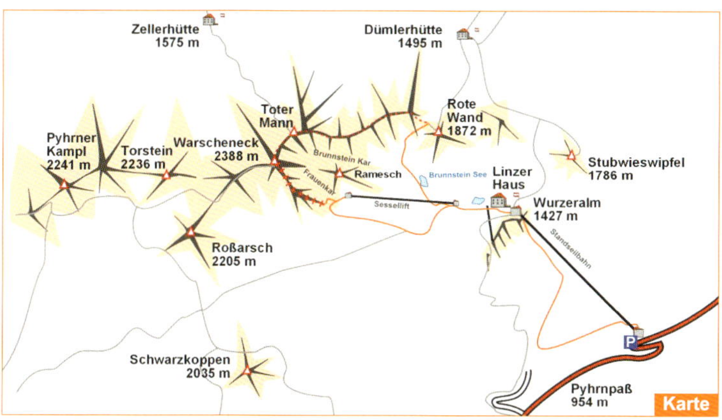

Bild 1: *Eine nicht versicherte Stelle kurz vor dem Gipfel.*

Bild 2: *Eine Gruppe vor dem letzten Gratabschnitt.*

Ü-Bild: *Der Gratverlauf des Warscheneck SO-Grates.*

Fotos:
Harald Tarnowiecki u. ÖAV-Sektion Linz

134-135 Höhenweg- und Leadership-Klettersteig

1,5 (3 – 2 – 1)

Sehr schön

Sehr gut

Diff. bis C/D

bis 100 Hm bis 30 Min.

bis 40 Min.

bis 40 Min.

ab 12 Jahren

bis 2 Std. bis 320 Hm

SW/SO

Predigstuhl, 1278 m

Apr.- Okt.

Stützpunkt

Rathlucka-Hütte, 780 m, privat; ganzjährig bew., Donnerstag Ruhetag, keine Nächtigung. Tel: +43 6135 6293. Infos: www.rathlucka-huette.at

Hotel Predigstuhl, 973 m, privat; ganzj. bew. Tel: +43 6135 855622. Infos: www.predigstuhl.co.at

Besonderheiten: Der atemberaubend exponierte Höhenweg-Klettersteig durch die langgestreckte Ewige Wand wurde 1998 vom Outdoor-Platzhirsch Heli Putz errichtet. Der Leadership-Sportklettersteig auf den Hausberg von Bad Goisern bietet eine wunderschöne Aussicht zum Dachstein. Höhepunkte sind ein enger Durchschlupf und der ausgesetzte Grat kurz vor dem Ausstieg.

Kurzinfo

Talort: Bad Goisern, 502 m

Ausgangspunkt: Parkplatz Rathlucka-Htt., 780 m bzw. Hotel Predigstuhl, 973 m

Karten: ÖK 96, Bad Ischl; F&B WK 5281, Kompass WK 20, Dachstein

Anreise: A1 bis zur Ausfahrt Regau, dann auf der B145 bis Bad Goisern. Dort Richtung Lasern kurvenreich etwa 3,5 km die Straße hinauf. Kurz vor einer Rechtskehre zweigt links die kurze Zufahrtsstraße zur Rathlucka-Hütte bzw. zum Hotel Predigstuhl ab. Mit Öffis: Mit der Bahn bis Bad Goisern Jodschwefelbad.

Zustieg: **Höhenweg-Klettersteig** (25 Min.): Von der Rathlucka-Hütte über den Goiserer Höhenweg zuerst sanft ansteigend, dann eben zur Ewigen Wand. Auf dem eindrucksvollen, in die Felsen geschlagenen Weg durch einen Tunnel zum Einstieg. Der Klettersteig beginnt genau vor dem zweiten Tunnel bei einer kleinen Bank und einer gelben Tafel. **Leadership-Klettersteig** (40 Min.): Vom Parkplatz des Hotels Predigstuhl beim Schranken vorbei und der Forststraße in nordöstlicher Richtung folgen. Nach ca. 20 Minuten führt links ein steiler Waldweg Richtung Gipfel. Nach etwa 15 Minuten zweigt der Zustiegssteig zum Einstieg des Klettersteiges (etwas schlecht angeschrieben) ab.

Route: Siehe Topo-Skizze.

Abstieg: **Höhenweg-Klettersteig** (35 Min.): Beim Ausstieg links halten und über den Wanderweg durch die Ewige Wand in Kürze zurück zum Einstieg. **Leadership-Klettersteig** (40 Min.): Über den Normalweg (Obermoossteig) vom Gipfel steil mit ein paar Sicherungen (max. A) durch den Wald zu einem Sattel. Dort links etwas steiler auf dem Radsteig (anfangs Sicherungen, A) hinunter zu einem Waldweg. Diesem bis zum Ausgangspunkt folgen.

Ausrüstung: Komplette Klettersteigausrüstung und Helm; Sicherungsseil für Kinder.

Bemerkung: Beide Klettersteige lassen sich gut miteinander verbinden (zuerst zur Ewigen Wand, dann auf dem Höhenweg zum Predigstuhl. Für Kinder interessant ist der „Märchenweg", der von der Rathlucka-Hütte bis zum Einstieg des Klettersteigs auf den Höhenweg führt.

Bild 1: Der Einstiegsbereich Höhenweg-Klettersteig.
Bild 2: Der Spalt im Leadership-Klettersteig.
Ü-Bild: Der Rücken zum Predigstuhl, rechts die Zwerchwand.

Fotos: Dieter Wissekal und Andreas Jentzsch.

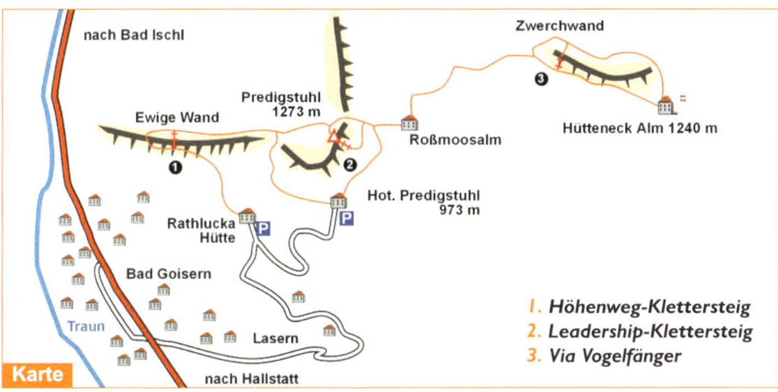

Höhenweg-Klettersteig

1

136 Loser-Panorama-Klettersteig „Sisi“

1,8 (3 – 2 – 1)

Sehr schön

Sehr gut

Diff. D

200 Hm
1,5 Std.

30 Min.

45 Min.

ab 13 Jahren

3 Std.
450 Hm

S

Loser, 1837 m

Juni - Okt.

Siehe CD-ROM Loser-Steig Video!

Stützpunkt

Loserhütte, 1498 m, ÖAV; Mai - Okt. bew. Tel: +43 3622 71202. Infos: www.loserhuette.at

Besonderheiten: Der im Juni 2007 eröffnete Loser-Panorama-Klettersteig „Sisi“ führt den Beinamen zu Ehren von Kaiserin Elisabeth, die den Loser aus eigener Kraft bestiegen haben soll. Der 400 m lange Klettersteig trägt die Bezeichnung „Panorama“ absolut zu Recht: Die Aussicht auf die landschaftlich äußerst reizvolle Gegend (Dachstein, Altausseer See usw.) ist einfach umwerfend. Umwerfend ist auch die Ausgesetztheit, die vom Begeher eine gehörige Portion Schwindelfreiheit verlangt. Insgesamt ein wirklich toller Klettersteig, der bald große Beliebtheit erlangen wird.

Kurzinfo

Talort: Altaussee, 719 m
Ausgangspunkt: Parkplatz Kehre 11, ca. 1390 m
Karten: AV-Karte Nr. 15/1 Totes Gebirge-West; ÖK 96; F&B WK 5281

Anreise: A1 bis zur Ausfahrt Regau, dann auf der B145 über Bad Ischl nach Altaussee. Alternativ A9 bis Knoten Selzthal, dann auf der B146 und B145 über Stainach-Irdning nach Altaussee. Auf der Loser-Panoramastraße (Maut) zur Loserhütte. Mit Öffis: Mit der Bahn nach Bad Aussee und weiter mit dem Bus (Linie 955) bis Loser Bergrestaurant (verkehrt nur in den Sommerferien, nach Möglichkeit bereits nach Kehre 11 aussteigen).

Zustieg: Vom Parkplatz bei Kehre 11 ein Stück die Panoramastraße hinauf. 200 m nach der Kehre links zu den Lawinenschutzdämmen aufsteigen. Links der Dämme auf einem kleinen Rücken ins Geröll und mühsam den Steigspuren zum Wandfuß folgen. Linkshaltend zum Einstieg. Einstiegskoordinaten: N 47°39’32,2“, O 13°46’20,2“.

Route: Um eine Kante (C) und eine Plattenstelle (C/D) aufwärts. Dann leichter (B, dann A/B) über grasiges Gelände (A) zu einem Pfeiler (C/D) und weiter zu einer Klammernpassage (C) queren. Nach dieser einen trittarmen Aufschwung (D) zu einer Querung (A) hinauf. Es folgt ein ausgesetzter, leicht überhängender Aufschwung (zuerst C/D, dann C). Felsdurchsetztes Grasgelände und ein Pfeiler (max. B/C) führen zu einem schönen Rastplatz (Steigbuch). Leicht (A), vorbei am Notausstieg, erreicht man den steilen Pfeiler (kraftraubende D Stelle!) der in leichtes Gelände (B und A) führt.

Abstieg: Über den Normalweg (Weg 255) zur Loserhütte. Dem Weg Richtung Blaa-Alm ein Stück zurück zum Aufstiegsweg folgen.

Ausrüstung: Komplette Klettersteigausrüstung, Helm und Klettersteighandschuhe.

Bemerkung: Der Klettersteig ist vom 16. Nov. bis 14. Mai gesperrt. Vor der Schlüsselstelle befindet sich ein Notausstieg. Bei Nässe sind die Graspassagen heikel.

Topo *Axel Jentzsch-Rabl*

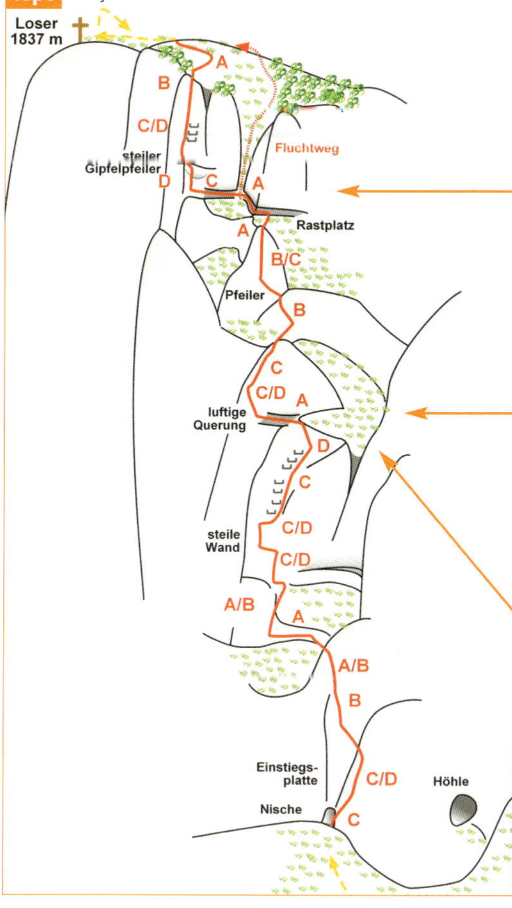

Bild 1 u. 2: Der steile Pfeiler (D) im oberen Teil.

Bild 3: Der Erbauer Markus Raich bei einer der ersten Begehungen.

Bild 4: Die luftige Querung im Mittelteil.

Ü-Bild: Der Routenverlauf.

2

3

4

Fotos: D. Wissekal, A. Jentzsch u. M. Raich.

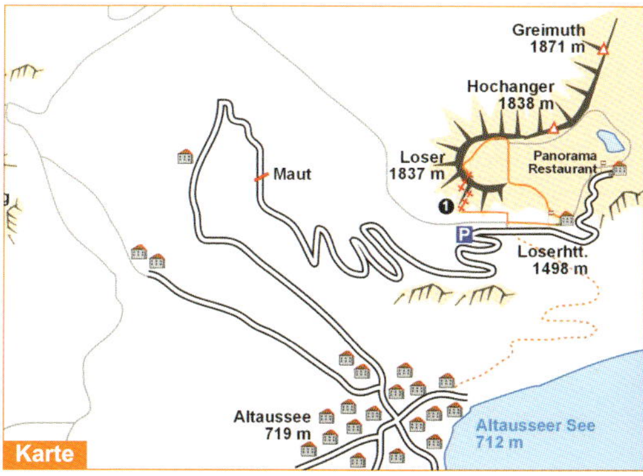

Karte

Loser

Ü

1

137 Stodertaler Klettersteig

1,3 (3 2 1)

Sehr schön

Gut

Diff. B

160 Hm
45 Min.

4 Std.

3,5 Std.

ab 10 Jahren

8 Std.
1650 Hm

N

Spitzmauer,
2446 m

Juli - Sept.

Stützpunkt

Prielschutzhaus, 1420 m, ÖAV; bew. Mitte Mai bis Ende Oktober. Tel +43 664 1400789

Besonderheiten: Schöne Ferrata, die 1988 errichtet wurde, um den langen Aufstieg zur Spitzmauer zu verkürzen. Der Steig führt über glatte, mit Klammern entschärfte Platten in den Sattel zwischen Weitgrubenkopf und Spitzmauer. Von der Scharte kann man unschwierig über Geröll und Felsplatten auf den Gipfel der Spitzmauer gehen. Vom Gipfel hat man einen fantastischen Rundblick über das Tote Gebirge-Plateau.

Kurzinfo

Talort: Hinterstoder, 591 m
Ausgangspunkt: Parkplatz Johannishof, 604 m
Karten: AV-Karte 15/2, Totes Gebirge, Mittleres Blatt; ÖK 97 u. 98; F&B 082

Anreise: A9 bis zur Ausfahrt St. Pankraz oder Roßleithen, dann weiter nach Hinterstoder. Durch den Ort und beim Johannishof parken. Mit Öffis: Mit der Bahn nach Roßleithen und dem Bus (Linie 2457) nach Hinterstoder Ortsmitte.

Zustieg: **Zustieg Prielschutzhaus** (ca. 2,5 Std.): Vom Parkplatz steigt man auf dem mark. Weg zum Talschluss (dort Materialseilbahn; Gepäcktransport möglich; Kurbeltelefon bei der Seilbahn) und Prielschutzhaus auf. **Zustieg Steig** (1,5 Std.): Von der Hütte auf dem Weg 201 zur Klinserscharte (rechts zweigt der Normalweg auf den Großen Priel ab) und etwa 100 m nach dem höchsten Punkt der Scharte (Punkt 1807 auf der BEV Karte) zweigt links der im Verlauf gelb markierte Weg zum Stodertalersteig ab. Der Weg führt über Geröll kurz mühsam aufwärts (evtl. Schneefelder) bis zum Einstieg des Steiges.

Route: Von der Einstiegswand (B) leicht (A) zu einer Serie von steilen Plattenaufschwüngen und Linksquerungen (A/B bis B). Diese werden mit zahlreichen Klammern überwunden. Zum Schluss etwas flacher (A/B) zum Ausstieg.

Abstieg: Über den Normalweg, der über den Meisenbergsattel und um den Weitgrubenkopf (2249 m) herum in die Klinserschlucht führt. Am schnellsten wieder über den Stodertaler Klettersteig zurück in die Klinserschlucht. Wie beim Aufstieg zurück zum Prielschutzhaus.

Ausrüstung: Komplette Klettersteigausrüstung und Helm.

Bemerkung: Wer die Tour als Tagestour von Hinterstoder aus macht, braucht für die vier Stunden Zustieg eine „Bärenkondition". Wenn vorhanden, dann sollten die Altschneefelder beim Einstieg nicht unterschätzt werden! Ideal als Eingehtour für den Bert Rinesch-Klettersteig.

Topo *Andreas Jentzsch*

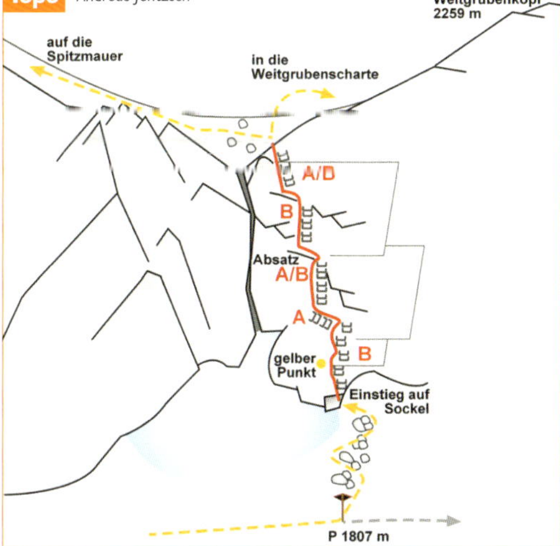

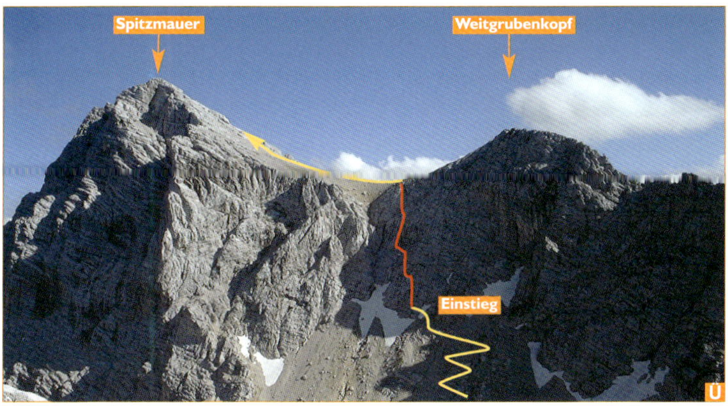

Punkt 1807 m

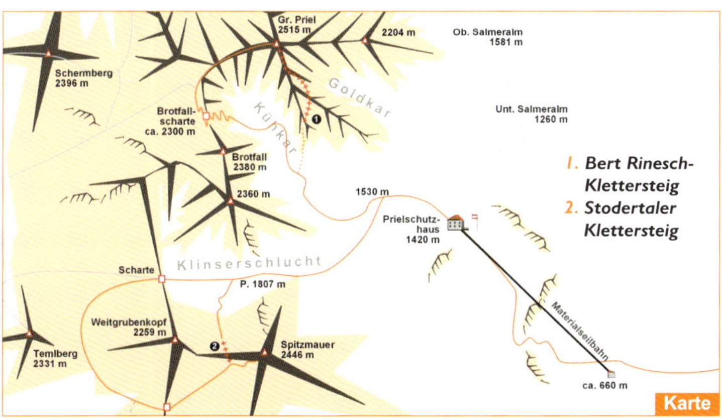

Bild 1: *In der Einstiegsplatte des Stodertaler Klettersteiges.*

Bild 2: *Im mittleren Abschnitt des Stodertaler Klettersteiges.*

Ü-Bild: *Schön zu sehen sind der Steigverlauf und die beiden Erhebungen Spitzmauer und Weitgrubenkopf.*

Fotos: Dieter Wissekal, Andreas Jentzsch und Erich Traun.

1

138 Bert Rinesch-Klettersteig

3 | 3 2 1

Sehr schön

Sehr gut

Diff. D und I

700 Hm
3,5 Std.

4 Std.

3,5 Std.

ab 14 Jahren

11 Std.
2100 Hm

NO

Großer Priel, 2515 m

Juli - Sept.

Karte auf Seite: 283

Stützpunkt

Prielschutzhaus, 1420 m, ÖAV; bew. Mitte Mai bis Ende Oktober. Tel +43 664 1400789

Besonderheiten: Der Bert Rinesch Klettersteig auf den Großen Priel ist sehr lang, steil, sehr schwierig und gehört dadurch sicherlich zu den herausforderndsten und größten Klettersteigen der Alpen. Beeindruckend wurde der Steig in die steilen und überhängenden Ostabstürze des Berges gelegt. So ist eine gewaltige Steiganlage entstanden, die sich mit großen Dolomitensteigen durchaus messen kann. Der Steig mit einer Streckenlänge von ca. 1300 m und den langen anstrengenden Querungen ist eine sehr anspruchsvolle Unternehmung, die keinesfalls von Untrainierten gemacht werden sollte.

Siehe Stodertaler Klettersteig. **Kurzinfo**

Anreise: Siehe Stodertalersteig.

Zustieg: **Zustieg Prielschutzhaus** (ca. 2,5 Std.)**:** Siehe Stodertaler Klettersteig. **Zustieg Klettersteig** (1-1,5 Std.)**:** Von der Hütte auf dem markierten Wanderweg in Richtung Klinserscharte bis zur Abzweigung zum Gr. Priel (bei ca. 1530 m). Nach etwa 80 m zweigt rechts der Zustieg zum Klettersteig ab (rote Markierung). Man folgt der roten Markierung über ein Geröllkar bis unter den SO-Sporn zum Einstieg.

Route: Über die steile Einstiegswand (C) gelangt man in flaches Schrofengelände (A), das - unter dem Felsenfenster vorbei - zur großen Scharte „Lokomotive" führt (bis dorthin auch über Geröll von links möglich). Dann überhängend und ausgesetzt (C, Leiter) abklettern zur langen Plattenquerung (B/C bis C). Die Querung muss man teilweise hangelnd klettern. Nach dieser folgt das erste Steilstück. Sehr ausgesetzt (D) aufwärts gelangt man in die erste lange Wandstufe (D und C/D) des Klettersteiges, an deren Ende eine luftige Rechtsquerung (B/C) zur „Notfallbox" führt (Rastmöglichkeit). Danach wieder sehr steil, kraftraubend und tlw. sogar überhängend (D) aufwärts über Stufen (C) zu einem Spalt (Wandbuch). Eine kurze Steilpassage (C/D) leitet in leichtes Gelände (B/C und B) über, das näher zum Grat führt. Nach einer kurzen, leicht überhängenden Stelle (C) gelangt man in einer Rinne (B) auf den Südgrat, dem man in leichter Blockkletterei (A und A/B) bis zum roten Gipfelkreuz folgt.

Abstieg: Auf dem mark. Normalweg entlang des Westgrates zur Brotfallscharte, ins Kühkar und zur Hütte (1100 Hm). Achtung, unterhalb der Brotfallscharte (Unterstandshöhle) teilw. versicherte Steilstücke (A, B) und steile Schneereste im Frühjahr!

Ausrüstung: Kompl. Klettersteigausrüstung, Helm; für Anfänger ein Sicherungseil.

Bemerkung: Extrem langer und ausgesetzter Klettersteig, der auch alpine Erfahrung erfordert. Nach Regenfällen lange nass, im Frühjahr gefährliche Schneereste. Rückzug ist nach der zweiten Wandhälfte problematisch; genau auf die Wetterverhältnisse achten!

Topo *Andreas Jentzsch*

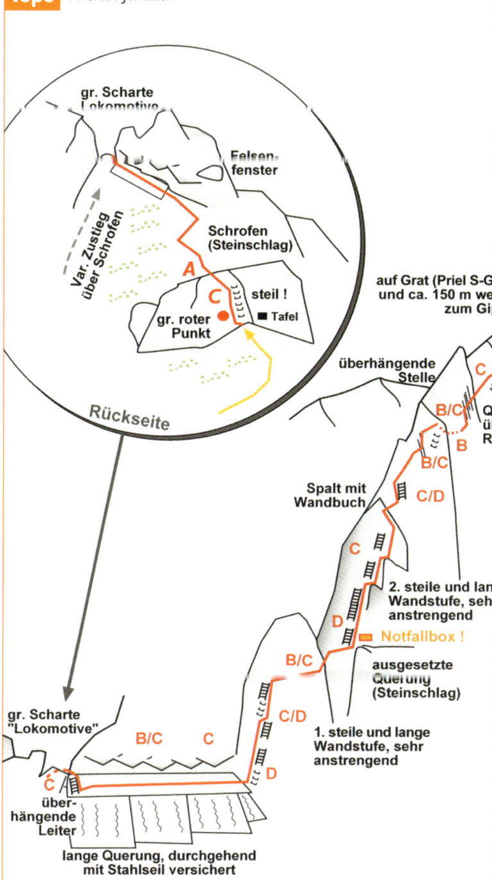

Bild 1: In der Einstiegswand des Bert Rinesch-Klettersteiges.

Bild 2: Am Ende des Steiges auf dem Südgrat.

Bild 3: In der sehr luftigen Leiternpassage.

Bild 4: Eine der leicht überhängenden und abdrängenden Querungen.

Ü-Bild: Der Steigverlauf des Bert Rinesch-Klettersteiges.

Fotos: An. Jentzsch, D. Wissekal u. D. Peneder

1

139-140 Hans Hernler-Steig und Naturfreundesteig

1,2 (3 – 2 – 1)

- Schön
- Gut
- Diff. A/B bzw. B
- bis 1050 Hm, 3 Std.
- 30 Min.
- 2,5 Std.
- ab 10 Jahren
- 6,5 Std., bis 1250 Hm
- W bzw. SW
- Traunstein, 1691 m
- Juni - Okt.

Stützpunkt

Gmundner Htt., 1666 m, ÖAV; Anfang Mai - Ende Okt. bew. Tel: +43 699 12643190

Besonderheiten: Der Hans Hernler-Steig führt durch den steilen Brandgraben auf den Traunstein. Der Naturfreundesteig ist wegen der prächtigen Aussicht zum Dachstein und zum tief unten liegenden Traunsee besonders beliebt. Die versicherten Passagen sind nicht besonders ausgesetzt und von steilem Gehgelände unterbrochen.

Kurzinfo

Talort: Gmunden, 440 m
Ausgangspunkt: Parkplatz Moaristidl, 431 m
Karten: ÖK 66, Gmunden und ÖK 67, Grünau im Almtal; F&B, WK 081

Anreise: A1 bis Ausfahrt Regau, dann auf der B145 nach Gmunden. Durchs Zentrum und am östl. Ufer zum Ende der Fahrmöglichkeit. Mit Öffis: Mit der Bahn zum Traunsee (evtl. Ebensee Landungsplatz) und dem Schiff zur Anlegestelle Gasthof Hoisn.

Zustieg: **Hernler:** Vom Parkplatz ein Stück die Straße zurück und rechts auf Weg 416 abbiegen. Den Wegweisern zum Einstieg folgen. **Naturfreunde:** Entlang der Forststraße durch zwei Tunnels zum Einstieg vor einer Brücke.

Route: **Hernler (A/B):** Vom Einstieg in leichtem Gelände (A bis A/B) zu einigen Leitern (A). Es folgt ein längerer Abschnitt, meist steiles Gehgelände. Dazwischen lockt der Aussichtspunkt „Dachsteinblick". Danach in einer breiten Rinne, wieder Versicherungen (A bis A/B), ehe eine Leiter (A/B) zum Ausstieg führt. **Naturfreunde (B):** Die Einstiegswand (A/B bis B) wird mit Hilfe von Klammern und Seilen erklettert. Anschließend folgen einige versicherte Passagen (A), bis steiles Gehgelände zur Sulzkogelscharte führt. Weitere versicherte Stellen (A) führen zu einer langen Aluleiter (A/B) und einer „Schräg-Treppe" aus Trittstiften (A/B). Weiter im Gehgelände, bis beim Bösen Eck (A/B) wieder die Versicherungen beginnen. Durch ein Felsenfenster (A) und im nicht allzu steilen Fels (A/B) zum Ausstieg.

Abstieg: Wie Aufstieg oder oben je nach Aufstieg zur gegenüberliegenden Hütte gehen und den anderen Steig absteigen. Alternativ kann man auch den Mairalmsteig (max. A, Weg 412) zum Kaisertisch absteigen.

Ausrüstung: Helm, für Anfänger und Kinder komplette Klettersteigausrüstung.

Bemerkung: Beide Steige sind sehr lang. Wegen der sonnigen Lage genug Flüssigkeit mitnehmen. Der Hans Hernler-Steig ist bei Nässe nicht zu empfehlen (erdige Platten)! Gute Kombination ist der Hans Hernler-Steig im Aufstieg, den Naturfreundesteig im Abstieg und unten entlang des sog. Miesweges am Seeufer retour zum Parkplatz. Unterhalb des Parkplatzes befindet sich ein Badeplatz.

Axel Jentzsch-Rabl **Topo**

2

3

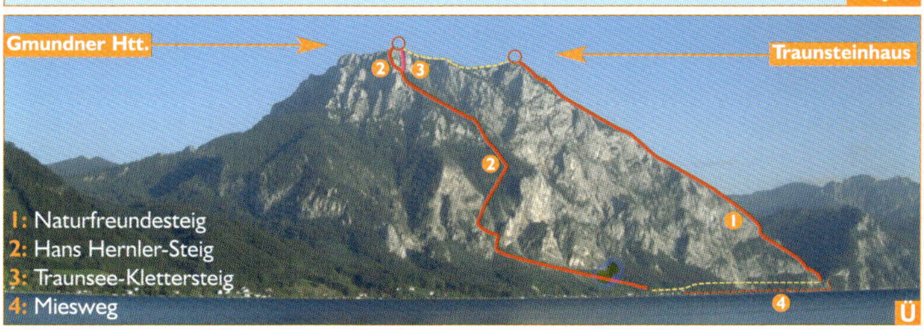

Ü

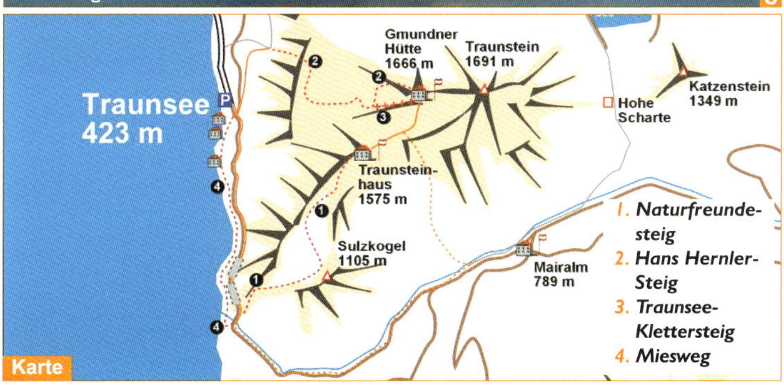

Karte

Bild 1: Das Felsentor am Ende des Naturfreundesteiges.
Bild 2: Die Platte im Mittelteil des Naturfreundesteiges.
Bild 3: Der malerische Miesweg am See.
Fotos: Dieter Wissekal und A. Jentzsch-Rabl

Stützpunkt

Traunsteinh., 1575 m, TVN; Anfang Mai - Ende Okt. bew. Tel: +43 7612 65010
www.traunsteinhaus.at

1

141 Traunsee-Klettersteig

2,5 (3 – 2 – 1)

Sehr schön

Sehr gut

Diff. D

150 Hm
45 Min.

3 Std.

2,5 Std.

ab 14 Jahren

6 Std.
1250 Hm

W

Traunstein, 1691 m

Juni - Okt.

Karte auf Seite: 287

Stützpunkt

Gmundner Htt., 1666 m, ÖAV; Anfang Mai - Ende Okt. bew. Tel: +43 699 12643190

Besonderheiten: Sehr schöner und gut gebauter Sportklettersteig, der in Verbindung mit dem Hans Hernler-Steig ein anspruchsvolles Bergabenteuer ergibt. Die sehr luftige Steiganlage führt auf den markanten Aussichtsberg und endet direkt im „Biergarten" der Gmundner Hütte. Wegen des langen Zustieges und der schweren Kletterstellen wird vor allem die Kondition gefordert!

Kurzinfo

Talort: Gmunden, 440 m
Ausgangspunkt: Parkplatz Moaristidl, 431 m
Karten: ÖK 66, Gmunden und ÖK 67, Grünau im Almtal; F&B, WK 081

Anreise: Wie bei Hans-Hernler-Steig.

Zustieg: Dem Hernler-Steig (siehe dort) folgen, bis man auf einem Kamm die Abzweigung zum Traunsee-Klettersteig sieht (auf ca. 1500 m). Der Steig verläuft über den letzten steilen Felsaufschwung unterhalb der Hütte. Der Hernler-Steig geht links des Felsens hinauf.

Route: Vom Einstieg des Klettersteiges auf dem Sattel zuerst leicht ansteigend (C) zum ersten Aufschwung (D) queren. Diese Wandpassage fordert hohen Krafteinsatz. Danach nur kurz leichter (B) und zu einem knackigen, überhängenden Wandl (D). Über dieses hinauf in ein Flachstück (B), welches rechtshaltend zu einem Köpfl führt. Dort kommt eine luftige Querung (C) an eine Kante, die in den steilen Pfeiler (D) übergeht. Am Ende des Pfeilers erreicht man das Latschenband (A; gute und ungefährliche Rastmöglichkeit auf breitem Band). Nach dem Latschenband zuerst steil und kraftraubend hinauf (D) in die Schlusswand. Dann eine etwas ausgesetztere Querung (C) und über ein weiteres Wandstück (C/D) in leichteres, latschendurchsetztes Gelände (B). Von dort leicht (B und A, kurze Felspassagen wechseln mit Gehstücken) zur Gmundner Hütte hinüber und über den Zaun direkt in den „Biergarten".

Abstieg: Siehe Hans-Hernler-Steig

Ausrüstung: Neben Klettersteig-Set und Helm sollte man wegen des langen und meist sonnigen Zustieges auf jeden Fall genug Flüssigkeit mitnehmen.

Bemerkung: Sehr schwerer Sportklettersteig - oft Stellen mit D, selten leichter. Alternativ kann man über den daneben liegenden Hans Hernler-Steig (B) die Gmundner Hütte erreichen. Die Stadt Gmunden lädt zu einem Spaziergang ein. Im Sommer ist der Traunsee eine kühle Erfrischung nach der Klettersteigbegehung - beim Parkplatz befindet sich eine frei zugängliche Badewiese.

Topo *A. Jentzsch-Rabl*

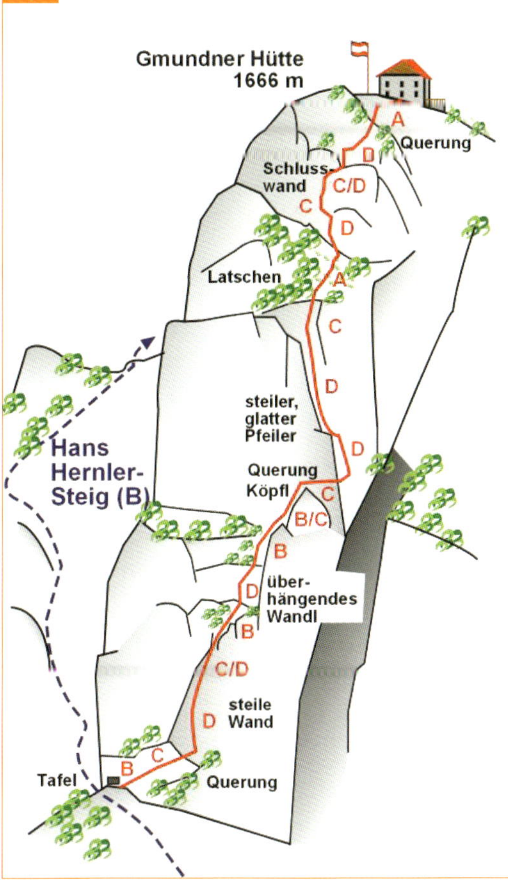

Bild 1: Ausgesetzte Passagen hoch über dem Traunsee.
Bild 2: Im Steilstück am Anfang des Pfeilers - kurz vor dem breiten Latschenband.
Bild 3: Luftig bis zum Schluss.
Bild 4: Blick zum Traunsteinhaus, dahinter der Dachstein.
Ü-Bild: Der Steigverlauf (Rot) und der H. Hernler-Steig (Orange).

Fotos: A. + A. Jentzsch u. Dieter Wisskal.

1

142 Triftsteig

1,2 (3 2 1)

Sehr schön

Gut

Diff. B

90 Hm/2,2 Km
1 Std.

1 Std.

1 Std.

ab 10 Jahren

3 Std.
250 Hm

W

Hochkogel,
1157 m

Mai - Okt.

Stützpunkt

Anlaufalm, 982 m, privat, bew. 1. Mai bis Ende Oktober; Tel. +43 664 4430141

Besonderheiten: Landschaftlich sehr schöner, einfacher Klettersteig im Nationalpark Oberösterreichische Kalkalpen. Der Steig verläuft immer knapp oberhalb des Baches. Zahlreiche schöne Uferplätze laden zum Baden ein. Ideal in Verbindung mit einer Mountainbiketour von Reichraming aus. Man kommt in ca. 1 - 1,5 Stunden bis zum Einstieg bei der Annerlsteg-Brücke. Man fährt durch die urigen Tunnels der ehem. Waldbahn. Die Bahn wurde früher zur Holzbringung und für den Bauxitabbau verwendet; die Schienen sind abgebaut. Unweit des Ausstieges lädt der Schleierfall zum Verweilen ein.

Kurzinfo

Talort: Unterlaussa, 539 m bzw. Reichraming, 356 m

Ausgangspunkt: Parkplatz Weißwasser, 690 m bzw. Reichraming, 356 m

Karten: ÖK 69, Großraming; F&B WK 5501, Nationalpark Kalkalpen

Anreise: Von Windischgarsten oder Altenmarkt bei St. Gallen nach Unterlaussa. Im Ort zweigt man beim Gasthaus zur Alten Schmiede (Inh. Weissensteiner) auf den Güterweg Weißwasser ab. Auf diesem über die Mooshöhe hinunter zum Parkplatz Weißwasser (ca. 680 m; am Ende Schotterweg). MTB-Tour: Von Steyr oder Amstetten nach Reichraming. Öffis: Mit der Bahn nach Reichraming - ohne Fahrrad ist der Zustieg sowohl von Unterlaussa als auch von Reichraming sehr lang!

Zustieg: Vom Parkplatz Weißwasser immer leicht abwärts entlang des Baches bis zum Schleierfall; ca. 200 m weiter ist bei der Brücke (vor dem Tunnel) der Einstieg (Tafel). Von Reichraming mit dem Rad entlang des Baches durch die Große Klause bis zur Annerlsteg-Brücke. Vor dieser beginnt links der Steig (Tafel).

Route: Siehe Topo-Skizze. Der Steig folgt immer dem Bach und ist an den ausgesetzten Stellen (meist A) gut abgesichert. Die schweren Stellen sind die Platte (A/B) und eine mit einem Doppelseil abgesicherte Steilstufe (B).

Abstieg: Vom jeweiligen Ausstieg durch die tlw. beleuchteten Tunnels (siehe Skizze) zurück zum Ausgangspunkt und wie beim Zustieg zum Parkplatz.

Ausrüstung: Für Anfänger und Kinder Klettersteigausrüstung; kleine Kinder tun sich mit dem Einhängen schwer - für diese ein Sicherungsseil.

Bemerkung: Alternativ kann man beim Schleierfall auf schönem Steig zur Anlaufalm und dem oberhalb liegenden Hochkogel aufsteigen; Abstieg über den Hirschkogelsattel zum Parkplatz Weißwasser. Man erreicht die Alm auch auf div. markierten Mountainbikestrecken (siehe Karte). Unweit dieser befindet sich der Hochkogelgipfel. Kommt man mit Kindern, sollten diese auch Fahrrad fahren, sonst wird ihnen der Zustieg doch etwas zu lange.

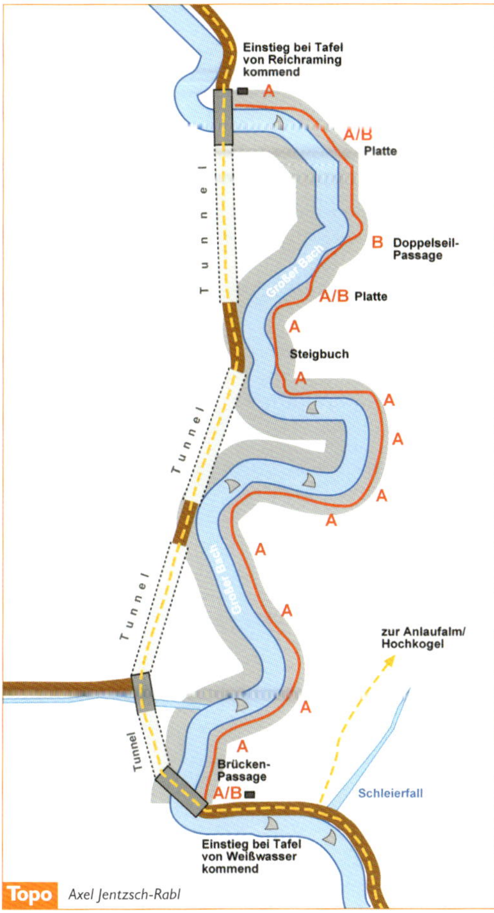

Topo *Axel Jentzsch-Rabl*

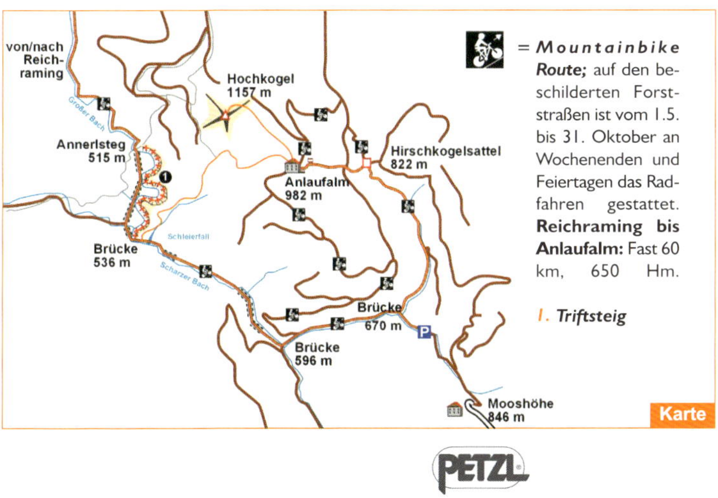

Karte

= ***Mountainbike Route;*** auf den beschilderten Forststraßen ist vom 1.5. bis 31. Oktober an Wochenenden und Feiertagen das Radfahren gestattet. **Reichraming bis Anlaufalm:** Fast 60 km, 650 Hm.

1. Triftsteig

Bild 1: Meist oberhalb des Baches.

Bild 2: Die Doppelseil-Stelle (B).

Bild 3: Beim Einstieg in die Platte.

Bild 4: Bei dem schönen Schleierfall.

Fotos: A. Jentzsch-Rabl

Die Tunnelstrecke

1

143 Wildfrauensteig

1,3 (3 – 2 – 1)

Sehr schön

Mittel

Diff. B/C und I-

350 Hm
1,5 Std.

2 Std.

2,5 Std.

ab 13 Jahren

6 Std.
1100 Hm

NO

Bosruck, 1992 m

Juni - Okt.

Stützpunkt

Ardningalm Hütte, 1037 m, privat; ganzj. bew. derzeit keine Nächtigung. Tel. +43 664 205 8000

Besonderheiten: Der Bosruck ist der „Eintrittsberg" in die Ennstaler Alpen. Seit 2004 erlaubt ein neuer Klettersteig eine eindrucksvolle Überschreitung des Berges. Neben Gehgelände trifft man auf luftige Klettersteig-Passagen im Bereich des Grates. Der gratartige Berg mit dem mächtigsten Gipfelkreuz der Region bietet mit der Frauenmauer im Osten und dem Kitzstein im Westen zwei weitere Gipfeltrabanten, die im Zuge der Überschreitung begangen werden.

Kurzinfo

Talort: Ardning, 696 m
Ausgangspunkt: Ardningalm, 1037 m
Karten: ÖK 98, Liezen und ÖK 99, Rottenmann; F&B WK 062

Anreise: Von Liezen oder Admont bis nach Ardning. Im Ort auf schlechter Straße zur Ardningalm auffahren - Parkplatz. Öffis: Mit der Bahn nach Ardning und zu Fuß oder per Anhalter zur Ardningalm.

Zustieg: Von der Alm folgt man dem markierten Weg über Wiesenflächen, unter der Frauenmauer vorbei und am Ende steil zum Arlingsattel. Dort zweigt man links auf Steigspuren zum Nordostgrat ab. Durch Latschen zu den Versicherungen in einer Scharte (auf ca. 1660 m). Variante Zustieg Höhle: In der Scharte 50 m schräg abwärts in die Wildfrauenhöhle.

Route: Von der NO-Gratscharte sehr luftig und ausgesetzt am Grat empor (Stahlseil; B/C) bis zu einem Gratabsatz. Am folgenden Gratturm rechts vorbei und dahinter auf schmalem Grat (A) auf eine Schulter. Dann auf dem gestuften Grat zum Gipfel der Frauenmauer. Nordseitig absteigend (A/B) in eine Scharte, weiter auf kurzem schmalen Grat, danach über ein gestuftes Steilstück empor. Über Schrofenhänge und Rinnen aufwärts und auf dem breiten Grat im Rechtsbogen auf den nahen Gipfel.

Abstieg: Über den markierten Übergang erreicht man den Kitzstein (kurze, gesicherte Passage A/B). Von diesem steigt man südlich hinunter in den Roßfeldboden bis zur Aubodenhütte (Jhtt; 1334 m). Von der Hütte entlang des markierten Weges vorbei an der Igelsfeldalm zur Angeralm.

Ausrüstung: Für wenig Geübte und Kinder Klettersteigausrüstung bzw. ein kurzes Sicherungseil - gutes Schuhwerk.

Bemerkung: Bei Nässe ist der Steig äußerst unangenehm. Es gibt zahlreiche ungesicherte Passagen im Routenverlauf (Trittsicherheit nötig)! Sage Wildfrauenhöhle: Es wird von drei „Wildfrauen" berichtet, die von der Höhle aus, hoch oben auf dem Nordostgrat wohltätig Menschen und Tiere beschützen.

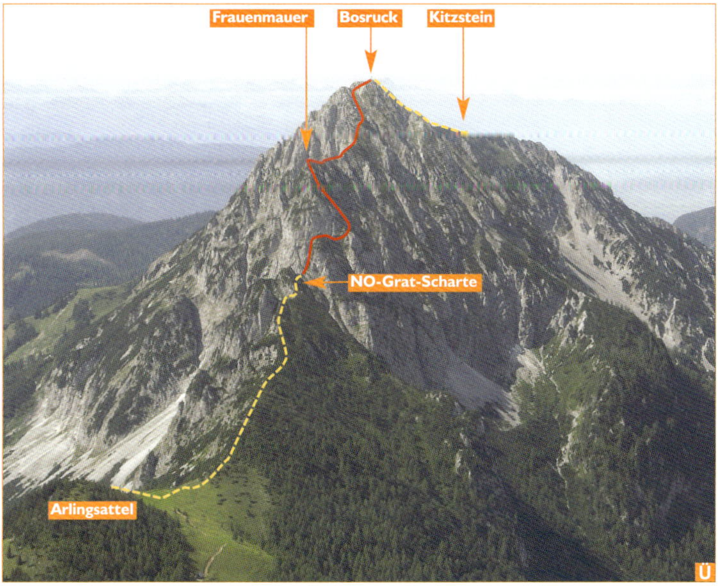

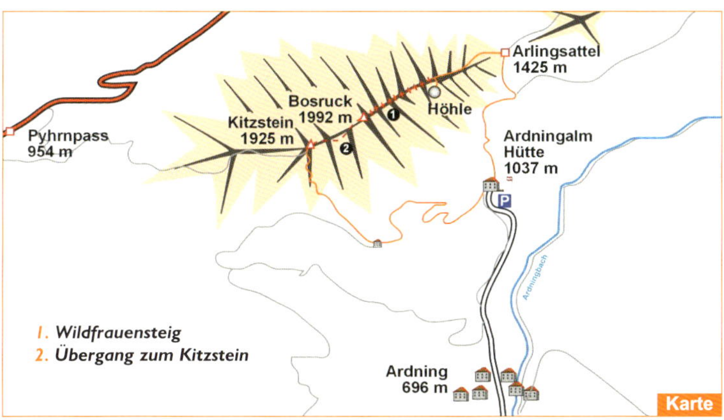

Bild 1: Der schroffe Grat im Bereich des Vorgipfels.

Bild 2: In einer der steileren Passagen der Überschreitung.

Ü-Bild: Sehr schön zu sehen ist der Zustieg über den Arlingsattel und der mächtige Grat zum Hauptgipfel.

Fotos: Dieter Wissekal u. Harald Tarnowiecki

1

144 Hexensteig

1,3 (3 – 2 – 1)

- Schön
- Mittel
- Diff. B/C und I-
- 110 Hm, 1 Std.
- 3,5 Std.
- 3,5 Std.
- ab 10 Jahren
- 8 Std., 1550 Hm
- SW
- Hexenturm, 2172 m
- Juni - Okt.

Stützpunkt

Admonter Haus, 1723 m, ÖAV; Mitte Mai – Ende Okt. bew. Tel: +43 3613 3552

Besonderheiten: Der Hexensteig ist ein reizvoller, alpiner Klettersteig. Der nicht durchgehend versicherte Steig verläuft großteils direkt auf dem imposanten Grat zwischen Natterriegel und Hexenturm und stellt eine Begradigung zum Normalweg durch das oberste Rosskar dar.

Kurzinfo

Talort: Weng bei Admont, 653 m
Ausgangspunkt: Buchauer Sattel, 861 m
Karten: AV-Karte Nr. 16, Ennstaler Alpen – Gesäuse; ÖK 99; F&B WK 062

Anreise: A9 bis zur Ausfahrt Gesäuse, dann auf der B146 nach Admont und der B117 auf den Buchauer Sattel. Mit Öffis: Mit der Bahn nach Admont oder Weißenbach-St. Gallen und weiter mit dem Bus (Linie 910) oder dem Xeismobil (Rufbus) bis Buchau bei Admont Sattel.

Zustieg: Auf dem Weg 636 über die Grabneralm zum Admonter Haus und weiter auf dem Weg 634 auf den Natterriegel. Von dort Abstieg in die Natterriegelscharte und in Kürze zum Einstieg.

Route: Vom Einstieg nordseitig auf den Hauptgrat (A). Über die steile Felskante abkletternd (zuerst B, dann I-) auf einen Rasenkamm. Diesen ansteigend (I-) zum Fuße des großen Turmaufbaues. Südseitig eine Rampe (A) hinauf und anschließend kurz abklettern (A/B, Steigbuch). Über die Schlüsselstelle (B/C) in eine markante Schlucht und die Turmscharte aufsteigen (zuerst A, dann B). Weiter auf dem Kamm und einen Felsgrat (I-) zur Rosskarscharte abklettern. Dort befinden sich der Ausstieg und die Einmündung in den Normalweg.

Abstieg: Auf Weg 634 ins oberste Rosskar absteigen und anschließend in die Natterriegelscharte aufsteigen. Von dort am Aufstiegsweg zurück ins Tal.

Ausrüstung: Kompl. Klettersteigausrüstung und Helm.

Bemerkung: Lässt sich gut mit einer Besteigung des Hexenturmes verbinden (A/B; 130 Hm zusätzlich).

2

Topo *Dieter Wissekal*

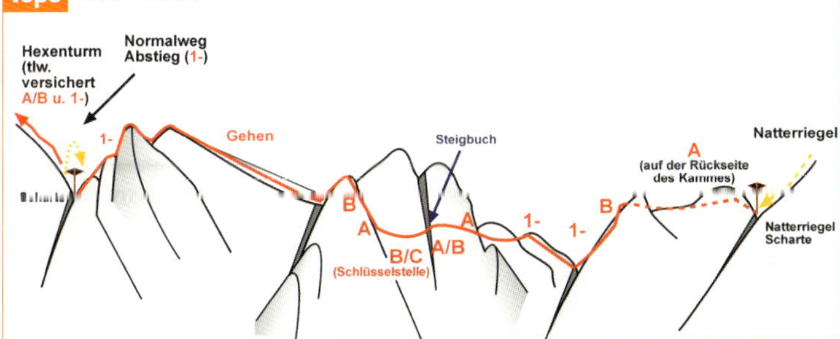

Bild 1: Kurz vor dem Ausstieg.

Bild 2: Ausblick vom Hexenturm Richtung Westen.

Bild 3: Beim Abklettern in eine Scharte (kurz 1-).

Bild 4: Beim Aufstieg auf den Hexenturm (A/B und 1-).

Fotos: Dieter Wissekal

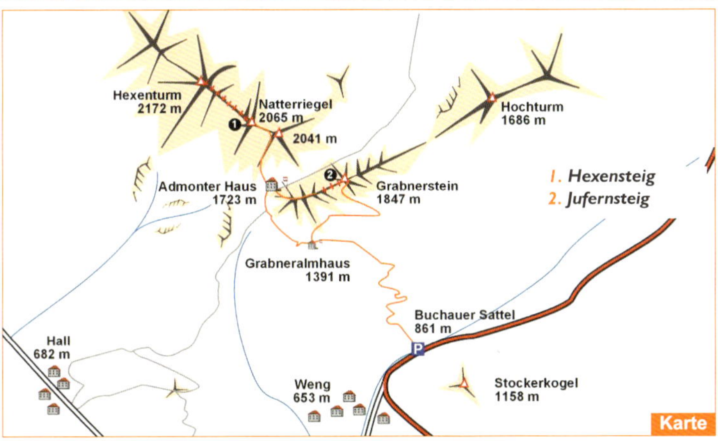

1

145 Jungfernsteig

1,2 (3 2 1)

Schön

Mittel

Diff. B

100 Hm
30 Min.

2,5 Std.

2 Std.

ab 13 Jahren

5 Std.
1050 Hm

NW

Grabnerstein, 1848 m

Juni - Sept.

Karte auf Seite: 295

Stützpunkt

Admonter Haus, 1723 m, ÖAV; Mitte Mai – Ende Okt. bew. Tel: +43 3613 3552

Besonderheiten: Dieser Klettersteig ist Teil der sehr lohnenden und überraschend abwechslungsreichen Überschreitung des Grabnersteins. Der Steig führt dabei stets leicht auf und ab durch eine beeindruckende Felslandschaft mit schönen Tiefblicken und ausgesetzten Passagen.

Kurzinfo Wie beim Hexensteig.

Anreise: Wie beim Hexensteig.

Zustieg: Auf dem Weg 636 über die Grabneralm zum Admonter Haus. Rechts halten und eben zum Einstieg queren.

Route: Nach einer Querung (A) in eine Scharte absteigen (A/B). Aufstieg durch einen Kamin (B) und Abstieg (A/B) in eine Scharte. Über eine große Rampe (B) und abfallende Querung (A bis A/B) in die Jungfernscharte (Steigbuch). Kurz im Gehgelände absteigen und durch eine steile Rinne (A/B) hinauf. Nach dem Gehgelände und einer etwas ausgesetzten Querung (A) wird der Ausstieg erreicht.

Abstieg: Vom Ausstieg dem Wanderweg zum Gipfel des Grabnersteines folgen. Der Abstieg vom Gipfel zur Grabneralm ist als Almlehrpfad angelegt. Von der Grabneralm weiter über den Aufstiegsweg.

Ausrüstung: Klettersteigausrüstung und Helm.

Bemerkung: Der Klettersteig ist vomn 30. Sept. bis 31. Mai gesperrt. Da die unteren Seilenden an einigen Stellen nicht befestigt sind, ist eine Selbstsicherung nicht überall möglich. Der Steig wird nach dem markten Felssporn „Steinerne Jungfer" in der Jungfernscharte benannt. Leider sind die Drahtseil-Sicherungen nicht optimal bei dieser Steiganlage – für Anfänger nur bedingt geeignet!

2

Topo Dieter Wissekal

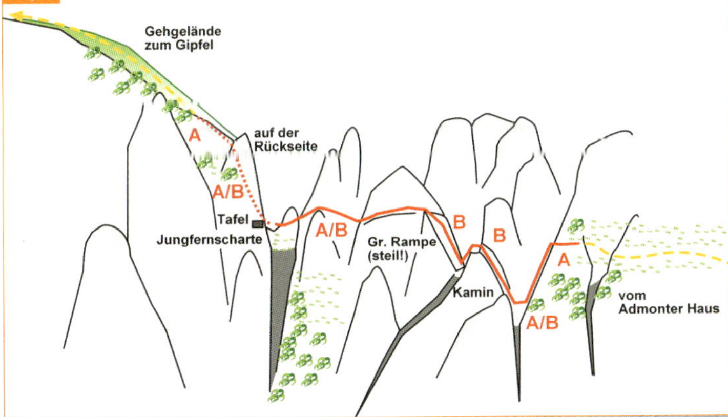

Bild 1: Abkletter-Passage kurz nach dem Einstieg.

Bild 2: Kurz vor der Jungfernscharte.

Bild 3: Abstieg zur Grabneralm.

Ü-Bild: Der Steigverlauf und der Weiterweg zum Gipfel.

Fotos: Dieter Wissekal

1

146 Südwandband-Klettersteig

1,5 | 3 | 2 | 1

Schön

Gut

Diff. B/C und I

250 Hm
2 Std.

3,5 Std.

3,5 Std.

ab 13 Jahren

9 Std.
1700 Hm

S

Gr. Buchstein, 2224 m

Juni - Sept.

Stützpunkt

Buchsteinhaus, 1546 m, TVN; Mai bis Oktober bew. Tel: +43 3611 284

Besonderheiten: Imposanter Wanddurchstieg mit herrlichen Tiefblicken entlang eines diagonal verlaufenden Bandsystems. Von leichten Gehpassagen abgesehen, ist das Band durchgehend auf einer Länge von 420 m mit Stahlseilen versichert. Vom mächtigen Bergstock des Gr. Buchsteins mit dem großen Karstplateau hat man einen imposanten Ausblick auf die Gesäuseberge.

Kurzinfo

Talort: Gstatterboden, 577 m

Ausgangspunkt: Parkplatz Buchsteinhaus in Gstatterboden, 577 m

Karten: AV-Karte Nr. 16, Ennstaler Alpen – Gesäuse; ÖK 99; F&B WK 062

Anreise: Auf der B146 von Liezen oder Hieflau entlang der Enns nach Gstatterboden zum Parkplatz des Buchsteinhauses am westl. Ortsrand. Öffis: Mit der Bahn nach Gstatterboden.

Zustieg: Vom Bahnhof zu Fuß (ca. 300 m) entlang der Gesäuse-Bundesstraße bis zur Brücke. Vor der Brücke rechts auf den Weg Nr. 641 und am Schluss sehr steil hinauf zum Buchsteinhaus. Von der Hütte auf dem Weg Nr. 641 bis zum markanten Fuß des Westgrates und zum Einstieg.

Route: Von der Tafel über den Vorbau (A/B und A) bis zur Gratkante, um diese herum auf eine große Schuttterrasse. Schräg aufwärts (A/B) zu einem tiefen Felsschacht. Steil aufwärts (B/C) und nach rechts zu einem vorspringenden Absatz mit schwach ausgeprägtem Schartl. Ausgesetzter Quergang (B; 20 m) zu einem vorstehenden Zacken. Auf einem breiten, gestuften Band aufwärts (B) unter eine überhängende, dunkle Wand und weiter zu einem Absatz am „Süd-Pfeiler" (Wandmitte). In der gestuften Rinne 20 m abwärts in eine Wandbucht. Aus dieser schräg rechts hinauf und weiter entlang der Wand auf schwach ausgeprägtem Band aufwärts zu einem Köpfel (A/B) unter überhängender Kante. In der folgenden Rinne (B) aufwärts zu einem großen Absatz und weiter Richtung Ausstieg (A/B).

Abstieg: Auf dem Gipfelkamm zum nahen Gipfel und über den Normalweg zu einem Sattel. Von diesem linkshaltend durch die Westschlucht (tlw. versichert bzw. kurze Kletterpassagen) zurück zum Buchsteinhaus.

Ausrüstung: Klettersteigausrüstung und Helm.

Bemerkung: Bitte keinen Steinschlag auslösen, da sich oft Kletterer in der Südwand befinden. Wegen des langen Zustieges und der südseitigen Lage genug Flüssigkeit mitnehmen bzw. eine Nächtigung im Buchsteinhaus einplanen.

Topo *Andreas Jentzsch*

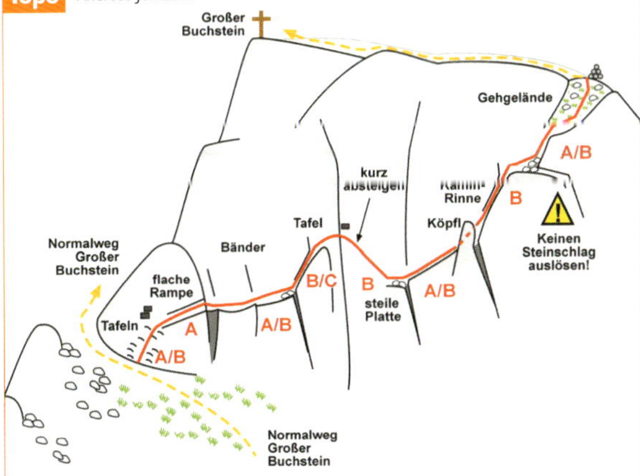

2

Ü

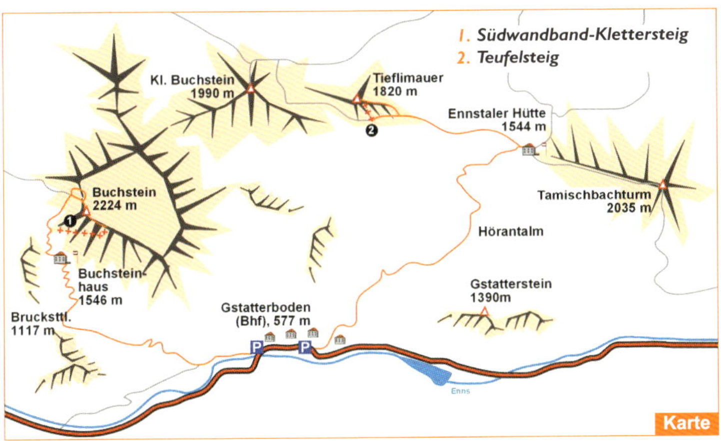

Karte

Bild 1: Meist quert man leicht aufsteigend durch die Südwand.

Bild 2: In einer der steileren Passagen.

Ü-Bild: Der mächtige Buchstein mit dem Zustieg, vorbei am Buchsteinhaus, und dem Klettersteig. Siehe auch Ü-Bild beim Teufelsteig.

Fotos: Andreas Jentzsch

1

147 Teufelsteig

2 (3 2 1)

Sehr schön

Sehr gut

Diff. C/D

220 Hm
1 Std.

3 Std.

3 Std.

ab 13 Jahren

7 Std.
1300 Hm

SO

Tieflimauer,
1820 m

Mai - Okt.

Karte auf Seite: 299

Stützpunkt

Ennstaler Hütte, 1544 m, ÖAV; bew. Mitte Mai bis Ende Oktober; Tel: +43 3611 22196
www.ennstalerhuette.at

Besonderheiten: Relativ neuer und sehr gut angelegter Klettersteig auf den bisher eher unbedeutenden Gipfel der Tieflimauer. Der Klettersteig gehört zu den schwersten Gipfelklettersteigen im Gesäuse, ist aber wegen der überlegten Routenführung und geringen Höhe auch für nicht so versierte Klettersteiggeher interessant. Bei einer Steigbegehung sollte man auf jeden Fall auch den Tamischbachturm oder den Kleinen Buchstein besteigen.

Kurzinfo

Talort: Gstatterboden, 577 m
Ausgangspunkt: Parkplatz in der Nähe des Bahnhofes, 577 m
Karten: AV-Karte Nr. 16, Ennstaler Alpen – Gesäuse; ÖK 99; F&B WK 062

Anreise: Auf der B146 von Liezen oder Hieflau entlang der Enns nach Gstatterboden zum Parkplatz in der Nähe des Bahnhofes (Hinweistafel „Ennstaler Hütte"). Öffis: Mit der Bahn nach Gstatterboden.

Zustieg: Am östlichen Ortsende beginnt der Aufstiegsweg zur Ennstalerhütte. Diesem folgt man bis kurz vor die Hütte. Dort zweigt der markierte Aufstieg nach Westen in Richtung Kleiner Buchstein und Teufelsteig ab. Leicht auf- und absteigend folgt man dem Weg bis unter die Südwand der Tieflimauer, bis man bei einem Schuttfeld (Steinmann) rechts zum Einstieg des Klettersteiges aufsteigt.

Route: Auf einem blockigen Grat aufwärts (A/B) und über zwei sattelartige Steigabschnitte (B) bis zum Beginn der Querung (B/C). Dort linkshaltend, zuletzt über schöne Platten in den Schluchtgrund. Anfangs steil aufwärts (B/C) und über die steilere zweite Steilstufe (C/D) in flacheres Gelände. Über Schrofen (A/B) zum Ausstieg in der Scharte zwischen dem Ostgipfel und dem Hauptgipfel (der Hauptgipfel wird in 10 Min. erreicht).

Abstieg: Auf dem markierten Normalweg (Ostkamm; tlw. versichert) zurück zum Aufstiegsweg und weiter zur Ennstalerhütte.

Ausrüstung: Kompl. Klettersteigausrüstung und Helm; für Einsteiger und Kinder evtl. ein Sicherungsseil.

Bemerkung: Im oberen Drittel herrscht Steinschlaggefahr durch Vorauskletternde! Der Teufelsteig ist bis auf zwei Passagen Gehgelände durchgehend mit einem dicken Drahtseil versichert. Auf zusätzliche Hilfsmittel (Trittbügel oder Leitern) wurde fast komplett verzichtet.

Topo Axel Jentzsch-Rabl

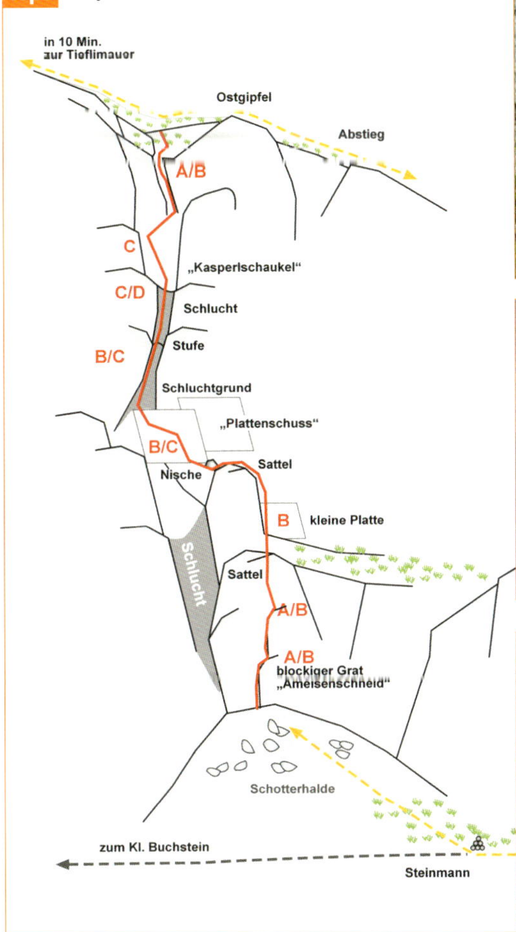

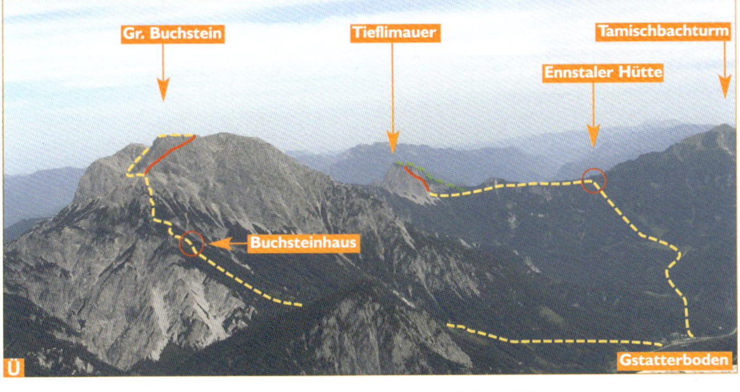

Bild 1-2: Im unteren Teil des Teufelsteiges.

Bild 3: Auf dem Gipfel der Tieflimauer.

Bild 4: Blick zum Gipfel des Tamischbachturms.

Ü-Bild: Rechts der Teufelsteig auf die Tieflimauer, li. der Südwandband-Klettersteig (Gr. Buchstein); unten Gstatterboden.

Fotos: Harald Tarnowiecki u. A. Jentzsch

1

148 Alpinpark Johnsbach

2,1 (3 2 1)

Schön

Sehr gut

Diff. bis E

100 Hm
50 Min.

10 Min.

30 Min.

ab 14 Jahren

1,5 Std.
100 Hm

O

Pfarrberg, 900 m

Mai - Okt.

Stützpunkt

Gasthäuser in Johnsbach - z.B. Ghf. Donner oder Ghf. Ödsteinblick

Besonderheiten: „Da legt's di nida..." ist der erste Gedanke, der einem beim Anblick der extrem überhängenden Seilleiter in den Kopf schießt. Doch nach einigen beherzten Zügen hat man eine der schwersten Klettersteigstellen Österreichs überwunden. Den Erbauern ist es gelungen, einen eindrucksvollen Abenteuerpark mitten im Nationalpark Gesäuse zu schaffen. Drei unterschiedlich schwere „Klettersteige" führen unmittelbar neben der Straße nach oben. Dank des kurzen Zu- und Abstieges eine schöne Bereicherung für das Tal.

Kurzinfo

Talort: Johnsbach, 853 m
Ausgangspunkt: Parkplätze in Johnsbach, 853 m
Karten: AV-Karte Nr. 16, Ennstaler Alpen – Gesäuse; ÖK 100, Hieflau

Anreise: A9 bis zur Ausfahrt Gesäuse, dann auf der B146 über Admont ins Gesäuse. Nach Johnsbach und beim Donnerwirt parken (das Parken beim Tunnel ist nicht erwünscht). Mit Öffis: Mit der Bahn nach Admont und weiter mit dem Xeismobil (Rufbus) bis nach Johnsbach.

Zustieg: Vom Parkplatz beim Donnerwirt auf der Straße retour bis vor den kleinen Tunnel. Dort über den kleinen Bach und zu einem der beiden Einstiege.

Route: Siehe Skizze - die Hängebrücke zwischen Tunnelfelsen und Hauptpfeiler kann nicht begangen werden (Abseilzustieg). Der linke obere Einstieg erlaubt den leichtesten Durchstieg des Pfeilers (B/C). Die rechten Varianten sind schwer bis extrem schwer (D bzw. ganz rechts E).

Abstieg: Entweder man klettert wieder auf dem Klettersteig hinunter oder man steigt oben in eine Scharte ab und geht dann im Wald leicht aufwärts zum sog. Bibelweg. Über diesen gelangt man zur Johnsbacher Kirche mit dem berühmten Bergsteigerfriedhof und in den Ort.

Ausrüstung: Kompl. Klettersteigausrüstung und Helm; für Unsichere auf jeden Fall ein Sicherungsseil!

Bemerkung: Da sich der Tourismusverband derzeit zu keiner finanziellen Unterstützung des Alpinparks aufraffen kann, ist der **Einstiegsbereich abgesperrt.** Interressenten können den Alpinpark gegen einen **Erhaltungsbeitrag** selbstständig benützen. **Dieser muss vorher im Büro der „Absolute Outdoors Agentur" neben dem Donnerwirt bezahlt werden.** Die „Sportagentur Absolute Outdoors" bietet ein „Gesäuse-Extrem Weekend" an, eine Kombination aus einer Führung im Alpinpark, Raftingtour und einem Canyoning-Trip Level 3. Infos unter: **www.rafting.at**

Topo *Andreas Jentzsch*

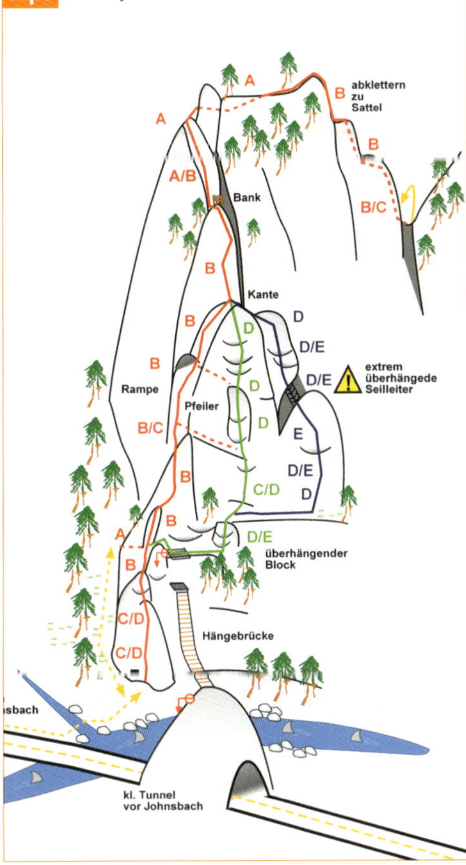

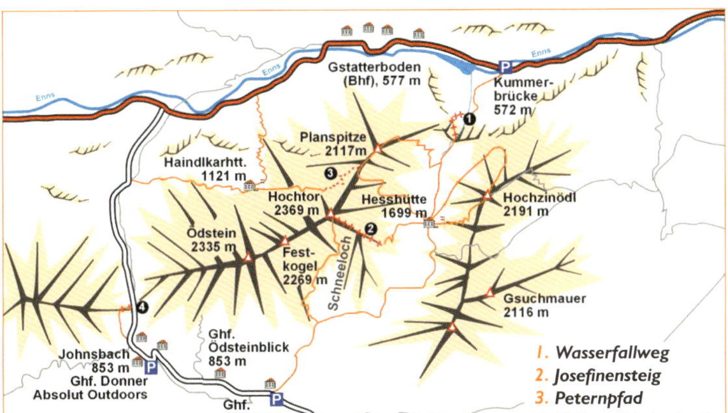

Karte

Bild 1: Der Einstiegsbereich am Bach - unten die Hängebrücke.

Bild 2: Die extrem steile Seilleiter.

Bild 3: In der mittleren Route im Ausstiegsbereich.

Ü-Bild: Der Pfeiler mit den drei Möglichkeiten und der Abstieg nach Johnsbach; auch die Kirche mit dem berühmten Bergsteigerfriedhof ist zu sehen.

Fotos: A. u. A. Jentzsch

1

149-150 Wasserfallweg und Josefinensteig

1,2 (3 – 2 – 1)

- Sehr schön
- Gut/Mittel
- Diff. bis B und I
- bis 570 Hm, bis 2 Std.
- bis 2,5 Std.
- bis 3,5 Std.
- ab 12 Jahren
- bis 8 Std., bis 1550 Hm
- NO bzw. O
- Hochtor, 2369 m
- Juni - Okt.

Karte auf Seite: 303

Stützpunkt

Heßhütte, 1699 m, ÖAV; Ende Mai – Ende Okt. bew. Tel: +43 664 4308060.
Infos: www.hesshuette.at

Besonderheiten: Zwei klassische Gesäuseanstiege, die sehr gut kombiniert werden können und mitten im Nationalpark Gesäuse liegen. Der 1891 errichtete Wasserfallweg ist ein äußerst beliebter Klettersteig. Der Anstieg verläuft in einzigartiger Umgebung mit wunderbarem Panorama. Der Josefinensteig, der auf den höchsten Gipfel der Ennstaler Alpen führt, zählt zu den interessantesten und beliebtesten Klettersteigen in den Gesäusebergen. Im Bereich der Tellersackscharte am Gugelgrat eröffnen sich atemberaubende Tiefblicke.

Kurzinfo

Talort: Gstatterboden, 577 m bzw. Johnsbach, 853 m
Ausgangspunkt: Kummerbrücke, 572 m bzw. Gasthof Kölbl, ca. 860 m
Karten: AV-Karte Nr. 16, Ennstaler Alpen – Gesäuse; ÖK 100, Hieflau

Anreise: A9 bis zur Ausfahrt Gesäuse, dann auf der B146 über Admont nach Gstatterboden und weiter zur Kummerbrücke. Nach der Brücke rechts parken. Den Ghf. Kölbl erreicht man indem man zwischen Admont und Gstatterboden ins Johnsbachtal abbiegt. Mit Öffis: Mit der Bahn nach Gstatterboden im Nationalpark oder Hieflau und weiter mit dem Xeismobil (Rufbus) zum jeweiligen Ziel.

Zustieg: **Wasserfallweg** (1,5 Std.): Von der Kummerbrücke auf rot markiertem Weg 660 (kurze Stellen bis A/B) unter einem eindrucksvollen Wasserfall vorbei zum Einstieg. **Josefinensteig** (2,5 Std.): Vom Gasthof Kölbl auf dem Weg 601 über die Koderalmen zur Heßhütte. Links Richtung Hochtor und durch Latschen und über Geröll zu den ersten Versicherungen.

Route: **Josefinensteig** (570 Hm/2 Std.): Über Bänder, Schrofen und kleine Wandstufen (A und I) in ein Geröllfeld. Nach dem Geröll steil hinauf (bis B und I) zu einem Band (A). Anschließend durch eine breite steile Rinne (A/B bis B, I-) zum Gugelgrat. Kurz dem Grat folgen und in die linke Flanke. Auf ausgesetzten Bändern (A bis A/B) und später im Geröll (A bis A/B) zum Gipfel. **Wasserfallweg** (200 Hm; 1 Std.): Siehe Skizze - der Anstieg verläuft rechts des großen Wasserfalles und ist markiert.

Abstieg: **Josefinensteig** (3,5 Std.): Wie Aufstieg. **Wasserfallweg** (2 Std.): Wie Aufstieg oder weiter zur Heßhütte aufsteigen.

Ausrüstung: Kompl. Klettersteigausrüstung und Helm.

Bemerkung: Für sehr gute Bergsteiger bietet sich eine besonders lohnende Überschreitung an: Haindlkar – Peternpfad (Kletterstellen bis 2) – Heßhütte – Josefinensteig – Schneeloch (Kletterstellen bis 2) – Johnsbach.

Topo Wasserfallweg *An. Jentzsch*

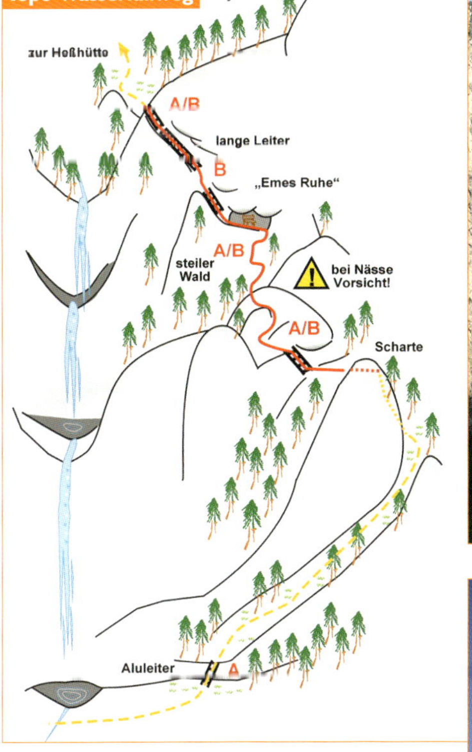

2

3

Bild 1: Auf der langen Leiter des Wasserfallweges.

Bild 2: Der Routenverlauf des Wasserfallweges.

Bild 3: Im oberen Teil des Josefinensteiges; ganz hinten der Gipfel.

Ü-Bild: Das mächtige Hochtor und der ungefähre Verlauf des Josefinensteiges.

Fotos: Dieter Wissekal, Andreas Jentzsch und Archiv Sektion Austria

151 Kaiserschild-Klettersteig

2,2 (3 2 1)

Sehr schön

Sehr gut

Diff. D/E

270 Hm 1,5 Std.

2 Std.

2,5 Std.

ab 14 Jahren

6 Std. 1100 Hm

SW

Kaiserschild, 2084 m

Juni - Okt.

Stützpunkt

Gasthaus Gemeindealm, privat, ganzjährig bew. Mo. Ruhetag; Tel: +43 3848 3410

Besonderheiten: Eindrucksvoller Action-Klettersteig an den Südwestabbrüchen des Kaiserschildes. Schöner, wasserzerfressener Fels mit einer Steilheit, die man selten vorfindet. Ein traumhafter Ausblick macht den neuen, aber sehr schweren (D/E) Klettersteig zu einem absoluten Muss für den ambitionierten Ferratisti. Neben der mit Überhängen gespickten Plattenzone ist vor allem die ca. 40 m lange und sehr luftige Nepal-Brücke das Highlight der Steiganlage.

Kurzinfo

Talort: Eisenerz, 736 m

Ausgangspunkt: Gemeindealm, 1019 m

Karten: ÖK 101, Eisenerz und ÖK 100, Hieflau; F&B WK 062

Anreise: Auf der S6 nach Leoben, weiter über die B115 nach Eisenerz. Im Ort (man fährt durch die enge schöne Altstadt) zweigt man nach Ramsau/Tull ab und folgt der Straße bis zum Ende der Fahrmöglichkeit. Mit Öffis: Mit der Bahn nach Leoben und weiter mit dem Bus bis Eisenerz und per Autostopp oder Taxi zur Gemeindealm.

Zustieg: Vom Parkplatz auf dem Forstweg taleinwärts, bis der Weg auf das Kaiserschild rechts auf einen querenden Forstweg abzweigt (NICHT gerade weiter über Radmerhals auf den Hochkogel, sondern rechts kurz der Forststraße folgen). Im Laubwald immer steiler aufwärts, bis man nach einem Geröllfeld den Beginn der Drahtseil-Sicherungen des Bärenlochsteiges erreicht (dort bereits den Helm aufsetzen). Über eine Rampe hinauf, bis der Steig wieder eben wird und man ins Hochkar sehen kann. Der Einstieg ist unmittelbar beim Bärenloch-Steig – Tafel.

Route: Siehe Topo-Skizze.

Abstieg: Vom Steigende in ca. 20 Min. zum Gipfel und über den markierten Normalweg wieder ins Hochkar und vorbei am Einstieg (unter dem Klettersteig wieder den Helm aufsetzen!) hinunter durch das Bärenloch zum Ausgangspunkt. **Alternativ** kann man die **Drei Gipfelrunde** als Abstieg wählen: Vom Kaiserschild auf dem Grat nördlich zum Kaiserwart, dann kurz zurück und weiter südwestlich zum Hochkogel und hinunter zum Radmerhals. Von dem Sattel zurück zur Gemeindealm/Parkplatz (die Runde ist markiert).

Ausrüstung: Kompl. Klettersteigausrüstung und Helm; evtl. ein Sicherungsseil.

Bemerkung: Schwerer, langer Klettersteig, selten leichter als C/D - nichts für Anfänger! Vorsicht auf Steinschlag beim Zustieg ab der Drahtseilsicherung Bärenlochsteig und im gesamten Verlauf des Klettersteiges.

Topo Axel Jentzsch-Rabl

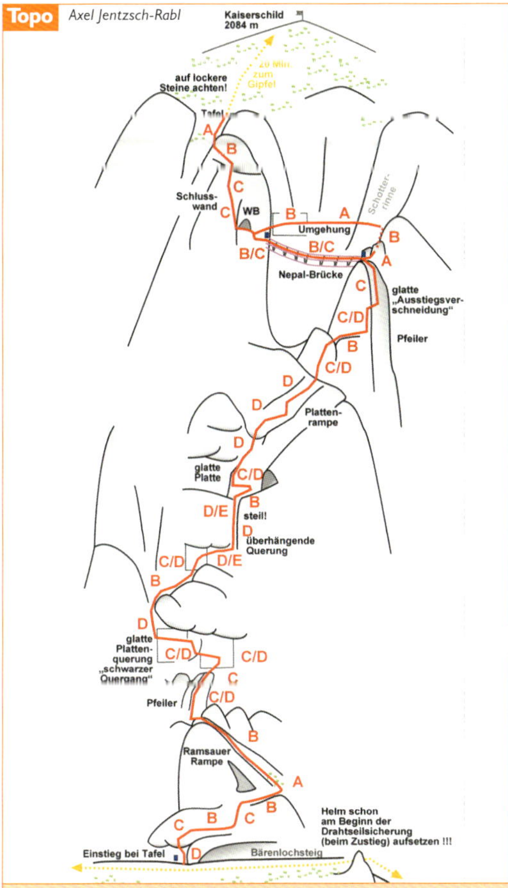

Bild 1: In der steilen Einstiegswand. *Bild 2:* Die lange, leicht überhängende Querpassage im Mittelteil. *Bild 3:* Die lange Seilbrücke im oberen Teil. *Bild 4:* An einer der leichteren Stellen des Steiges.

2

3

Fotos: A. + A. Jentzsch

4

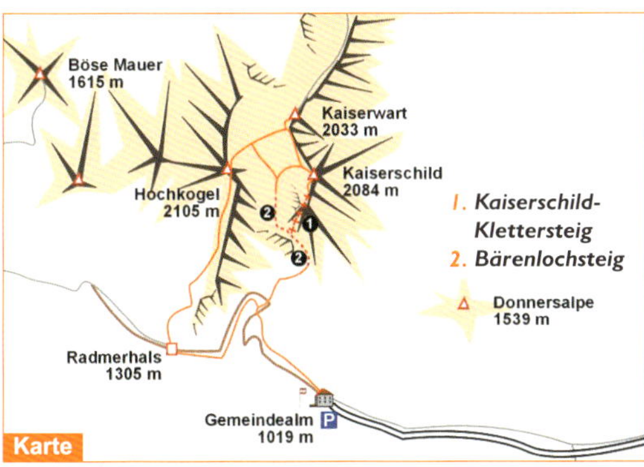

Karte

Ü

1

152 Grete Klinger-Steig

1,5 3 2 1

Sehr schön

Gut

Diff. C

500 Hm
2 Std.

1,5 Std.

3 Std.

ab 12 Jahren

6,5 Std.
1200 Hm

SO

Reichenstein,
2165 m

Mai - Okt.

Besonderheiten: Der Grete Klinger-Steig ist ein Paradebeispiel für eine fantastische Kombination von mittelschwerem Klettersteig und schöner Kammwanderung. Der Klettersteigteil nimmt etwa ein Drittel ein, wobei sich die Schwierigkeit nur auf ein kurzes Steilstück beschränkt. Ideal ist die anschließende Besteigung des Eisenerzer Reichensteins mit Nächtigung in der gipfelnahen Reichensteinhütte.

Kurzinfo

Talort: Vordernberg, 839 m
Ausgangspunkt: Hirnalm, 934 m
Karten: ÖK 132, Trofaiach und 101, Eisenerz; F&B WK (5)041, Hochschwab

Anreise: Auf der S6 nach Leoben, weiter über die B115 in Richtung Eisenerz. In Trofaiach zweigt man am nördlichen Ortsende in den Krumpengraben ab; am Ende Schotterstraße zur Hirnalm. Öffis: Mit der Bahn nach Leoben und dem Bus nach Vordernberg. Von dort führt ein markierter Weg zum Barbarakreuz (siehe Zustieg).

Zustieg: Von der Hirnalm in einer großen Wiesenmulde gerade aufwärts (nordöstlich; keine Markierung), bis man auf eine Forststraße trifft. Dieser folgt man ca. 100 m nach rechts. Dort beginnt der markierte Wanderweg durch den Wald zum sog. Barbarakreuz. Von dort folgt man dem markierten Weg zum Einstieg.

Route: Die ersten leichten Versicherungen (A/B) führen in steilen Kehren an einigen Felsblöcken und einem Felsenfenster vorbei in einen Sattel. Weiter geht es über Rampen und den Grat zur sog. Fahne (B). Ab der Fahne auf einem luftigen Gratstück zur schwersten Passage des Steiges (C). Nach dieser folgt wieder Gehgelände. Dann trifft man noch auf einige kurze Drahtseilpassagen (A/B), die das eigentliche Klettersteigerlebnis beenden.

Abstieg: Vom Ende des Steiges folgt man dem Weg zum Rottörl und steigt links zum Krumpsee ab. Vorbei an einem kleinen Wasserfall gelangt man wieder zum Ausgangspunkt. Alternativ steigt man vom Rottörl zur Reichensteinhütte (2136 m) auf und genießt vom dahinter liegenden Gipfel einen fantastischen Rundblick auf den Hochschwab und die Ennstaler Alpen. Über den Reichhals und den Krumphals erreicht man wieder den Krumpensee und steigt wie oben beschrieben weiter ab.

Ausrüstung: Klettersteigausrüstung; evtl. Helm.

Bemerkung: Im Gesamten eine lange Bergtour! Daher nur konditionsstarken Bergsteigern zu empfehlen. Man sollte auch genug Flüssigkeit mitnehmen (im Bereich des Vordernberger Zinkens gibt es eine Quelle – siehe Karte).

Stützpunkt

Reichensteinhütte, 2136 m, ÖAV, bew. Mitte Mai bis Mitte Okt. Tel: +43 3842 43143

Topo *Axel Jentzsch-Rabl*

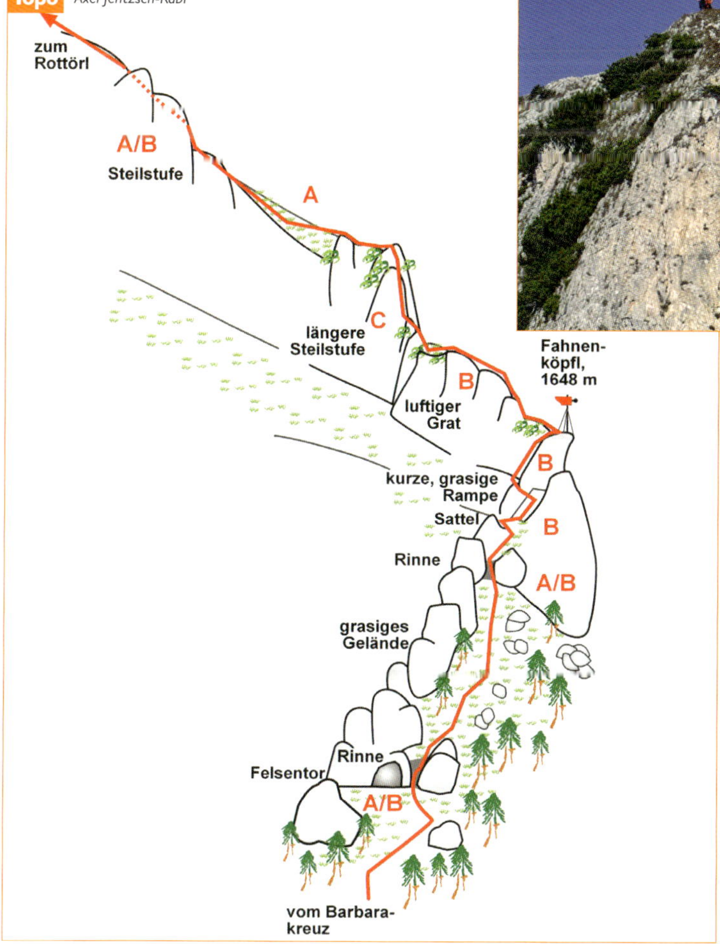

Bild 1: *Die Fahne auf dem sog. Fahnenköpfl.*

Bild 2: *Die steilste Stelle (C) des Klettersteiges.*

Bild 3: *Nach dem Steigende folgt man dem sanften Kamm der Vordernberger Mauern. Im Hintergrund der Eisenerzer Reichenstein.*

Fotos: Harald Tarnowiecki und Max Becke

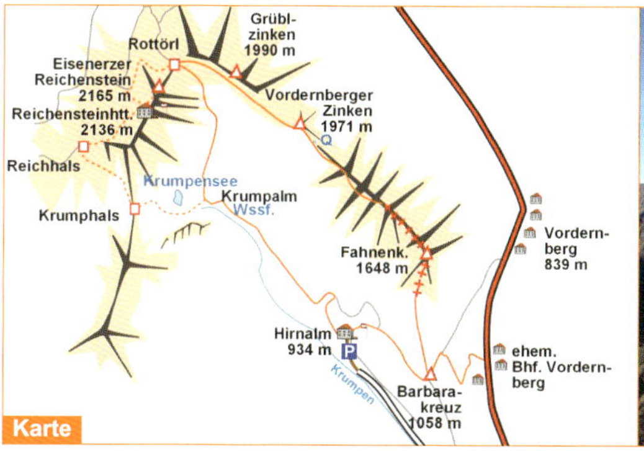

Karte

153 Eisenerzer Klettersteig

1,5 (3 – 2 – 1)

- Sehr schön
- Sehr gut
- Diff. C/D
- 320 Hm, 1,5 Std.
- 2 Std.
- 2 Std.
- ab 13 Jahren
- 5,5 Std., 1050 Hm
- SW
- Pfaffenstein, 1865 m
- Juni - Okt.

Siehe CD-ROM Abstiegssteige

Stützpunkt
Gasthäuser in Eisenerz
Info:
www.eisenerz.at
www.tiscover.at

Besonderheiten: Der Eisenerzer Klettersteig wurde im Oktober 2005 errichtet und zählt zu den längsten Klettersteigen der Steiermark. Die offizielle Eröffnung erfolgte jedoch erst im Juni 2006 anlässlich des 100-Jahr-Bestandsjubiläums der Naturfreunde Eisenerz. Neben den hervorragenden Stahlseilsicherungen erleichtern Trittstifte die Bewältigung der steilsten Abschnitte. Der Klettersteig vermittelt einen großartigen Panoramablick auf Eisenerz, den Erzberg und Leopoldsteiner See. Mit Ausnahme einer kurzen Gehstelle ist der Steig durchgehend versichert.

Kurzinfo
Talort: Eisenerz, 736 m
Ausgangspunkt: Parkplatz im nordöstlichen Ortsteil, ca. 820 m
Karten: ÖK 101, Eisenerz; F&B WK 041, Hochschwab; Kompass WK 212

Anreise: Auf der S6 nach Leoben, weiter über die B115 nach Eisenerz. Den Wegweisern zur Polizei folgen und bergauf bis zum Ende der Fahrmöglichkeit (zuletzt Schotterstr.) fahren. Öffis: Mit der Bahn nach Leoben und dem Bus bis Eisenerz.

Zustieg: Vom Parkplatz auf der Au über eine Schotterstraße, an einem Gehöft vorbei zu einem Wegweiser. Dort links der Markierung zum oberen Wiesenrand folgen und den Karrenweg rechts verlassen. Danach auf dem Steig gerade weiter bis zu einer Forststraße. Links auf die Straße abbiegen und dieser wenige Minuten folgen (Weg 825). Die Forststraße rechts verlassen, an einer Jagdhütte vorbei und durch den Hochwald weiter. Dann über Wiesenhänge und Latschenfelder bis zu den Gedenktafeln an der Felswand (Rastplatz und schöne Aussicht). Ein Stück rechts davon beginnt der Eisenerzer Klettersteig. Einstiegskoordinaten: N 47°33'32", O 14°54'19".

Route: Siehe Topo-Skizze.

Abstieg: Vom Ausstieg in wenigen Minuten zum Westgipfel des Pfaffensteins. Von dort über den **Markussteig** (A/B, Weg 825) zurück zum Ausgangspunkt. Alternativ kann man über den versicherten **Südwandsteig** (A/B; auch als Schrabachersteig bezeichnet – Weg 826) absteigen (plus 15 Min.). Beide Steige auf CD-ROM.

Ausrüstung: Komplette Klettersteigausrüstung, Helm.

Bemerkung: Eignet sich sehr gut als Einstieg in die extreme Klettersteigwelt! Der Klettersteig ersetzt abschnittsweise die bestehende Kletterroute über den direkten Westgrat und ist daher in einschlägigen Internetforen umstritten. Bei Nässe ist der Steig wegen der erdigen Gehpassagen nicht zu empfehlen.

Topo *Axel Jentzsch-Rabl*

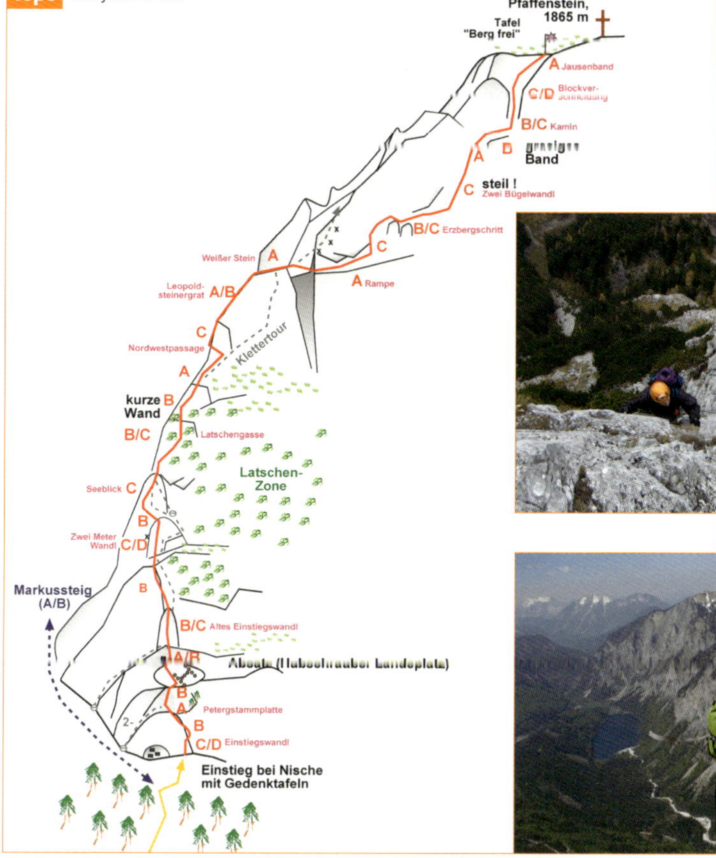

Bild 1-2: Teilweise ausgesetzte Kletterei.

Bild 3: Landschaftlich eindrucksvoll; hoch über dem Leopoldsteiner See.

Fotos: Dieter Wissekal und Hannes Resch.

2

3

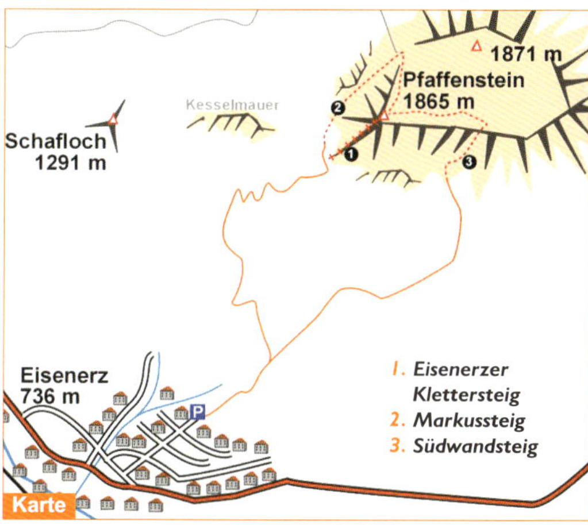

Karte

Ü

Bild: Gipfel der TAC-Spitze

154-155 Bärenloch-Steig und TAC-Spitze-Steig

1,1 (3 2 1)

Schön

Gut

Diff. bis A/B

bis 40 Hm
bis 10 Min.

bis 3,5 Std.

bis 3 Std.

ab 8 Jahren

bis 6,5 Std.
bis 1300 Hm

SW bzw. SO

TAC-Spitze,
2019 m

Juni - Okt.

Stützpunkt

Leobner Hütte, 1582 m, ÖAV; Anfang Mai bis Ende Okt. bew., Anfang Dez. bis Ende Apr. Sa/So bew. Tel: +43 3849 246

Besonderheiten: Zwei Mini-Ferratas, die vor allem in Kombination mit der Frauenmauerhöhle interessant sind. Der Bärenloch-Steig ist ein kurzer Klettersteig durch das Bärenloch zwischen Gsollmauer und Frauenmauer. Der kurze Klettersteig auf die nach dem Techniker Alpen Club benannte TAC-Spitze führt auf einen markanten Aussichtsgipfel hoch über dem Präbichlpass.

Kurzinfo

Talort: Eisenerz, 736 m

Ausgangspunkt: Gsollkehre, 932 m

Karten: ÖK 101, Eisenerz; F&B WK 041, Hochschwab; Kompass WK 212

Anreise: S6 bis Leoben West oder A9 bis Traboch, dann auf der B115 über den Präbichl bis zur Gsollkehre. Mit Öffis: Mit der Bahn nach Leoben und weiter mit dem Bus (Linie 820) bis Eisenerz B115/Abzw Gsollhütte.

Zustieg: Von der Gsollkehre bis zur Gsollhütte. **Bärenloch-Steig:** Links halten und der Forststraße bis zu deren Ende folgen. Auf Steigspuren zum Einstieg. **TAC-Spitze-Steig:** Rechts halten und über den Neuwaldeggsattel zum Hirscheggsattel. Links halten und auf Steigspuren entlang der Griesmauer zum Einstieg unter dem Gipfelaufschwung der TAC-Spitze. Alternativer Zustieg vom Präbichl.

Route: **Bärenloch-Steig:** Über zwei Eisenleitern (A) steigt man zu einer versicherten Querung (A) auf, nach der man auch schon das Ende erreicht. **TAC-Spitze-Steig:** Zuerst eine glatte Plattenquerung (A) in eine Rinne, welche die Schlüsselstelle darstellt. Die Rinne gerade empor (A/B) zu einer Rechtsquerung (A). Auf einer schrägen Rampe (A) zum Ausstieg auf den Gipfel.

Abstieg: **Bärenloch-Steig:** Vom Ausstieg zum Bärenlochsattel, rechtshaltend zum Neuwaldeggsattel und zurück zur Gsollhütte. Vor dem Neuwaldeggsattel trifft man auf den Osteingang der langen Höhle (durch die kann man auch zurück gehen). **TAC-Spitze-Steig:** Wie Aufstieg. Vom Hirscheggsattel gelangt man über die Griesmauerplan zum Neuwaldeggsattel, von diesem quert man zum Einstieg der Höhle.

Ausrüstung: Helm; für Anfänger und Kinder komplette Klettersteigausrüstung.

Bemerkung: Lässt sich gut mit einem Besuch der 644 m langen, 1820 entdeckten Frauenmauerhöhle kombinieren. Führungen von Juni bis September an Sa/So/Ft um 10, 12 und 14 Uhr (Ostseite) und 9, 11 und 13 Uhr (Westseite). Vom Betreten ohne Führer wird abgeraten, wenn man dies doch tut, sollte man sehr zuverlässige Lichtquellen mitführen (auch eine Ersatzlampe; es haben sich schon einige verirrt!).

Bild: Der Osteingang der Höhle.

Bild: Mit dem Führer in der Höhle.

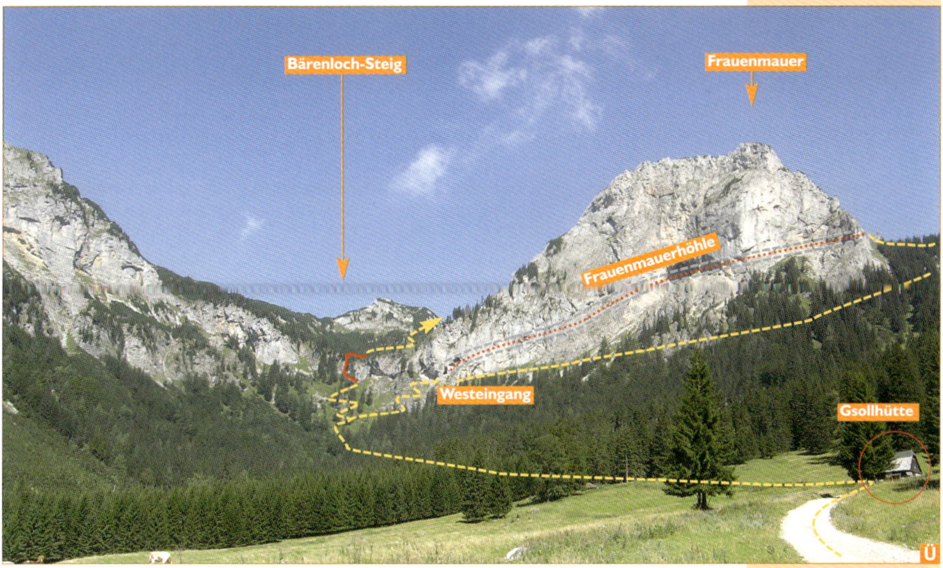

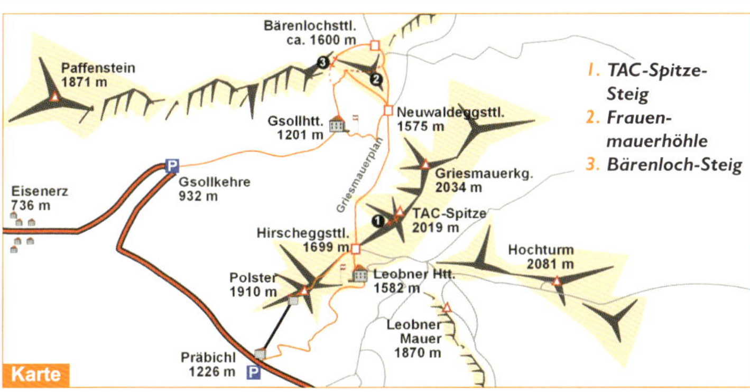

Stützpunkt

Gsollhütte, 1201 m, privat; bew. täglich von Ende Mai bis Mitte Okt.; keine Nächtigung. Tel: +43 664 9836164

Fotos: Dieter Wissekal und A. Jentzsch-Rabl

Bild: Auf der langen Eisentreppe.

156 Das „G'hackte“

1,2 (3 – 2 – 1)

Schön

Gut

Diff. A/B

230 Hm
45 Min

2,5 Std.

2,5 Std.

ab 8 Jahren

6 Std.
1400 Hm

SO

Hochschwab, 2277 m

Juni - Okt.

Besonderheiten: Das „G'hackte“ ist der kürzeste Anstieg auf den Hochschwab-Gipfel, und daher überaus beliebt. An schönen Wochenenden tummeln sich zahlreiche Wanderer auf der schmalen Eisentreppe des Steiges. Höhepunkt der Tour sind weniger die klettersteigtechnischen Schwierigkeiten, als viel mehr die landschaftliche Schönheit des Karstes.

Kurzinfo

Talort: Innerzwain, 771 m

Ausgangspunkt: Gasthof Bodenbauer, 884 m

Karten: ÖK 102, Aflenz; F&B, WK (5)041, Hochschwab; Kompass WK 212

Anreise: S6 bis Kapfenberg, dann auf der B20 nach Thörl. Dort nach St. Ilgen und weiter bis zum Gasthof Bodenbauer. Mit Öffis: Mit der Bahn nach Bruck an der Mur und weiter mit dem Bus (Linie 171 oder 172) bis Thörl bei Aflenz Ort. Mit dem Taxi zum Bodenbauer (12 km).

Zustieg: Vom Gasthof Bodenbauer rechtshaltend auf dem Weg 839, vorbei an der Hundswand, durch das Trawiestal und am Schluss steil zum G'hacktbrunn aufsteigen. In zahlreichen Kehren weiter zum Einstieg.

Route: Am rechten Rand der Geröllschlucht eine Felsstufe (A/B) und anschließend eine lange Eisentreppe (A) empor. Die Schlucht nach rechts verlassen (A) und im Blockgelände (A bis A/B) zum Ausstieg. Vom Steigende geht man vorbei an der Fleischer-Biwakschachtel entlang der Stangenmarkierung noch ca. 30 Minuten bis zum Hochschwabgipfel.

Abstieg: Wie Aufstieg. Alternativ kann man auch über das Schiestlhaus und die Obere Dullwitz zurück zum G'hacktbrunn gehen. Oder man steigt im großen Bogen Hochwart (2210 m) vorbei über die Hundsböden und die Hirschgrube zur Häuselalm ab. Von dieser über den Sackwaldboden zurück zum Ghf. Bodenbauer.

Ausrüstung: Helm; für Anfänger und Kinder komplette Klettersteigausrüstung.

Bemerkung: Erhebliche Steinschlaggefahr in der Geröllrinne. Die Tour ist wegen der 1400 Hm nicht zu unterschätzen. Vor allem im Sommer sollte man wegen der Südlage auf ausreichende Flüssigkeitszufuhr achten! Zahlreiche Kombinationsmöglichkeiten mit Wanderungen. Technisch Interessierte wählen den Abstieg über die Obere Dullwitz, um sich das Schiestlhaus - derzeit eine der ökologischsten Schutzhütten in Österreich - etwas genauer anzuschauen.

Stützpunkt

Schiestlhaus, 2153 m, ÖTK; Ende Mai - Ende Okt. bew. Tel: +43 699 10812199. Infos: www.schiestlhaus.at

Axel Jentzsch-Rabl **Topo**

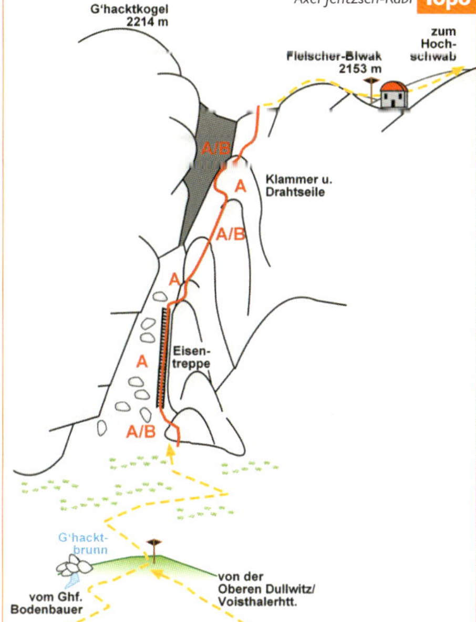

Bild: Im Mittelteil - Blick zur Oberen Dullwitz

1. *Das „G'hackte"*
2. *Abstieg Ob. Dullwitz*
3. *Abstieg Häuselalm*

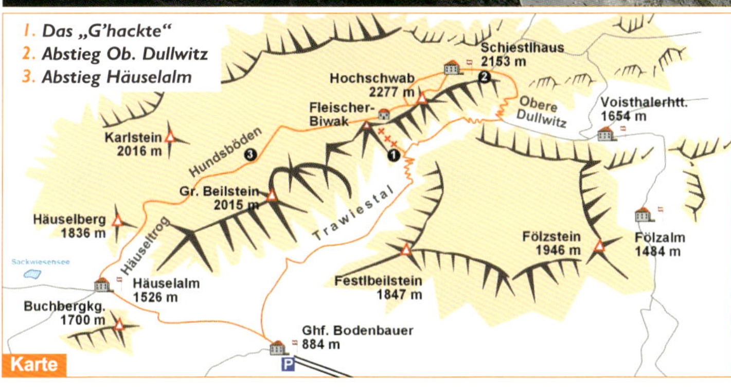

Stützpunkt

Fleischer Biwak, 2153 m; **ÖAV**; Unterstand - auch zum Schlafen geeignet :-)

Fotos: A. Jentzsch-Rabl und Dieter Wissekal

157 Kaisergams-Klettersteig

1,4 (3 2 1)

Schön

Mittel

Diff. D und 2

200 Hm
1 Std.

20 Min.

1 Std.

ab 13 Jahren

2,5 Std.
330 Hm

SW

Mendlingstein, 983 m

Mai - Okt.

Stützpunkt

Ghf. Thalhuber in Palfau, sehr beliebt ist der ***Naturfreunde Campingplatz in Wildalpen.***

Infos: www.palfau.at und www.wildalpen.at

Besonderheiten: Der Kaisergams Klettersteig ist ein netter, talnaher Sportklettersteig, der vom Outdooranbieter „Freelife Outdoorsport" exklusiv für seine Kunden errichtet wurde. Aufgrund der interessanten Einzelstellen und des tollen Tiefblickes zur Salza mit den Wassersportlern hat sich die Existenz des Steiges jedoch bald herumgesprochen. Die vielen leichten Stellen, die Graspassagen und die Tatsache, dass eine 2er-Kletterstelle abgestiegen werden muss, machen den Klettersteig leider etwas inhomogen.

Kurzinfo

Talort: Palfau, 574 m
Ausgangspunkt: Brücke bei Erzhalden, ca. 524 m
Karten: ÖK 100, Hieflau oder 101, Eisenerz; F&B WK 051; Kompass WK 69

Anreise: 1.) Auf der A1 nach Ybbs, weiter über die B25 zur Kreuzung mit der B24 (kurz vor Palfau). Nach links auf die B24 abbiegen und unmittelbar nach der Brücke parken. 2.) Auf der A9 zur Ausfahrt Gesäuse und weiter auf den Bundesstraßen B146, B115 und B25 nach Palfau. Nach dem Ort rechts auf die B24 abbiegen und unmittelbar nach der Brücke parken. Öffis: Mit der Bahn nach Hieflau und dem Bus (evtl. telefonische Voranmeldung erforderlich) bis Palfau Erzhalden.

Zustieg: Nördlich der Straße, gegenüber der Bushaltestelle beginnt ein unmarkierter Steig. Diesen durch den steilen Wald zum ersten Felsaufbau (Inschrift, blauer Pfeil) hinauf. Unter den Felsen nach rechts den Steigspuren durch steiles Waldgelände folgen und eine markante, erdige, brüchige Rinne (1) zu den Versicherungen emporklettern.

Route: Siehe Topo-Skizze. Die Schwierigkeiten liegen in der Mitte und am Endes des Klettersteiges.

Abstieg: Vom Ende der Versicherungen linkshaltend ein kleines Stück aufwärts. Den Steigspuren (schwarz markiert) an der Westflanke folgend absteigen, bis diese bei dem abfallenden Band wieder auf den Klettersteig treffen. Über diesen zurück zum Ausgangspunkt (das obere schwere Stück muss somit nicht wieder abgeklettert werden).

Ausrüstung: Kompl. Klettersteigausrüstung; für Schwächere ein Sicherungsseil.

Bemerkung: Mit Ausnahme des obersten Abschnittes, der umgangen werden kann, muss über den Klettersteig abgestiegen werden. Die unversicherte Wandstelle (2) im unteren Teil ist beim Abstieg heikel (evtl. Seilsicherung). Gut mit einem Besuch der Palfauer Wasserlochklamm zu kombinieren. Die Klamm befindet sich ein paar Kilometer flussaufwärts in Richtung Wildalpen; eine nette Holzsteganlage mit zahlreichen kleinen Wasserfällen (Infos unter www.wasserloch.at).

Topo *Dieter Wissekal*

Bild 1: *Auf einem Band im oberen Teil des Klettersteiges.*

Bild 2: *Am Anfang der Schlüsselstelle ganz am Ende der Tour.*

Bild 3: *Am überhängenden Block in der Mitte der Route.*

Ü-Bild: *Der Klettersteig in Rot. Oben wird das letzte Steilstück beim Abstieg umgangen (Orange).*

Fotos: Dieter Wissekal

2

3

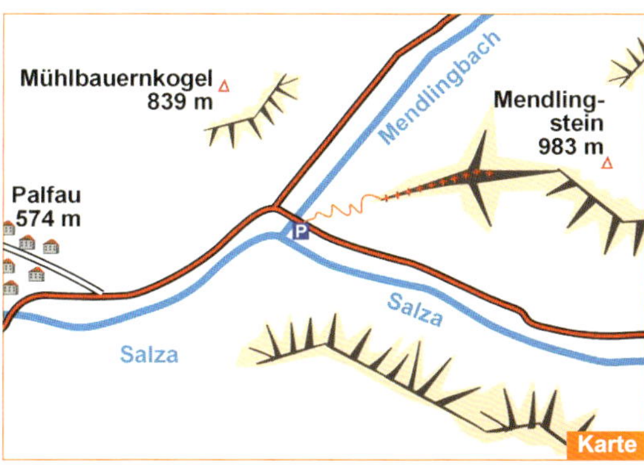

Karte

Ü

158 Heli-Kraft-Klettersteig

1,3 (3 – 2 – 1)

- Sehr schön
- Sehr gut
- Diff. C
- 70 Hm, 1 Std.
- 40 Min.
- 25 Min.
- ab 12 Jahren
- 2 Std., 280 Hm
- NW
- Hochkar, 1808 m
- Juni - Okt.

Stützpunkt

Hochkar-Schutzhaus, 1491 m, ÖTK; bew. während der Skisaison tgl., Juli - Okt. durchgehend (Ruhetag Do./Fr.), Mai, Juni, Nov. auf Anfrage. Tel: +43 7484 7203

Gasthäuser auf dem Hochkar

Infos: www.hochkar.com

Besonderheiten: Neuer Klettersteig, der sich durch einen steilen Einstiegspfeiler und eine knapp 350 m lange Querung mit zwei Seilbrücken auszeichnet. Die nordseitige Ausrichtung und der kurze Zu- und Abstieg machen den Steig zu einem lohnenden Ziel für warme Sommertage. Im Winter extrem! Für kleine Kinder aufgrund des hohen Seiles bei den Querungen nicht geeignet.

Kurzinfo

Talort: Lassing, 684 m
Ausgangspunkt: Hochkarboden - Almgasthof Jagersberger, 1479 m
Karten: ÖK 101, Eisenerz; F&B WK 051; Kompass WK 69

Anreise: A1 bis Ybbs, weiter über Scheibbs und Göstling an der Ybbs nach Lassing. Dort über die Mautstraße auf das Hochkar bis zum oberen Parkplatz beim Schulschiheim Hochkar. Außerhalb der Schisaison nicht mit öffentlichen Verkehrsmitteln erreichbar (evtl. Bahnhof Göstling an der Ybbs und weiter mit dem Taxi).

Zustieg: Vom Ausgangspunkt über die Piste zur Bergstation des 4er Sesselliftes Draxlerloch. Dort auf der Piste kurz nach Südwesten absteigen und links auf einer Forststraße weiter zum Kessel des großen Kars. Kurz vor der Piste führt links ein ausgetretener Pfad über ein Geröllfeld zum rechten Pfeiler (Einstieg).

Route: Nach der Einstiegswand (B/C) geht es links über eine Holzpendelbrücke auf ein Band, das zu einem überhängenden Pfeiler führt. Links von diesem (C) im Zickzack (C) hinauf und zuletzt unter einem Dach (B) in eine Rinne queren. Dann leicht (A/B) zur Gabelung absteigen. Von dort kann man leicht (B, dann A, siehe Skizze) zum Einstieg zurück gelangen. Es folgt eine waagrechte Querung (B, zuletzt B/C) bis zur Nepal-Brücke, anschließend kurz absteigen (B/C) und weiter waagrecht (B, dann B/C) zur zweiten kurzen Seilbrücke. Danach über eine kurze glatte Wand (C) bis zu deren Ende queren (C), auf das obere Band und über die nächste Wandstufe (A-B) zum Ausstieg.

Abstieg: Vom Ausstieg zur nächstgelegenen Stütze (Nr. 8) des Sesselliftes und über die Schipiste zurück zum Ausgangspunkt.

Ausrüstung: Komplette Klettersteigausrüstung und Helm.

Bemerkung: Am Ende des Steiges befinden sich einige Kletterrouten. Alternativ kann man nach der Steigbegehung auch noch das Hochkar (1808 m) besteigen (ca. 25 Min. vom Ausstieg). Im Winter ist der Klettersteig extrem und heikel!

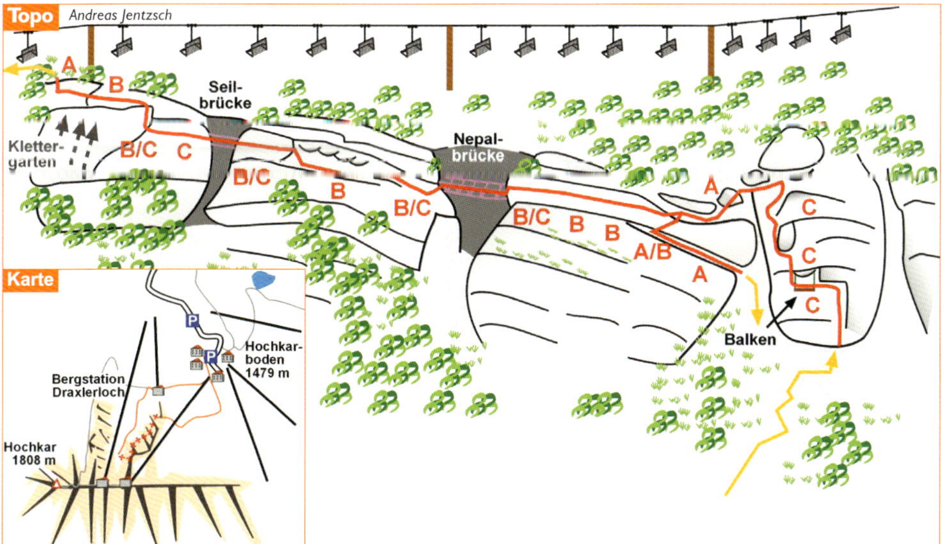

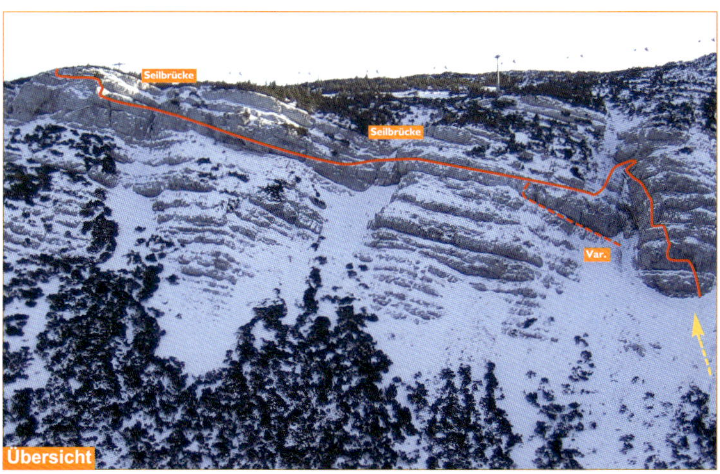

Bild 1: *Luftige Stelle am Steigende.*

Bild 2: *In einer der langen Querungen.*

Bild 3: *Auf einer der schönen Seilbrücken.*

Fotos: Andreas Jentzsch

1

159-160 Vogelbergsteig und Vettersteig

1,1

3 2 1

Sehr schön

Gut

Diff. bis B/C

bis 200 Hm
bis 45 Min.

bis 30 Min.

bis 1 Std.

ab 8 Jahren

2,5 Std.
bis 330 Hm

SO

Vogelberg u. Teufelsrast

April - Okt.

Stützpkt. Vogelberg

***Fesslhütte*, 510 m, privat;** geöffnet Mi. - Sa., 9.30 - 18.00, keine Nächtigung. Tel: +43 2732 41277
Info: www.fesslhuette.at

Besonderheiten: Zwei schöne und leichte Steige in der Wachau. Vom Vogelbergsteig hat man eine perfekte Aussicht auf die Ruine Dürnstein und die Donau Vom Ende des etwas weiter nördlich gelegenen Vettersteiges genießt man wilde Tiefblicke auf den Zusammenfluss von Großer und Kleiner Krems.

Kurzinfo

Talort: Dürnstein, 209 m bzw. Purkersdorf, 622 m
Ausgangspunkt: Parkplätze - siehe Zufahrt
Karten: ÖK 37, Mautern; F&B WK 071; Kompass WK 207

Anreise: **Vogelbergsteig:** Von Krems bis Dürnstein und nach der Ortsunterführung (Tunnel) links parken. Öffis: Mit der Bahn nach Dürnstein. **Vettersteig:** Von Dürnstein nach Weißenkirchen, dort rechts nach Weinzierl und weiter Richtung Albrechtsberg bis man nach dem Ort Maigen ins Tal der Kleinen Krems kommt. Dort beim Fluss parken (516 m). Öffis: Mit der Bahn bis Krems an der Donau und weiter mit dem Bus nach Nöhagen.

Zustieg: **Vogelbergsteig** (30 Min.)**:** Vom Parkplatz in den Ort und bei der ersten Möglichkeit links in den Talgraben. Kurz nach den letzten Häusern geht links der Vogelbergsteig weg (Tafel). **Vettersteig** (20 Min.)**:** In Richtung Burg Hartenstein dem Fluss folgen, dann links über eine Brücke und rechts weiter auf einer Forststraße. Vorbei an der Gudenushöhle bis links eine Holztafel zum Vettersteig weist.

Route: **Vogelbergsteig (A, 30 Min.):** Dem Weg steil bis zum Felskamm des Vogelberges folgen (am Anfang kommt ein Aussichtspunkt) und entlang des Kammes (zeitweise mit Seil versichert) auf den Vogelberg.

Vettersteig (B/C, 45 Min.): Nach kurzem Waldaufstieg führt der schwach blau markierte Steig über eine Rampe mit Trittstiften (A) und entfernt sich danach wieder von der Wand. Oben erfordert ein kurzer Kamin (B/C) Trittsicherheit, bevor der Steig bei einem Aussichtspunkt auf die Nordseite des Felskammes wechselt. Dort kann man über Leitern die Schusterlucke (A) und die Teufelskirche (B) erklimmen (beides beschildert), bevor man über eine kurze Rampe (A) und einen ungesicherten Steilwald zur Teufelsrast (660 m) aufsteigt.

Abstieg: **Vogelbergsteig (1 Std.):** Oben südöstlich zur Fesslhütte und auf dem markierten Weg nach Dürnstein hinunter. Der Weg führt durch die Ruinenanlage, in

2

der Richard Löwenherz (Sage von Robin Hood) gefangen gehalten wurde.

Vettersteig (1 Std.): Entweder über die Eichmeierhöhle (der Weg ist derzeit wegen Felssturzgefahr gesperrt) zurück oder auf dem Vettersteig bis zur Schusterlucke und in das Tal absteigen.

Ausrüstung: Für Anfänger und Kinder Klettersteigausrüstung.

Bemerkung: **Vogelbergsteig:** Es bietet sich ein Besuch der Starhembergwarte (564 m) an. Den Schlüssel gibt es in der nahegelegenen Fesslhütte. Auch die Altstadt von Dürnstein ist sehr anschaulich. **Vettersteig:** Besuchen sollte man die prähistorische Gudenushöhle unter der Burg Hartenstein. Beide Steige kombiniert man am besten mit einer ausgiebigen Wanderung.

3

Karte Vogelbergsteig

Karte Vettersteig

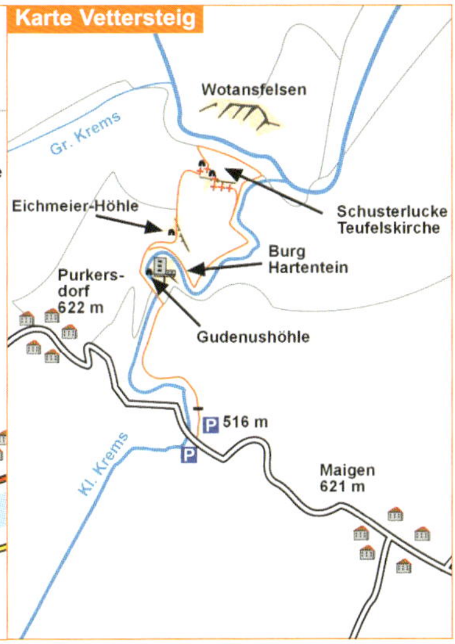

Bild 1: Blick auf den ausgesetzten Abschnitt des Vogelbergsteiges, links davon die Ruine Dürnstein.

Bild 2: Auf dem Vettersteig.

Bild 3: Die vor allem für Kinder spannende Gudenushöhle

Fotos: A. + A. Jentzsch

Ruine Dürnstein

1

161-163 H.W.-, Hirschwandsteig und Hoher Stein

I 3 2 1

Schön

Gut

Diff. bis B

30 Hm 15 Min.

bis 1,5 Std.

bis 1,5 Std.

ab 8 Jahren

bis 4 Std. bis 500 Hm

SW-W

Hirschwand Hoher Stein

April - Okt.

Stützpunkt

Gasthäuser oder Heurige in den jeweiligen Talorten.

Besonderheiten: Schöne Wanderungen, deren Finale jeweils ein Mini-Klettersteig bildet. Wer den jeweiligen Gipfel erreicht, wird mit einem selten schönen Blick auf den Donaustrom und die gegenüberliegenden Hänge zwischen Spitz und Dürnstein belohnt.

Kurzinfo

Talort: St. Lorenz, 205 m bzw. Oberarnsdorf, 210 m
Ausgangspunkt: Parkplatze an Bundesstr. 205 bzw. Fährstation (210 m)
Karten: ÖK 37, Mautern; F&B WK 071; Kompass WK 207

Anreise: **H.W.- und Hirschwandsteig:** Von Mautern (Donaubrücke) am südlichen Donauufer nach Rossatz und weiter nach St. Lorenz. Am Anfang des Zustiegweges an der Bundesstraße parken. **Hoher Stein:** Wie oben nach St. Lorenz, aber dann dem Fluss entlang bis zur Fährstation vor Oberarnsdorf. Öffis: Mit der Bahn nach Krems oder Melk und weiter mit dem Bus. Alternativ mit der Bahn nach Spitz oder Weißenkirchen und mit der Fähre zum anderen Donauufer.

Zustieg: **H.W.- und Hirschwandsteig** (410 Hm): Von St. Lorenz dem gelb markierten Weg durch den Mischwald der „Steinigen Ries" in den bewaldeten Sattel zwischen Hirschwand und Seekopf aufsteigen. Dort entlang der blau-grünen Mark. zu den Einstiegen. **Hoher Stein** (490 Hm): Auf dem markierten Wanderweg durch das Buchental. Vor dem Ernsthof links zum Hohen Stein abzweigen.

Route: **H.W.- und Hirschwandsteig (B bzw. A/B, 15 Min.):** Siehe Topo - man steigt den H.W.-Steig in der Regel auf und den Hirschwandsteig ab. **Hoher Stein (B, 15 Min.):** Über eine Holz- und eine Aluleiter (A) gelangt man zu einem kleinen Absatz. Durch eine seilversicherte steile Rinne (B) kommt man zum Steigbuch und in Kürze (A) zum Gipfelkreuz, wo man die schöne Aussicht genießen kann.

Abstieg: **H.W.- und Hirschwandsteig:** Über einen der Steige absteigen und auf dem Zustiegsweg ins Tal. **Hoher Stein:** Wie Aufstieg und wieder durch das Buchental hinunter zur Fährstation.

Ausrüstung: Für Anfänger und Kinder Klettersteigausrüstung bzw. Sicherungsseil.

Bemerkung: Beim Hirschwandsteig bietet sich die Wanderung zum nahe gelegenen Seekopf (kl. Aussichtswarte) an. Vom bewaldeten Sattel kann man auch südlich über eine Forststraße nach St. Lorenz zurück (schöne Rundwanderung).

2

Topo H.W.- u. Hirschwandsteig

Axel Jentzsch-Rabl

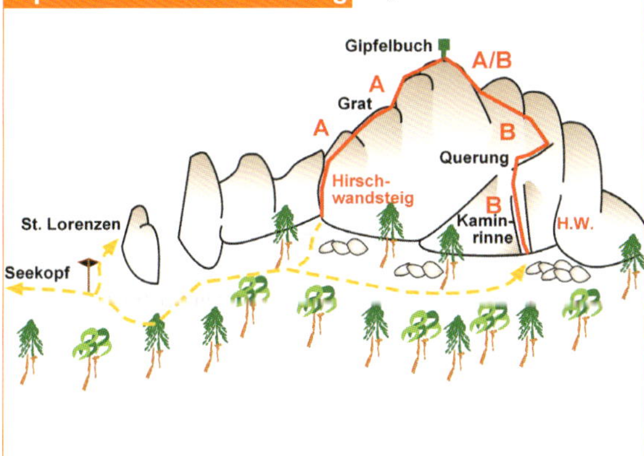

3

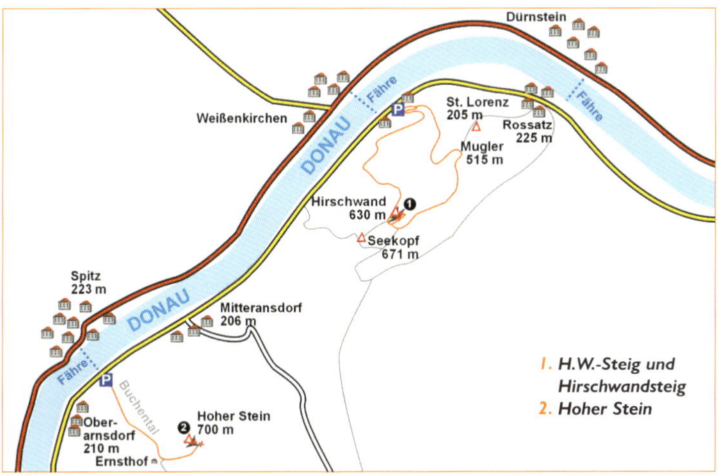

Bild 1: *Der Hohe Stein, zum Kreuz führt ein Mini-Klettersteig.*

Bild 2: *Auf der Hirschwand, unten im Tal die Donau.*

Bild 3: *Auf dem Gipfel der Hirschwand.*

Fotos: A. Jentzsch-Rabl und Gernot Goluch

1

164 Mödlinger Klettersteig

1,2 (3 2 1)

Schön

Sehr gut

Diff. B/C

115 m
30 Min.

5 Min.

15 Min.

ab 9 Jahren

1 Std.
125 Hm

Nord

Frauensteinb., 360 m

Ganzjährig

Stützpunkt

Unterwegs keiner

Infos Stadt Mödling:
www.moedling.at

Besonderheiten: Sehr schöner Anfänger-Klettersteig vor den Toren Wiens, der auch für klettergewandte Kinder geeignet ist. Der Steig nützt die Felsformationen sehr gut aus. Zwischen den einzelnen Abschnitten gibt es nur kurzes, leichtes Gehgelände. Durch die elegante Linienführung hat man fast immer einen wunderschönen Ausblick auf die Umgebung.

Kurzinfo

Talort: Mödling, 246 m
Ausgangspunkt: Parkplätze an der Bundesstraße in der „Mödlinger Klause"
Karten: ÖK 58, Baden; F&B WK Nr. 011, Wienerwald; Kompass WK 209

Anreise: A2 Ausfahrt Mödling abfahren. Durch Mödling und die Klause nach Vorderbrühl fahren. Über die A21: Ausfahrt Hinterbrühl abfahren und weiter nach Vorderbrühl. Öffis: Mit der Bahn nach Mödling. Von dort mit dem Bus (Linie 364) bis Mödling Mühlgasse oder Vorderbrühl Jägerhausgasse.

Zustieg: Über die Brücke bzw. über den Panoramaweg bis zum Klettergarten Efeufelsen (eingezäunter Fels direkt am Weg). Der Einstieg befindet sich wenige Meter westlich des kleinen Spielplatzes. Nicht bei der Tafel "Robert-Karpfen-Klettersteig" (Kletterei!) einsteigen (Höhe Einstieg: ca. 240 m.)!

Route: Der Klettersteig hat drei Teilstücke, wobei man die schwere Einstiegswand umgehen kann (dann reduziert sich die Schwierigkeit auf B). Der Steig verläuft meist über gratartige Felstürme und endet oben im Wald. Genauer Verlauf der Tour - siehe Steigskizze.

Abstieg: In Kürze zum „Gipfel" des Frauensteinberges aufsteigen. Rechts über den Wanderweg in den Graben vor der Burg. Durch diesen hinab zum Promenadenweg.

Ausrüstung: Komplette Klettersteigausrüstung und Helm.

Bemerkung: Der Steig ist sehr gut mit Drahtseil und Steigbügeln versichert. Für Anfänger wegen der diversen Flucht- und Umgehungsmöglichkeiten bestens geeignet. In Verbindung mit einer Wanderung zur Burg Mödling (beim Abstieg leicht zu erreichen) bzw. zum etwas weiter entfernten Husarentempel ergibt sich ein ausgefüllter Nachmittag.

Topo *Axel Jentzsch-Rabl*

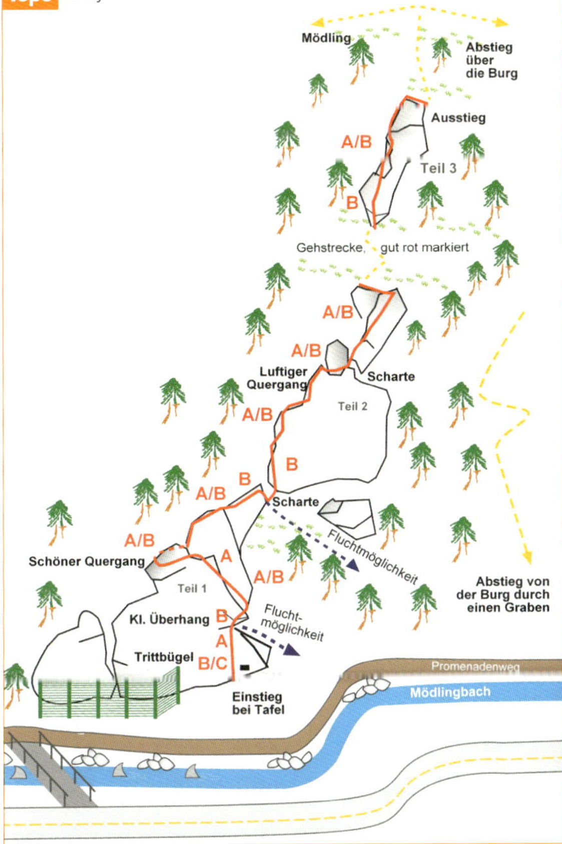

2

3

4

Übersicht

Bild 1: An der Kante am Anfang der zweiten Steigpassage.

Bild 2: Im zweiten Teilstück des Steiges.

Bild 3: Rast auf dem ersten Turm.

Bild 4: In der steilen Einstiegswand.

Fotos: Dieter Wissekal

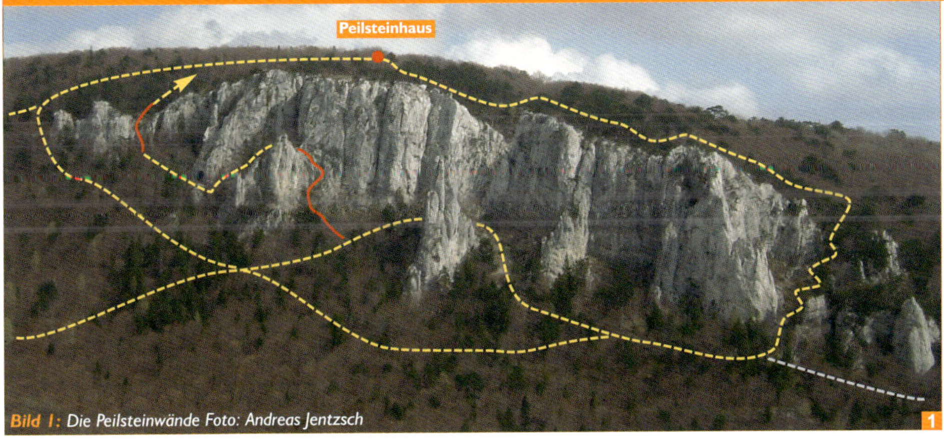

Bild 1: Die Peilsteinwände Foto: Andreas Jentzsch

165 Peilstein Klettersteig

I (3 2 1)
Schön
Gut
Diff. A/B
100 Hm 25 Min.
bis 45 Min.
25 Min.
ab 8 Jahren
1,5 Std. 140 Hm
NW
Peilstein, 716 m
Ganzjährig

Stützpunkt
Peilsteinhaus, 716 m, ÖAV, ganzjährig bewirtschaftet.; Di. Ruhetag. Tel.: 0043 2674 87333

Besonderheiten: Schöner Klettersteig im größten Klettergebiet der Wiener. Der Steig ist vor allem für Anfänger und Kinder zu empfehlen.

Kurzinfo
Talort: Schwarzensee, 530 m
Ausgangspunkt: Parkplätze in Schwarzensee oder Holzschlag
Karten: ÖK 58, Baden; F&B WK Nr. 011, Wienerwald; Kompass WK 209

Anreise: A 21 bis Ausfahrt Alland, weiter ins Helenental bis nach Mayerling, dort zweigt man südlich ab und gelangt über Maria Raisenmarkt nach Schwarzensee. Alternativ kann man 1 km vor Schwarzensee rechts nach Holzschlag abzweigen. Öffis: Mit der Bahn bis Weißenbach-Neuhaus, dann mit dem Bus nach Schwarzensee.

Zustieg: Von Schwarzensee folgt man dem Weg zum Peilsteinhaus, von diesem dann westlich (Tafel: „Zu den Peilsteinwänden") bis zur Felswand. Dann südwestlich an den Abbrüchen entlang, bis man im sog. Zinnenkessel zum Wandfußsteig gelangt. Diesem folgt man bis unter den „Cimone" (markanter großer Felsturm) und steigt links davon zum Einstieg auf (siehe Skizze). Zum „Cimone" gelangt man auch von Holzschlag aus, indem man nach ca. 300 m den breiten Weg (bevor dieser etwas ansteigt) auf einem markanten Steiglein rechts verlässt. **Route:** Siehe Steigskizze.

Abstieg: Wie beim Zustieg beschrieben zurück nach Schwarzensee oder wieder über den Wandfußsteig nach Holzschlag. **Ausrüstung:** Klettersteigausrüstung und Helm.

Bemerkung: Der direkte Abstieg zum Cimone ist heikel – Kletterstellen bis I +.

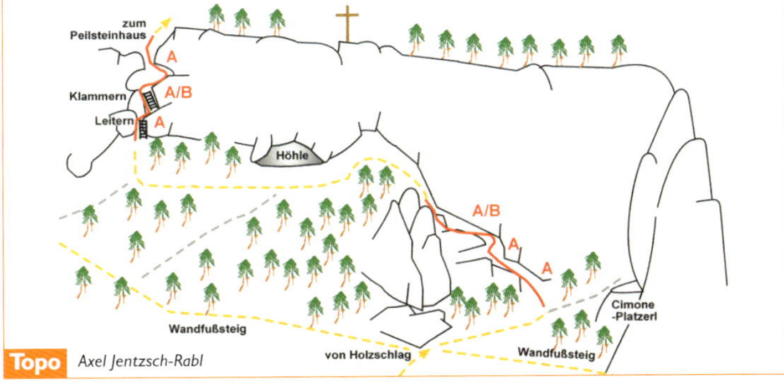

Topo *Axel Jentzsch-Rabl*

1

166 Rudolf-Decker-Steig

I 3 2 1

Sehr schön

Gut

Diff. A/B Var. B

200 Hm 45 Min

20 Min.

45 Min.

ab 6 Jahren

2,5 Std. 300 Hm

NO

Almesbrunnb. 1079 m

Ganzjährig

Stützpunkt

Ghf. Jagasitz, 710 m, (Freitag Ruhetag; Spielplatz vorhanden).

Ghf. Reischer, 549 m, beim Parkplatz.

Besonderheiten: Vor allem für Kinder eine sehr interessante Steiganlage, die sowohl Spielen am Wasser als auch lustiges Klettersteigabenteuer und Höhlenbegehung beinhaltet. Besonders an heißen Sommertagen ist die abwechslungsreiche Steiganlage ein beliebter Zufluchtsort für Klettersteiggeher und Wanderer.

Kurzinfo

Talort: Furth a. d. Triesting, 422 m

Ausgangspunkt: Jausenstation Reischer am Ende des Steinwandgrabens, 549 m

Karten: ÖK 75, Puchberg; F&B WK 012

Anreise: A2 Ausfahrt Leobersdorf und im Triestingtal weiter nach Weissenbach. Dort zweigt man in Richtung Furth/Steinwandklamm ab. In Schromenau links in den Steinwandgraben und bis zur Jausenstation Reischer am Ende des Grabens (Parkplatz). Öffis: Keine Verbindung. Man kann evtl. mit der Bahn bis Pernitz fahren, von dort über die Myrafälle zur Klamm wandern.

Zustieg: Vom Parkplatz bei der Jausenstation folgt man den Hinweistafeln „Steinwandklamm" in die Klamm. Nach ca. 20 Min. zweigt bei einer Bank (Tafel) links der Rudolf-Decker-Steig ab. Man erreicht das Türkenloch auch direkt von der Steinwandklamm und kann den unteren, etwas schwierigeren Teil des Steiges auslassen.

Route: Siehe Steigskizze – das sog. Wildschützenloch (nach der langen Leiter) ist meist feucht und etwas glitschig.

Abstieg: Vom Gasthof Jagasitz entweder wieder zurück zum Türkenloch und durch die Steinwandklamm hinunter oder über eine steile Forststraße direkt zur Jausenstation Reischer. Alternativ kann man auch über die sog. Klause wieder zur Steinwandklamm gelangen, durch diese absteigen.

Ausrüstung: Klettersteigausrüstung; Helm und für Kinder/Anfänger ein kurzes Sicherungsseil! Für Kinder eine Taschenlampe für das Türkenloch.

Bemerkung: Neben einer Wanderung im Bereich Gasthof Jagasitz ist das Wildgehege mit Ziegen beim Einstieg für Kinder interessant. Ein kleiner Spaziergang durch die Stadt Berndorf ist Kulturliebhabern, wegen der vielen historischen Gebäude, zu empfehlen.

Topo *Axel Jentzsch-Rabl*

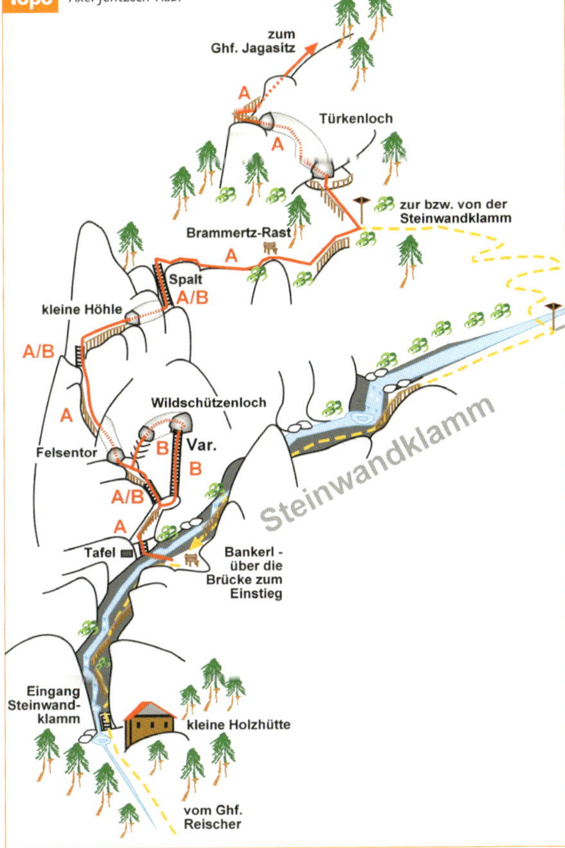

Bild 1: *Auf der langen Leiter zum Wildschützenloch.*

Bild 2: *Im für Kinder sehr aufregenden Türkenloch.*

Bild 3: *Auf einer der Leitern.*

Bild 4: *Im oft feuchten Wildschützenloch.*

Fotos: Axel Jentzsch-Rabl

167-168 Währinger Steig und Ganghofersteig

1,3 (3 2 1)

Schön/Mittel

Gut/Mittel

Diff. bis C/D u. 2-

bis 50 Hm
20 Min.

bis 45 Min.

bis 45 Min.

ab 11 Jahren

bis 1,5 Std.
bis 230 Hm

SO

Vord. Wand, 905 m

April - Okt.

Karte auf Seite: 336

Stützpunkt

Herrgottschnitzerhaus, 826 m, ÖTV; ganzjährig bew., Mi Ruhetag, Dez. bis März auch Di. Tel: +43 2638 88360. Infos: www.herrgottschnitzerhaus.at

Siehe CD-ROM Naturfreundesteig

Besonderheiten: **Währingersteig (C):** Die elegante Steiganlage überwindet die senkrechte Felswand des Hirnflitzsteines und führt dabei durch die in Wandmitte gelegene Baumleiterhöhle. Höhepunkt ist die sehr ausgesetzte, leicht überhängende Eisenleiter. **Ganghofersteig (C/D u. 2-):** Kurzer, aber etwas anspruchsvoller Klettersteig direkt unter dem Herrgottschnitzerhaus - nicht so lohnend wie der Währingersteig.

Kurzinfo

Talort: Dreistetten, 528 m

Ausgangspunkt: Parkplatz des Sportplatzes, ca. 530 m

Karten: ÖK 76, Wiener Neustadt; F&B WK 012, Kompass WK 210

Anreise: A2 bis Wöllersdorf, von dort auf der B21 Richtung Westen bis zur Abzweigung nach Dreistetten. In Dreistetten bei der Feuerwehr links und beim Sportplatz parken. Mit Öffis: Mit der Bahn nach Dreistetten.

Zustieg: **Währinger Steig:** Vom Parkplatz den Ort in westlicher Richtung verlassen und der Forststraße fast eben zum Waldrand folgen. Dort links abzweigen und im Wald in Kürze zum Einstieg (15 Min.). **Ganghofersteig:** Vom oberen Ende des Parkplatzes den Feldweg Richtung Felbring folgen. Bei der ersten Wegkreuzung (Materl) nach rechts abbiegen und danach durch den Wald (grüne Markierung) bis zum Wandfuß. Den Zischkasteig aufwärts bis zu einem Felsblock (Aufschrift „G H" mit Pfeil nach links) und über ein Steiglein zum Einstieg.

Route: **Währinger Steig:** Siehe Skizze. **Ganghofersteig:** Anfangs kurze Kletterei (2-), nach einer Klammernpassage (B) erreicht man über Schrofen (2-) eine steile Wand (C/D; Klammern). Danach mit Seilsicherungen (C) und über Schrofen (1-) zum Ausstieg.

Abstieg: **Währinger Steig:** Links halten und auf dem Wanderweg zurück zum Aufstiegsweg. **Ganghofersteig:** Am besten über den Drobilsteig (A/B) oder den Wanderweg (rot markiert) zurück nach Dreistetten.

Ausrüstung: Komplette Klettersteigausrüstung u. Helm; für Anfänger Sicherungseil!

Bemerkung: Beim Abstieg bietet sich ein Besuch der Einhornhöhle an (nur mit Führung). Der Ganghofersteig hat im unteren Teil kein durchgehendes Sicherungseil! Es besteht auch die Möglichkeit mit dem PKW über die Mautstraße bis zum Herrgottschnitzerhaus zu fahren; die Zustiegszeit zum Ganghofersteig beträgt dann lediglich 10 Minuten.

Topo *Axel Jentzsch-Rabl*

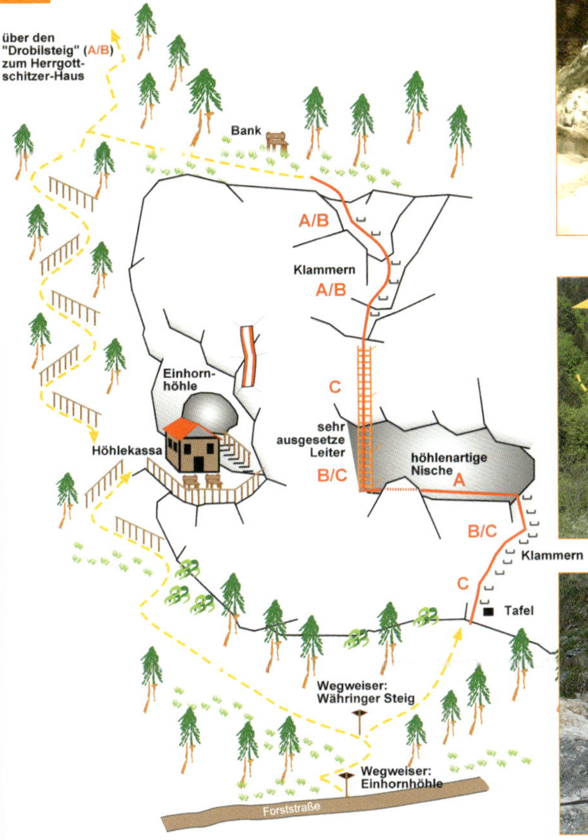

2

3

4

Bild 1: Die lange Leiter des Währinger Steiges.

Bild 2: Die Einstiegswand des Währinger Steiges.

Bild 3: Der Hirnflitzstein mit dem Währinger Steig.

Bild 4: Eine Gruppe unter der steilen Stufe des Ganghofersteiges.

Fotos: Dieter Wissekal und Andreas Jentzsch

Siehe CD-ROM Drobilsteig

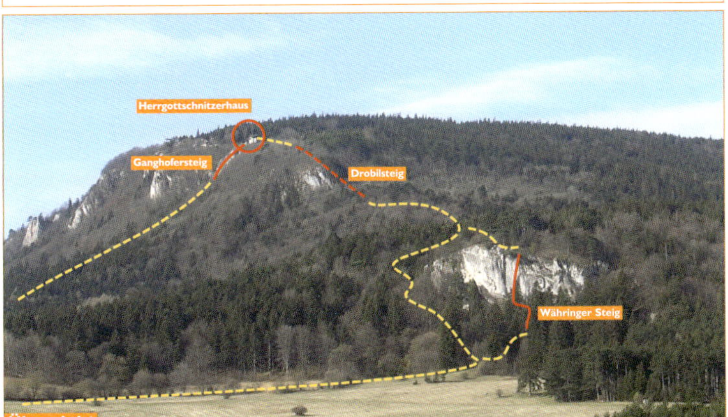

Übersicht

169 Hanselsteig

1,2

Schön

Gut

Diff. B

100 Hm
20 Min.

35 Min.

1 Std.

ab 8 Jahren

2 Std.
320 Hm

SO

Vord. Wand,
905 m

Apr. - Okt.

Karte auf Seite: 336

Stützpunkt

Kohlröserlhaus, **870 m**, Gasthaus in der Nähe des Ausstieges (ca. 15 Min.), privat, PKW-Zufahrt möglich.
Info: www.hohewand.at

Besonderheiten: Vor allem für Kinder interessanter Klettersteig, der mit zwei Höhepunkten aufwarten kann: Zum einen das Karnitschstüberl unter mächtigen, höhlenartigen Überhängen, das eine schöne Aussicht in die „Neue Welt“ bietet, zum anderen der aufregend enge Hanselkamin mit seiner schrägen Leiter.

Kurzinfo

Talort: Stollhof, 459 m

Ausgangspunkt: Parkplatz beim Loderhof, ca. 530 m

Karten: ÖK 75, Puchberg; F&B WK 012; Kompass WK 210

Anreise: A2 bis Wiener Neustadt West (Hohe Wand ist angeschrieben), an der T-Kreuzung links nach Weikersdorf. Dann rechts nach Winzendorf, weiter nach Gaaden und Stollhof. Dort biegt man kurz vor einer engen Linkskurve noch vor einer Kapelle rechts ab. Gleich danach fährt man an einer zweiten Kapelle auf der linken Seite vorbei. Nach weniger als einem Kilometer biegt man in Loderhof rechts hinauf zum Parkplatz bei einem Wasserreservoir (siehe Karte bei Blutspur Klettersteig). Öffis: Mit der Bahn nach Wr. Neustadt und dem Bus nach Stollhof Loderhof (kein Wochenend- und Feiertagsverkehr!)

Zustieg: Vom Parkplatz entlang der roten Markierung durch den Wald, später steil aufwärts zum Einstieg bei einer Tafel.

Route: Über eine seilversicherte Rampe (A/B) ins Karnitschstüberl (Steigbuch). Von dort nach links (A/B) über eine Holzbrücke zum Beginn des engen Kamins (B). Über Verstrebungen und Klammern geht es hinauf zur schräg liegenden Leiter. Man entsteigt dem Kamin mit Hilfe einiger Klammern (A), gelangt über eine kleine Holzbrücke (A) zum Ende der Versicherungen und beim (privaten) Hanselsteighaus auf die Hohe-Wand-Straße.

Abstieg: Drei Möglichkeiten: 1) Wie beim Aufstieg über den Hanselsteig absteigen. 2) Man folgt am Ausstieg dem Weg in Richtung Herrgottschnitzerhaus bis zur Abzweigung eines blau mark. Weges, auf diesem bis zum Loderhof. 3) Zum Kohlröserlhaus und entlang der Sraße weiter bis zur Abzweigung des „Leiterlsteiges“ (gelb mark., kurze mit Drahtseil und Leitern versicherte Stellen, A/B). Diesen steigt man bis kurz vor dem Ramhof (Mostheuriger) ab und geht zurück zum Loderhof.

Ausrüstung: Klettersteigausrüstung; für Kinder ein Sicherungseil.

Bemerkung: In Verbindung mit dem Felsenpfad (ein neuer kühn angelegter Aussichtspfad durch die Abbrüche beim Kohlröserlhaus) bzw. einer Wanderung zum Windloch (kl. Höhle; Stirnlampe nötig) im Saugraben vor allem für Kinder interessant.

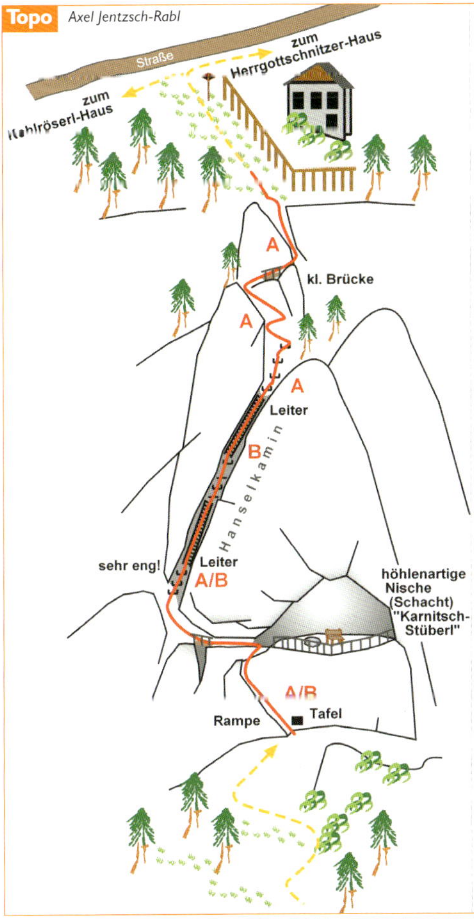

2

3

4

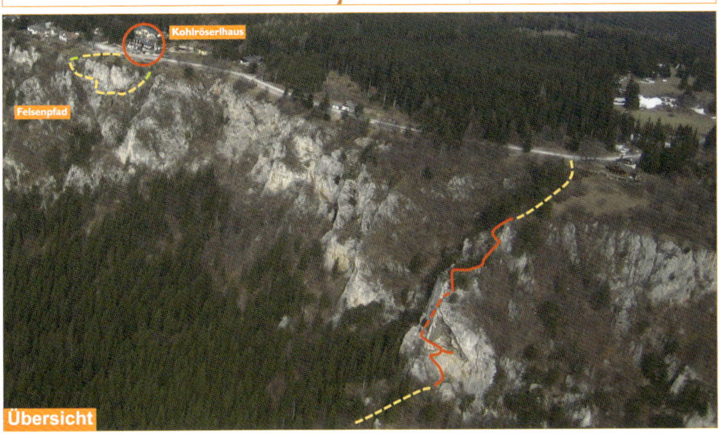

Bild 1: Der Beginn des Steiges.

Bild 2: Auf der langen Leiter im Mittelteil.

Bild 3: Im sog. Karnitsch-Stüberl.

Bild 4: Im engen Kamin vor der langen Leiter.

Ü-Bild: Schön zu sehen ist in Rot der Hanselsteig, mit dem großen höhlenartigen Überhang. In Hellgrün der Felsenpfad beim Kohlröserlhaus.

Fotos: A. u. A. Jentzsch

1

170 HTL-Klettersteig

2 (3 2 1)

Sehr schön

Gut

Diff. D/E u. I+

210 Hm
1,5 Std.

15 Min.

45 Min.

ab 14 Jahren

2,5 Std.
300 Hm

SO

Bromberg, 1078 m

Ganzjährig

Karte auf Seite: 336

Stützpunkt

Alpenghf. Postl, **892 m**, ganzjährig bew.; Tel. +43 2638 88212
Info: www.gasthof-postl.at

Siehe CD-ROM HTL-Steig Video!

Besonderheiten: Der HTL-Klettersteig ist ein extremer Eisenweg und für gute Klettersteiggeher sehr interessant. Der Klettersteig ist (in Kombination mit dem Blutspur-Klettersteig) der schwierigste im Wiener Raum und wurde nach der Erstbegehung etwas entschärft. Für geübte Klettersteiggeher, aber auch für Kletterer, die einmal „luftige Aktionen" erleben wollen, ist der HTL-Klettersteig ein guter Tipp! Die Routenführung ist teils genial und nützt das Gelände gut aus.

Kurzinfo

Talort: Maiersdorf, 502 m
Ausgangspunkt: Sonnenuhr-Parkplatz, ca. 590 m
Karten: ÖK 75, Puchberg; F&B WK 012, Kompass WK 210

Anreise: Siehe Tour Frauenlucke-Steig.

Zustieg: Vom Sonnenuhr-Parkplatz über die Wiese (Steigspuren) in Richtung Völlerin aufwärts zum Wandfußsteig. Dort nach rechts und nach wenigen Minuten zum Einstieg. Dieser befindet sich nach einem Felsvorsprung und kann leicht übersehen werden. Über kurzes Blockgelände zu den Versicherungen.

Route: 1. Teil: Über eine Rampe geht es gleich zur Schlüsselstelle. Der sehr steile, stellenweise überhängende und ausgesetzte erste Aufbau (D/E) ist sehr kraftraubend. Anschließend folgen eine steile Verschneidung (D), eine Wandstufe (C) und weitere steile Stellen auf einem Absatz. **2. Teil:** Kurzes Gehgelände führt zu einer kurzen, oft feuchten Wandstelle (C), danach wieder Gehgelände und weitere kurze Aufschwünge (bis C/D). **3. Teil:** Im Gehgelände rechts halten (geradeaus geht es zur Blutspur, zur Völlerin und zum ÖTK-Klettergarten). Zuerst leicht (A), dann schwerer (B/C) nach rechts über eine schöne Plattenquerung (C/D und D) bis zu einem Steilaufschwung (D). Den folgenden Quergang (C/D) nach links zur steilen Schlussplatte (D), über diese zum Ausstieg auf das Hochplateau.

Abstieg: Völlerin: Links am Drachenfliegerstartplatz vorbei und nochmals links abwärts zur Völlerin (gelb markiert). Über die Völlerin, an der Frauenlucke vorbei, zum Wandfußsteig und weiter zum Parkplatz.

Ausrüstung: Komplette Klettersteigausrüstung u. Helm; für Anfänger Sicherungseil!

Bemerkung: Nach einigen Jahren der Sperre wurde der Steig 2004 wieder freigegeben. Oben gut mit dem „Blutspur-Klettersteig" zu kombinieren. Nicht-Klettersteig-Geher können die vertikalen Ferratisten vom Skywalk aus gut beobachten.

Topo *Axel Jentzsch-Rabl*

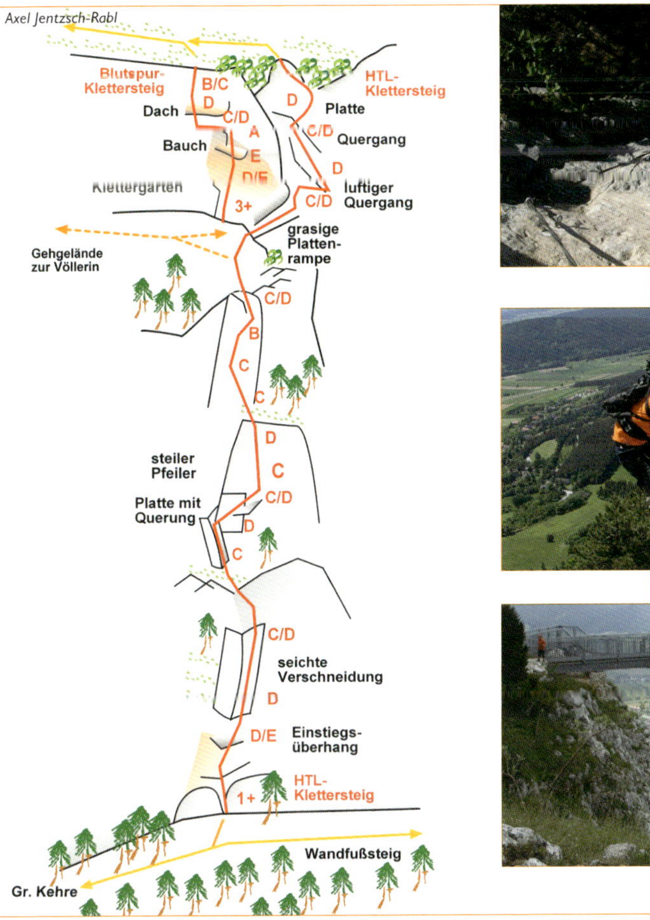

Bild 1: Bei der langen Querung im dritten Teil.

Bild 2: Sehr ausgesetzt, glatt und steil beginnt der Klettersteig.

Bild 3: Der Beginn der Querung am Ende des Steiges.

Bild 4: Geschafft! Der Ausstieg ist erreicht - im Hintergrund der sog. „Skywalk" (Aussichtsplattform).

Fotos: Dieter Wissekal

Bild 1: An der Schlüsselstelle der Blutspur; Foto: Andreas Jentzsch

171 Blutspur-Klettersteig

2,0 (3 – 2 – 1)

- Schön
- Mittel
- Diff. E u. 3+
- 35 Hm, 20 Min.
- 45 Min.
- 45 Min.
- ab 14 Jahren
- 2 Std., 300 Hm
- SO
- Bromberg, 1078 m
- Ganzjährig

Stützpunkt

Alpenghf. Postl, 892 m, ganzjährig bew.; Tel. +43 2638 88212
Info: www.gasthof-postl.at

Besonderheiten: Die „Blutspur" ist ein kurzer, aber extrem schwerer Klettersteig, der sich ideal mit dem HTL-Klettersteig kombinieren lässt. Diese Kombination ist das schwierigste Klettersteigvorhaben im Wiener Raum.

Kurzinfo

Siehe Frauenlucke.

Anreise: Siehe Tour Frauenlucke.

Zustieg: Wie HTL-Klettersteig und auf diesem zum Einstieg (Abzweigung zur Völlerin), oder über die Völlerin (links vom HTL-Klettersteig) bis kurz unter das Plateau aufsteigen und zum Einstieg queren. Der Steig ist auch vom Hochplateau (Alpengasthof Postl) sehr gut zu erreichen. Man folgt vom Drachenfliegerstartplatz kurz der Völlerin und zweigt dann links ab.

Route: Siehe Skizze bei HTL-Klettersteig, die Schlüsselstelle ist ein kl. Überhang (E).

Abstieg: Wie HTL-Klettersteig.

Ausrüstung: Klettersteigausrüstung und Helm; für ungeübte ein Sicherungsseil.

Bemerkung: Erstes Stück nicht versichert; unversicherte Stellen schwierig (bis 3+).

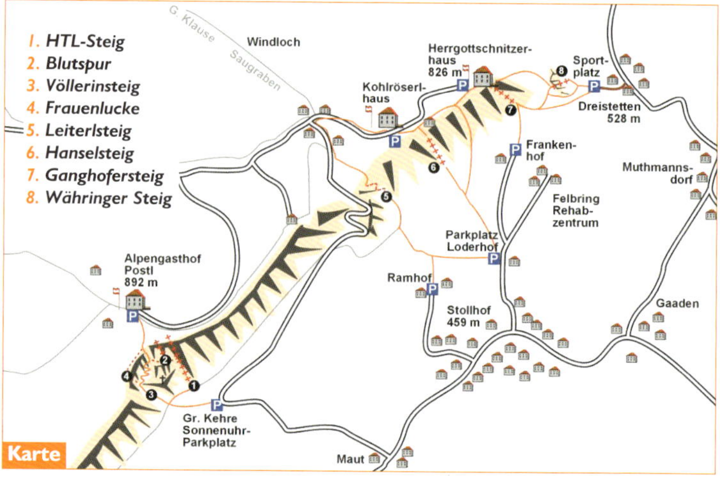

172 Frauenlucke-Steig

I

3 2 1

- Mittel
- Gut
- Diff. B
- 25 Hm 10 Min.
- 25 Min.
- 50 Min.
- ab 8 Jahren
- 1,5 Std. 290 Hm
- O
- Bromberg 1078 m
- Apr. - Okt.

Karte auf Seite: 336

Stützpunkt

Alpenghf. Postl, 892 m.

Infos:
www.gasthof-postl.at

Siehe CD-ROM Völlerinsteig

Bild 1 u. 2: Auf der langen Leiter im Höhlenschacht.

Fotos: Dieter Wissekal

Besonderheiten: Der Frauenlucke-Klettersteig ist ein sehr originelles und reizvolles Klettersteig-Gustostückerl im zentralen Teil der Hohen Wand. Höhepunkt des Steiges ist die kühne Eisenleiter durch die so genannte Frauenlucke, ein 15 m hoher, senkrechter Höhlenschacht.

Kurzinfo

Talort: Maiersdorf, 502 m
Ausgangspunkt: Sonnenuhr-Parkplatz, ca. 590 m
Karten: ÖK 75, Puchberg; F&B WK 012; Kompass WK 210

Anreise: A2 bis Wiener Neustadt West (Hohe Wand ist angeschrieben), an der T-Kreuzung links nach Weikersdorf. Dann rechts nach Winzendorf und über Gaaden und Stollhof zur Abzweigung der Hohe-Wand-Straße. Über diese (an Wochenenden und Feiertagen mautpflichtige Straße) bis zum Sonnenuhr-Parkplatz in der ersten Kehre. Mit Öffis: Mit der Bahn bis Grünbach am Schneeberg, weiter mit dem Bus bis Hohe Wand Maut. Achtung: Stark eingeschränktes Fahrplanangebot.

Zustieg: Vom Sonnenuhr-Parkplatz den Steigspuren über die Wiese zum Wandfußsteig folgen. Von dort über den unteren Teil des grün markierten Völlerin-Klettersteiges (A) bis zu einem markanten Durchschlupf. Kurz danach zweigt links ein Steig ab, der in Kürze zum Einstieg des Frauenlucke-Klettersteiges führt.

Route: Über die kurze Einstiegswand (B; Klammern) auf ein breites Querband. Auf diesem geht man in den Höhlenschacht (Steigbuch). Im nach oben hin enger werdenden Schacht über die senkrechte Leiter (B; 15 m) zum Ausstiegsloch. Eine kurze Klammern-Passage führt zum Ende des Steiges mitten im Wald.

Abstieg: Nach dem Ende der Versicherungen den blauen Markierungen weiter aufwärts zum Drachenfliegerstartplatz folgen. Von dort über den markierten Völlerin-Klettersteig absteigen. Alternativ kann auch gleich wieder durch die Frauenlucke abgestiegen werden, was den Abstieg um etwa 20 Minuten verkürzt.

Ausrüstung: Komplette Klettersteigausrüstung und für Kinder ein Sicherungsseil.

Bemerkung: Als Zusatzprogramm bietet sich ein Besuch der Aussichtsplattform „Skywalk“ an. Von dort hat man einen tollen Blick auf den HTL-Klettersteig und die Kletterrouten der Sonnenuhrwand. Wandert man vom Ghf. Postl weiter in Richtung Bromberg, kann man im Gipfelbereich noch eine Aussichtswarte besteigen.

1

173 Steirerspur-Klettersteig

1,3 (3 – 2 – 1)

Mittel

Sehr gut

Diff. C

20 Hm
15 Min.

1 Std.

45 Min.

ab 8 Jahren

2 Std.
430 Hm

SO

Plackles,
1132 m

Apr. - Okt.

Karte auf Seite: 341

Stützpunkt

Hubertushaus, 946 m, ÖAV; März - Okt. bew., Di. ist Ruhetag. Nov. - Jän. Do. -So. offen. Tel: +43 2620 2873. Infos: www.hubertushaus.at

Besonderheiten: Dieser als Rundkurs angelegte Übungsklettersteig wurde im Jahr 2004 vom Österreichischen Gebirgsverein in erster Linie für Ausbildungszwecke im Rahmen von Klettersteig-Grundkursen errichtet. Da die Errichter dieses Steiges drei steirische Bergführer waren, wurde dieser Steig „Steirerspur" benannt.

Kurzinfo

Talort: Oberhöflein, 480 m
Ausgangspunkt: Nördlicher Ortsrand von Oberhöflein, ca. 540 m
Karten: ÖK 75, Puchberg; F&B, WK 012; WK 210,

Anreise: A2 bis Wiener Neustadt West, von dort auf der B26 bis kurz vor Unterhöflein. Dort rechts nach Oberhöflein abzweigen und im Ort (so hoch wie möglich) parken. Mit Öffis: Mit der Bahn nach Unterhöflein, weiter zu Fuß nach Oberhöflein (Wegweiser „Hubertushaus").

Zustieg: Über den Springlessteig zum Plateaurand aufsteigen. Dort rechts am Wandabbruch nach wenigen Metern zum Steirerspur-Klettersteig. Am Notausstieg und Ausstieg vorbei zum Einstieg.

Route: Vom Einstieg in geringer Schwierigkeit in einem Rechtsbogen abklettern (A bis B). Anschließend folgt eine ganz leichte Querung (A). Um einen abdrängenden Felsvorsprung herum (zuerst B/C, dann C) geht es zu einem Spreizschritt (B/C). Eine steile Verschneidung (B/C bis C) und ein kleiner Überhang (B/C) führen zur Abzweigung des Notausstieges (A). Anschließend folgt noch ein kurzes steiles Stück (B), bevor das Gelände leichter (A/B) wird und der Ausstieg (A) erreicht ist.

Abstieg: Vom Ausstieg links zum Springlessteig; auf diesem zurück zum Ausgangspunkt.

Ausrüstung: Komplette Klettersteigausrüstung und Helm.

Bemerkung: Die „Steirerspur" war als temporäre Einrichtung gedacht und sollte nach der Saison 2004 wieder abgebaut werden. Um einer Veröffentlichung vorzubeugen, wollte man den Steig möglichst „geheim" halten. Mittlerweile hat sich die Existenz der „Steirerspur" herumgesprochen. Der Klettersteig ist inzwischen sehr beliebt. Der Österreichische Gebirgsverein wird diesen Steig daher bis auf weiteres betreuen und vorerst nicht abbauen.

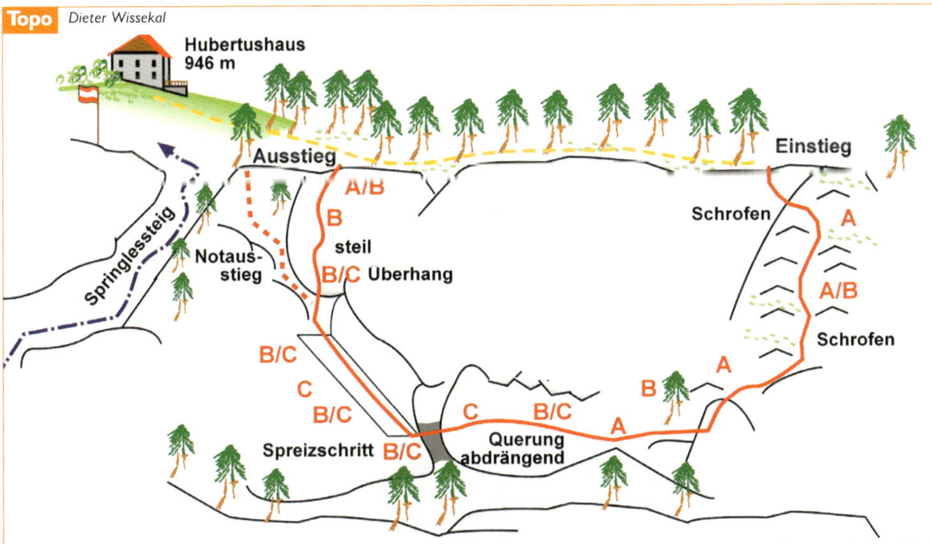

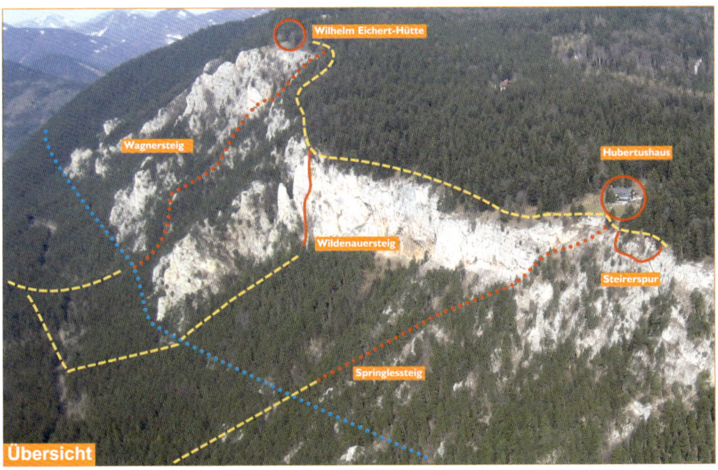

Bild 1: Nach dem Spreizschritt.

Bild 2: Am Anfang des Steiges steigt man zuerst ab.

Bild 3: Bei der Querung im Mittelteil.

Fotos: Dieter Wissekal

Siehe CD-ROM Wagnersteig

174 Wildenauersteig

1,5 (3 2 1)

Sehr schön

Schlecht

Diff. D und I+

60 Hm
45 Min

45 Min.

1 Std.

ab 14 Jahren

2,5 Std.
270 Hm

SO

Plackles,
1132 m

Apr. - Okt.

Stützpunkt

Hubertushaus, 946 m, ÖAV; März - Okt. bew., Di. Ruhetag. Nov. - Jän. Do. - So. offen. Tel: +43 2620 2873. Infos: www.hubertushaus.at

Wilhelm Eichert-Hütte, 1052 m, ÖTK; ganzjährig geöffnet, Montag Ruhetag; Tel: +43 2637 2258 .

Besonderheiten: Der Wildenauersteig ist ein besonders lohnender, wunderschöner Klassiker an den linken (südlichen) Begrenzungsfelsen der Hochfallwand. Eine Besonderheit ist der spannende Durchstieg durch einen senkrechten Schacht (Wildenauerhöhle) mit extrem engem Ausstieg.

Kurzinfo

Talort: Grünbach am Schneeberg, 557 m
Ausgangspunkt: „Seiser Toni", ca. 720 m
Karten: ÖK 75, Puchberg; F&B, WK 012; Kompass, WK 210

Anreise: A2 bis Wiener Neustadt West, dann die B26 bis Grünbach am Schneeberg (nicht den Schildern „Hohe Wand" folgen!). Im Ort bei der Kirche rechts abzweigen und zum Ghf. „Seiser Toni" fahren (ist angeschrieben). Öffis: Mit der Bahn nach Grünbach am Schneeberg.

Zustieg: Vom „Seiser Toni" der Forststr. kurz Richtung Osten folgen. Wenn die Forststr. etwas an Höhe verliert, zweigt links ein unmarkierter Steig ab, den man aufwärts bis zum blau markierten Wandfußsteig folgt. Rechts über den Wandfußsteig in Kürze zu den verwitterten Schildern „Hochfallwand" und „Baumgartner-Turm". Den Schildern bis zum Einstiegsfelsen mit der Aufschrift „T + W" folgen (rote Markierung). Am besten dort die Ausrüstung anlegen. Den roten Punkten (leichte Kletterei; I) folgen. An der Abzweigung des Turmsteiges vorbei und in Kürze zum Einstieg. Alternative: Wer Oberhöflein oder Zweiersdorf als Ausgangspunkt wählt, steigt über den rot markierten Springlessteig bis zum Wegweiser „Wildenauer- und Turmsteig" auf. Dem Wegweiser unterhalb der Hochfallwände zum Einstiegsfelsen „T + W" folgen.

Route: Vom Einstieg steil aufwärts (bis C u. I+) bis zur ausgesetzten Wandstelle (D), über die man dann den Schacht (C/D) erreicht. Nach diesem aus der Scharte über die Schlusswand (C/D und C) zum Ausstieg.

Abstieg: Über Springlessteig: Der roten Markierung nach rechts zum Hubertushaus folgen. Dort rechts abzweigen und über den Springlessteig zum Wandfuß. Der grünen Markierung zum „Seiser Toni" folgen.

Ausrüstung: Komplette Klettersteigausrüstung und Helm, evtl. Sicherungsseil und Klettersteighandschuhe. Kurze Bandschlinge mit Schraubkarabiner zur „Verlängerung" des Klettersteigsets bzw. zum Nachziehen des Rucksacks sinnvoll.

Bemerkung: Kein Sicherungsseil - nur Klammern! Der Ausstieg aus dem Schacht ist sehr eng (Klemmblock). Der Rucksack muss normalerweise abgenommen werden.

Topo *Axel Jentzsch-Rabl*

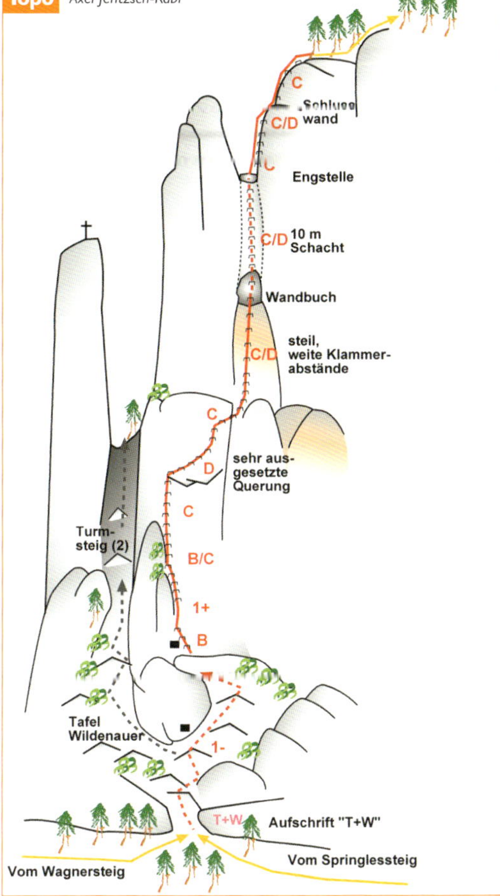

Bild 2: An der engsten Stelle des Schachtes.

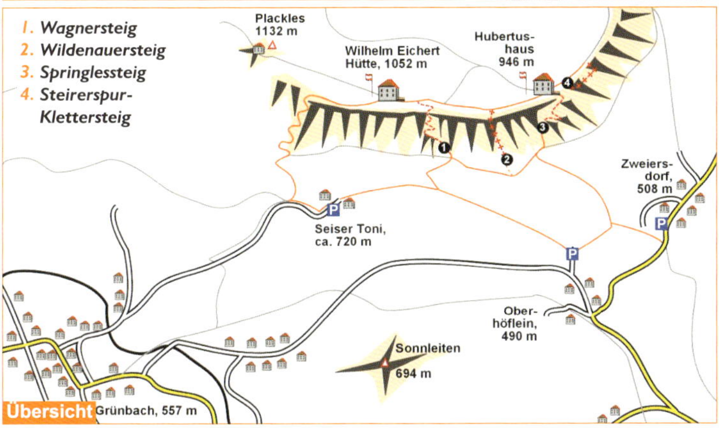

Bild 1: Weite Klammerabstände und kein Sicherungsseil.

Bild 3: Sehr schön zu sehen der Steigverlauf und im Hintergrund der Schneeberg (links der nicht versicherte „Turmsteig"; 2+).

Fotos: Dieter Wissekal u. Harald Tarnowiecki

Siehe CD-ROM Springlessteig

Ü-Bild auf Seite: 339

1

175-177 Fürst-, Ternitzer- und Jubiläumssteig

1,1 (3 – 2 – 1)

Schön

Gut/Mittel

Diff. bis A/B u. I

bis 60 Hm
15 Min.

bis 20 Min.

bis 20 Min.

ab 9 Jahren

bis 50 Min.
bis 200 Hm

S

Auf der Kehr, 790 m

Apr. - Okt.

Ü-Bild auf Seite: 345

Stützpunkt

Neunkirchner Haus, 758 m, TVN, an Wo. und Feiertagen durchgehende bew. Tel: +43 2630 37367

Besonderheiten: Drei kurze, aber sehr beliebte Klettersteige - gut mit einer Wanderung zu verbinden. Die linken beiden Steige verlaufen durch kleine Höhlen, der rechte Jubiläumssteig wartet mit fast schon „luxuriösen" Aluminiumleitern auf.

Kurzinfo

Talort: Flatz, 461 m

Ausgangspunkt: Mostheuriger Waldbauer, ca. 530 m

Karten: ÖK 105, Neunkirchen; F&B WK 012; Kompass WK 210

Anreise: Nach Neunkirchen oder Ternitz und weiter nach Flatz. Im Ort den Wegweisern „Naturpark Flatzer Wand" folgen. Am besten beim Mostheurigen Waldbauer parken (für den Jubiläumssteig parkt man etwas weiter unten an der Wandstraße). Mit Öffis: Mit der Bahn nach Ternitz und weiter mit dem Bus (Linie 1718 oder 1722) nach Flatz (kein Verkehr am Wochenende und in den Ferien).

Zustieg: **Fürst- und Ternitzer Steig:** Vom Waldbauer den ausgetretenen Weg Richtung Flatzer Wand aufsteigen. In Kürze wird ein Grillplatz erreicht. Geradeaus der roten Markierung zum Einstieg folgen. **Jubiläumssteig:** Vom Parkplatz gelb markiert in Richtung Flatzer Wand. Bei der Tafel „Zu den Klettersteigen" links abzweigen und auf dem Wandfußsteig zur Abzweigung des Jubiläumssteiges (Wegweiser). Dort rechts und der grünen Markierung durch den Wald zum Einstieg (kurze Leiter) folgen.

Route: **Fürststeig:** Über Stufen (A) zum rechten Schiebbogen und durch diesen hindurch. Eine kurze Wandstufe (A) empor und auf einem Band in einen Graben. In diesem zum Ausstieg aufsteigen. **Ternitzer Steig:** Bei dem Schiebbogen nach links queren und ein Wandl (I) abklettern. Den Lochsteig kreuzen und über zwei Stufen (I) zu einem Absatz. Nach links queren und eine Rampe (A) empor. Eine steile Wandstufe (A/B, I-) führt zum Ausstieg im Flatzer Loch. Im Gehgelände auf das Hochplateau. **Jubiläumssteig:** Nach der langen Einstiegsleiter (A/B) folgen noch einige Leitern (A). Im felsigen Gelände zu einem Absatz (A/B) und über schönes Felsband (A) zum Ausstieg.

Abstieg: Vom Fürst- bzw. Ternitzer Steig kann man über den dazwischen liegenden „Lochsteig" absteigen oder geht bis zum Neunkirchner Haus und steigt ab. Vom Jubiläumssteig steigt man rechts über den Wanderweg ab oder geht links weiter zum Neunkirchner Haus.

Ausrüstung: Helm, für Anfänger und Kinder komplette Klettersteigausrüstung.

Topo *Axel Jentzsch-Rabl*

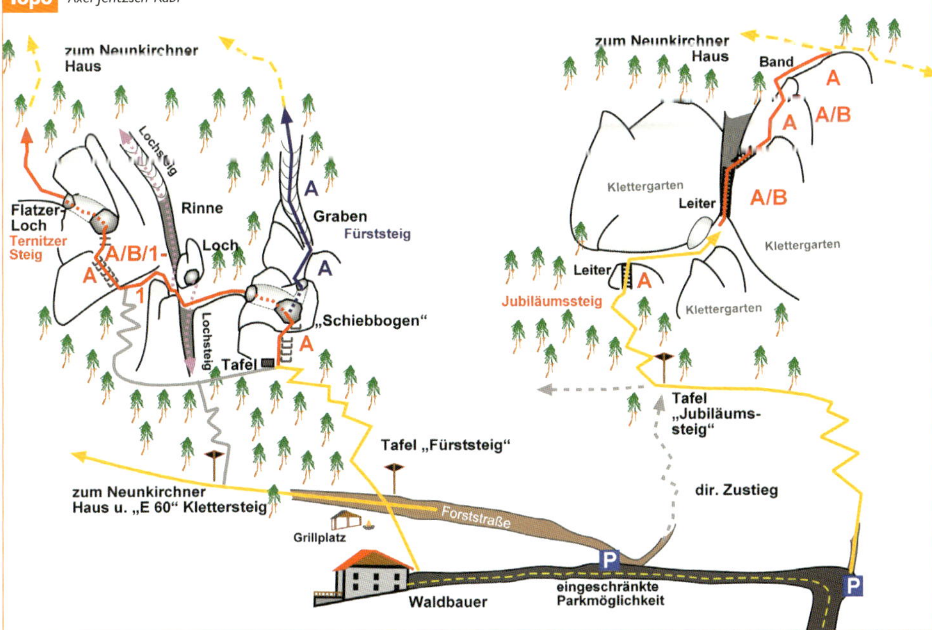

2

3

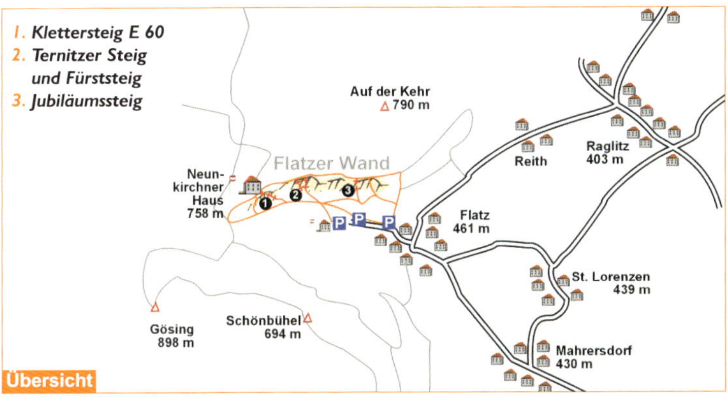

Bild 1: Auf dem Ternitzer Steig.

Bild 2: Die Leiter des Jubiläumssteiges.

Bild 3: Im höhlenartigen Durchschlupf (sog. „Schiebbogen") am Anfang des Fürststeiges.

Fotos: Andreas Jentzsch

1

178 Klettersteig E 60

I	3 2 1
	Mittel
	Gut
Diff.	C
	60 Hm 15 Min.
	20 Min.
	25 Min.
	ab 10 Jahren
	1 Std. 230 Hm
	SO
	Gösing, 898 m
	Apr. - Okt.

Karte auf Seite: 343

Stützpunkt

Neunkirchner Haus, 758 m, TVN, an Wo. und Feiertagen durchgehende bew. Tel: +43 2630 37367

Besonderheiten: Der E 60 wurde 2001 anlässlich des 60. Geburtstags von Franz Eigner, dem Obmann der Naturfreunde Neunkirchen, erbaut. Der Steig ist eine nette Anlage zu Füßen des Neunkirchner Hauses auf der Flatzer Wand.

Kurzinfo

Talort: Flatz, 461 m
Ausgangspunkt: Mostheuriger Waldbauer, ca. 530 m
Karten: ÖK 105, Neunkirchen; F&B WK 012; Kompass WK 210

Anreise: Nach Neunkirchen oder Ternitz und weiter nach Flatz. Im Ort den Wegweisern „Naturpark Flatzer Wand" folgen. Am besten beim Mostheurigen Waldbauer parken. Mit Öffis: Mit der Bahn nach Ternitz und weiter mit dem Bus (Linie 1718 oder 1722) nach Flatz (kein Verkehr am Wochenende und in den Ferien).

Zustieg: Vom Waldbauer den ausgetretenen Weg Richtung Flatzer Wand aufsteigen. In Kürze wird eine Grillplatz erreicht. Danach links den Hohlweg Richtung Naturfreunde Haus (Tafel) aufsteigen und eine Forststraße queren. Nach zwei Kehren sieht man rechts bald Felsen und die kleine Einstiegstafel auf einem Baum. Schwach ausgeprägte Steigspuren führen zum Einstieg.

Route: Nach der erdigen Einstiegswand (B/C) geht es über ein flacheres Stück (A/B) zu einem kleinen Absatz hinauf. Nach einem Überhang (C) leichter (zuerst A/B, dann A) ins Gehgelände. Dem Wegweiser folgend nach links über Steigspuren zum zweiten Abschnitt aufsteigen. Ein kurzer Steilaufschwung (B/C) führt zur großen Rampendiagonale: Leicht (A) nach links zu einer Reibungsplatte (C) queren. Anschließend um eine Felskante herum (B) und wieder leichter (A) zum Steigbuch in einer Nische queren. Über einen kurzen Aufschwung (A/B) und leichtes Gelände (A) zum Ausstieg.

Abstieg: Vom Ausstieg in Kürze im Gestrüpp an die Geländekante und links zum Neunkirchner Haus. Über den Wanderweg zurück zum Ausgangspunkt. Alternativ kann auch über den Fürststeig (A), den Ternitzersteig (A/B, 1-) oder den Jubiläumssteig (A/B) abgestiegen werden.

Ausrüstung: Komplette Klettersteigausrüstung und Helm.

Bemerkung: Auf der Flatzer Wand gibt es zahlreiche sonnige Kletterrouten unterschiedlicher Schwierigkeit.

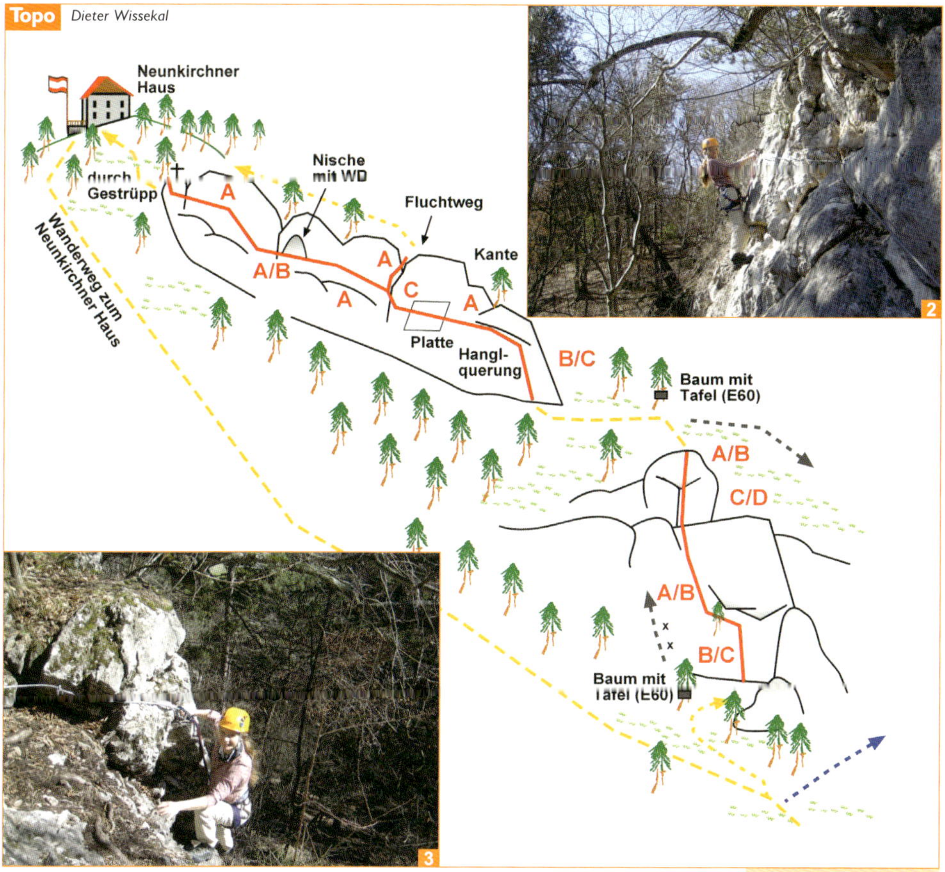

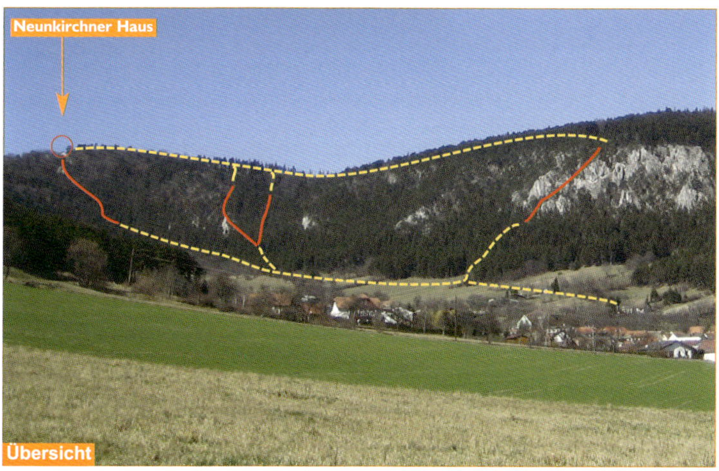

Bild 1: In der Einstiegswand des E 60 Klettersteiges.

Bild 2: Am Beginn des 2ten Teils, kurz vor der Hanglquerung.

Bild 3: Kurz vor dem Ausstieg.

Ü-Bild: Ganz links der Klettersteig E60, in der Mitte der Fürst- und Ternitzersteig und rechts der Jubiläumssteig.

Fotos: Andreas Jentzsch

Bild 1: Eine mit Ketten abgesicherte Stufe in der Weichtalklamm. Fotos: Andreas Jentzsch

179 Weichtalklamm

I 3 2 1

Sehr schön

Mittel

Diff. A/B u. I+

400 Hm 1,5 Std.

30 Min.

1,5 Std.

ab 8 Jahren

3,5 Std. 630 Hm

SW

Turmstein, 1416 m

Mai - Okt.

Stützpunkt

Kienthalerhütte, 1380 m, ÖTK.

Weichtalhaus, 547 m, TVN; *bew. von Ende März bis Ende Okt. (Mo./Di. Ruhetag ausg. Feiertage). Tel.: +43 266653620; www.weichtalhaus.at*

Besonderheiten: Die Tour durch die Weichtalklamm gehört zu den beliebtesten Unternehmungen im Höllental. Ideal an heißen Tagen, dann jedoch oft überlaufen. Der Steig führt durch eine nette, teilweise sehr enge Klamm. Die Kletterstellen sind oft mit Leitern oder Seilen bzw. Ketten versichert, trotzdem sollte man den Miniklettersteig nicht unterschätzen. Bei Nässe heikel!

Kurzinfo

Talort: Hirschwang an der Rax, 515 m
Ausgangspunkt: Weichtalhaus im Höllental, 547 m
Karten: ÖK 104, Schneeberg und Rax; F&B, WK 022; Kompass WK 210

Anreise: Wie bei Turmstein Ostkante-Klettersteig.

Zustieg: Vorbei am Weichtalhaus und entl. des Bachbettes in die Klamm (Wegweiser).

Route: Man folgt der Klamm - im Mittelteil einzelne mit Drahtseil abgesicherte Stufen und kurze Kletterstellen - bis von links der Ferdinand-Mayr-Weg dazu stößt. Von dieser Stelle kann man noch ca. 30 Min. bis zur Kienthalerhütte weiter aufsteigen.

Abstieg: Wie Aufstieg durch die Klamm oder über den Ferdinand-Mayr-Weg zurück.

Ausrüstung: Evtl. Klettersteigausrüstung; für Kinder ein kurzes Sicherungsseil.

Karte

Bild 1: Im steilen Risskamin (C). Foto: Dieter Wissekal

180 Turmstein Ostkante-Klettersteig

1,2

Schön

Gut

Diff. C

35 Hm
10 Min.

2,5 Std.

1,5 Std.

ab 10 Jahren

4,5 Std.
880 Hm

NO

Turmstein,
1416 m

Mai - Okt.

Stützpunkt

Kienthalerhütte, 1380 m, ÖTK; Ostern bis Allerheiligen an Wo. und Feiertagen bew..
Infos: www.kienthaler.at

Besonderheiten: Die Besteigung des 1416 m hohen Turmsteins über die kurze Ostkante stellt ein anspruchsvolles und ausgesetztes Unternehmen dar. Im Gegensatz zur Kienthalerhütte bietet der Turmstein eine ungehinderte und sehr lohnende Aussicht Richtung Rax, Schneealpe, Mürzsteger und Türnitzer Alpen.

Kurzinfo

Talort: Hirschwang an der Rax, 515 m
Ausgangspunkt: Weichtalhaus im Höllental, 547 m
Karten: ÖK 104, Schneeberg und Rax; F&B WK 022; Kompass WK 210

Anreise: A2 bis Knoten Seebenstein, dann auf der S6 bis zur Abfahrt Gloggnitz. Weiter nach Reichenau an der Rax, von dort ins Höllental bis zum Weichtalhaus. Mit Öffis: Mit der Bahn nach Payerbach-Reichenau und weiter mit dem Bus (Linie 1746) bis Höllental Weichtalhaus.

Zustieg: Vom Weichtalhaus auf leichtem Klettersteig (A/B) durch die malerische Weichtalklamm oder über den im unteren Abschnitt oft feuchten Ferdinand-Mayr-Weg (Wanderweg) zur schön gelegenen Kienthalerhütte aufsteigen. Unmittelbar hinter der Hütte beginnt der Klettersteig.

Route: Zunächst geht es an der Nordseite der Kante steil empor (B) und in einem Bogen von links (A/B) zu einem kurzen, steilen Risskamin (C). Über diesen gelangt man zur Kante, welche sich immer mehr zurücklehnt (zuerst B, dann A) und zum Gipfel führt.

Abstieg: Wie Aufstieg über den Steig hinunter zur Kienthalerhütte. Von dieser steigt man über die Weichtalklamm oder den Ferdinand-Mayr-Weg zurück zum Weichtalhaus ab.

Ausrüstung: Komplette Klettersteigausrüstung und evtl. Helm.

Bemerkung: Der Klettersteig muss auch beim Abstieg begangen werden. Die Tour ist gut mit einer Besteigung oder Überschreitung des Schneeberges zu kombinieren. Für den weiteren Aufstieg zum Klosterwappen (Schneeberg) folgt man dem Weg von der Kienthalerhütte aufwärts bis zum Südlichen Grafensteig (Tafel), dem man dann nur sehr kurz nach links (nördlich) folgt, bis rechts der blau markierte Weg zum Klosterwappen abzweigt.

Bild 1: Auf einer der langen Leitern. Foto: Andreas Jentzsch

181 Wachthüttelkamm

1 3 2 1

Schön

Gut

Diff. A

400 Hm
1 Std.

15 Min.

4,5 Std.

ab 6 Jahren

6 Std.
1300 Hm

N

Kerschböndl,
1688 m

Mai - Okt.

Karte auf Seite: 349

Stützpunkt

Otto-Haus, 1642 m, ÖAV; Mai – Okt. bew. Tel: +43 2666 52402. Infos Seilbahn: www.raxseilbahn.com

Weichtalhaus, 547 m, TVN; *bew. von Ende März bis Ende Okt. (Mo./Di. Ruhetag ausg. Feiertage). Tel.: +43 2666 53620; www.weichtalhaus.at*

Besonderheiten: Der Wachthüttelkammsteig ist ein traditioneller Aufstieg auf das Hochplateau der Rax. Er ist mit seinen flachen Leitern eher ein Wanderweg als ein Klettersteig. Die landschaftlichen Reize mit tollen Tiefblicken ins Große Höllental stehen eindeutig im Vordergrund.

Kurzinfo

Talort: Kaiserbrunn, 526 m

Ausgangspunkt: Parkplatz Weichtalhaus, 547 m

Karten: ÖK 104, Schneeberg und Rax; F&B WK 022; Kompass WK 210

Anreise: A2 bis Knoten Seebenstein, dann auf der S6 bis zur Abfahrt Gloggnitz. Weiter nach Reichenau an der Rax, von dort ins Höllental bis zum Parkplatz des Weichtalhauses. Mit Öffis: Mit der Bahn nach Payerbach-Reichenau und weiter mit dem Bus (Linie 1746) bis Höllental Weichtalhaus.

Zustieg: Auf der Straße in westlicher Richtung bis kurz vor die Lawinengalerie. Dort links abzweigen und den Wegweisern zu den ersten Versicherungen folgen.

Route: Zunächst ein Stück auf dem steilen Steig aufwärts, bis man die erste Leiter (A) erreicht. Dann weiter, zahlreiche kleinere Wandstufen werden mittels Leitern oder Trittstiften (A) überwunden, bis man in eine unangenehm erdige Rinne kommt. Auf einer Leiter (A) steigt man höher und gelangt zur Einmündung des Blechmauernsteiges. Ab dort wird das Gelände flacher, wenige versicherte Stufen führen zum Ende der Drahtseilsicherung und man gelangt zum Zusammenschluss mit dem Teufelsbadstubensteig.

Abstieg: Von den letzten Versicherungen den Wanderweg weiter aufsteigen. Auf der Hochfläche in östlicher Richtung zur Wolfgang Dirnbacher-Hütte (einfacher Unterstand) absteigen. Dort geradeaus zum Klobentörl hinauf (A) und über den Rudolfsteig ins Höllental absteigen. Auf der Straße zurück zum Ausgangspunkt. Alternativ kann man vom Zusammenschluss mit dem Teufelsbadstubensteig noch ca. 1 Std. zum Otto-Haus gehen (1100 Hm vom Tal).

Ausrüstung: Für Anfänger und Kinder Klettersteigausrüstung.

Bemerkung: Für Kinder und Anfänger durchaus geeignet, bei Nässe ist jedoch große Vorsicht geboten. Der Steig ist zwar mehr Wanderweg als Klettersteig, aber trotzdem einer der beliebtesten und leichtesten Steige im Höllental und dementsprechend gut besucht.

182 Hoyos-Steig

I 3 2 1

Mittel

Gut

Diff. A/B

350 Hm
1 Std.

1 Std.

2,5 Std.

ab 8 Jahren

4,5 Std.
1000 Hm

SO

Kloben,
1697 m

Mai - Okt.

Stützpunkt

Gloggnitzer Hütte, 1550 m, ÖAV; Anfang Jän. - Mitte Nov. an Wochenenden bew. Tel: +43 2662 42511

Bild 1: Eine der Leiternpassagen des Hoyos-Steiges.

Foto: A. Jentzsch-Rabl

Besonderheiten: Der 1912 errichtete Ernst Graf Hoyos-Steig überwindet die Klobenwand an der Westseite des Großen Höllentals. Bei diesem Klettersteig stehen weniger die Eiseneinlagen als der landschaftliche Genuss im Vordergrund.

Kurzinfo Siehe Wachthüttelkamm.

Anreise: Wie bei Wachthüttelkamm.

Zustieg: Über die Schönbrunner Stiege (A) ins Große Höllental. Taleinwärts auf einer Forststraße bis zur Abzweigung auf der rechten Seite (rote Markierung).

Route: Ausgesetzt (A/B) zu einer Leiter (A) und im Gehgelände zu einer Rinne (A/B) aufsteigen. Nach einer Scharte kurz absteigen und ausgesetzt auf Plattenstufen nach rechts queren (A bis A/B). Eine flache Leiter (A) hinauf und durch zwei Geröllrinnen ins Gehgelände queren (A). Nach etwa 200 Hm im Gehgelände wird an einem Turm noch eine versicherte Stelle (A) erreicht.

Abstieg: Vom Ausstieg zur Verbindung mit dem Rudolfsteig hinauf; rechts über diesen ins Höllental absteigen. Auf der Straße zurück zum Ausgangspunkt. Alternativ kann über das Klobentörl und durch den Großen Kesselgraben abgestiegen werden.

Ausrüstung: Evtl. Klettersteigausrüstung; für Kinder ein kurzes Sicherungsseil.

Karte

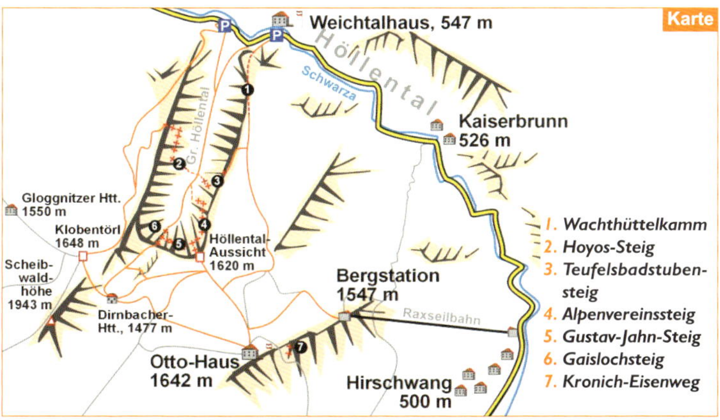

183 Teufelsbadstubensteig

1,2 (3 2 1)

Schön

Gut

Diff. B, I

350 Hm
1 Std.

50 Min.

1,5 Std.

ab 10 Jahren

3,5 Std.
720 Hm

W

Kerschböndl, 1688 m

Mai - Okt.

Karte auf Seite: 349

Stützpunkt

Otto-Haus, 1642 m, ÖAV; Mai – Okt. bew.
Tel: +43 2666 52402.

Infos Seilbahn:
www.raxseilbahn.com

Besonderheiten: Der Steig vermittelt malerische landschaftliche Eindrücke und ist einer der beliebtesten Klettersteige im Raxgebiet. Über kühne Versicherungen überwindet man die Felswände rechts der Blechmauer. Die bereits 1894 errichtete Steiganlage ist im klassischen Stil angelegt. Die Einstiegsschlucht und die lange Eisenleiter in die Höhle zählen zu den besten Klettersteigstellen im Wiener Raum.

Kurzinfo

Siehe Wachthüttelkamm.

Anreise: Siehe Wachthüttelkamm.

Zustieg: Über die Schönbrunner Stiege (A) ins Große Höllental. Taleinwärts zuerst auf einer Forststraße, später links auf dem Wanderweg (rote Markierung) den Hinweistafeln zum Einstieg folgen.

Route: Vom Einstieg über die ausgesetzte schmale Rampe (A/B) zur ersten senkrechten Leiter (B). Eine Rinne (B) führt zu einem Absatz. Es folgt eine Querung durch ein Schotterfeld zur zweiten Leiter (B). Nach einer weiteren Querung (A) im Zickzack (A) zur kaminartigen engen Rinne (B) hinauf. Durch die Rinne und über einige Wandstufen in eine große Schotterrinne. Nach kurzer Felspassage und einer Brücke wird der Ausstieg erreicht.

Übersicht

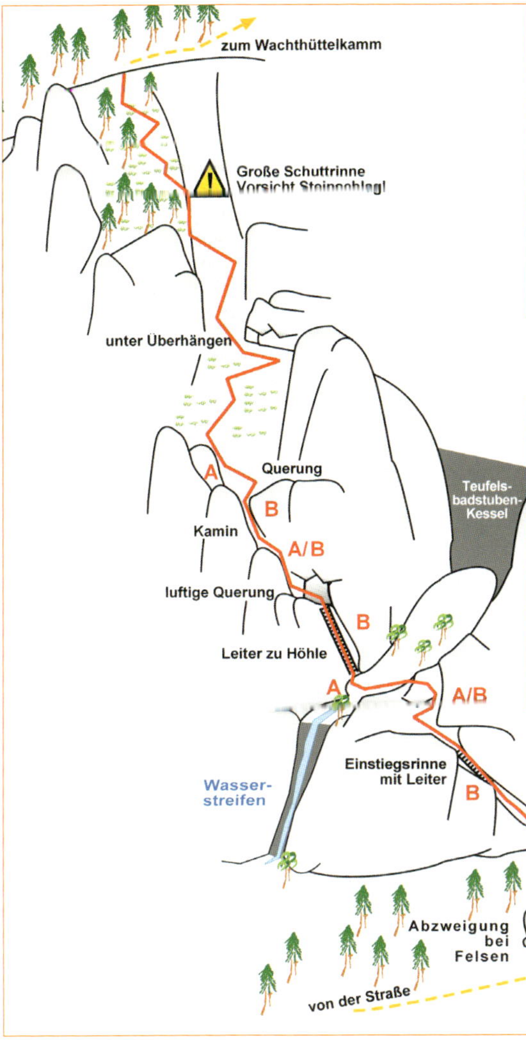

Abstieg: Vom Ausstieg zum Wachthüttelkamm aufsteigen. Links über den Wachthüttelkamm (A) zurück zum Ausgangspunkt. Alternativ kann über den oberen Wachthüttelkamm zum Otto-Haus aufgestiegen werden (ca. 1 Std.). Vom Otto-Haus steigt vorbei an der Dirnbacherhütte zum Gaislochsteig ab, und gelangt über diesen wieder in das Große Höllental.

Ausrüstung: Klettersteigausrüstung und Helm; für Kinder ein kurzes Sicherungsseil.

Bemerkung: Beliebt ist auch die **„Große Klettersteigrunde"**: Aufstieg Teufelsbadstubensteig, dann Abstieg über den Alpenvereinssteig bis zur Leiter. Ab dort quert man auf dem Gustav Jahn-Steig zum Gaislochsteig, über diesen wieder ins Große Höllental absteigen.

Bild 1 u. 2: In der Einstiegsschlucht des Teufelsbadstubensteiges.

Bild 3: Nach dem gr. Kessel steigt man über eine Leiter zur Höhle.

Ü-Bild: Der Steigverlauf des Teufelsbadstubensteiges.

Fotos: Andreas Jentzsch

1

184 Alpenvereinssteig

1,2 (3 – 2 – 1)

- Sehr schön
- Gut
- Diff. B
- 650 Hm, 2 Std.
- 1 Std.
- 2 Std.
- ab 10 Jahren
- 5 Std., 1100 Hm
- NW
- Kerschböndl, 1688 m
- Juni - Okt.

Karte auf Seite: 349

Stützpunkt

Otto-Haus, 1642 m, ÖAV; Mai – Okt. bew.
Tel: +43 2666 52402.

Infos Seilbahn:
www.raxseilbahn.com

Besonderheiten: Der bereits 1912 errichtete Klettersteig führt vom Großen Höllental zur Höllentalaussicht. Der Steig beeindruckt weniger durch seine Schwierigkeiten, als durch die wilde Felsszenerie. Höhepunkt ist die spektakuläre Leiternkonstruktion beim Einstieg.

Kurzinfo

Siehe Wachthüttelkamm.

Anreise: Siehe Wachthüttelkamm.

Zustieg: Über die Schönbrunner Stiege (A) ins Große Höllental. Taleinwärts zuerst auf einer Forststraße, später auf dem Wanderweg (blaue Markierung) den Hinweistafeln zum Einstieg folgen.

Route: Über fünf steile Eisenleitern (B) und ein Gratstück (A/B) in ein Geröllfeld. Unter überhängenden Wänden zu einem Sattel (A/B) mit anschließendem Geröllfeld. Danach führen eine Querung (A), Rinnen und eine glatte Rampe (B) zur Einmündung des Gustav Jahn-Steiges (B). Über eine steile Leiter (B) zur Elsa-Rast mit dem Steigbuch. Eine zweite Leiter und eine Querung (A) führen in die letzte Rinne. Dann im Zickzack dem Kamm, welcher durch eine kleine Wandstufe (B) unterbrochen ist, zum Ausstieg bei der Höllental-Aussicht folgen.

Abstieg: Auf dem Wanderweg ein paar Minuten Richtung Otto-Haus folgen, links halten und über den Wachthüttelkamm (A) zurück zum Ausgangspunkt.

Ausrüstung: Klettersteigausrüstung und Helm; für Kinder ein kurzes Sicherungsseil.

2

Axel Jentzsch-Rabl Topo

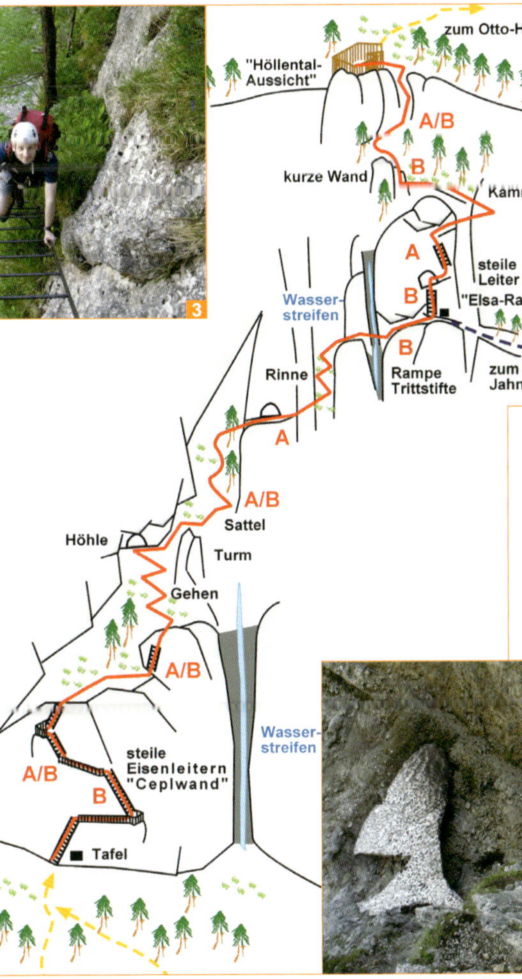

Bild 1 u. 3: Die Eisenleitern zu Beginn des Steiges.

Bild 2: Knapp unter der Höllental-Aussicht, mit Tiefblick ins Große Höllental.

Bild 4: Auf der Rampe vor der „Elsa-Rast".

Fotos: Dieter Wissekal

Ü-Bild:

*1: **Alpenvereinssteig***

*2: **Gustav-Jahn-Steig***

*3: **Gaislochsteig***

185 Gustav-Jahn-Steig

1,5 3 2 1

Schön

Mittel

Diff. B

100 Hm/500 m
1 Std.

2 Std.

2 Std.

ab 13 Jahren

5 Std.
950 Hm

N

Kerschböndl, 1688 m

Juni - Okt.

Karte auf Seite: 349

Stützpunkt

Otto-Haus, 1642 m, ÖAV; Mai – Okt. bew.
Tel: +43 2666 52402.
Infos Seilbahn:
www.raxseilbahn.com

Bild 1: Extreme Bedingungen findet man im Winter vor.

Foto: Andreas Jentzsch

Besonderheiten: Der Gustav Jahn-Steig verbindet den Gaislochsteig mit dem Alpenvereinssteig. Diese eindrucksvolle Querung ist fast durchgehend sehr ausgesetzt.

Kurzinfo Siehe Wachthüttelkamm.

Anreise: Siehe Wachthüttelkamm.

Zustieg: Siehe Gaisloch- oder Alpenvereinssteig.

Route: Über Geröll zu den ersten Versicherungen queren. Es folgt eine lange Querung (B) die durch kurze Geröllfelder unterbrochen wird (Trittsicherheit!). Bei der „Elsa-Rast" (Tafel) trifft man auf den Alpenvereinssteig.

Abstieg: Über den unteren Teil des Alpenvereinssteigs (B) zurück zum Aufstiegsweg.

Ausrüstung: Klettersteigausrüstung und unbedingt Helm; evtl. Sicherungsseil.

Bemerkung: Der Steig lässt sich auch gut mit anderen Klettersteigen im Großen Höllental kombinieren. Zum Beispiel die **„Große Klettersteigrunde":** Gaislochsteig – Gustav Jahn-Steig – Alpenvereinssteig – Teufelsbadenstubensteig.

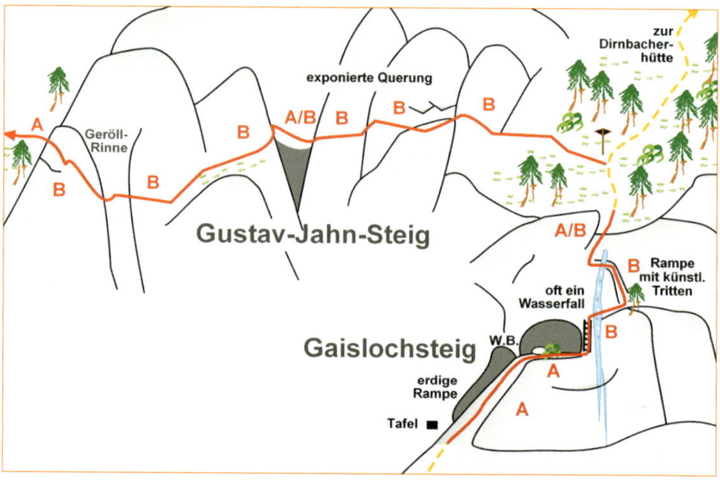

PETZL

1

186 Gaislochsteig

1,2 (3 2 1)

Schön

Gut

Diff. B

80 Hm
30 Min.

1,5 Std.

bis 3 Std.

ab 10 Jahren

5 Std.
1100 Hm

N

Kloben,
1697 m

Juni - Okt.

Karte auf Seite: 349

Stützpunkt

Otto-Haus, 1642 m, ÖAV; Mai – Okt. bew.
Tel: +43 2666 52402.
Infos Seilbahn:
www.raxseilbahn.com

Bild 1 u. 2: Feuchte, fast schön tropische Vegetation zeichnet den Gaislochsteig aus.

Fotos: A. Jentzsch-Rabl

Besonderheiten: Der Gaislochsteig überwindet einen hohen Felsabbruch im hintersten Winkel des Großen Höllentals. Eine Quelle ergießt ihre Fluten direkt über den Steig und sorgt so besonders im Frühsommer für ein feuchtes Vergnügen.

Kurzinfo
Siehe Wachthüttelkamm.

Anreise: Wie bei Tour.

Zustieg: Über die Schönbrunner Stiege (A) ins Große Höllental. Taleinwärts zuerst auf einer Forststraße, später auf dem Wanderweg (gelbe Markierung) den Hinweistafeln zum Einstieg am Talschluss folgen.

Route: Vom Einstieg über eine erdige Rampe (A) mit kurzen Plattenstellen in die markante Höhle (Steigbuch). Am Ende der Höhle folgt eine senkrechte Leiter (B) und eine kurze Rechtsquerung. Nach der folgenden Wandstelle (B) unschwierig (A/B) zum Ausstieg.

Abstieg: Vom Ausstieg zur Dirnbacher-Hütte (einfacher Unterstand, zuvor zweigt links der Gustav-Jahn-Steig ab), dort bieten sich div. Möglichkeiten an. Zum Otto-Haus (1,5 Std.) und Abstieg über den Wachthüttelkamm (bis 3 Std.) oder re. zum Klobentörl (45 Min.) und über den unschwierigen Rudolfsteig ins Tal (2 Std.).

Ausrüstung: Evtl. Klettersteigausrüstung; für Kinder ein kurzes Sicherungsseil.

2

187-189 Wildfährte, Bärenloch- u. Gamsecksteig

1,2 3 2 1

Schön

Gut

Diff. B, I

200 - 400 Hm bis 1,4 Std.

2,5 Std.

1,5 Std.

ab 10 Jahren

bis 6 Std. 1350 Hm

NW

Heukuppe, 2007 m

Juni - Okt.

Stützpunkt

Habsburghaus, 1786 m, ÖAV; Mai – Okt. bew. Tel: +43 2665 219

Besonderheiten: Auf der Nordwestseite der Rax geht es deutlich ruhiger zu, als bei den Anstiegen im Großen Höllental. Die Steige sind leicht und vor allem landschaftlich sehr eindrucksvoll! Unten ein wildes, einsames Tal und oben fantastische Blicke zur Schneealpe, wenn man die Heukuppe „mitnimmt" auf das Wechselgebiet und den Schneeberg. Die zum Teil sehr alten Touren (der Gamsecksteig wurde 1875 errichtet) kombiniert man am besten mit einer Wanderung und plant einen der drei beschriebenen Steige ein.

Kurzinfo

Talort: Hinternaßwald, 712 m

Ausgangspunkt: Parkplatz Hinternaßwald, 710 m

Karten: ÖK 104, Schneeberg und Rax; F&B WK 022; Kompass WK 210

Anreise: A2 bis Knoten Seebenstein, dann auf der S6 bis zur Abfahrt Gloggnitz. Weiter nach Reichenau an der Rax, von dort ins Höllental. Bei der Häusergruppe Singerin nach Hinternaßwald abzweigen. Öffis: Mit der Bahn bis Payerbach-Reichenau und dem Bus bis Hinternaßwald (Busverkehr nur an Wochenenden).

Zustieg: Von Hinternaßwald dem Weg ins Reißtal bis zur Materialseilbahn des Habsburghauses folgen. Weiter auf dem mark. Weg in Richtung Habsburghaus bis zur Abzweigung „Bärenlochsteig"; dem Steig bis zum Einstieg folgen. Zum Gamsecksteig zweigt man bei der Materialseilbahn (852 m) zum Naßkamm ab und gelangt über die Gamseckerhütte (1330 m) zum Einstieg (siehe Karte).

Route: Der Bärenloch- und Gamsecksteig (A/B) sind beide gut markiert und an den schwierigeren Stellen versichert. Die Wildfährte ist ein wenig anspruchsvoller, im oberen Teil befindet sich eine leichte Kletterstelle (siehe Topo-Skizze vom Bärenlochsteig und Wildfährte).

Abstieg: Von den Ausstiegen zum Habsburghaus und von diesem über den Kaisersteig (Gehgelände) oder den Peter-Jokel-Steig (etwas steiler und nicht so gut zu gehen) wieder nach Hinternaßwald. Gerne wird auch der Bärenloch- oder Gamsecksteig als Abstieg gewählt. Nimmt man noch den Gipfel der Heukuppe mit, ergibt das ein (sehr) ausgefülltes Tagesprogramm.

Ausrüstung: Klettersteigausrüstung; für Kinder evtl. ein Sicherungsseil.

Bemerkung: Alle Steige sind bei Nässe etwas heikel. Den Gamsecksteig erreicht man auch sehr gut von Mürzzuschlag und Altenberg an der Rax. Man kann mit dem PKW bis zum Nassbauer fahren, was den Aufstieg etwas verkürzt.

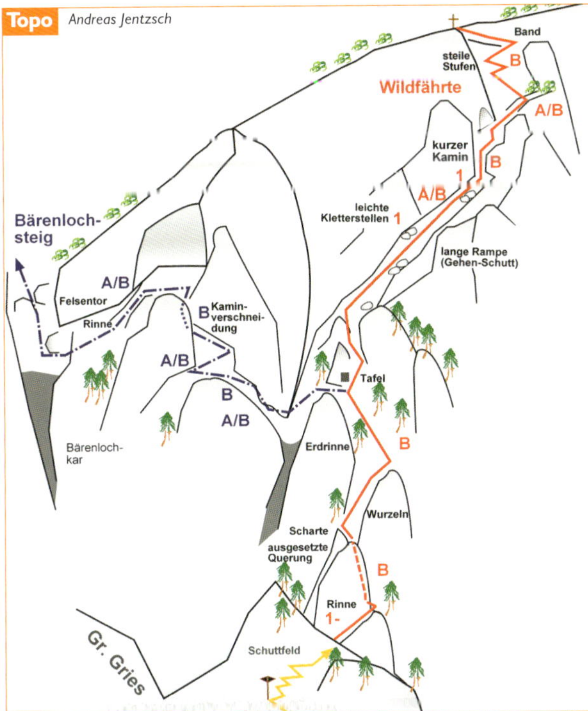

2

3

4

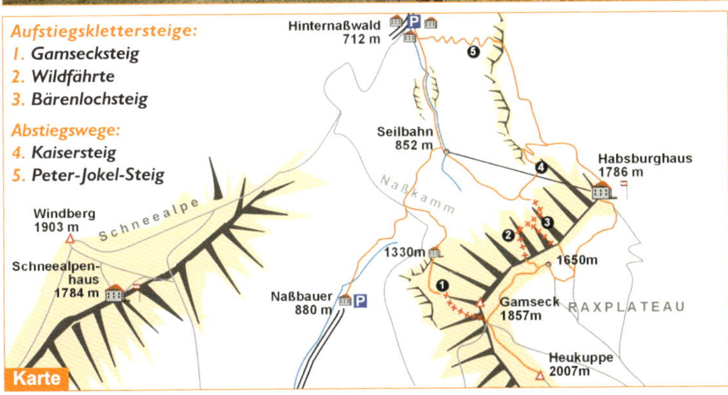

Bild 1: Im Bereich der Wildfährte (etwas abseits der Route), im Hintergrund die Schneealpe.

Bild 2 u. 3: Beim Abstieg über den Gamsecksteig.

Bild 4: Auf dem Raxplateau, das vor allem im Herbst sehr reizvoll ist.

Fotos: A. Jentzsch-Rabl und Dieter Wissekal.

1

190-191 Reißtalersteig und Gretchensteig

1,1 3 2 1

Schön

Gut

Diff. bis A/B

100 Hm
15 Min.

2 Std.

1,5 Std.

ab 8 Jahren

4 Std.
800 Hm

SO - SW

Heukuppe, 2007 m

Mai - Okt.

Karte auf Seite: 367

Stützpunkt

Karl Ludwig-Haus, 1804 m, ÖTK; ganzj. bew. Tel: +43 2665 380

Besonderheiten: Zwei kurze und einfache Steige auf dem Weg zur Heukuppe. Der Reißtalersteig ist der bekannteste Klettersteig in den Raxenmäuern. Höhepunkte sind die beiden steilen Eisenleitern und die herrliche Aussicht. Der Gretchensteig ist ein beliebter Klettersteig durch die Raxenmäuer. Höhepunkt ist der attraktive Blockgrat im Ausstiegsbereich.

Kurzinfo

Talort: Prein an der Rax, 680 m
Ausgangspunkt: Preiner Gscheid, 1070 m
Karten: ÖK 104, Schneeberg und Rax; F&B WK 022; Kompass WK 210

Anreise: A2 bis Knoten Seebenstein, dann auf der S6 zur Abfahrt Gloggnitz. Weiter nach Reichenau an der Rax, von dort auf das Preiner Gscheid. Mit Öffis: Mit der Bahn nach Payerbach-Reichenau und weiter mit dem Bus (Linie 1748) bis Preiner Gscheid Edelweißhütte.

Zustieg: **Reißtalersteig:** Vom Preiner Gscheid über den unteren Teil des Reißtalersteiges (gelb markiert) an der Reißtalerhütte vorbei zum Einstieg. Alternativ kann auch vom Gasthof Moassa zugestiegen werden. **Gretchensteig:** Wie oben bis kurz vor die Reißtalerhütte (bis zur Hetzelquelle). Dort den Reißtalersteig rechts verlassen und der grünen Markierung zum Einstieg des Gretchensteigs folgen. Alternativ kann auch vom Gasthof Moassa zugestiegen werden.

Route: **Reißtalersteig (A/B):** Eine kurze Steilstufe (A/B) empor und im Gehgelände weiter hinauf. Eine Linksquerung (A) führt zu zwei steilen Eisenleitern (A/B). Im Gehgelände zum Steigbuch bei einem markanten Block mit Kreuz aufsteigen. **Gretchensteig (A)**: Durch eine breite gestufte Rinne (A) empor und am Blockgrat (A) zum Ausstieg.

Abstieg: **Reißtalersteig:** Rechts halten und im Auf und Ab zum Plateaurand queren. Über den Gretchensteig zurück zum Aufstiegsweg. Alternativ kann auch über das Karl Ludwig-Haus und den Schlangenweg abgestiegen werden. **Gretchensteig:** Zum Karl Ludwig-Haus, von dort auf den Schlangenweg und weiter auf Weg 01A zurück zum Ausgangspunkt.

Ausrüstung: Helm; für Anfänger und Kinder komplette Klettersteigausrüstung.

Bemerkung: Beide Steige lassen sich sehr gut kombinieren. Auch eine Besteigung der Heukuppe (2007 m) bietet sich an. Gute Geher können den Karl-Kantner Steig oder den Bismarcksteig beim Abstieg „mitnehmen".

Topo *Axel Jentzsch-Rabl*

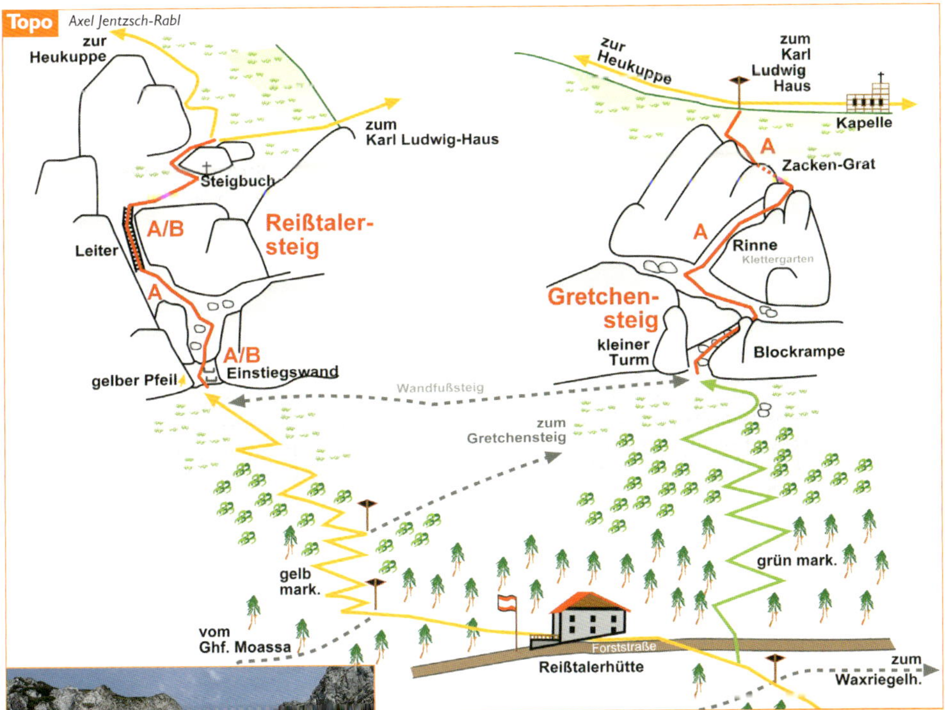

Bild 1: Der Ausstieg des Gretchensteiges.

Bild 2: Die lange Leiter des Reißtalersteiges.

Ü-Bild: Der Steigverlauf des Reißtalersteiges (Rot) und der Zustieg (Orange).

Fotos: A. Jentzsch-Rabl

PETZL

192-193 Karl Kantner-Steig und Bismarcksteig

1,2 (3 2 1)

Schön

Gut

Diff. bis B u. I-

bis 150 Hm
30 Min.

bis 2 Std.

1,5 Std.

ab 9 Jahren

bis 4 Std.
800 Hm

O-SO

Heukuppe, 2007 m

Juni - Okt.

Karte auf Seite: 367

Stützpunkt

Karl Ludwig-Haus, 1804 m, ÖTK; ganzj. bew. Tel: +43 2665 380

Waxriegelhaus, 1361 m, TVN, ganzj. bew. Tel: +43 2665 237, Infos: www.waxriegelhaus.at

Besonderheiten: Der Karl Kantner-Steig ist ein sehr beliebter Anstieg zum Karl Ludwig-Haus. Höhepunkt ist nicht der versicherte Klettersteig, sondern die schöne Aussicht. Der etwa 400 m lange Bismarcksteig quert in leichtem Auf und Ab die steilen Südostabbrüche des Predigtstuhls. Die prächtige Aussicht entschädigt für die eher mäßige Felsqualität.

Kurzinfo

Talort: Prein an der Rax, 680 m

Ausgangspunkt: Preiner Gscheid, 1070 m

Karten: ÖK 104, Schneeberg und Rax; F&B WK 022; Kompass WK 210

Anreise: A2 bis Knoten Seebenstein, dann auf der S6 zur Abfahrt Gloggnitz. Weiter nach Reichenau an der Rax, von dort auf das Preiner Gscheid. Mit Öffis: Mit der Bahn nach Payerbach-Reichenau und weiter mit dem Bus (Linie 1748) bis Preiner Gscheid Edelweißhütte.

Zustieg: **Karl Kantner-Steig:** Vom Preiner Gscheid auf rot markiertem Weg in den Siebenbrunnenkessel aufsteigen. Dort beginnt der Schlangenweg, dem man bis zur ersten Rechtskehre folgt. Dort links abzweigen (Wegweiser) und zum Einstieg aufsteigen. **Bismarcksteig:** Wie beim Karl Kantner-Steig in den Siebenbrunnenkessel. Ab dort aber dem Schlangenweg zu dem Sattel südlich des Predigtstuhls folgen. Dort rechts den Kamm hinauf, bald nochmals rechts abzweigen und zum Einstieg.

Route: **Karl Kantner-Steig (A/B u. I-):** Eine kurze Wandstufe empor (A/B) und anschließend rechts haltend (A und I-) in die Latschen (Gehgelände). Um einen Felsrücken herum (A) in eine Rinne. In dieser (A/B) zu einer abschließenden Wandstufe (A). **Bismarcksteig (B)**: Durch eine Scharte (A/B) und in ständigem Auf und Ab etliche Rinnen queren (max. A). Nach einer Tafel (A) auf Bändern (B) und Platten (B) zum Ausstieg.

Abstieg: **Karl Kantner-Steig:** In Kürze auf das Hochplateau hinauf und weiter zum Karl Ludwig-Haus. Von dort über den Schlangenweg zum Aufstiegsweg absteigen. **Bismarcksteig:** Ein kurzes Stück aufsteigen und anschließend rechts über den Kamm des Waxriegels absteigen. Am Waxriegelhaus vorbei zurück auf den Aufstiegsweg.

Ausrüstung: Klettersteigausrüstung und Helm.

Bemerkung: Beide Steige lassen sich sehr gut kombinieren. Man kann auch die beiden Gipfel Heukuppe (2007 m) und Predigtstuhl (1902 m) besteigen.

Topo Andreas Jentzsch

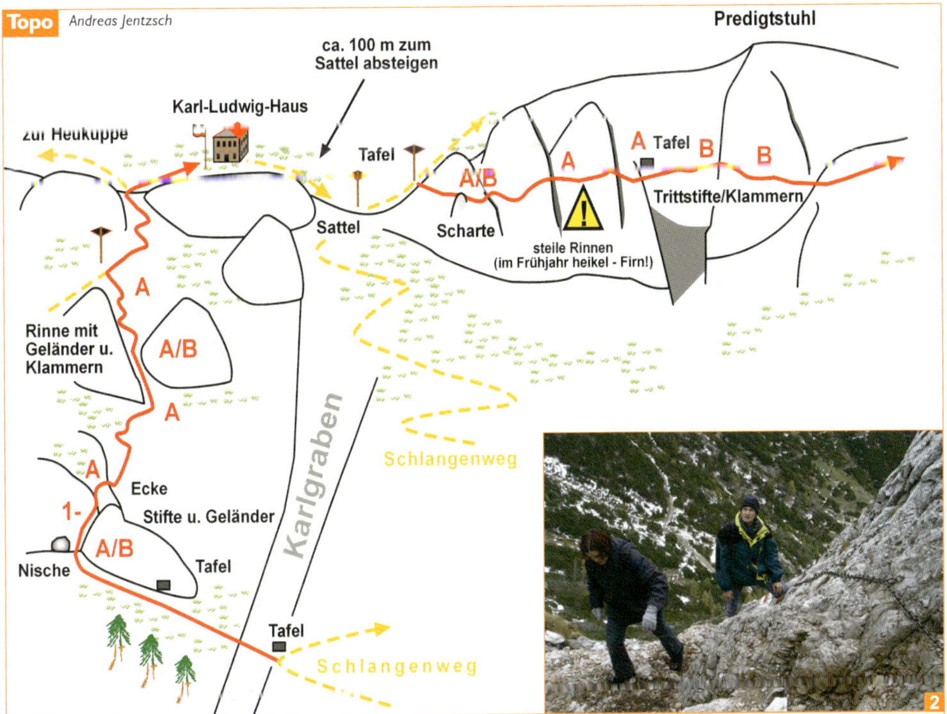

2

3

4

Bild 1: Der Verlauf des Bismarcksteiges unter dem Predigtstuhl.

Bild 2 u. 4: Auf dem mit Ketten und Eisengeländer gesicherten Karl Kantner-Steig.

Bild 3: Blick vom Predigtstuhl zum Karl-Ludwig-Haus, links davon die kleine Steinkapelle.

Fotos: Dieter Wissekal u. Axel Jentzsch-Rabl

1

194 Königschusswand-Steig

3
3 2 1

Sehr schön

Mittel

Diff. E und 2+

230 Hm
1,5 Std.

2 Std.

2 Std.

ab 14 Jahren

5,5 Std.
950 Hm

S

Preiner Wand, 1783 m

Mai - Okt.

Karte auf Seite: 367

Stützpunkt

Neue Seehütte, 1643 m, ÖTK; Mitte Mai bis Ende Oktober und an Wochenenden bew. Keine Nächtigungsmöglichkeit! Tel: +43 676 7488719

Besonderheiten: Der sehr kühn angelegte Königschusswand-Steig ist einer der extremsten Klettersteige im Ostalpenraum! Der Steig folgt sehr luftig der logischen Linienführung entlang einer großen Rampe und führt originellerweise durch eine fast senkrechte Höhle auf die äußerste Westseite der Preinerwandplatte. Der Gesamtanspruch ist wegen der zwingenden Kletterpassagen sehr hoch, auch das alte dünne Stahlseil lässt den Adrenalinspiegel zusätzlich ansteigen.

Kurzinfo

Talort: Prein an der Rax, 680 m
Ausgangspunkt: Griesleitenhof, 843 m
Karten: ÖK 104, Schneeberg und Rax; F&B WK 022; Kompass WK 210

Anreise: A2 bis Knoten Seebenstein, dann auf der S6 zur Abfahrt Gloggnitz. Dann nach Reichenau an der Rax, von dort nach Prein. Am Ortsende den Hinweistafeln „Klettergebiet Preinerwand/Griesleitenhof" folgen, rechts abzweigen und bis zum Parkplatz fahren. Öffis: Mit der Bahn nach Payerbach/Reichenau und wieter mit dem Bus bis Prein an der Rax (Gasthof Oberer Eggl).

Zustieg: Vom Parkplatz der gelben Markierung zuerst auf der Forststraße, dann steil durch den Wald folgen. Beim Wegweiser „Preiner Wand" rechts auf den grün markierten Steig abzweigen, dann den Wegweisern Richtung Haid-Steig folgen. An dessen Einstieg vorbei bis unter die markante Plattenwand bei einer Nische (Tafeln).

Route: Zuerst folgt man dem Malersteig (Kletterei bis 2+) und zweigt dann beim einem roten Pfeil (siehe Topo) zum Schusswandsteig (blauer Punkt) ab. Über eine Rampe (1, dann A/B und B) zur Schlüsselstelle (E). Steil aufwärts und über einen Überhang (D/E) zum Eingang der Höhle (D, Steigbuch). Danach leichter (C bis B) zum Ausstieg bei einer Tafel.

Abstieg: Nach links (blau markiert) zu einer Wegkreuzung und links (rot markiert) Richtung Neue Seehütte absteigen. Kurz danach nochmals links auf den rot markierten Holzknechtsteig abzweigen. Über diesen zurück zum Einstieg des Haid-Steigs. Von dort auf dem Aufstiegsweg zum Parkplatz. Alternativ kann auch über den Preinerwandsteig (A/B) abgestiegen werden (siehe Karte).

Ausrüstung: Komplette Klettersteigausrüstung, Helm **und Sicherungsseil!**

Bemerkung: Extrem schwerer Klettersteig mit einer Stelle E - absolute Trittsicherheit und Schwindelfreiheit erforderlich! Da der Zustieg (2+) und einige Abschnitte nicht versichert sind, verlangt eine Begehung Kletterkönnen!

Topo *Andreas Jentzsch*

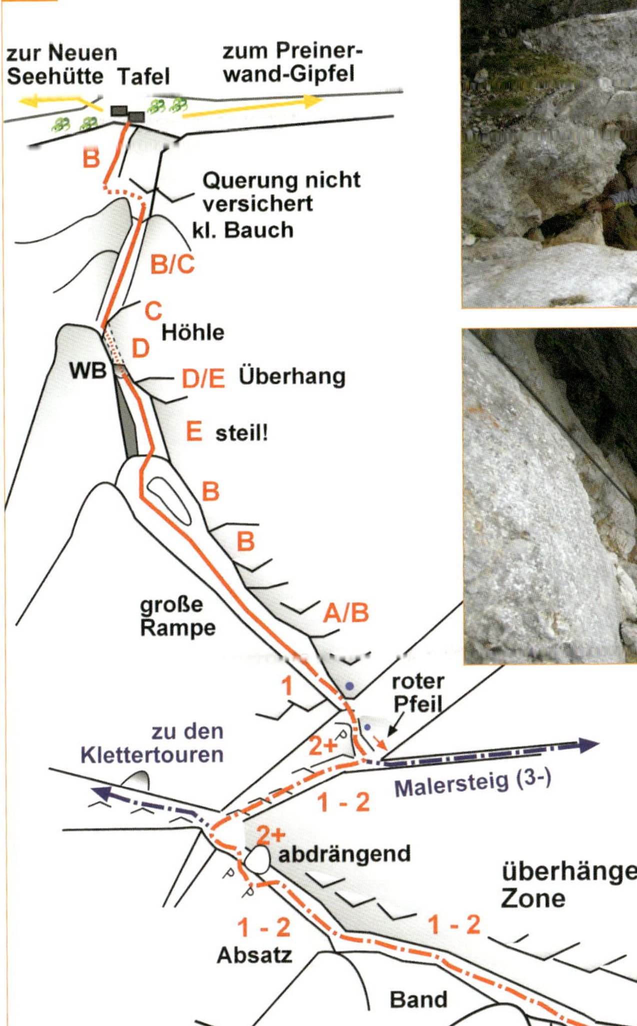

Bild 1: *Steil und sehr kraftraubend, an der luftigen Schlüsselstelle des Königschusswand-Steiges.*

Bild 2: *An der 2+ Kletterstelle beim Zustieg zum eigentlichen Klettersteig.*

Bild 3: *Nach der Schlüsselstelle am Anfang der Höhle.*

Bild 4: *Die Höhle im oberen Wandteil.*

Fotos: Andreas Jentzsch

1

195 Haid-Steig

2 | 3 2 1

Sehr schön

Gut

Diff. D und I

420 Hm
2 Std.

1,5 Std.

2 Std.

ab 14 Jahren

5,5 Std.
950 Hm

S

Preiner Wand, 1783 m

Mai - Okt.

Karte auf Seite: 367

Stützpunkt

Neue Seehütte, 1643 m, ÖTK; Mitte Mai bis Ende Oktober und an Wochenenden bew. Keine Nächtigungsmöglichkeit! Tel: +43 676 7488719

Besonderheiten: Der Hans von Haid-Steig ist einer der bekanntesten Klettersteige im Raxmassiv und gehört zu den kühnsten Steiganlagen in Österreich. Der beliebte Steig überwindet in sehr exponierter Linienführung das Massiv der Preiner Wand. Der Steig ist mit allem gespickt, was einen echten Klassiker ausmacht: Einmaliges landschaftliches Ambiente, schwindelerregende Tiefblicke kombiniert mit großer Ausgesetztheit, beachtliche Länge, große anhaltende Schwierigkeiten, spektakuläre Einzelstellen und abwechslungsreicher Verlauf.

Kurzinfo

Talort: Prein an der Rax, 680 m

Ausgangspunkt: Griesleitenhof, 843 m

Karten: ÖK 104, Schneeberg und Rax; F&B WK 022 ; Kompass WK 210

Anreise: Siehe Königschusswand-Steig.

Zustieg: Wie beim Königschusswand-Steig, der Einstieg liegt deutlich tiefer (Pfeil und rote Einstiegsaufschrift). Einstiegskoordinaten: N 47°42'12", O 15°44'14".

Route: Die vorgelagerte Wandstufe (B/C) zum Gehgelände und weiter zum eigentlichen Einstieg. Nach einer kurzen Querung (B) folgt der erste, nahezu senkrechte Steigbaum (B). Anschließend ausgesetzte Querung über Platten mit Klammern (C) und kurz aufwärts zu einer steilen Wandstufe (C/D). Gerade aufwärts (C) im nur teilweise versicherten Gehgelände (max. A). Vom ersten großen Absatz unter Überhängen waagrecht zum 2. Steigbaum queren (B). Der Steigbaum (B) und eine ausgesetzte Querung (B) führen in einen eindrucksvollen Felskessel. Über abgeglättete, oft feuchte Platten in einer Schleife (B/C) in eine enge Steilrinne (C). Nach dieser über eine kurze Leiter (C) in einen engen Kamin (D), der die Schlüsselstelle des Steiges darstellt. Nach einer Querung und einer kurzen Steilstufe mit Eisenklammern (B) wird der zweite große Absatz erreicht. Das Steigbuch befindet sich bei der „Schwarzen Madonna" (1585 m) - idealer Rastplatz, schöne Aussicht. Über Gehgelände und einen Schrofenrücken (leichte Kletterei; I) zum letzten Aufschwung in einer Rinne. Hinter der Pfeilerkante linkshaltend aufwärts und in einer Querung diagonal ansteigend hinauf. Über einige Felskanten hinweg, zum Ausstieg am Rand der Hochfläche (max. B).

Abstieg: Wie beim Königschusswand-Steig.

Ausrüstung: Kompl. Klettersteigausrüstung, Helm; für Anfänger ein Sicherungsseil.

Bemerkung: Absolute Trittsicherheit und Schwindelfreiheit erforderlich; erdige Stellen bei Nässe sehr rutschig.

Topo *Axel Jentzsch-Rabl*

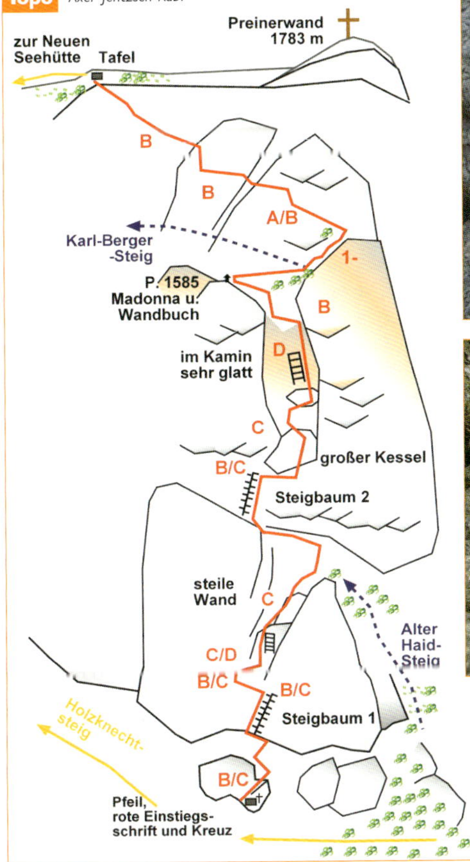

2

3

Bild 1: *Der Höhepunkt des Steiges - Klettern an luftigen Steigbäumen.*

Bild 2: *Auf dem zweiten Steigbaum, dieser führt in den großen Kessel hinauf.*

Bild 3: *Im meist etwas feuchten und glatten Kamin nach dem Kessel.*

Ü-Bild: *Der Haid-Steig in Rot. In Magenta der Königschusswand-Steig, in Gelb der untere Teil des Malersteiges (der obere Teil strichliert). Der Zu- und Abstieg über den Holzknechtsteig in Orange bzw. der Abstieg über den Preinerwandsteig in Grün.*

Fotos: Dieter Wissekal und Andreas Jentzsch

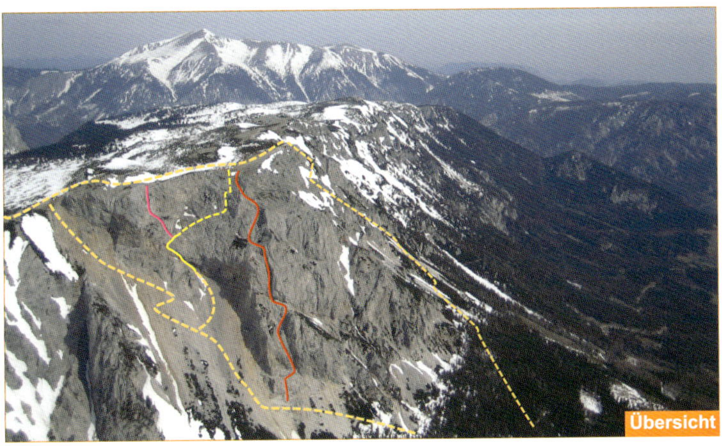
Übersicht

1

196 Kronich-Eisenweg

1,3

Mittel

Gut

Diff. C, I

50 Hm
20 Min.

2 Std.

1,5 Std.

ab 10 Jahren

4 Std.
850 Hm

SO

Törlkopf,
1589 m

Mai - Okt.

Karte auf Seite: 367

Stützpunkt

Otto-Haus, 1642 m, ÖAV; Mai – Okt. bew. Tel: +43 2666 52402.

Infos Seilbahn: www.raxseilbahn.com

Besonderheiten: Aufgrund der Kürze ist der Kronich-Eisenweg für die meisten Bergsteiger nur eine Zugabe. Dieser Steig findet daher nur sehr wenig Beachtung bei den Klettersteiggehern. Das ist schade, denn er ist absolut nicht uninteressant. Der Kronich-Eisenweg ist ein ausgesprochen rassiger Klettersteig. Selbst routinierte Klettersteigfans werden positiv überrascht sein. Der Steig wurde 1970 errichtet und trägt den Namen zu Ehren von Camillo Cronich, welcher den benachbarten Haidsteig finanzierte.

Kurzinfo

Talort: Edlach an der Rax, 540 m
Ausgangspunkt: Hotel Knappenhof, 769 m
Karten: ÖK 104, Schneeberg und Rax; F&B WK 022 ; Kompass WK 210

Anreise: A2 bis Knoten Seebenstein, dann auf der S6 bis zur Abfahrt Gloggnitz. Weiter nach Reichenau an der Rax und nach Edlach. Im Ortsteil Dörfl rechts zum Hotel Knappenhof abzweigen und im Bereich des Hotels parken. Mit Öffis: Mit der Bahn nach Payerbach-Reichenau und weiter mit dem Bus (Linie 1748) bis Edlach an der Rax Ortsmitte.

Zustieg: Vom Hotel Knappenhof der roten Markierung (Törlweg) Richtung Otto-Haus folgen. Sobald die Scharte, an der man erstmals den restlichen Wegverlauf bis zum Felstörl komplett einsehen kann, erreicht ist, zweigt unmittelbar danach rechts der Kronich-Eisenweg ab. Bei Benützung der Rax-Seilbahn verkürzt sich der Zustieg um 1,5 Stunden.

Route: Bis zur Einstiegstafel sind einige ungesicherte Klettermeter (I) zu überwinden. Nach der Tafel zuerst leicht (A/B), dann etwas schwieriger (B) und steiler mit Hilfe einer Eisenklammer empor. Anschließend nach rechts zu einer Steilstufe queren (A/B). Nach der Steilstufe (B/C), die mit Hilfe von Eisenklammern überwunden wird, folgt eine weitere Querung (B) zu dem markanten Felsloch. Dann scharf nach links über eine steile Verschneidung (B/C) empor. Nach einer ausgesetzten Querung (B) folgt das Schlusswandl (C). Links vom Grat mit wenigen Schritten unschwierig zum Gipfel.

Abstieg: Der Abstieg über den Törlkopf-Normalweg ist blau markiert und nur teilweise versichert (A, Eisenkette). Nach dem Abstieg in die Scharte kurzer Gegenanstieg (I-) auf den Plateaurand. Von dort in Kürze zurück zum rot markierten Törlweg, über diesen zurück ins Tal.

Ausrüstung: Komplette Klettersteigausrüstung und Helm.

Topo *Dieter Wissekal*

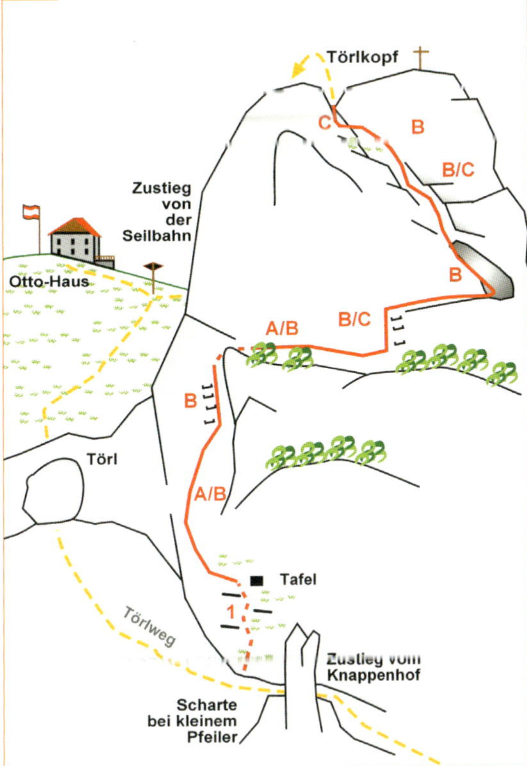

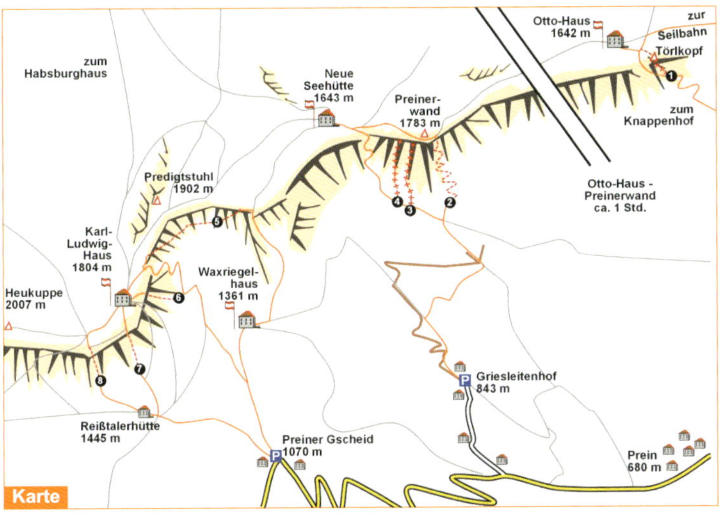

Bild 1: Kurz nach dem Einstieg.

Bild 2: Beim Ausstieg.

Fotos: Dieter Wissekal

Karte:

1. Kronich-Eisenweg
2. Preinerwandsteig
3. Haid-Steig
4. Königschuss-wand-Steig
5. Bismarcksteig
6. Karl-Kantner-Steig
7. Gretchensteig
8. Reißtalersteig

Siehe CD-ROM Preinerwandsteig

1

197 Pittentaler-Steig

1,4 3 2 1

Schön

Gut

Diff. C/D

80 Hm 30 Min.

30 Min.

30 Min.

ab 14 Jahren

1,5 Std. 250 Hm

West

Türkensturz, 610 m

April - Nov.

Stützpunkt

Gasthäuser in Gleißenfeld, am Ausgangspunkt

Das Steintor an der Kalkklippe des „Türkensturzes".

Besonderheiten: Der Pittentaler-Steig wurde 2006 mit einem durchgehendem Stahlseil teilweise neu versichert. Die Highlights dieses abwechslungsreichen Klettersteiges sind der Eisensteigbaum beim Einstieg und die spannende Ausstiegsverschneidung. Leider wird der Klettergenuss durch den ständigen Lärm der nahen Autobahn etwas beeinträchtigt.

Kurzinfo

Talort: Gleißenfeld, 362 m

Ausgangspunkt: Parkplatz bei Brücke über die Pitten, ca. 360 m

Karten: BEV ÖK 106, Aspang; F&B WK 023, Thermenregion - Wr. Neustadt.

Anreise: A2 bis Ausfahrt Seebenstein, dann auf der B54 Richtung Graz bis nach Gleißenfeld. Bei der Bahnhaltestelle links abbiegen und die Gleise übersetzen. Am Gasthaus vorbei und links in die Türkensturzgasse abzweigen. Danach nochmals links in die Lindenallee abbiegen und bis zum Parkplatz bei der Brücke fahren. Öffis: Mit der Bahn nach Gleißenfeld.

Zustieg: Vom Parkplatz über die Brücke bis zum Wald und auf dem markierten Müllersteig („Türkensturz steil", „Pittentaler Steig") steil in einigen Kehren den Wald hinauf. Nach etwa 15 Min. rechts auf den beschilderten Pfad („Pittentaler-Steig") abzweigen. Dem ansteigenden Weg bis unter die Wand zum Einstieg folgen.

Route: Unten über den filigran wirkenden Eisensteigbaum (B) in eine Verschneidung (B/C), dann weiter aufwärts zu einer Querung (C). Ein leichter Aufschwung (B) führt zur steilen Schlusspassage (C/D) und auf das Plateau.

Abstieg: Von der Ruine führt ein grün markierter breiter Wanderweg nordöstlich in Kürze zu einer Unterstandshütte. Dort zweigt ein Pfad links in den Wald ab („Türkensturz steil"). In Serpentinen auf dem Pfad zurück zum Ausgangspunkt.

Ausrüstung: Klettersteigausrüstung, Sicherungsseil, evtl. Klettersteighandschuhe.

Bemerkung: Der Legende nach wurden einfallende Türken von ortsansässigen Bauern auf die Kalkklippe des Türkensturzes getrieben und in die Tiefe gestoßen. Bei der künstlichen Ruine, welche 1824 unter Fürst Johann von Liechtenstein „zum Schmuck der Landschaft" erbaut wurde, hat man einen wunderbaren Rundblick auf die Wiener Hausberge und über die Hügellandschaft der Buckligen Welt.

Topo *Axel Jentzsch-Rabl*

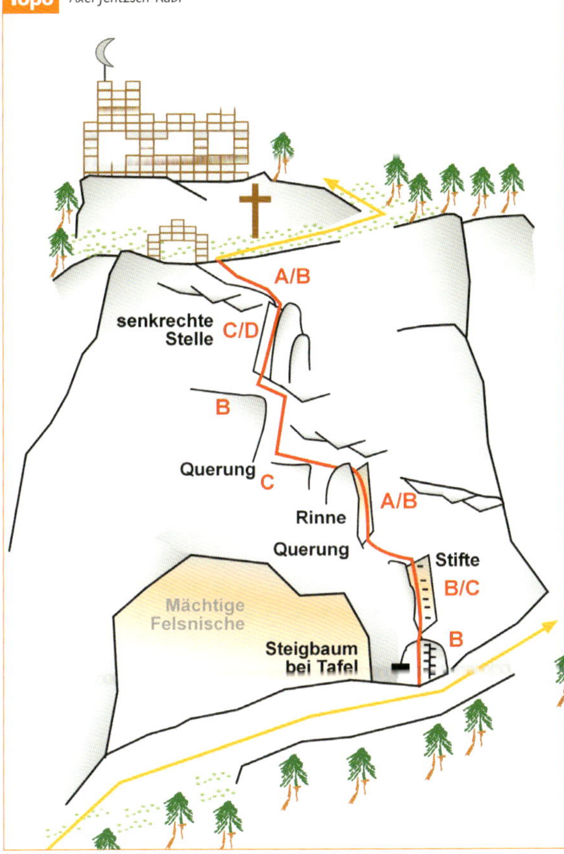

2

3

4

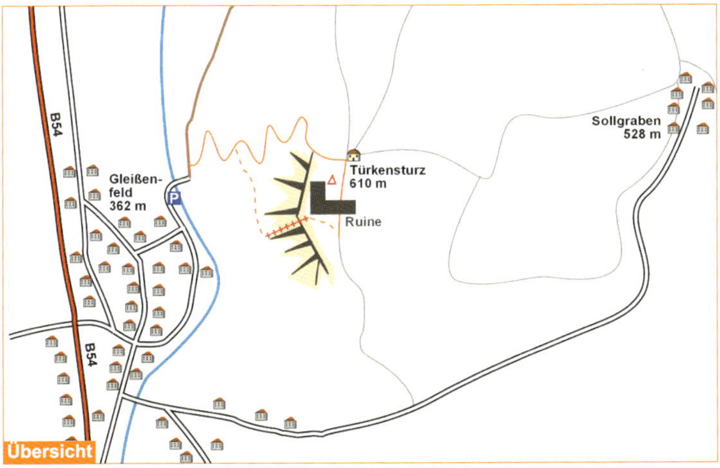

Übersicht

Bild 1: *Auf dem Steigbaum beim Einstieg.*

Bild 2: *Bei der luftigen Querung in der Mitte des Klettersteiges.*

Bild 3: *Nimmersatte finden in der Ruine noch Betätigung.*

Bild 4: *Der Steigverlauf in Rot, der Zustieg in Orange.*

Fotos: Dieter Wissekal

1

198 Raiffeisen-Klettersteig

1,3 (3 2 1)

Mittel

Gut

Diff. C

70 Hm
50 Min.

5 Min.

5 Min.

ab 10 Jahren

1 Std.
80 Hm

O

Dornerkogel, 1336m

April - Okt.

Stützpunkt

Gasthof Klösch, ca. 690 m; Tel: +43 3866 2356

Besonderheiten: Der Raiffeisen-Klettersteig führt rund um den in einem ehemaligen Steinbruch befindlichen ÖAV-Klettergarten Klammgraben. Der 2001 errichtete Klettersteig ist mit Stahlseilen, Trittstiften und Eisenklammern ausgestattet. Die Gesamtlänge des durchaus steilen Klettersteiges beträgt etwa 250 m.

Kurzinfo

Talort: St. Erhard am Hochlantsch, 658 m

Ausgangspunkt: Parkplatz am Beginn des Ulrichsgrabens, ca. 740 m

Karten: ÖK 134, Passail; F&B WK 131; Kompass WK 221, Grazer Bergland

Anreise: Auf der S35 nach Mautstatt. Weiter Richtung St. Jakob-Breitenau und St. Erhard. An beiden Orten vorbei Richtung Straßegg. 500 m nach der Kreuzung mit der Teichalmstraße zweigt links die Straße in den Ulrichsgraben ab. Dort parken. Mit Öffis: Mit der Bahn nach Mixnitz-Bärenschützklamm und weiter mit dem Bus (Linie 167) bis Erhardstraße Gasthof Klösch. Von dort zu Fuß.

Zustieg: Vom Parkplatz in wenigen Schritten zum Klettergarten Klammgraben mit dem Klettersteig.

Route: Beschreibung gegen den Uhrzeigersinn: Nach dem Einstieg bei der Tafel nach rechts queren (B/C). Im Zickzack (B) zu einer Platte (C). Leichter (B) zu einer Querung (C) und anschließend (B) zur nächsten Querung (B/C) hinauf. Es folgt eine Klammernreihe (zuerst B/C, dann B). Die anschließende Querung (B/C) stellt den höchsten Punkt dar. Nach der Querung gibt es einen Notausstieg (B/C, erdig) nach oben. Mit Hilfe zahlreicher Klammern (B) zu einem Überhang (C) abklettern. Weitere Klammern (B/C) leiten zu einem Absatz (A/B). Um eine Kante herum (B/C) zu einem steilen Pfeiler (C), diesen hinab zum Ausstieg (B/C).

Abstieg: Entfällt, da ein Rundkurs.

Ausrüstung: Komplette Klettersteigausrüstung und Helm.

Bemerkung: Der Klettersteig kann auch in der Gegenrichtung begangen werden. Im Klettergarten Klammgraben gibt es zahlreiche Kletterrouten mit unterschiedlichen Schwierigkeiten.

2

Topo *Andreas Jentzsch*

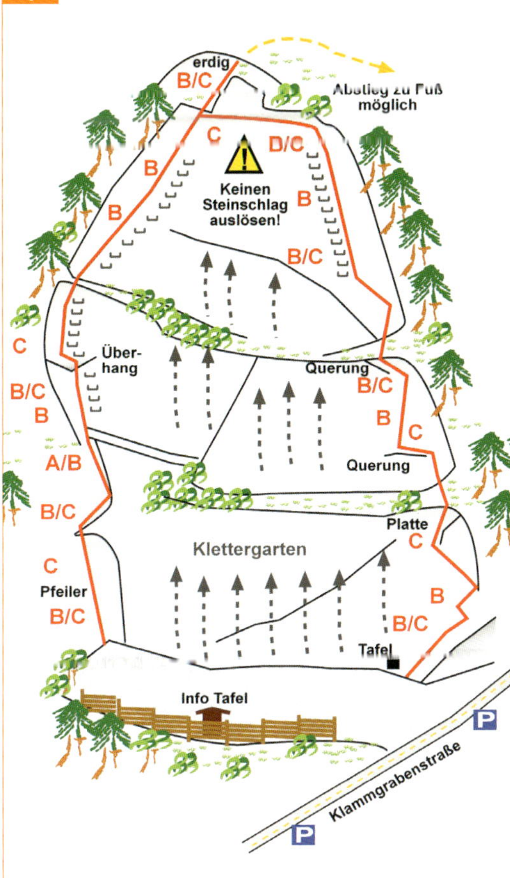

Bild 1: Relativ weit oben in der glatten Platte.

Bild 2 - 3: Der Einstiegsbereich des Klettersteiges.

Bild 4: Am Ende der Plattenquerung.

Bild 5: Der Klettergartenbereich, links bzw. rechts davon verläuft der Klettersteig.

Fotos: Dieter Wissekal und Andreas Jentzsch

199 Franz Scheikl-Klettersteig

1,3 (3 – 2 – 1)

Schön

Gut

Diff. C

300 Hm
1,5 Std.

1 Std.

1,5 Std.

ab 10 Jahren

4 Std.
700 Hm

N

Hochlantsch, 1720m

Mai - Okt.

Karte auf Seite: 271

Stützpunkt

Wirtshaus Steirischer Jokl, 1398 m, Anfang Mai bis Ende Okt. bew. Tel: +43 664 1526845.

Besonderheiten: Der ehemalige Naturfreunde-Klettersteig auf den höchsten Gipfel des Grazer Berglandes wurde umbenannt. Der Steig nutzt geschickt diverse Rinnensysteme aus und quert immer leicht ansteigend auf die Hochfläche. Vom Gipfel hat man einen schönen Ausblick in Richtung Gesäuse und zur malerischen Teichalm. Der Abstieg führt am Wirtshaus „Steirischer Jokl" vorbei, welches genau an einer Felskante liegt. Unterhalb des Wirtshauses trifft man auf die hölzerne Wahlfahrtskapelle „Schüsserlbrunn". Im Gesamten eine lohnende Runde, auch landschaftlich und kulturell!

Kurzinfo

Talort: St. Jakob-Breitenau, 607 m

Ausgangspunkt: Ghf. Zirbisegger, 1000 m

Karten: ÖK 134, Passail; F&B WK 131; Kompass WK 221, Grazer Bergland

Anreise: Auf der S35 nach Mautstatt. Weiter durch den Roßgraben bis zur Alois Schwach-Siedlung. Kurz nach dem Bahnübergang rechts abbiegen (Schild „Jausenstation Zirbisegger") und die Bahn abermals überqueren. Weiter zum Parkplatz kurz vor dem Gasthof Zirbisegger. Mit Öffis: Mit der Bahn nach Mixnitz-Bärenschützklamm und weiter mit dem Bus bis St. Jakob-Breitenau Schlaggraben. Von dort zu Fuß.

Zustieg: Vom Parkplatz auf markiertem Wanderweg in Richtung Schüsserlbrunn bis zur beschilderten Abzweigung des Franz Scheikl-Klettersteigs. Dort links vom markierten Wanderweg abzweigen und weiter aufwärts. Der Weg quert zuerst einige Forststraßen und verläuft dann im grasigen und felsendurchsetzten Wald bis zu einer alten Holzhütte. Rechts von der Hütte in wenigen Minuten zum Einstieg bei einer Tafel (der Weg ist gut ausgetreten und mit Steinmännern markiert).

Route: Ein Gratstück hinauf (A/B), an dessen Ende man eine Schlucht quert. Dann folgt ein Steilstück (B/C), bevor das Gelände wieder leichter (A/B, Stellen B) wird. Auf einer Schulter befindet sich das Steigbuch. Anschließend steigt man ca. 50 Hm ab (A/B) und quert eine Rinne. Wieder aufwärts durch einen kurzen Kamin (B) und eine Rinne (A/B). Dann kurz hinunter und in die nächste Rinne hinein. Dort stehen zwei Varianten zur Wahl: In der Rinne (A) oder auf dem luftigen Grat (C) zum Ausstieg.

Abstieg: Vom Ausstieg südwestlich zum „Steirischen Jokl" absteigen. Dort hinunter zur Kapelle Schüsserlbrunn. Auf markiertem Weg zum Aufstiegsweg absteigen.

Ausrüstung: Kompl. Klettersteigausrüstung und Helm.

Bemerkung: Wer mit Öffis unterwegs ist bzw. ein zweites Fahrzeug in Mautstatt oder Mixnitz geparkt hat, kann die Tour optimal mit einer Begehung der romantischen Bärenschützklamm kombinieren.

Topo *Axel Jentzsch-Rabl*

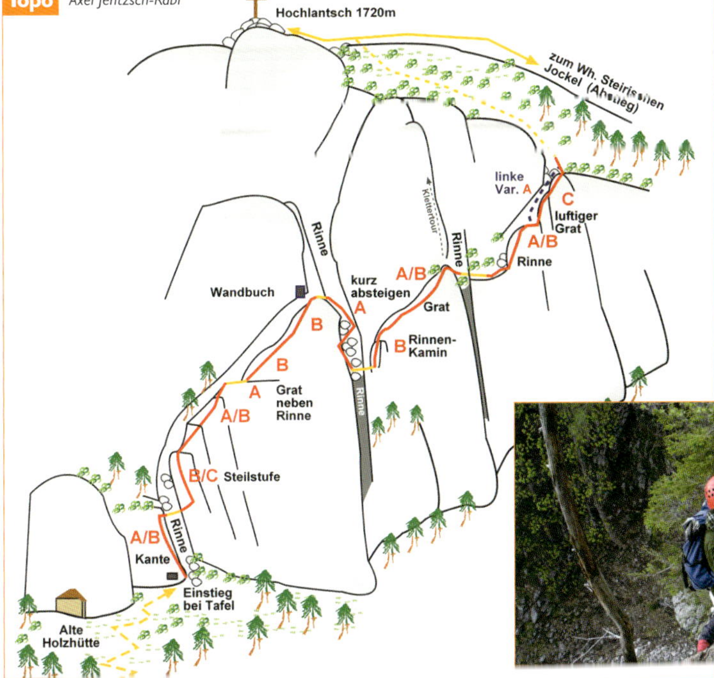

Bild 1: Der sehr luftige Ausstiegsgrat kurz vor dem Steigende.

Bild 2: Im unteren, etwas erdigen Teil.

Bild 3: Nach dem Abstiegsstück im Rinnenkamin des Mittelteils.

Bild 4: Vom Steigende erreicht man in wenigen Minuten den Gipfel des Hochlantsch, 1720 m.

Fotos: Dieter Wissekal und Axel Jentzsch-Rabl

2

3

4

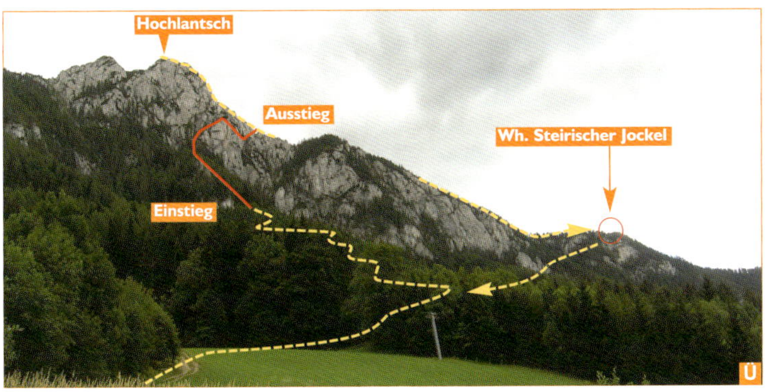

Ü

Kapelle Schüsserlbrunn

Auf 1363 m an die Wände des Hochlantsch gebaut, liegt die Wallfahrtskapelle Schüsserlbrunn. **Die Legende:** Nachdem eine Gräfin die Augen ihres blinden Kindes mit dem Wasser der Quelle benetzt hatte, konnte das Kind wieder sehen.

1

200 Lukas Max-Steig

2 3 2 1

Schön

Sehr gut

Diff. E

300 Hm
1,5 Std.

45 Min

1,5 Std.

ab 14 Jahren

3,5 Std.
550 Hm

O

Kreiskogel, 2306 m

Juni - Okt.

Stützpunkt

Winterleitenhütte, 1782 m, TNV; ganzjährig bew. Tel: +43 3578 8210; Info: www.winterleiten-huette.at

Besonderheiten: Wer glaubt, dass es in den Grasbergen der Seetaler Alpen nicht ausreichend Fels für einen Klettersteig gibt, wird mit diesem Steig eines Besseren belehrt. Die wenigen felsigen Bereiche des Kreiskogels wurden so geschickt mit Stahlseilen versehen, dass ein Sportklettersteig mit einer extrem schwierigen Schlüsselstelle entstanden ist. Dazwischen gibt es jedoch auch immer wieder Gehgelände.

Kurzinfo

Talort: Judenburg, 737 m
Ausgangspunkt: Parkplatz Winterleitenhütte, 1760 m
Karten: ÖK 50, Neumarkt in der Steiermark; F&B WK 212, Seetaler Alpen

Anreise: Auf der Murtal Schnellstraße (S36) nach Judenburg, beim großen Kreisverkehr südwestwärts Richtung Tüpl Seetaler Alpe abzweigen. Am Gasthof Schmelz-Hüttn vorbei, über einen Fahrweg zum Parkplatz der Winterleitenhütte. Öffis: Mit der Bahn nach Judenburg, weiter mit dem Bus (nur an Sonn- und Feiertagen von Juni bis September) zum Gasthof Schmelz-Hüttn.

Zustieg: Vom Parkplatz auf dem Wanderweg in wenigen Minuten zur Winterleitenhütte (1782 m). Auf dem Weg 315 links am Kleinen Winterleitensee vorbei und über eine sanfte Talstufe zum Großen Winterleitensee. Dem Weg 315, vorbei an einer kleinen Hütte, bis zur Abzweigung (Wegweiser) des Lukas Max-Steiges folgen. Über einen mäßig steilen Hang in Kürze zum Einstieg. Einstiegskoordinaten: N 47°05'15", O 14°33'29".

Route: Siehe Topo-Skizze. Der Klettersteig wurde geschickt über die Felsblöcke des grasigen Osthanges gelegt. Die Schwierigkeiten sind bei zwei Blöcken im mittleren Teil des Steiges.

Abstieg: Vom Ausstieg in wenigen Minuten entlang des breiten Rasenrückens zur Einmündung in den Normalweg (Weg 315 A) aufsteigen. Kurzer Abstecher über Felsblöcke zum Gipfelkreuz oder gleich rechts auf dem Weg 315 A zurück zum Aufstiegsweg. Alternativ kann auch über das Scharfe Eck (2364 m) und den Ochsenboden abgestiegen werden.

Ausrüstung: Komplette Klettersteigausrüstung, Handschuhe, feste Bergschuhe, evtl. Sicherungsseil.

Bemerkung: Der Klettersteig liegt im Truppenübungsgelände - Signale und Warnposten unbedingt beachten. Extrem schwerer Sportklettersteig. Im unteren und mittleren Teil oft nass. Fast alle schwierigen Stellen (inkl. der Schlüsselstelle) können im steilen Wiesengelände umgangen werden.

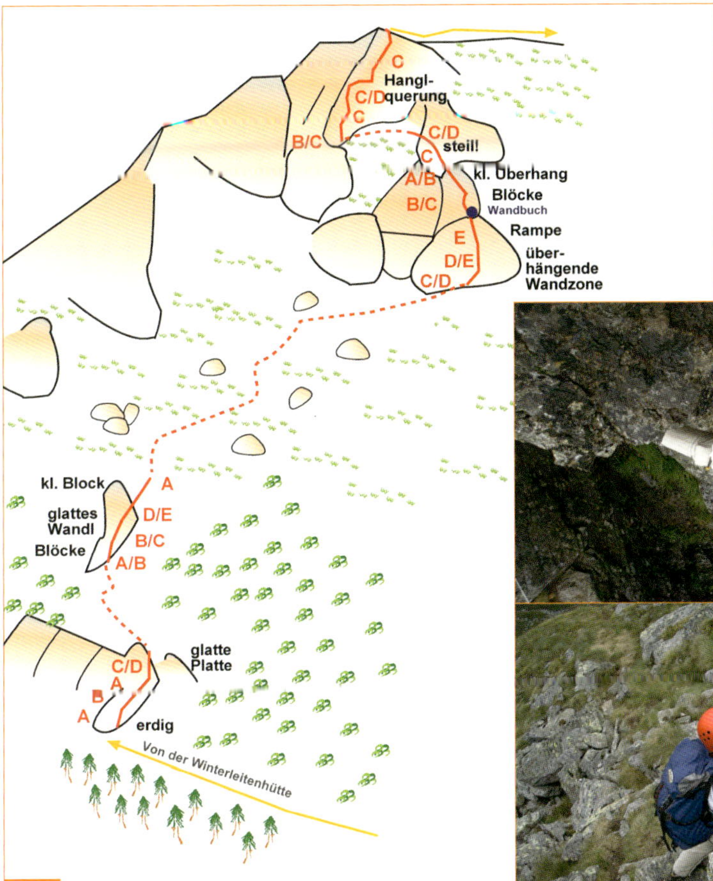

Topo Dieter Wissekal

Bild 1: Im Ausstiegsbereich der Tour - schön zu sehen sind die beiden Winterleitenseen und die Hütte.

Bild 2-3: Knackige Überhänge und Blockgelände zeichnen den Lukas Max-Steig aus.

Fotos: Dieter Wissekal und Daniela Kengyel

2

3

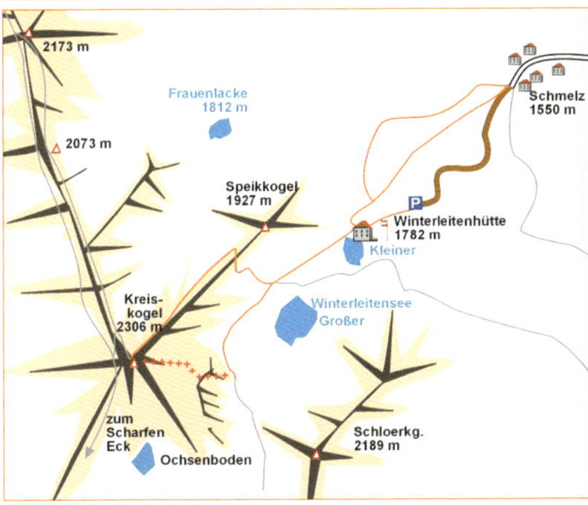

Ü

1

201 Lärchenturm-Klettersteig

1,9 (3 – 2 – 1)

Schön

Gut

Diff. D u. 2

330 Hm
2 Std.

1 Std.

3,5 Std.

ab 14 Jahren

6,5 Std.
1150 Hm

N

Lärchenturm,
1967 m

Juni - Sept.

Karte auf Seite: 379

Stützpunkt

Koschutahaus, 1280 m, TVN; Anfang Mai bis Ende Okt. bew. Tel: +43 4227 7110

Besonderheiten: Der etwa 700 Meter lange Klettersteig auf den Lärchenturm wurde im Herbst 2006 errichtet. Im oberen Teil stehen dem Kletterer zwei unterschiedlich schwere Varianten zur Wahl. Insgesamt wurden 900 Meter Stahlseil und 250 Felsanker montiert. Da die Felsqualität des Lärchenturms nicht besonders gut ist, wurde – um eine Gefährdung Nachsteigender durch Steinschlag zu vermeiden – die Route diagonal angelegt. 80 % der Baukosten wurden als Interregprojekt von der Europäischen Union finanziert. Eine Besonderheit ist der im Verhältnis zur Zustiegs- und Steiglänge sehr lange Abstieg, der über die Breitwand und den ÖTK-Klettersteig vorgesehen ist.

Kurzinfo

Talort: Zell-Pfarre, 948 m
Ausgangspunkt: Koschutahaus, 1280 m
Karten: ÖK 212, Vellach; F&B, WK 234; Kompass WK 65, Karawanken

Anreise: A2 bis Klagenfurt, dann die B91 Richtung Ferlach und weiter nach Zell-Pfarre. Von dort auf der Mautstraße zum Koschutahaus. Mit Öffis: Mit der Bahn nach Klagenfurt. Dann mit dem Bus (Linie 5327) nach Ferlach Busbahnhof und weiter (Linie 5336) nach Zell-Pfarre Postamt. Von dort zu Fuß.

Zustieg: Vom Parkplatz des Koschutahauses dem Kärntner Grenzweg Richtung Koschutnikturm bis zur Grosalm folgen. Dort (Felsaufschrift „Lärchenschlucht") rechts abzweigen. Zur Geröllhalde aufsteigen und diese auf Steigspuren nach rechts zum Einstieg queren. Nicht in die Lärchenschlucht hinein!

Route: Siehe Topo-Skizze. Hauptschwierigkeiten (C/D bis D) sind oben beim Turm.

Abstieg: Der Abstieg beginnt mit einem Spreizschritt (B) über einen Spalt. Vom kleinen Gipfelplateau klettert man steil mit Hilfe von Klammern (zuerst C, dann C/D) zur Vereinigung mit der Umgehungsvariante. Unter einem Überhang auf einer Platte nach rechts querend absteigen (zuerst B, dann B/C). Steile (C) und anschließend leicht überhängend durch einen Kamin (D) in die Lärchenscharte. Von der Scharte über den mark. Weg zum Lärchenberg aufsteigen. Die Breitwand auf dem Koschuta-Grenzkammsteig überschreitend (B) zum Ausstieg des ÖTK-Klettersteiges (B/C). Über diesen absteigen und dem markierten Wanderweg zurück zum Aufstiegsweg folgen. Notabstieg: Vom nördlichen Fuß des Lärchenturms (unterhalb der Teilung der beiden Varianten) zweigt ein Notabstieg über den Lärchenrücken ab (max. 2, Stellen B).

Ausrüstung: Komplette Klettersteigausrüstung und Helm.

Bemerkung: Nicht durch die Lärchenschlucht absteigen (extreme Steinschlaggefahr!)

Topo *Dieter Wissekal*

Bild: Der Haken mit dem Karabiner auf dem Lärchenturm.

Fotos: Dieter Wissekal

2

3

Bild 1: Die extrem steile Schlüsselstelle.
Bild 2: Der freistehende Lärchenturm.
Bild 3: Der Spreizschritt nach dem Turm.
Ü-Bild: Routenverlauf und der Abstieg.

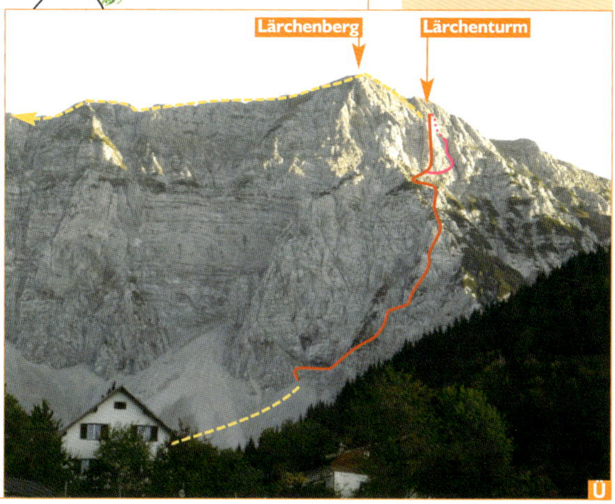

Ü

202 Hochstuhl-Klettersteig

1,3 (3 2 1)

Sehr schön

Sehr gut

Diff. B/C, I-

550 Hm
2,5 Std.

1 Std.

2,5 Std.

ab 10 Jahren

6 Std.
1150 Hm

N

Hochstuhl, 2237 m

Juni - Okt.

Stützpunkt

Klagenfurter Hütte, 1664 m, ÖAV; Mai - Ende Okt., sonst WO bew. Tel: +43 4253 8556. Infos: www.klagenfurterhuette.at

Preschernhütte, 2172 m
Tel: +386 51 611366

Besonderheiten: Der landschaftlich prächtige Hochstuhl-Klettersteig führt über die Nordflanke auf den Hochstuhl, den höchsten Gipfel der Karawanken. Der Steig wurde 1966/67 errichtet, um einen (relativ) einfachen Zustieg von österreichischer Seite auf den Hochstuhl zu schaffen. Im Jahr 2000 wurde der Steig nach unten verlängert und der heikle Originaleinstieg ersetzt. Der neu angelegte Abschnitt mit dem Einstieg am tiefsten Punkt des Hochstuhl-Nordgrats beinhaltet jetzt die Schlüsselstelle. Durch die Verlängerung hat der Hochstuhl-Klettersteig deutlich an Attraktivität gewonnen.

Kurzinfo

Talort: Feistritz im Rosental, 549 m

Ausgangspunkt: Im Winkel, 1152 m

Karten: ÖK 211, Windisch Bleiberg; F&B, WK 234; Kompass WK 61

Anreise: Auf der A2 nach Klagenfurt. Weiter über die B91 und B85 nach Feistritz im Rosental, dort links ins Bärental abzweigen. Auf schlechter werdender Straße an der Stouhütte vorbei zum großen Parkplatz „Im Winkel" fahren. Mit Öffis: Mit der Bahn (bzw. Schienenersatzverkehr) nach Feistritz im Rosental. Von dort mit dem GO-MOBIL (Bestellung unter 0043 664 603603 9181) ins Bärental.

Zustieg: Vom Parkplatz auf der Forststraße vorbei an der Johannsenruhe taleinwärts. Im Wald in einigen Serpentinen empor und in der sog. Karkehre die Forststraße verlassen. Auf dem Weg 664 über ein Schuttfeld ansteigend zum Einstieg.

Route: Siehe Topo-Skizze. Unten gibt es eine ausgesetzte Wandstufe (B/C). Etwas höher kommen noch zwei B-Stellen, eine Platte und eine Rinne. Der Rest des Steiges ist Genusskletterei im Bereich A - A/B.

Abstieg: Vom Ausstieg dem markierten Weg aufsteigend zum Gipfel des Hochstuhls folgen. Auf slowenischem Staatsgebiet in den Sattel zwischen Hochstuhl und Kleinstuhl absteigen. Danach auf einem Schottersteig (unangenehm) oder durch Geröll in ein Kar hinunter. Bei einer Weggabelung hält man sich links (Aufschrift auf Felsen: „Klagenfurter Hütte"). Noch einmal ansteigend passiert man den Bielschitzasattel (Staatsgrenze) und quert absteigend einen Geröllhang (kurz versichert) hinunter zur Klagenfurter Hütte. Von der Hütte auf der Forststraße bzw. auf dem Wanderweg zurück zum Aufstiegsweg.

Ausrüstung: Komplette Klettersteigausrüstung und Helm.

Bemerkung: Der Grenzübertritt ist offiziell nur vom 15. Mai bis 15. November von Sonnenaufgang bis Sonnenuntergang gestattet.

Topo *Dieter Wissekal*

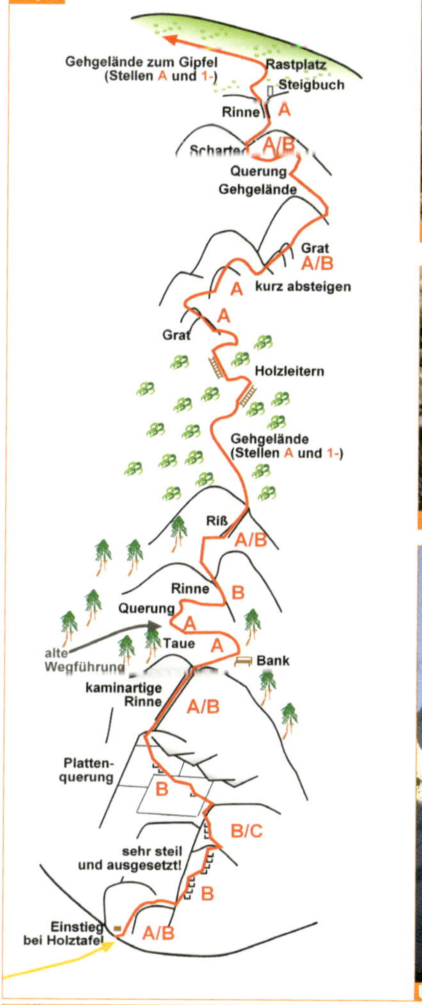

Bild 1 u. 2: *Auf dem schönen Grat.*

Bild 3: *Die Schlüsselstelle (B/C).*

Ü-Bild: *Routenverlauf.*

Fotos: Dieter Wissekal

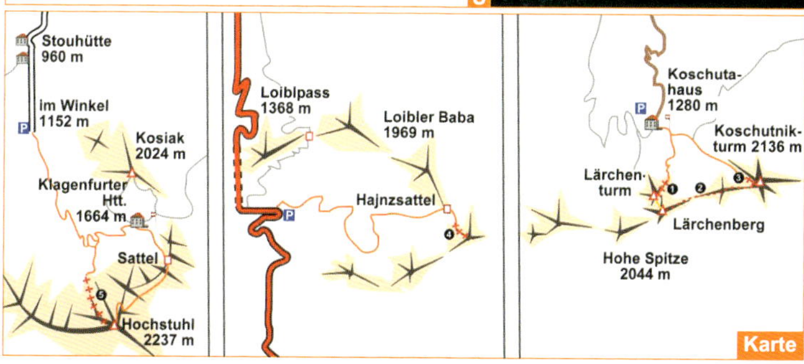

Karte

1. *Lärchenturm-Klettersteig*
2. *Grenzkammsteig*
3. *ÖTK-Klettersteig*
4. *Hochturm Nordflanke (A/B u. 1-)*
5. *Hochstuhl-Klettersteig*

Siehe CD-ROM Hochturm Nordfl.

1

203 Kanzianiberg-Klettersteige

1,3 (3 – 2 – 1)

Schön

Gut

Diff. max. C

700 Hm
1,5 Std.

5 Min.

5 Min.

ab 8 Jahren

2 Std.
200 Hm

Div.

Kanzianiberg, 795 m

Apr. - Okt.

Besonderheiten: Der Kanzianiberg ist schon seit einigen Jahren Ziel der Klettergemeinde und weit über die Grenzen Kärntens bekannt und beliebt. Um den Kletterern die Abstiege zu erleichtern, wurden zahlreiche kurze Klettersteige angelegt. Diese zu einer Klettersteigrunde zu kombinieren und dabei möglichst kein Stahlseil zu übersehen, ist der Reiz dieser Tour. Hat man die Klettersteigrunde hinter sich, kann man noch die malerische Burg Finkenstein besuchen. Von der Burg reicht der Blick vom Faaker See bis zu den weißen Gipfeln der Tauern.

Kurzinfo

Talort: Finkenstein, 562 m
Ausgangspunkt: Parkplatz an der Straße nach Altfinkenstein, ca. 620 m
Karten: ÖK 201, Villach; F&B WK 224, Faaker See; Kompass WK 062

Anreise: A2 bis Ausfahrt Villach/Warmbad, dann auf der B85 nach Finkenstein. Im Ortszentrum nach rechts Richtung Burgarena Finkenstein abbiegen und bei einer Gabelung die linke Variante nehmen. Nach 1 km kommt sich links ein Parkplatz. Mit Öffis: Mit der Bahn nach Finkenstein.

Zustieg: Vom Parkplatz in Kürze zu den ersten Felsen. Einstiegskoordinaten: N 46°33'09,2", O 13°52'19,1".

Route: Beschreibung im Uhrzeigersinn: Nach den Einstiegsfelsen (max. C) um den Großen Prasvale (A) herum und durch einen engen Spalt (max. B/C) auf den Felsen hinauf. Wieder zurück und um den Kleinen Prasvale an dessen Südostseite. Auf einem Band (A) ins Gehgelände und zu einem Spreizschritt (A). Rechtshaltend in einen engen Spalt absteigen (max. C). Wieder zurück und über eine Leiter (A) und weitere Versicherungen (A/B) auf den Kanzianiberg. Entlang des Abgrundes (kurz A) zu einer guten Abstiegsmöglichkeit. Da die südöstliche Abstiegsmöglichkeit (B) äußerst unattraktiv (sehr erdig, verwachsen) ist, empfehlen wir bereits vorher abzusteigen. Eine Kombination aus steilen Aufschwüngen (max. C) und Querungen (max. A/B) abklettern. Es folgen noch zwei kurze versicherte Passagen (A). Zum Abschluss können noch die Versicherungen am Kalkofenkopf (max. B) bei der Infohütte ausprobiert werden.

Abstieg: In Kürze zurück zum Parkplatz

Ausrüstung: Komplette Klettersteigausrüstung und Helm.

Bemerkung: Der Kanzianiberg mit den vielen kurzen Klettersteigen ist optimal für Anfänger und Kinder geeignet. Es eröffnen sich unzählige Kombinationsmöglichkeiten. Weiters gibt es zahlreiche Kletterrouten mit unterschiedlichen Schwierigkeiten.

Stützpunkt

Gasthof Feichter, ca. 560 m, privat, Tel: +43 4254 2214

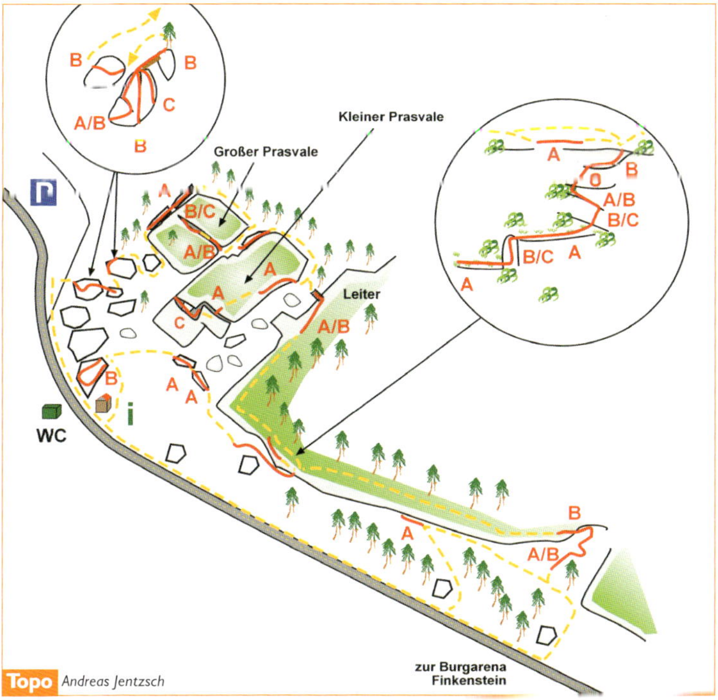

Topo *Andreas Jentzsch*

Bild 1: Aufstieg auf den ersten Turm beim Parkplatz.

Bild 2: *Im Spalt des Kleinen Prasvale.*

Bild 3: *Die Aussichtsvariante am Hauptfelsen (rechts; A).*

Bild 4: *Im Spalt des Großen Prasvale.*

Fotos: Dieter Wissekal und Andreas Jentzsch

2

3

4

Alphabethisches Steigverzeichnis

PETZL

Alphabethisches Steigverzeichnis

Videofilme

Erstmals legen wir einem unserer Klettersteigführer zusätzliches Filmmaterial bei, da das bewegte Bild viel aussagekräftiger ist als jedes Foto! Gedreht wurde in 4 Klettersteigen: **HTL-Klettersteig** (Niederösterreich – Hohe Wand), **Sky Walk-Klettersteig** (Steiermark – Dachstein), **Loser Panorama-Klettersteig** (Steiermark – Loser) und **Kaiser Max-Klettersteig** (Tirol – Martinswand). Gedreht wurden die Videos von den drei Autoren. Axel Jentzsch-Rabl stand hinter der Kamera, Andreas Jentzsch und Dieter Wissekal waren immer unter den geduldigen Darstellern. Den aufwendigen Videoschnitt und die Vertonung der Filmsequenzen hat Gerhard König übernommen.

Literatur:

Hüslers Klettersteig Atlas Alpen von Eugen E. Hüsler (Bruckmann). Das Nachschlagewerk schlechthin, um sich einen Überblick über die Klettersteige in den Alpen zu verschaffen. Das fast 2 kg schwere Buch enthält die Kurzinformationen über derzeit 881 Klettersteige.

Klettersteig Guide Österreich von Csaba Szepfalusi (Tyrolia). Gut gemachter Führer der einen Überblick über die Klettersteige in Österreich gibt.

Bei den Dreharbeiten zum Loser-Klettersteig Videofilm.